21世纪高等院校经济学精品教材

宏观经济学

Macroeconomics

（第二版）

叶祥松 龙天健 编著

东北财经大学出版社
Dongbei University of Finance & Economics Press
大连

图书在版编目（CIP）数据

宏观经济学／叶祥松，龙天健编著.—2版.—大连：东北财经大学出版社，2015.2

（21世纪高等院校经济学精品教材）

ISBN 978-7-5654-1841-9

Ⅰ.宏… Ⅱ.①叶… ②龙… Ⅲ.宏观经济学-高等学校-教材 Ⅳ.F015

中国版本图书馆CIP数据核字（2015）第020924号

东北财经大学出版社出版

（大连市黑石礁尖山街217号 邮政编码 116025）

教学支持：（0411）84710309

营 销 部：（0411）84710711

总 编 室：（0411）84710523

网 址：http：//www.dufep.cn

读者信箱：dufep@dufe.edu.cn

大连华伟印刷有限公司印刷 东北财经大学出版社发行

幅面尺寸：185mm×260mm 字数：408千字 印张：17 1/2

2015年2月第2版 2015年2月第2次印刷

责任编辑：蔡 丽 责任校对：百 果

封面设计：张智波 版式设计：钟福建

定价：29.00元

第二版前言

作为基础经济理论，宏观经济学是国内各高等院校经济、管理类专业的重点必修课程。因此，编写一本既能较为系统地介绍这一学科的基本理论，又适合我国经济、管理类学生学习特点的教材具有重要意义。

一、本书编写的指导思想

主流经济学的宏观经济理论以凯恩斯学派的理论为主体。本书试图以不太大的篇幅较为完整地介绍当前主流经济学的主要理论。编者还试图使自己的读者能在本书的学习过程中有效地提高解题能力。

目前，由国内学者自编和译自国外的经济学教材多达上百种，但编者仍尝试向读者奉献一本融入自己多年的教学体会、逻辑严密、内容精练、深入浅出和能有效提高读者应试能力的教材。本书的读者主要是经济、管理类专业的本科大学生，我们也适当考虑了他们中的一些人报考硕士研究生的需要。

二、本书的体系结构安排

第一章从20世纪30年代的资本主义经济大萧条入手介绍了凯恩斯主义宏观经济学的产生背景和这一理论的基本思想和政策主张。作为宏观经济学的预备知识，这一章还介绍了宏观经济学要研究的主要问题和总体经济循环流动的基本概念。

第二章介绍国民收入核算理论。学习这一章的目的仅在于掌握国民收入这一概念，因此在服从这一学习目的的前提下我们略去了一些无关宏旨的细节。

第三章到第六章是宏观经济学理论的核心内容，分四个模型研究均衡国民收入的决定。第三章的简单凯恩斯模型在投资为常数、产品市场独立于货币市场和价格水平不变三个假定下研究使产品市场均衡的国民收入是如何决定的。第四章扩大的凯恩斯模型去掉了上述假设中的前两个，在价格水平不变的假设下研究使产品市场和货币市场同时均衡（内部均衡）的国民收入的决定。第五章完全的凯恩斯模型将那三个假设都去掉了，专门研究国民收入与价格水平之间的关系。第六章的蒙代尔-弗莱明模型研究开放经济条件下均衡国民收入的决定，这一国民收入不但要达到内部均衡，还要使得国际收支平衡（外部均衡）。

第七章讨论宏观经济政策，这是此前四章宏观经济学理论在政府进行宏观干预方面的应用。

第八章讨论失业与通货膨胀问题。

第九章简单地介绍了主要的经济增长理论和经济周期理论。

为了使读者对经济思想的来龙去脉有所了解，第十章择要地介绍了经济思想的发展历史。

三、本书的特点

（一）逻辑严谨

本书自始至终都十分关注逻辑的严密性，力图凸显从假设经推理到结论之间各个环节间的逻辑关系。本书尽量避免出现无定义的重要概念。很多教材在讨论一些问题之前就“给出”一个有关公式，其他讨论都围绕这一公式进行。读者并不了解这一“给出”公式的由来，从而只能机械地背诵那些枯燥的结论。本书则尽量避免“给出”公式。本书中出现的公式一定是经过了严格推导或充分论证的，读者正是从这些推导和论证中来提高自己的分析水平和理解有关结论的。

（二）写作风格高度统一

本书采用经过两位作者充分讨论酝酿形成的写作大纲，由龙天健主笔，叶祥松统稿、校稿和定稿。龙天健师从我国著名经济学家张培刚先生，20 多年来一直从事西方经济学的教学和研究工作，多次主持编写西方经济学教材，积累了比较丰富的教学经验。由一人主笔不仅在写作风格、表述形式和体例结构方面保持了高度的统一性，而且凭其多年的教学经验和对经济学原理的深入研究，纠正了一些教材中出现的错误、不适当的结构安排和不正确的表述方式，使读者能完整准确地把握经济学的基本原理。

（三）关注读者应试能力的提高

本书作者期望读者能有效地提高应试能力。一方面，本书各章后都安排了较多的习题，这些习题无论是从内容上还是从题型上都经过了精心的设计和挑选，其中还包含了我们刻意从国内一些著名高校的历年考研试卷中精心挑选出的相当数量的试题。另一方面，本书并不满足于理论阐述的逻辑严密性。对于那些各类考试中出现频率较高的理论，我们在阐述中适当地增加了一些能开拓解题思路的内容。如在讨论消费者均衡理论时，我们增加了一些概念（如相对价格、相对边际效用和边际效用价格比等）。去掉这些概念并不会有损于理论的严谨性，但对这些概念的理解能加深读者对有关理论的把握并对解题能力的提高有较大的帮助。

（四）正确地处理理论与实践的关系

正如同物理学作为工科各专业的基础理论反映了现实物理世界的基本规律一样，经济学作为经济、管理等专业的基础理论揭示了纷繁复杂的现实经济中最基本的原理。工科各专业的实践都依赖物理学中的基本理论，没有物理学的有关理论就不可能有原子弹的发明。然而爱因斯坦是造不出原子弹的，我们甚至不能指望他造出一个普通的齿轮。机械制造等应用学科按照物理学的基本原理具体研究了齿轮的制造工艺，但这些内容通常是不应纳入物理学教材的。经济、管理等专业的实践同样也遵循西方经济学的基本理论。但学习经济学的目的不是将其中的原理直接应用于经济实践，这一任务应当由各门相应的应用学科来完成。我们并不反对“理论联系实际”，我们反对的是机械、庸俗的“理论联系实际”观。当前有些西方经济学教材试图以直接指导经济实践为己任，结果出现在读者面前的只是一本没有理论、不讲逻辑的应用手册。本书力图以较小的篇幅深入浅出地阐明经济学最基本的原理而将这些原理的应用留给相应的后续课程。

(五) 合理安排教材内容、深化对基本原理的理解和应用

经济学的博大精深使得现代不可能存在通晓全部经济学研究的“经济学家”。一位成就斐然的学者可能是企业理论方面的专家，但他对货币理论却可能仅略知一二。作为大学本科生的教材，我们不追求“全面反映经济学的当代研究成果”，而将本书写成一本经济学百科全书。考虑到国内各高校通常为本课程的教学安排约72课时，本书在尽可能反映主流经济学理论主线全貌的前提下略去了一些在其他教材中可能出现的内容，需要拓宽知识面的读者可参阅其他有关文献。除了本书所介绍的经济理论外，当代还有众多的经济学流派，其中有些对我们所介绍的理论持批判态度，本书对此没有涉及。想要了解这些理论的读者可阅读相应流派的专著。

(六) 有节制地使用数学工具

当前很多教材都声称“尽可能不使用数学工具”以迎合大学低年级学生的需要。极端的观点甚至认为数学工具的使用使经济学的研究非经济化了。其实，数学仅仅是一种研究的工具。如同一个经济命题是用英文还是用法文来表达并无本质区别一样，一个经济模型是否借助数学工具来表达并不影响其本质。在一些情况下不借助数学语言就能较好地表达经济模型，在另一些情况下这样做可能表达过于冗长，从而影响读者的理解。在后一种情况下利用数学工具有可能使问题变得更为简明。基于一些学生对数学工具的掌握并不尽如人意，本教材对数学工具的使用作了严格的限制。本书常用的数学工具仅限于函数的概念、平面解析几何知识和一元函数微分学知识。平面解析几何是高中数学的重点内容之一，其中有关直线的知识在本书中被大量使用。一元函数微分学知识的使用我们也仅限于一阶导数、二阶导数和微分的概念及简单计算，其中一、二阶导数的几何意义也被广泛应用于本书中。掌握以上常用的数学工具对于大学本科生来说显然不是过分的要求。因此，本书不但不会回避这些常用的数学工具，而且还会尽量利用这些工具来简化和准确化所要讨论的问题。本书对上述常用的数学工具之外的数学工具持“尽量不使用”的态度。本书虽然还偶尔使用了空间解析几何、定积分、偏导数、线性代数和概率论中的简单概念，但这些概念的偶尔使用只是为了使了解这些概念的读者更简明地理解有关问题。即便是没有掌握这些数学工具也不会因此而造成读者对有关问题理解的障碍。

本教材编写时间近一年，每一章都数易其稿才最终完成。在编写过程中，彭良燕做了许多具体工作，为本书付出了辛勤劳动。本书的第二版更新了资料和数据，更正了部分错漏之处。本书得到了东北财经大学出版社的大力支持，在此，我们表示衷心的感谢。由于我们水平有限，书中缺点和错误在所难免，恳请广大读者批评指正。

编 者

2015年1月

目　录

第一章

宏观经济学概述

学习目标

◆ 重点掌握宏观经济学的定义、价格水平和通货膨胀率的计算，宏观经济由非均衡到均衡的过渡过程以及国民收入恒等式；掌握消费、储蓄、投资、政府购买、税收、政府转移支付、净税收等概念以及失业率的计算；了解凯恩斯主义产生的时代背景和总体经济的循环流动。

第一节 凯恩斯主义简介

一、传统经济学的尴尬

传统经济学为资本主义经济描绘了一幅迷人的图景。亚当·斯密“看不见的手”指引着每一个人在追求个人利益的同时不自觉地增进了公众的福利，完全竞争使每个厂商都将规模调整至最适水平而生产最优产量，瓦尔拉斯的一般均衡使整个资本主义经济的资源配置达到帕累托最优状态，欧拉定理证明了在这一状态下各种要素都按自己的边际生产率获得报酬从而互不剥削。萨伊定律可以看成是对古典经济学的一个总结。按此定律，这幅图景所描绘的美景是非常稳定的。各种商品一经生产就有相应的需求与其配合，商品过剩最多只能是局部的和短暂的现象。换言之，经济危机是不可能发生的。

以资本主义的代表美国为例，从资本主义制度确立它的经济优势，一直到 20 世纪 20 年代，这个国家经历了快速繁荣的过程。美国人民享受着比世界其他国家人民更多的生活乐趣，当时胡佛总统曾不无骄傲地表示“在可见之日，贫穷将在这个国家里绝迹”。以古典经济学理论作为保证的繁荣经济使当时的美国人称自己为“对无尽繁荣深具信心的一代”。

1929 年年底，一场突如其来的大危机席卷了整个资本主义世界。股市崩盘，堆积如山的商品找不到买主，数以百万计的工人失去了自己的工作，经济中的产出大幅度减少。表 1–1 显示了大危机的前 3 年西方各国经济所遭受的沉重打击。

与其形成鲜明对照的是建国不到 10 年的社会主义国家苏联。资本主义世界的经济封锁使它避开了这场经济危机的影响并呈现出欣欣向荣的景象。苏联人民欣喜地看到“敌人一天天烂下去，我们一天天好起来”，当时苏联的《真理报》甚至还刊出了以《资本主义的丧钟已然敲响》为通栏标题的社论。

表1-1　　1929—1932年西方主要工业国的工业生产与GDP的增长率

国　家	工业生产增长率（%）	GDP增长率（%）
奥地利	-34.3	-22.5
比利时	-27.1	-7.1
丹麦	-5.6	-4.0
芬兰	-20.0	-5.9
法国	-25.6	-11.0
德国	-40.8	-15.7
意大利	-22.7	-6.1
荷兰	-9.8	-8.2
挪威	-7.9	-0.9
西班牙	-11.6	-8.0
瑞典	-11.8	-8.9
英国	-11.4	-5.8
美国	-44.7	-28.0
捷克斯洛伐克	-26.5	-18.2
匈牙利	-19.2	-11.5

资料来源　斯诺登，文，温纳齐克．现代宏观经济学指南［M］．苏剑，译．北京：商务印书馆，1998.

十分明显，资本主义制度一定在某些地方出了毛病。被萨伊定律排除了可能性的大危机面目狰狞地在人们面前肆虐。在传统经济学看来，全局性的、长期的商品过剩和长期的大规模失业是一个十分怪异的现象，这个理论无法给大危机作诊断并开出药方。由于萨伊定律与现实相悖离，作为“资本主义制度最优越”这一信念的经济理论基础的传统经济学自然就值得怀疑了。“对无尽繁荣深具信心的一代”也陷入了深刻的信仰危机之中。

二、《就业、利息和货币通论》的问世

深重的大危机使资本主义急需一位救星从两个方面来拯救这个世界：一方面是使资本主义世界走出大危机的泥潭；另一方面是从理论上证明这个制度仍然是最优越的经济制度。

这个救星果然出现了，他就是英国经济学家凯恩斯（John Maynard Keynes，1883—1946年）。凯恩斯的划时代著作《就业、利息和货币通论》（以下简称《通论》）发表于1936年，此后宏观经济学才作为一个严格的概念被使用。我们都知道，牛顿三大定律只适用于低速运动的场合，因而只是一种“特殊理论”（special theory）；爱因斯坦的狭义相

对论适用于各种速度（包括光速）的场合，因而是“一般理论”或“通论”（general theory）。凯恩斯认为，传统经济学中的均衡只是充分就业这一特殊条件下的均衡，因而不适用于通常的情形。《通论》则着重研究了非充分就业条件下经济的运行，因而适用于各种情形。在这个意义下，凯恩斯将传统经济学视为类似于牛顿三大定律的“特殊理论”，而将自己创立的理论视为像狭义相对论那样的“通论”。其辩护意义就在于，在这一观点下，传统经济学并不是“错误”的，它与现实经济的背离只是因为充分就业的条件没有得到满足。因此，资本主义仍然是最优越的经济制度。只是与传统经济学所描述的有所不同，它并不是一架具有自我修复机制的精巧机器。价格机制并不能自动调节经济使之达到充分就业的均衡，自由放任也不足以带来经济的复兴。资本主义的通常情形是非充分就业的均衡。这是因为在自由放任的条件下作用于人们的一些基本心理规律会导致有效需求不足，从而不能达到充分就业。要实现充分就业就必须扩大有效需求，而自由放任是做不到这一点的。因此，要由政府来进行有力的干预，通过一定的宏观经济政策来“熨平”经济的“波纹”，以达到充分就业的均衡。

凯恩斯的《通论》不是资本主义的病危通知书，而是对这个制度开出的“诊断”和“处方”。从时间顺序来看，在这张处方开出之前，“药”就已经在服用了。在《通论》出版前就已经实施的“罗斯福新政”就体现了凯恩斯关于政府宏观干预的政策主张。传统经济学的影响使政府对经济进行干预一直背负着“低效率”的恶名。《通论》的发表不仅使得这一“新政”能够理直气壮地实施，还使得政府的干预更具有合乎逻辑的计划性。

凯恩斯在《通论》中的这套理论被称为凯恩斯主义，它对经济理论的影响被称为凯恩斯革命，足见它在经济学说史上的重要地位。

三、宏观经济学的定义

（一）宏观经济学的研究对象

宏观经济学是指有关大范围经济问题的理论，它研究一国商品、服务的总产量和各种资源的总使用量，以及它们是如何决定和波动的；它还研究价格总水平的决定和波动乃至经济增长的状况等。总之，**宏观经济学以整个国民经济的运行为研究对象。**

（二）宏观经济学的研究方法

如果说微观经济学研究“树木”，那么宏观经济学则研究“森林”。也就是说，微观经济学主要采用个量分析方法，而宏观经济学则主要采用总量分析方法。这些总量主要有总产出与总收入、总就业量与失业率、一般物价水平与通货膨胀率、总需求与总供给、货币需求总量与货币供给总量、消费与投资、政府支出与税收、进口量与出口量、利率与汇率等。

总量分析虽然要以个量分析为基础，而且与个量分析一样也大量采用边际分析、均衡分析、静态分析、比较静态分析、动态分析和模型分析，但决不能把总量看成个量的简单叠加。正如“一个观众站起来要比坐着能更不受遮挡地看电影，因此对全体观众来说也是如此”是一种错误的推理，个量分析的结论直接应用于总量也常常会得出错误的结论。这种错误被称为“合成推理谬误”。例如，一家厂商对其员工减薪能导致该厂商成本降低从而利润增加，进而又导致其产量增加，但是整个社会工人工资下降却会引起总需求下降，从而导致国民收入和总产出减少。

（三）宏观经济学的研究目的

现代宏观经济学是在凯恩斯主义的基础上发展起来的，它研究的主要目的是为政府干预经济提供理论依据。几十年来，凯恩斯的理论一方面经过了凯恩斯的追随者们不断修正补充和发展，另一方面也遭到了现代经济学一些流派的激烈反驳。本书主要介绍主流学派的宏观经济理论。所谓主流学派是指当前世界上多数大学课堂讲授的和大多数市场经济国家政府采用的经济理论。它包括微观经济理论和宏观经济理论两大部分，前者以传统经济理论为主体，后者则以经修正补充和发展的凯恩斯理论为主体。

（四）宏观经济学的定义

虽然全面地定义一门学科是非常困难的，但基于以上对宏观经济学的研究对象、研究方法和研究目的的讨论，我们可以认为：**宏观经济学是经济学的一个分支，它运用总量分析方法研究整个国民经济的运行，为政府干预经济提供理论依据。**

第二节　宏观经济学关注的主要问题

一、国民收入

国民收入（national income）是一国消费者在一定时期所获得的收入，它在数值上也等于该国在这一时期的产出。我们将在第二章专门对这一概念作较为详细的讨论。国民收入反映了一国经济的总体规模，它既直接体现了该国消费者当前的物质生活水平，同时也构成了未来经济增长的基础。国民收入是如何构成的？它的大小受到哪些因素的影响？它反过来又会影响哪些宏观经济变量？这是宏观经济学最为关注的问题，凯恩斯的宏观经济理论中最主要的内容就是围绕一国国民收入的决定因素所展开的研究。因此，凯恩斯的宏观经济理论也被称为国民收入决定理论。

二、失业

我们称要素没有被投入到生产中去的现象为失业（unemployment）。国民收入也是一国的产出，而产出与生产中要素的投入数量显然是正相关的。因此，国民收入与失业量是负相关的，即较高的国民收入对应着较低的失业量，而较低的国民收入则对应着较高的失业量。生产中投入的各种要素间存在着一个大概的比例，一种要素的失业也意味着一定比例的其他要素随之失业。这就使得我们可以只关注一种要素的失业，其结论可以推广到其他的要素上。这种要素通常被选定为劳动。这一方面是因为劳动是生产投入中的一种最为重要的要素，劳动成本通常占去生产成本中的大部分；另一方面是因为劳动的源泉是工人，劳动的失业还会带来一系列的社会问题和政治问题。

经济中的失业状况通常用失业率来度量：

$$\text{失业率}=\frac{\text{失业人数}}{\text{劳动力人数}}\times 100\% \tag{1-1}$$

因为失业人数与就业人数之和为劳动力人数，所以：

$$\text{就业率}=\frac{\text{就业人数}}{\text{劳动力人数}}\times 100\%=\frac{\text{劳动力人数}-\text{失业人数}}{\text{劳动力人数}}\times 100\%=1-\text{失业率} \tag{1-2}$$

图 1-1 描述了英美两国 1964—1991 年的失业状况。

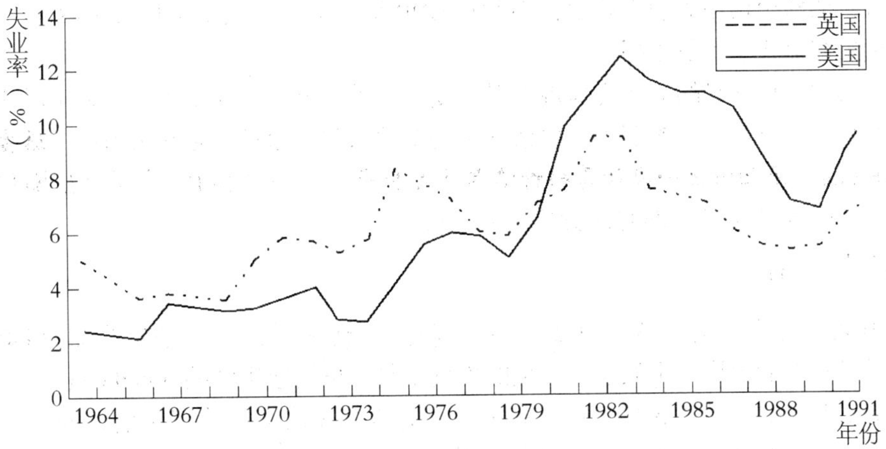

图 1-1 英美两国 1964—1991 年的失业率

资料来源 斯诺登，文，温纳齐克．现代宏观经济学指南［M］．苏剑，译．北京：商务印书馆，1998.

为什么经济不能提供足够多的工作岗位？为什么失业成为各国经济中一个普遍的问题？经济学必须研究失业产生的机制、失业的后果以及减少失业的措施。虽然经济学家们在这方面花费了大量的精力，但至今尚未达成共识。

三、价格水平

价格水平又称价格指数（price index，PI），是指一定时期内经济中产出的当期市场价值与这一产出的基期市场价值的比值。基期是我们根据一定标准选定的一个时期，一经选定后通常不再改变。如我们将 1983 年选定为基年来计算 2015 年的价格水平。假定 2015 年共生产了 n 种产品，其价格和产量分别为 $\vec{P}=(P_1, P_2, \cdots, P_n)$ 和 $\vec{Q}=(Q_1, Q_2, \cdots, Q_n)$。我们还假设这些产品在 1983 年的价格是 $\vec{p}=(p_1, p_2, \cdots, p_n)$，那么这些产出在 2015 年的当期市场价值就是：

$$\vec{P}\cdot\vec{Q}=(P_1, P_2, \cdots, P_n)\cdot(Q_1, Q_2, \cdots, Q_n)=\sum_{i=1}^{n}(P_i\cdot Q_i)=P_1Q_1+P_2Q_2+\cdots+P_nQ_n$$

这些产出在 1983 年的市场价值是：

$$\vec{p}\cdot\vec{Q}=(p_1, p_2, \cdots, p_n)\cdot(Q_1, Q_2, \cdots, Q_n)=\sum_{i=1}^{n}(p_i\cdot Q_i)=p_1Q_1+p_2Q_2+\cdots+p_nQ_n$$

2015 年的价格水平就是：

$$PI=\frac{\vec{P}\cdot\vec{Q}}{\vec{p}\cdot\vec{Q}}=\frac{P_1Q_1+P_2Q_2+\cdots+P_nQ_n}{p_1Q_1+p_2Q_2+\cdots+p_nQ_n} \tag{1-3}$$

根据这一定义，某期的价格水平表示该期的总体价格与基期的总体价格的比率。因为基期的价格水平等于 1，所以价格水平大于 1 表示考察期的总体价格高于基期的总体价格，价格水平小于 1 表示考察期的总价格低于基期的总体价格。

鉴于统计上的困难，我们经常从一个时期的产出中挑出一个较小的商品篮子来代替庞大的产出 $\vec{Q}=(Q_1, Q_2, \cdots, Q_n)$。这样按式 1-3 来计算价格指数就变得较为容易了。用来代表全部产出的商品篮子必须确实具有代表性，否则计算出来的价格指数就会偏离其本来的意义。根据不同的目的会选出不同的商品篮子，于是就有了不同的价格指数。常用的价格指数有消费价格指数、工业价格指数和 GDP 折算数，它们都是按式 1-3 计算的，只是所挑选的商品篮子有所不同。

经济学对价格水平的关注更体现在对其变动的关注上，因为影响生产和生活的不是价格水平本身而是价格水平的变动。价格水平的变动通常用通货膨胀率来衡量。**通货膨胀率（inflation rate）是相对上一期计算的价格水平增长率**。若用 P_t 和 P_{t-1} 表示考察期和上期的价格水平，用 π_t 表示考察期的通货膨胀率，则：

$$\pi_t=\frac{P_t-P_{t-1}}{P_{t-1}}\times 100\% \tag{1-4}$$

$\pi_t>0$ 表示考察期的价格水平高于上一期的价格水平，称为通货膨胀（inflation）；$\pi_t<0$ 表示考察期的价格水平低于上一期的价格水平，称为通货紧缩（deflation）。

价格水平的变动对经济产生重要的影响。通货膨胀成为现代经济的常见病。表 1-2 显示了美日两国 1972—1981 年的通货膨胀情况。

表 1-2 **美日两国 1972—1981 年的通货膨胀率（%）**

年份	1972	1973	1974	1975	1976	1977	1978	1979	1980	1981
美国	3.3	6.2	11.0	9.1	5.7	6.5	7.6	11.3	13.5	10.3
日本	4.9	11.7	23.1	11.8	9.4	8.2	4.1	3.8	7.8	4.9

资料来源　斯诺登，文，温纳齐克．现代宏观经济学指南［M］．苏剑，译．北京：商务印书馆，1998.

宏观经济学必须研究价格水平变动的原因与导致的结果。

四、经济增长

经济增长（economic growth）是指经济中产出的增加。人类生产的最终目的是尽可能提高人们的福利水平。经济总量水平的不断提高使人们比以前享受到更加方便和舒适的生活。图 1-2 是我国改革开放后按当年价格计算的 GDP 的增长情况，表 1-3 则描述了几个国家以 1913 年为参照基期近一个世纪的人均实际收入增长率。

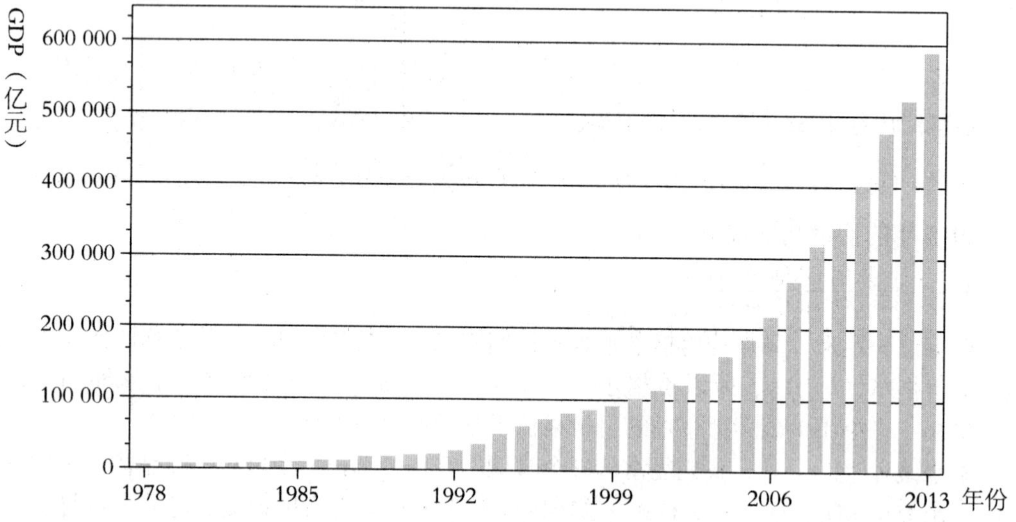

图 1-2　我国 1978—2013 年的 GDP

资料来源　中经网统计数据库.

表 1-3　　几个国家以近一个世纪的人均实际收入增长率（1913 年为参照基期）

国家	年均增长率（%）	国家	年均增长率（%）
阿根廷	0.7	印度	1.1
巴西	2.3	日本	3.4
中国	2.4	西班牙	2.0
法国	2.1	英国	1.6
加纳	0.1	美国	1.7

资料来源　多恩布什，费希尔，斯塔兹．宏观经济学［M］.8 版．大连：东北财经大学出版社，2003.

为什么一国的经济增长时快时慢？为什么各国的经济增长速度不尽相同？哪些因素影响这一速度？劳动和资本的增加、技术的进步和制度的改革在经济增长中起了多大的作用？政府可以用怎样的政策来促进经济增长？这些问题也是宏观经济学十分关注的问题。

第三节　总体经济活动的循环流动

一、总体经济活动中的部门

参与一国总体经济活动的单位可说是五花八门、不胜枚举，但根据它们在其中的作用可分为四类，每类称为一个部门。

第一个是家庭部门。这个部门在要素市场出卖生产要素（劳动、资本、土地和企业家才能），所获得的收入（即国民收入）用于在产品市场上购买消费品、进行储蓄并向政府缴纳个人所得税。**家庭储蓄简称为储蓄（saving），是指家庭的可支配收入（扣除净税收后的国民收入）中没有用于消费的部分**。储蓄主要体现为银行存款、购买各种有价证券和偿还债务等。这里要提请读者注意，家庭购买有价证券在经济学中被视为储蓄而不是投资。

第二个是厂商部门，由所有供出售的产品（包括商品和服务）的生产者构成。厂商在要素市场上购买生产要素用来生产并在产品市场上出售其产品。厂商还进行投资并向政府缴税等。**私人国内总投资简称为投资（investment），是指厂商增加资本存量的行为。**

第三个是政府部门，由一国的中央政府和地方政府构成。政府在劳动市场上购买劳动、在产品市场上购买产品、向其他部门（理论上简化为仅向家庭部门）征税并向它们进行补贴一类的转移支付。政府还控制着一国的货币供给量。政府在一国总体经济活动中的作用是举足轻重的，它通过上述的经济活动和非经济活动来主动调节宏观经济的运行。

第四个是外国部门，由所有与本国有经济活动往来的外国单位构成。这个部门主要通过产品的进出口参与一国的总体经济活动。

产品市场上的一项购买是记入消费、投资、政府购买还是出口取决于买者的身份。一般来说，家庭购买产品记入消费，厂商购买产品记入投资，政府购买产品记入政府购买，外国购买产品记入出口。唯一的例外是各种建筑物，不论买者是谁一律记入投资。这样规定只是出于统计方面的需要，与经济学原理的关系不大。

考察一国的总体经济活动应针对这四个部门进行（四部门模型或称开放经济模型），但有时为了简化我们的讨论，抽象出三部门模型（封闭经济模型）——假定并无国际部门参与一国总体经济活动，甚至抽象出两部门模型——将国际部门和政府部门的作用一并忽略，只对家庭和厂商两个部门进行研究。

二、流量与存量

经济学中将变量分为流量和存量。**流量（flow）是指变量在一个时间段内累积的数量；存量（stock）是指变量在一个时间点上测量出来的数量**。给出一个流量必须指出相应的时段，给出一个存量则必须指出相应的时点。某地区201×年的人口净增量是一个流量；该地区201×年年底的人口数量是一个存量。每分钟注入水池的水量是一个流量；该水池在某一时刻的蓄水量是一个存量。某国201×年的净投资额是一个流量；该国在201×年年初所拥有的全部资本品的货币价值是一个存量。

流量与存量有着密切的关系。两个不同时点上的存量之差就是相应时段内的流量。某地区201×年年底的人口数量与201×年年初的人口数量之差等于该地区该年的人口净增量。水池此时的蓄水量与1分钟前的蓄水量之差等于这1分钟的注入量。某国201×年年底所拥有的资本量与201×年年初拥有的资本量之差等于该国在这一年的净投资额。

如图1-3所示，某国的“总财富”是一个存量，在年初这个时点上度量则为年初总财富，在年末这个时点上度量则为年末总财富。这个量是不能在时段上度量的，因为它在任意时段内的每一时点上通常都有不同的值。“新生产的财富”是一个流量，它是在一定时段（如某一年）内度量的量。这个量是不能在时点上度量的，因为新生产的财富绝不可能在某一瞬间冒出来。同理，“漏出的财富”也是一个流量。这两个流量之差亦为流量，它就是所考虑时段上的“财富净增量”，即

财富净增量=新生产的财富-漏出的财富

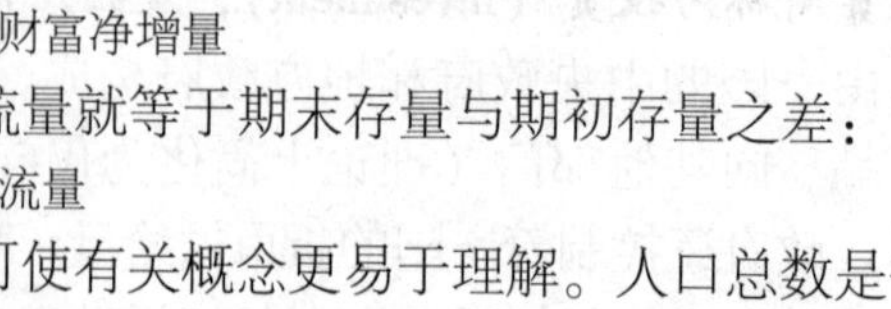

图1-3　流量与存量

这个量可以是正数，也可以是负数或零，它与期初和期末总财富的关系是：

期末总财富=期初总财富+财富净增量

一般而言，某期间的流量就等于期末存量与期初存量之差：

期末存量=期初存量+期间流量

用一国人口作为例子可使有关概念更易于理解。人口总数是一个存量，人口净增量是相应的流量，其间的关系是

某年人口净增量=年末人口总数-年初人口总数

还有两个有关的流量是新生人口和死亡人口，其差额就是人口净增量。

资本存量表示某一时点上的资本品总额，净投资表示某一时段上的资本品净增量，总投资表示某一时段上新生产的资本品，折旧表示某一时段上消耗掉的资本品（死亡的资本）。将这四个量依次与人口总数、人口净增量、新生人口和死亡人口相对应就得到：

净投资 = 总投资 - 折旧

= 期末资本存量 - 期初资本存量

三、事前变量与事后变量

在宏观经济学的学习中要特别注意区分所考察的变量是事前变量还是事后变量，初学者的诸多疑惑莫不产生于此。我们**称已经发生而对之进行事后核算的变量为事后变量或会计变量，称尚未发生而对之进行事前分析的变量为事前变量或意愿变量**。为了强调这一区别，我们通常用大写字母表示事后的量，而用小写字母表示事前的量。[①]

作为事后的量，总产出与国民收入在数值上是相同的。因为总产出表现为产品的市场价值，它正好分配给投入生产的各种生产要素。因此，总产出等于总收入。

四、两部门总体经济的循环流动

（一）两部门经济的基本循环流动

本小节假设只有家庭和厂商两个部门参与一国总体经济活动。总体经济的循环流动中最基本的是生产要素和产品的循环流动，以及为交换这些要素和产品所进行的货币支付的流动。如图 1-4 所示，外圈代表产品和要素的流动，内圈代表购买这些产品和要素的货币支付（即货币的循环流动）。因为没有考虑金融市场和另外两个部门的存在，所以这是一种最简单的循环流动形式。这里假定家庭出卖生产要素所获得的收入全部用来购买消费品，而厂商的产品一旦生产出来就全部销售给家庭。

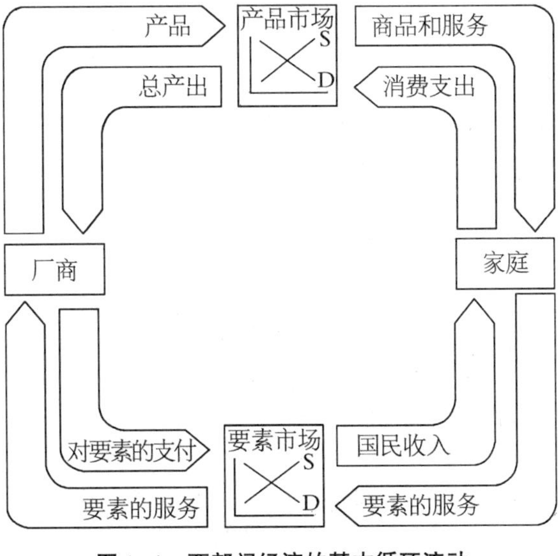

图 1-4　两部门经济的基本循环流动

上节已说明国民收入是一国消费者一定时期内所获得的收入，或者说**国民收入是一定时期内以现行价格计算的家庭部门所获得的工资、利息、租金和利润的总和**，即家庭部门由于出卖劳动、资本、土地和企业家才能等生产要素而得到的总收入。**总产出（total product）是一定时期内以现行价格计算的经济中所有产品的总和**，在数值上等于流向厂

① 有时为了尊重习惯，我们不得不违反这一约定。在那些地方我们会特别提出这一点以引起读者注意。

商的货币数量。

从家庭部门来看，这个部门出卖要素的收入（国民收入）全部用来购买厂商所生产的产品（消费），二者恰好相等；从厂商部门来看，这个部门出售产品的收入（总产出）全部用来购买家庭所提供的生产要素（对要素的支付），二者也必然相等。我们也可以分别从产品市场和要素市场来理解这一点。一方面，家庭的消费支出通过产品市场向厂商支付而转化为总产出；另一方面，厂商对要素的支付通过要素市场流向家庭而转化为国民收入。这就是说在二部门经济的基本循环流动中，国民收入、总产出、消费和对要素的支付四者在数值上相等。

（二）考虑储蓄和投资后二部门经济的循环流动

以上所讨论的基本循环流动只说明了家庭和厂商间最基本的联系，这里假定家庭部门将全部收入都用来购买厂商部门所生产的全部产品。这样，图 1-4 所示的循环流动将以既定的规模不断重复。在实际经济中，一方面家庭部门会有一些收入没有用来购买厂商所生产的产品（储蓄）从而由这一循环流动中漏出，这就会使得循环流动中的货币量减少；另一方面，厂商部门也会在产品市场上购买产品（投资）从而给这一循环流动注入资金。这种漏出（leakage）和注入（injection）会改变循环流动的规模。现通过图 1-5 来对这一问题进行补充。

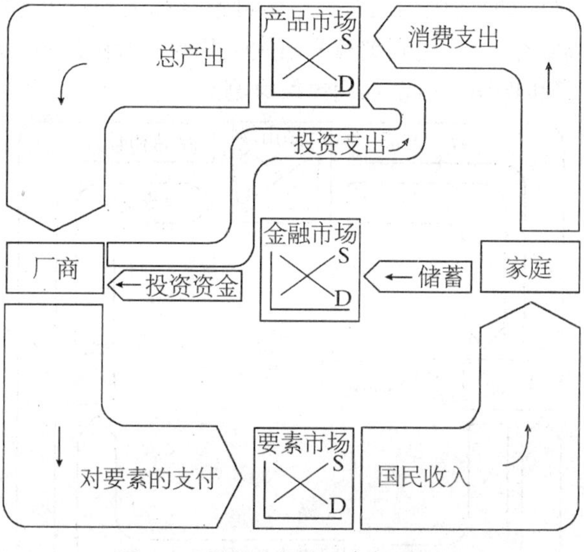

图 1-5　储蓄和投资进入循环流动

注入的投资可分为两个部分：一部分是固定资本投资，这一部分包括厂商增加新的厂房、机器设备、营业和办公设施等；另一部分是存货投资，即厂商增加原材料储存和售前产品的库存。根据厂商的投资动机，可将存货投资分为意愿存货投资和非意愿存货投资。**意愿存货投资是指按厂商的计划为顺利销售而必备的适当数量的售前商品库存；非意愿存货投资是指库存售前商品中除意愿存货投资以外的部分。**这一部分不是厂商有意储存的，而是因为没有销售出去被经济学看做厂商自己被迫买下的。这里要强调的是，固定资本投资必须是新生产的资本品，它是当期生产的产品流量的一部分。购买旧的资本品不过是资本品的所有权转移，并不能增加一国资本品存量。

基本循环流动中加入储蓄和投资这两个流量后，家庭与厂商之间的循环流动又增加了一条渠道，即家庭的储蓄通过金融市场转化为厂商的投资支出。家庭部门通过金融市场进行储蓄，而不是像图 1-4 所示的基本循环流动中将全部国民收入用来购买厂商所生产的产品，这是总体经济活动中的一种漏出。作为对这种漏出的弥补，厂商通过金融市场获得投资资金并向产品市场进行投资，这是总体经济活动中的一种注入。读者自然会问：储蓄决策和投资决策来自两个不同的部门，漏出与注入会相等吗？会不会因为漏出大于注入而导致总体经济活动的货币流量越来越小而逐渐枯竭呢？在回答这一问题前我们首先介绍总需求和总供给①两个重要概念。

总需求（aggregate demand）是指一定时期内一国经济中计划购买的所有新生产的产品按现行价格计算的总和。总供给（aggregate supply）是指一定时期内一国经济中生产的所有产品按现行价格计算的总和。按此定义，总需求为一事前变量（经济中“想买的”），而总供给为一事后变量（经济中“想卖的”，亦即经济中的总产出）。根据我们的约定，前者应记以小写字母，而后者应记以大写字母。然而根据习惯，各种经济学文献都用大写字母来表示这两个量，我们也分别用 AD 和 AS 来分别表示总需求和总供给。

由于总需求和总供给是由不同部门独立决定的，当然不会必然相等。厂商部门根据自己掌握的信息安排生产，家庭则根据市场价格和对未来的预期等制订购买计划。厂商的生产计划往往在家庭的购买计划之前作出，故总需求和总供给很难恰好相等。

当总供给超过总需求时，销售变得困难起来，非意愿存货增加。由于这种增加是“非意愿”的（本质是减少厂商的利润），厂商当然会通过减产来压缩它。厂商的减产导致总供给减少，但只要总供给仍然超过总需求，这一减产压力就依然存在。这一减产过程将一直持续到总供给与总需求相等为止。反过来，当总需求超过总供给时，销售变得旺盛起来。厂商不但没有非意愿存货，还要动用意愿存货来满足高涨的总需求，从而使实际存货少于意愿存货（产生负的非意愿存货）。在利润最大化的驱使下，厂商必须恢复意愿的存货量（消灭负的非意愿存货）。其结果就是增产，即增加总供给。只要总供给还小于总需求，这一增产的过程将继续下去，直到二者相等为止。这里分析的总需求与总供给由不相等到相等的过程就是由非均衡状态向均衡状态过渡的过程。在总需求（计划的购买）与总供给（总产出）不相等时，经济处于非均衡状态，这种状态是不稳定的，有一种向均衡状态过渡的趋势。总需求与总供给的差额越大，这种趋势就越强烈。只有在总需求与总供给相等时，经济才处于均衡状态，在其他条件不变的情况下这种状态可以保持下去而不存在变动的趋势。

因为总供给是事后量（事实上的总产出），而总需求是事前量（对总产出的意愿购买量），所以二者通常是不相等的。如果对总产出的购买也进行事后的核算，就得到事实上购买的总产出。事实上购买的总产出包括意愿购买的和非意愿购买的，后者即非意愿存货投资。因为没有卖掉的产品被视为厂商自己买下了，所以事实上购买的总产出等于事实上生产的总产出。这就是说：

总产出＝意愿的购买＋非意愿的存货投资

① 微观经济学中我们强调需求与需求量的区别。宏观经济学中却习惯将这一“量”字省略。如将“货币需求量”和“货币供给量”分别说成“货币需求”和“货币供给”，将“总需求量”和“总供给量”分别说成“总需求”和“总供给”等。读者必须根据前后文来判断所给术语是否省略了“量”字。这里的“总需求”和“总供给”应当理解为“总需求量”和“总供给量”。总需求是总需求量与价格水平之间的函数关系，而总供给则是总供给量与价格水平之间的函数关系。

或　　总供给=总需求+非意愿的存货投资

（三）两部门经济国民收入恒等式

在两部门经济中，作为事后测定的会计量，投资与储蓄必然相等，即恒有：

$$I=S \tag{1-5}$$

这就是两部门经济国民收入恒等式。厂商生产的产品或者被家庭购买，或者自己买下（经济学将未售出的产品视为厂商自己购买的资本品），二者必居其一。其中，厂商买下的产品可分成两类：一类是意愿投资，即厂商购买的机器设备、原材料和按计划储存的产品存货等；另一类是非意愿投资，即厂商希望出售而没有卖掉的产品（非意愿存货）。被家庭买下的就是实际的消费 C，被厂商买下的就是实际的投资 I，故产出=C+I。厂商所生产的产品价值由投入生产的各要素瓜分，即产出=收入。注意到要素的所有者是家庭，这些收入全部由家庭部门获得。收入只有两个用途：消费和储蓄，即收入=C+S，于是有 C+I=C+S。这就是两部门经济国民收入恒等式 1-5，它表明厂商的投资恰好来自家庭的储蓄。

作为事前计划的意愿量，投资与储蓄就不一定相等了，i=s 只是偶然成立，因为投资与储蓄的计划分别由厂商和家庭两个部门独立作出，二者很难恰好相等。下面举一个具体的例子来帮助读者更好地理解这一问题。

设两部门经济的产出为 1 000，其中消费品和资本品分别为 700 和 300。按厂商部门的计划，为顺利销售产品，要库存消费品 20 和资本品 10，即厂商意愿的商品存货为 30。另外，厂商部门计划购买资本品 305（实际也购买了 305）；家庭部门计划购买消费品 650，储蓄 350（实际也是如此）。于是厂商部门的实际投资（事后测定的投资）是：

I =意愿投资+非意愿投资

=（意愿购买的资本品+意愿存货）+非意愿存货

=［意愿购买的资本品+（意愿消费品存货+意愿资本品存货）］+（非意愿消费品存货+非意愿资本品存货）

=［305+（20+10）］+［30+（-15）］=350=S

式中：非意愿资本品存货为-15，是因为意愿资本品存货为 10，而实际的资本品存货为 300-305=-5（不但没有资本品存货，而且还卖掉了上期资本品存货中的 5 个单位），非意愿资本品存货=实际资本品存货-意愿资本品存货=-5-10=-15。

厂商部门的意愿投资是：

i =意愿购买的资本品+意愿存货

=305+（20+10）=335

它不等于家庭部门的意愿储蓄 s（=S）=350。其间的差额就是厂商的非意愿存货 30+（-15）=15。

读者不妨自行进一步分析，此时（i<s）产品市场处于非均衡状态，总需求不足。国民收入趋向于减少从而储蓄趋向于减少，这种趋势一直要持续到 i=s（产品市场达到均衡）时才会消失。

五、三部门经济的循环流动

在两部门模型的基础上加入政府部门就得到三部门模型或称封闭经济模型，其中政府通过净税收和购买与另外两个部门发生经济联系（见图 1–6）。

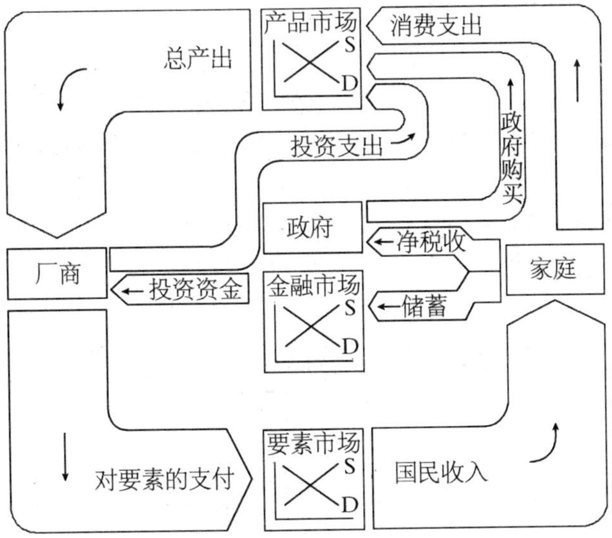

图 1–6　三部门经济循环流动

根据美国的实践，政府向其他部门征缴的税收中大部分来自家庭部门的个人收入所得税。为简化我们的讨论，本书假定政府仅向家庭征缴个人收入所得税。政府将税收 T 的一部分以转移支付 Tr 的形式退还给家庭，这种转移支付主要由失业补助和贫穷救济构成。除了政府会进行这种转移支付外，其他部门也可能这样做。为了区别转移支付的源泉，就有所谓政府转移支付和企业转移支付等术语，但我们仅将政府转移支付简称为转移支付。税收 T 与转移支付 Tr 的差额（T–Tr）被称为净税收。政府购买表现为政府在产品市场的购买和在劳动市场的购买（向政府雇员支付薪金）。政府购买 G 与政府转移支付之和构成了政府支出。当政府税收大于政府支出时，其差额称为财政预算盈余。如果财政预算盈余为负数，则称其绝对值为财政预算赤字或财政赤字。财政预算平衡是指财政预算盈余为零的状况。为简明起见，政府在要素市场购买劳动这一支付没有画在图 1–6 中。与两部门经济比较，三部门经济又增加了净税收这一项漏出，同时也增加了政府购买这一项注入。

三部门经济中的产出由家庭、厂商和政府所购买，数额分别为消费 C、投资 I 和政府购买 G，即产出 = C+I+G。这一产出同样由各生产要素瓜分，它在数值上仍然与国民收入相等。由于增加了政府部门，家庭部门所获得的国民收入除了用于消费和储蓄外还必须向政府交税，即国民收入 = C+S+NT = C+S+（T–Tr），于是：

$$C+I+G = C+S+(T-Tr)$$

消去 C 并整理得：

$$I = S+(T-G-Tr) \tag{1-6}$$

这就是三部门经济国民收入恒等式。政府的财政盈余（T–G–Tr）可看做政府的“储蓄”①，这样我们可将式 1–6 记忆为厂商部门的投资来自于其他两个部门的“储蓄”。

① 这里的引号表示政府财政盈余并不是经济学意义上的储蓄，下文中外国部门的“储蓄”亦同。

六、四部门经济的循环流动

在三部门经济模型中加入外国部门就得到了四部门模型或称开放经济模型。在这个模型中，整体经济活动的循环由家庭、厂商、政府和外国四个部门共同参与。如图 1-7 所示，增加的第一个支流是进口支出。由于整个循环是以现行价格表示的货币流动，它与实物流动的方向相反，故图 1-7 中的进口指的是对进口的货币支付。如图 1-7 中箭头所指，其流动方向是从本国流向外国。进口支出与储蓄和净税收一样，都是经济循环中的漏出。为了保持图 1-7 的简明，我们只画出了家庭对进口的支付，实际上其他部门都有这种支付。

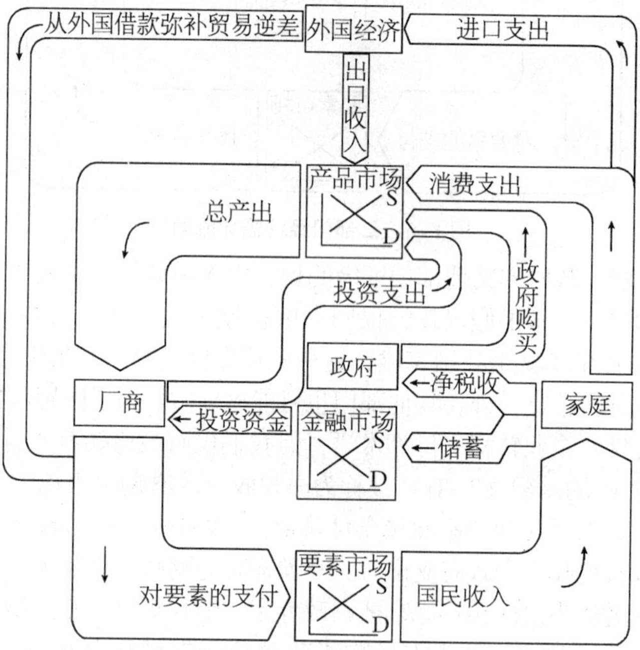

图 1-7　开放经济的循环流动

与三部门模型比较，四部门经济增加的第二个支流是出口收入。出口收入与投资和政府购买一样，都是经济循环中的注入。增加的第三个支流是国际借贷，这是因为产品的进出口之间难以完全平衡需要进行抵补而产生的。当一国的进口大于出口（发生贸易逆差），出口收入不足以支付进口，就需要从外国借款进行支付。借款资金如箭头所指是从外国流向本国的金融市场。如果本国在某一时期出口大于进口，则本国获得贸易顺差，逆差国就会向本国借款以支付其逆差，本国资金就会从金融市场流向外国。

外国部门从本国取得的收入有如下四项：卖给家庭部门的产品 C_M、卖给政府部门的产品 G_M、卖给厂商部门的产品 I_M 和卖给本部门的产品 X_M。这四项之和即为本国的进口 M：

$$M=C_M+G_M+I_M+X_M$$

外国部门将这些收入用于向厂商购买 X（出口）后的剩下部分（M-X）（净进口）就是外国对本国的“储蓄”。

本国的产出由四个部门购买。家庭部门购买产品的支出为消费 C，扣除其中的进口品

C_M后购买本国产品的支出为（$C-C_M$）。同样的道理，其他三个部门购买本国产品的支出分别是（$I-I_M$）、（$G-G_M$）和（$X-X_M$），于是：

$$\begin{aligned}\text{产出} &= (C-C_M)+(I-I_M)+(G-G_M)+(X-X_M)\\ &= C+I+G+X-(C_M+G_M+I_M+X_M)\\ &= C+I+G+(X-M) \qquad (1-7)\end{aligned}$$

它在数值上与国民收入相等，即

$$C+I+G+(X-M)=C+S+(T-Tr)$$

整理即得四部门经济国民收入恒等式：

$$I=S+(T-G-Tr)+(M-X) \qquad (1-8)$$

国民收入恒等式1-5、式1-6和式1-8可统一记忆为：厂商部门的投资恒等于其他各部门的“储蓄”之和。

关键术语

储蓄　投资　意愿存货投资　非意愿存货投资　折旧　净投资　税收　政府转移支付　净税收　国民收入恒等式

主要观点

◆ 1929年的大危机粉碎了传统经济学关于“资本主义是一架具有自我修复机制的精巧机器”这一神话。

◆ 凯恩斯主义认为：充分就业时传统经济学是正确的，此时“自由放任”导致最高效率；非充分就业时传统经济学失效，此时正确的政府宏观干预可使经济恢复充分就业。

◆ 总需求超过总供给时经济处于非均衡状态，利润驱使厂商增产从而达到总需求与总供给相等的均衡状态。总需求小于总供给时经济也处于非均衡状态，利润驱使厂商减产从而达到总需求与总供给相等的均衡状态。

◆ 作为事后的量，厂商部门的投资恒等于其他各部门的“储蓄”之和。

基本训练

一、填空题

1. 按萨伊定律，资本主义经济中商品过剩是（　　）的和（　　）的现象。

2. 凯恩斯认为，传统经济学中的均衡只是(　　)这一特殊条件下的均衡因而不适用于通常的情形。

3. 宏观经济学以(　　)为研究对象。

4. 宏观经济学主要采用(　　)分析方法。

5. 宏观经济学的研究目的主要是为（　　）提供理论依据。

二、选择题

1. 1929 年的大危机使得(　　)与现实相悖离。

A. 传统经济学理论　　B. 斯密“看不见的手”原理

C. 萨伊定律　　D. A、B 和 C 都是

2. 《就业、利息和货币通论》的作者是(　　)。

A. 斯密　　B. 凯恩斯　　C. 萨伊　　D. 李嘉图

3. 下列(　　)不是 1929 年资本主义经济大危机的表现。

A. 大量失业　　B. 大幅度减产　　C. 严重的通货膨胀　　D. 股市崩盘

4. 期初存量(　　)期间流量(　　)期末存量。

A. 加上，大于　　B. 等于，加上

C. 加上，等于　　D. 等于，减去

5. 净税收是指税收与(　　)之差。

A. 政府转移支付　　B. 家庭储蓄

C. 私人国内总投资　　D. 政府支出

6. 财政预算平衡是指(　　)相等。

A. 税收与政府购买　　B. 税收与政府转移支付

C. 税收与政府支出　　D. 政府购买与政府转移支付

7. (　　)是经济学意义上的投资。

A. 某企业增加一批积压商品　　B. 某人买进一批股票

C. 政府进口一架军用飞机　　D. 某人高价买入一张清代邮票

8. 下列(　　)不属于经济学意义上的投资。

A. 某企业增加一批积压商品　　B. 某家庭新建一座别墅

C. 某人购买一批股票　　D. 某企业新修一幢厂房

三、判断题

1. 较高的失业率一定伴随较低的总产出。(　　)

2. 某人将其收入的一部分偿还过去的债务，这种行为称为储蓄。(　　)

3. 总供给不可能小于总需求。(　　)

4. 经济中漏出大于注入会导致总体经济活动的货币流量越来越小而逐渐枯竭。(　　)

5. 只要政府转移支付为正数，税收就一定大于政府购买。(　　)

四、简答题

1. 假设一个经济中只生产两种消费品 X 和 Y，表 1–4 给出了相应的数据。试计算该经济当期的价格指数。

表 1-4 X 和 Y 的数量和价格

商品	基期		当期	
	数量	价格	数量	价格
X	10	5	12	5
Y	5	10	4	12

2. 人们常将购买债券和股票说成是投资，这是否符合经济学的概念？

3. 实践中如何计算价格指数？所计算的结果是否与价格指数的一般定义有出入？

五、论述题

1. 凯恩斯主义是怎样为资本主义制度辩护的？

2. 试论述开放经济的循环流动。

第二章 国民收入核算

学习目标

◆ 重点掌握GDP的定义和名义GDP的计算方法；掌握GDP以外其他国民收入总量的概念、名义GDP和实际GDP；了解GDP与GNP的异同、国民收入核算资料的作用和不足。

国民收入核算是以整个国民经济为对象进行的宏观经济核算，其任务是对一国一定时期的经济活动及其结果进行系统、全面的计算和测定，其意义在于为国家的宏观经济调控决策提供信息。

在国际上已经使用过的国民收入核算体系中，国民账户体系是最有影响的。美国经济学家库兹涅茨（S. Kuznets）从20世纪20年代起就开始研究如何计量国民收入。在他的参与下，美国商务部于1934年出版了《1929—1932年的国民收入》一书。第二次世界大战期间英国经济学家斯通（R. Stone）对英国的国民收入进行了计算，并在战后为联合国制定了标准的国民收入核算体系。此后，这一体系又得到不断完善并形成现在的国民账户体系。它已为世界上绝大多数市场经济国家所采用。本章按国民账户体系来介绍国民收入核算理论。十分明显，本章出现的所有变量都是事后变量。

第一节 国内生产总值

一、国内生产总值的概念

国内生产总值（gross domestic product，GDP）是一国境内一定时期所生产的最终产品的市场价值。根据以上定义我们应当注意以下几个方面：

（一）GDP的核算对象

GDP的核算对象是最终产品，即为了最终使用而购买的产品。所谓最终使用是指不再进行商业加工（转售也被视为商业加工）而直接使用。与最终产品对应的是中间产品。所谓中间产品是指为了再进行商业加工（包括转售）而购买的产品。一件产品是否为最终产品并不取决于产品本身，而取决于其用途。我们无法简单地判断一袋面粉是否为最终产品。只有当它被家庭购买，才能判定它是最终产品。当它被面包厂或面粉商购买时，就成了中间产品。

只将最终产品计入GDP是为了避免重复计算。下面这个例子可以帮助我们理解这一点。

假设服装的生产分为四个阶段：农场生产棉花，纺织厂将棉花织成布匹，制衣厂将布匹加工为成衣，服装店将成衣加工成服装。这里的服装与成衣是不相同的。也许消费者看不出其间的区别，但与成衣不同，服装中确实包含了服装店在运输、包装、宣传和陈列等商业加工过程中的投入。表 2-1 列出了各阶段产品的市场价值和相应生产阶段的增加值。因为这一增加值恰好被相应生产阶段的各种要素瓜分，所以它也是这一生产阶段的生产投入价值。

表 2-1 **服装的生产阶段和增加值**

生产者	产品	产品的市场价值	增加值
农场	棉花	100	100
纺织厂	布匹	300	200
制衣厂	成衣	1 000	700
服装店	服装	1 250	250

表 2-1 中的棉花、布匹和成衣都是中间产品，从而不能计入 GDP。只有服装才是最终产品，因而计入 GDP 的就是其市场价值 1 250。如果将中间产品的市场价值也计入，将是 100+300+1 000+1 250=2 650。这一重复计算的结果是毫无意义的。否则，只要将生产阶段更加细分（如将制衣过程细分为每缝一针算做一个生产阶段），则这件服装各生产阶段的市场价值总和将是一个天文数字。

（二）GDP 是一个流量

GDP 的核算对象是最终产品，这些产品必须是在一定的时期（通常为 1 年）内生产出来的。换言之，凡是在这一时期生产的最终产品都要计入 GDP，凡不是在这一时期生产的则不能计入 GDP。某厂商在我们所考察的那一年生产了市场价值为 100 万元的产品，若当年只卖掉了 80 万元，则未售出的 20 万元产品就是厂商自己买下的存货投资。相反，虽然当年厂商只生产了 100 万元的产品，但卖掉了 130 万元的产品，这使厂商的商品存货减少了 30 万元。不论是哪一种情况，计入 GDP 的都是 100 万元。

GDP 是在一个时间段内度量的量，因而是一个流量。这个量是在这个时间段里新生的，不包括以前生产的产品。如花 10 万元（其中包括 1 万元运输和安装费）购买了一台往年生产的旧机器，除了本年所生产的服务 1 万元，其余 9 万元都不能计入 GDP，因为它早已计入这台机器诞生那一年的 GDP 中了。

（三）GDP 的核算口径

作为 GDP 核算对象的最终产品必须产自一国境内。不管是本国居民还是外国居民生产的最终产品，只要产地在本国境内就必须计入 GDP。如果最终产品的产地不在本国境内，哪怕是由本国居民所生产的，也不能计入 GDP。

（四）GDP 的核算形式

GDP 计算的是最终产品市场价值的总和。这里有两方面的含义：一方面，只有通过了市场的产品才能计入 GDP；另一方面，全部最终产品都按市场价格计算。

关于第一方面，没有通过市场的产品都不能计入 GDP。比如，你花 50 元在餐馆吃了一顿不错的午餐，这 50 元通过了市场，应计入 GDP。但是，如果你并没有去餐馆，而是享用了自己动手做的相同水平的午餐，计入 GDP 的就不应是 50 元，而只是你为做午餐购买的各种食材等花去的 20 元。另外 30 元是你做午餐这一劳动的报酬，但因其没有通过市场而不能计入 GDP。相对于发达国家来说，发展中国家中有更多未通过市场的产品，因而二者 GDP 的差距比实际生产水平的差距更大。

关于第二方面，产品每年的市场价格往往都不相同，究竟应按哪一年的市场价格计算呢？一般有两种计算法：一是按当年的价格计算；二是按基期价格计算。两种方法计算的结果当然不相同，因此就有两种 GDP。前者称为名义 GDP；后者称为实际 GDP。

假定某国境内在考察期共生产了 n 种最终产品，其产量和当期价格分别为 $\vec{Q}=(Q_1, Q_2, \cdots, Q_n)$ 和 $\vec{P}=(P_1, P_2, \cdots, P_n)$。我们还假设这些产品的基期价格是 $\vec{p}=(p_1, p_2, \cdots, p_n)$，那么该国考察期的名义 GDP 就等于：

$$\begin{aligned} GDP_{名义} &= \vec{P}\cdot\vec{Q} = (P_1, P_2, \cdots, P_n)\cdot(Q_1, Q_2, \cdots, Q_n) \\ &= \sum_{i=1}^{n}(P_i \cdot Q_i) = P_1Q_1 + P_2Q_2 + \cdots + P_nQ_n \end{aligned} \tag{2-1}$$

而该国考察期的实际 GDP 等于：

$$\begin{aligned} GDP_{实际} &= \vec{p}\cdot\vec{Q} = (p_1, p_2, \cdots, p_n)\cdot(Q_1, Q_2, \cdots, Q_n) \\ &= \sum_{i=1}^{n}(p_i \cdot Q_i) = p_1Q_1 + p_2Q_2 + \cdots + p_nQ_n \end{aligned} \tag{2-2}$$

非常明显，名义 GDP 的高低取决于考察期的产出 $\vec{Q}$ 和当期的价格 $\vec{P}$，它不便于用来对不同时期的产出进行比较。实际 GDP 只与当期的产出 $\vec{Q}$ 有关，而与当期的价格 $\vec{P}$ 无关，因此实际 GDP 较大也就意味着产出较高。作为一个例子，假设表 2-2 中的 3 种产品就是某国 201×年的全部产出。

表 2-2　**1983 年（基期）和 201×年（当期）某国的名义 GDP**

1983 年（基期）				201×年（当期）			
产品	数量	价格	市场价值	产品	数量	价格	市场价值
大米	1 000	0.20	200	大米	500	0.60	300
钢铁	50	2.00	100	钢铁	100	1.00	100
白银	10	10.00	100	白银	20	15.00	300
名义 GDP=400				名义 GDP=700			

由表 2-2 可见，将这两年的名义 GDP 进行比较是没有什么意义的。201×年的名义 GDP 大大超过了 1983 年的，其原因有可能是下列 5 种之一：①产出增加了，价格水平未变；②价格水平提高了，产出未变；③产出增加了且价格水平也提高了；④产出增加了，价格水平降低了，而且产出增长率大于价格水平增长率的绝对值；⑤价格水平提高了，产出减少了，而且价格水平增长率大于产出增长率的绝对值。

唯一不可能的情况是产出和价格水平都降低了。

从表 2-2 提供的数据来看，大米减产了，钢铁也降价了，因此，201×年名义 GDP 的提高是由于钢铁和白银的增产扣除大米减产这一因素以及大米和白银提价扣除钢铁降价这一因素共同作用的结果。如果要将 201×年的产出与 1983 的产出作一比较，就必须排除价格变动的影响。处理的办法就是，如表 2-3 那样将 201×年的产出按 1983 年的价格来计算。

表 2-3　　201×年某国的名义 GDP 与实际 GDP

产品	数量	当期价格	计入名义 GDP 的价值	基期价格	计入实际 GDP 的价值
大米	500	0.60	300	0.20	100
钢铁	100	1.00	100	2.00	200
白银	20	15.00	300	10.00	200
名义 GDP			700	实际 GDP	500

表 2-3 中名义 GDP=700 是 201×年产出的当年市场价值，前已说明用它来与基期的 GDP=400 相比较是没有意义的。但是，201×年的实际 GDP=500 是该年的产出按 1983 年的价格计算的市场价值，这个数字与基期数据 400 相比较，表明了产出的真实变化：当期的产出比基期的产出增长了 25%((500-400) ÷400×100%)。

对一个国家来说，最终产品的种类 n 实在太大了，按式 2-1 和式 2-2 来计算 GDP 几乎是不可行的。我们将在下一小节介绍名义 GDP 的计算方法。下面介绍如何根据名义 GDP 来计算实际 GDP。

根据式 2-1、式 2-2 以及式 1-3，有：

$$GDP_{实际}=p_1Q_1+p_2Q_2+\cdots+p_nQ_n$$
$$=\frac{P_1Q_1+P_2Q_2+\cdots+P_nQ_n}{PI}$$
$$=\frac{GDP_{名义}}{PI}$$

这里价格指数 PI 应取为 GDP 折算数，即

$$GDP_{实际}=\frac{GDP_{名义}}{GDP\ 折算数} \tag{2-3}$$

二、名义 GDP 的计算方法

名义 GDP 就是按当期的市场价格来计算的这一期间所生产的最终产品的市场价值。对于任何一项最终产品的市场价值，就购买者来说是对该项产品的支出，就售卖者来说是由该项产品所获得的收入，二者显然是相等的。因此，GDP 既可以看成是对所有当期生产的最终产品的支出总和，也可以看成是这些产品的收入总和。这样就产生了两种计算 GDP 的方法：支出法和收入法。

（一）支出法

支出法是直接从产品的使用角度出发，将所考察的时期内购买各项最终产品的支出加总起来而得到 GDP 的一种方法。这是计算 GDP 最基本的也是最常用的方法。因为参与一国经济活动的有四个部门，故将这四个部门对本国境内所产的最终产品的支出加总起来便得到 GDP。

家庭部门的消费支出 C 不应全部计入 GDP，因为 C 中不仅包含对该国国境内生产的最终产品的支出，而且还包含了对进口产品的支出，后者是不能计入本国 GDP 的。因此，计入 GDP 的消费支出不是全部的 C，而应为（$C-C_M$），其中 C_M 是家庭部门购买的进口产品。同理，计入 GDP 的厂商购买（投资）、政府购买和外国购买（出口）应分别为（$I-I_M$）、（$G-G_M$）和（$X-X_M$）。其中，I_M 是厂商购买的进口品，G_M 是政府购买的进口

品，X_M 是用于出口的进口品。这样，我们就得到：

$$GDP=(C-C_M)+(I-I_M)+(G-G_M)+(X-X_M)$$
$$=C+I+G+X-(C_M+I_M+G_M+X_M)$$

式中：$C_M+I_M+G_M+X_M$ 就是该国全部的进口产品 M，于是就得到用支出法计算 GDP 的公式：

$$GDP=C+I+G+(X-M) \tag{2-4}$$

不难发现，式 2-4 与式 1-7 非常相似。其实，GDP 与总产出是同一个概念，因而两式实质上并无区别。

表 2-4 就是根据支出法计算的 2005 年美国的名义 GDP。

表 2-4 **2005 年美国的名义 GDP**

项　目	金额（亿美元）	比例（%）
国内生产总值	124 871	100.0
消费支出	87 457	70.0
耐用品	10 265	
非耐用品	25 644	
服务	51 549	
私人国内总投资	21 050	16.9
固定资产投资	20 861	
非居民住宅	13 298	
居民住宅	7 563	
私人存货变动	189	
政府购买	23 629	18.9
联邦政府购买	8 777	
国防支出	5 871	
非国防支出	2 906	
地方政府购买	14 852	
净出口	−7 265	−5.8
出口	13 012	
商品出口	9 056	
服务出口	3 956	
进口	20 277	
商品进口	17 007	
服务进口	3 270	

资料来源　美国商务部经济分析局.

在应用式2-4时应特别注意，那些事后量并非相互独立，一个量的变动往往会引起其他量跟随变动。下面以一个十分常见的错误为例来说明这一点。这个问题经常出现在教材中："如果甲、乙两国并成一个国家，对GDP总和会有什么影响（假定两国产出不变）？"

在解答此问题之前，我们不妨考虑一个更简单的问题：一宗进口业务对一国的GDP有何影响？有人根据支出法的GDP计算公式2-4认为这会使一国的GDP减少，但这是错误的。GDP度量的是一国境内的总产出，其数值不会因进口业务而改变，但进口业务会使GDP的结构发生改变。一般地说，一宗进口业务会使一国的国内支出（消费、投资和政府购买）增加而使净出口等量减少，从而不影响GDP的数值。举例来说，设A国从B国进口价格为1万美元的小汽车100辆，家庭购买了其中的40辆，厂商购买了其中的30辆（暂未卖出的也被视为厂商买下），政府购买了其中的20辆，10辆转卖给C国。于是这宗进口业务一方面使C、I、G和X分别增加40万、30万、20万和10万（共计100万）美元，另一方面使M增加100万美元。将这些数据代入式2-4可见，这宗进口业务并不影响A国的GDP值。

现在再回到我们的问题。GDP所度量的是事后的产出，其值显然与观察者将其视为两个国家还是一国的两个地区无关。有人认为合并会增加GDP总和，他是这样推理的：

"如果甲、乙两国合并成一个国家，对GDP总和会有影响。因为甲、乙两国未合并成一个国家时，双方可能有贸易往来，但这种贸易只会影响甲国或乙国的GDP，对两国GDP总和不会有影响。举例说，甲国向乙国出口10台机器，价值10万美元，乙国向甲国出口800套服装，价值8万美元，计入甲国GDP的有净出口2万美元，计入乙国的GDP有净出口-2万美元，从两国GDP总和看，计入GDP的价值为零。如果这两个国家并成一个国家，两国贸易变成两地区间的贸易。甲地区出售给乙地区10台机器，从收入看，甲地区增加10万美元，从支出看，乙地区增加10万美元；相反，乙地区出售给甲地区800套服装，从收入看，乙地区增加8万美元，从支出看，甲地区增加8万美元。由于甲、乙两地是一个国家，因此，该国共收入18万美元，而投资加消费的支出也是18万美元，因此，无论从收入还是从支出来看，计入GDP的价值都是18万美元。"①

上述推理的后半部分是对的，这两宗地区间贸易使GDP增加了18万美元；推理的前半部分则是错误的。推理称这两宗国际贸易对两国GDP总和不产生影响，理由是两国间的任何贸易会使两国产生绝对值相等而符号相反的净出口，代入按支出法计算GDP的式2-4即可得出这一结论。令人费解的是，假设两国各生产（且仅生产）100万美元的产品并全部向对方出口，按上述推理不但两国GDP的总和为零，而且各国的GDP亦为零。这意味着两国什么也没有生产！正是将进口看做独立变量导致了这一错误。实际上，甲国向乙国出口10台机器这宗贸易会使甲国的GDP增加10万美元而不影响乙国的GDP，乙国向甲国出口800套服装这宗贸易会使乙国的GDP增加8万美元而不影响甲国的GDP，所以这两宗贸易使两国GDP总和增加18万美元。

---

① 高鸿业．西方经济学学习与教学手册［M］．北京：中国人民大学出版社，2005. 张世军，王飞云．西方经济学：宏观部分［M］．4版．北京：航空工业出版社，2006.

（二）收入法

从表 2-1 列举的例子中不难得出这样的结论：不必区分最终产品和中间产品，只需将各产品生产的增加值加总便得到 GDP。一种产品生产的增加值用来支付劳动的工资、资本的利息和土地的租金，剩下的部分就是利润，即支付给企业家才能的报酬。换言之，一种产品的增加值恰好等于生产它的各种要素的收入。于是，按收入法 GDP 就等于投入生产的各种要素的收入，即工资、利息、租金和利润之和。但是，表 2-1 是一个简化了的例子，它没有考虑折旧、间接税和企业转移支付等因素，因此我们还应作出以下调整：

1. 折旧

在采用支出法计算 GDP 时，投资是一个值得仔细研究的项目。一国境内一年的投资总额并不能代表这一年来资本存量的增加数，一年的生产将一部分资本消耗掉了。正如同要从一年的出生人口数中扣除死亡人口数才等于人口增加数一样，从一年的投资总额中减去这一年被消耗掉的资本量才是资本存量的净增加量。我们把投资总额称为总投资，被消耗的资本称为资本折旧，简称折旧，而将这二者之差称为净投资。因此，总投资是一年中新生产出来的资本品，折旧是一年中死亡的资本品，而净投资则是这一年净增加的资本品，三者都是流量。总投资虽然是新投入的资本，但其中一部分要用来顶替同期死亡的资本，剩下的部分才是真正新生的资本。由此可见，采用支出法计算的 GDP 中包含折旧，这是符合 GDP 的定义的。

现在采用收入法来计算 GDP。工资、租金、利息和利润分别是将劳动、土地、资本和企业家才能等要素投入到生产中而获得的收入，其总和显然没有包含折旧。前已说明折旧包括在总投资中，因而应计入 GDP。

2. 间接税

间接税是对产品销售征收的税，因纳税人与税负的实际承担者不一致，故称间接税。间接税的纳税人是厂商，但厂商将其列入成本而转嫁给消费者。征收间接税的后果是使商品的市场价格高于厂商对各要素的支付，高出的部分即间接税由政府拿走。按支出法，计入 GDP 的是商品的市场价格。因此按收入法计算 GDP 时，除了各种要素的收入和折旧外，应将间接税也计入 GDP。

与间接税的征收相反，政府也时常对某些商品的生产给予补贴。此时商品的市场价格低于投入生产各要素的收入，其差额即为政府补贴。这种补贴可以看成负的间接税，故采用收入法计算 GDP 时还应减去这种补贴。

3. 企业转移支付

企业转移支付包括企业对非营利组织的捐款和因赊销而导致的坏账等。这些当然都不是任何要素的收入，但与间接税一样要通过产品价格转嫁给消费者。于是，用收入法计算 GDP 时还应将企业转移支付计入。

这样，用收入法计算 GDP 的公式就是：

GDP＝工资+利息+租金+利润+折旧+间接税+企业转移支付① (2-5)

---

① 这里已经将政府对企业的补贴看做负的间接税，故未将其另行列做一项；否则，用收入法计算 GDP 的公式应写做：GDP＝工资+利息+租金+利润+折旧+（间接税-政府对企业的补贴）+企业转移支付。

第二节　其他国民收入总量

一、以地域为核算口径的国民收入总量

GDP 的核算口径限于一国境内。这一核算口径的国民收入总量共有 5 个，除了国内生产总值外其余 4 个分别是国内生产净值、国民收入①、个人收入和个人可支配收入。

1. 国内生产净值

从国内生产总值中扣除死亡的资本——折旧，就得到国内生产净值（net domestic product，NDP），即

NDP＝GDP－折旧　　(2-6)

由于 GDP 计量的是最终产品的市场价值，并未扣除为生产这些产品而消耗掉的资本设备的价值，因而还不是该国新增加的财富。**NDP 表示考察期一国境内产值的净增量**。

2. 国民收入

狭义的**国民收入（national income，NI）是指考察期一国境内所有生产要素得到的收入**。根据这一定义就有：

NI＝工资+利息+租金+利润　　(2-7)

前文已经说明，间接税和企业转移支付都计入产品价格中但都不成为任何要素的收入，而政府给企业的补贴却成为要素收入的一部分，所以前者应当从 NDP 中扣除，而后者应当加入才能得到国民收入，即

NI＝NDP－（间接税－政府给企业的补贴）－企业转移支付　　(2-8)

在这个式子中我们有意将间接税和政府给企业的补贴写在一个括号中，是因为当我们把政府给企业的补贴看做负的间接税时，此式会变得更简洁一些：

NI＝NDP－间接税－企业转移支付　　(2-9)

3. 个人收入

个人收入（personal income，PI）指考察期一国境内个人所得到的收入。一方面，狭义的国民收入（工资、利息、租金和利润之和）并不能完全归个人所得。例如，工资的一部分要以社会保险费的形式上缴有关机构。又如，以红利和股息形式分给个人的也只是公司利润的一部分，另一部分作为未分配利润暂不分配给个人（待将来分配给个人时成为那一时期的个人收入）。另一方面，个人也以各种非要素收入的形式从政府那里得到转移支付（如失业补助和贫穷救济等）。因此，我们得到：

PI＝NI－企业所得税－企业未分配利润－社会保险费+转移支付　　(2-10)

4. 个人可支配收入

个人收入只是列入个人名下的收入，并不能完全由个人随意支配。个人收入中不能由个人支配的主要是个人所得税。个人所得税是国家的主要税种，构成国家财政收入的重要项目。**从个人收入中扣除个人所得税就得到个人可支配收入（personal disposable income，PDI）**：

① 这里的国民收入是狭义的，广义的国民收入泛指这 5 个总量以及下一小节将介绍的以生产者为核算口径的另外 5 个总量。读者应能根据前后文判断这一词的所指。

PDI＝PI－个人所得税 (2-11)

个人可支配收入中未用来消费的部分就是储蓄。换言之，个人可支配收入只有消费和储蓄两个用途：

PDI＝C+S (2-12)

图2-1粗略地描绘了5个国民收入总量间的关系。

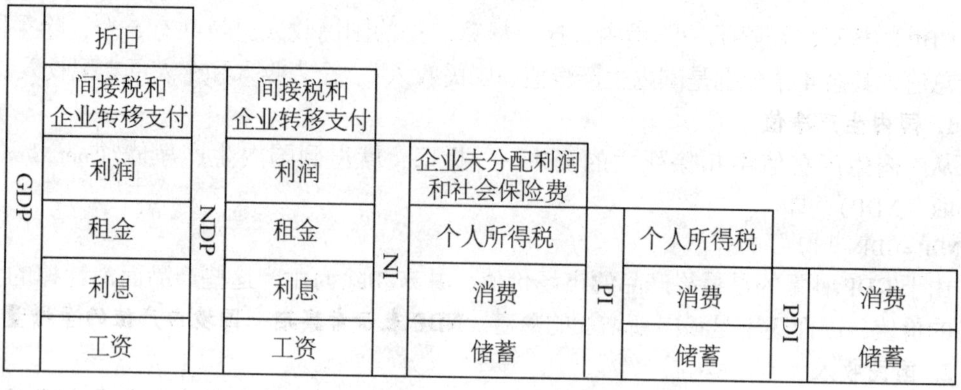

图2-1 国民收入各指标之间的关系

最后要指出的是，本书只是粗略地给出了国民收入核算的基本原理。对国民收入核算细节的讨论超出了宏观经济学的范围，对此有兴趣的读者可参阅有关专著。

二、以生产者为核算口径的国民收入总量

前文涉及的5个国民收入总量均以地域为核算口径，所核算的对象都产自于一国境内。国民收入总量的另一系列则以生产者为核算口径，所核算的最终产品都是由一国居民所生产。这一个系列的国民收入总量也是5个，分别称为国民生产总值（gross national product，GNP）、国民生产净值（net national product，NNP）、国民收入①、个人收入和个人可支配收入。

国民生产总值是一国居民一定时期内所生产的最终产品的市场价值。GNP核算一国居民的收入，包括他们从国外取得的收入，但要减去支付给国外的同类报酬。与GNP不同，GDP不考虑从国外获得的报酬和支付给国外的报酬，它是在一国境内实际生产的最终产品的价值。GDP被欧洲大多数国家用做衡量产出的主要指标，因为这些国家的对外贸易一度比美国的对外贸易重要得多。国际贸易在美国变得越来越重要，所以美国从20世纪90年代以后也开始用GDP作为产出的主要测量指标。这种转变也可以使美国与其他国家的经济比较更容易些。一般来说，一个国家对外经济往来的开放度越大，用GDP测量收入的必要性也越大。来自国外的要素收入的数据较难准确获得，而GDP的数据较易获得，这也使得GDP的使用更为广泛。相对GNP而言，GDP是经济中对于就业潜力的一个较好的测量指标。比方说，外国人到东道国投资，解决的是东道国而不是投资国的就业问题。所有这些原因都表明把GDP作为基本测量指标更合理一些。

GDP和GNP都是对一国一定时期内生产的最终产品的市场价值总和的度量。它们的

① 这里的国民收入、个人收入和个人可支配收入与以地域为核算口径的3个同名总量存在核算口径上的差别。国民收入这一术语除了这两种狭义的用法外，还泛指两种核算口径下的各5个总量，共10个总量。

区别仅仅在于度量的口径不同，前者度量一国境内的产出而不论生产者是谁；后者则度量一国居民的产出而不论产地是境内还是境外。表2-5列出了二者的区别。

表2-5 GDP与GNP的区别

	GDP	GNP
定义	一国境内在一定时期内生产的全部最终产品的市场价值	一国居民在一定时期内生产的全部最终产品的市场价值
区别	地域概念（强调产地为“一国境内”）	国民概念（强调生产者为“一国居民”）

图2-2显示了GDP与GNP的关系，其中“境内”和“境外”都是就本国而言的。如，“外国居民的境内产品”指生产者是外国居民，而产地是本国（就生产者看来是外国）境内。由此图容易得到GDP与GNP的关系：

GDP-外国居民的境内产值=GNP-本国居民的境外产值

或 GNP=GDP+（本国居民的境外产值-外国居民的境内产值） （2-13）

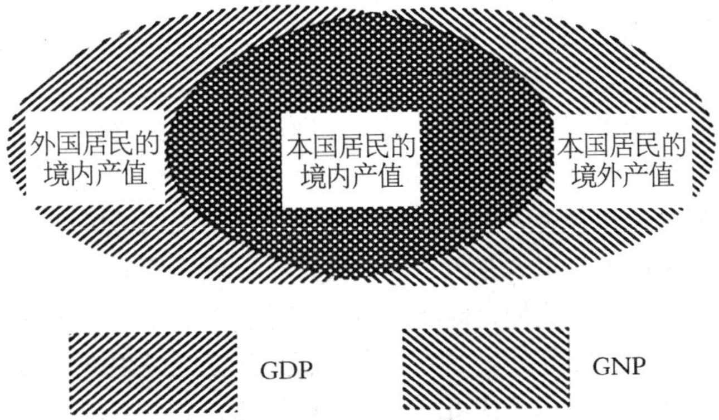

图2-2 GDP与GNP的关系

以生产者为核算口径的另外4个总量与以地域为核算口径的相应的4个总量也是对应的，其间的差异仅仅在于核算口径不同，这里就不再赘述了。

第三节 国民收入核算资料的作用和局限性

一、国民收入核算资料的作用

因为国民收入核算资料是反映一国总体经济活动的综合性指标，所以其应用是十分广泛的。国民收入核算资料的主要作用体现在以下方面：

（1）官方经济文件的主要参考依据。西方国家政府有关经济的文件和活动，例如由美国总统经济顾问委员会协助准备的美国总统的经济咨文、预算咨文，以及美国财政部的税制变动、美国农业部的农情研究、美国劳工部的就业水平研究和工资计划的研究等，几乎没有一项不以国民收入核算资料为主要参考依据。

（2）国家经济周期变化的指标。经济衰退和经济复苏都以国民收入的变动为主要判断依据。以美国为例，通常是在国内生产总值统计数字连续两个季度处于停滞或下降状态时，经济学家才开始认为有迹象表明会发生经济衰退。

（3）衡量国家经济实力的指标。目前国际上普遍以国内生产总值和人均国内生产总值来表示一个国家的经济实力，通过不同时期的国内生产总值增长率来表示一国的经济增长速度，并通过国与国之间的对比来表明发达国家与发展中国家的收入差距，从而为制定和执行其经济政策提供依据。

（4）有关经济单位进行经济活动和预测的依据。在美国，不仅政府机构和官员经常进行经济预测，一些大企业和大银行也经常雇用一批经济学家进行国内生产总值的分析和预测工作，将这些分析和预测结果作为进行生产和投资活动的参考，并经常在各类报刊上发表他们有关分析和预测的意见。就连私人企业在研究产品销路时，大体上都要分析国民收入及其各项目的变化。美国的很多报刊也经常发表有关国民收入的报道。著名的《新闻周刊》曾聘请诺贝尔经济学奖得主萨缪尔森和弗里德曼等人担当经济撰稿人，发表有关国民收入的文章。肯尼迪和约翰逊总统任内的经济顾问委员会主席海勒和约翰逊总统任内另一位经济顾问委员会主席欧肯等人曾组成《时代》周刊经济理事会，为该刊撰写经济文章，并于每年年初进行有关国民收入的经济预测。

（5）推行经济稳定政策时政府与经济学间的桥梁。20 世纪 30 年代以前经济学一向以价格理论为中心。随着凯恩斯宏观经济理论的产生，经济学逐渐转变为注重国民收入的理论。这种转变不仅明显地表现在论述国民收入的理论和实践的文章在西方国家有关的出版物中占有相当大的分量，而且还反映在经济学教材编写体制的变化上。20 世纪 40 年代以前，经济学教材都是以价格分析为主线，此后就逐渐转变为以国民收入分析为中心并辅之以价格分析，近年则是两者并重。在凯恩斯主义产生以后，西方经济学家认为凯恩斯的理论使得经济理论和政府所实行的稳定经济政策密切地联系起来，作为这种联系的桥梁就是对国民收入核算资料的分析。此外，西方国家政府还根据国民生产总值的变动情况实行各种稳定经济的宏观经济政策。这就使得国民收入核算体系和西方国家的日常经济活动紧密地联系起来了。

二、国民收入核算资料的局限性

虽然通过国民收入各总量可以大致了解一国总体经济活动的状况，但这些总量并不能完全准确地反映出一国的实际经济情况。这是因为国民收入核算本身存在着一些缺陷，这些缺陷主要反映在以下方面：

1. 国内生产总值不足以充分反映社会的经济福利

由于国内生产总值只计算人们通过了市场交易的产品，所以还有一些与生活水平有重要关系的方面没有包括进来。此外，对包括进国内生产总值的产品的估价也存在诸多问题。

（1）未通过市场的产品，如家庭成员所做的家务劳动和为社会服务的义务劳动等。与此类似的还有农民消费的自产农产品和医生为家人诊病等，它们虽未计入 GDP，但的确对生产水平的提高有所贡献。

（2）闲暇和环境保护水平等虽然直接影响人们的福利，但它们并不能计入 GDP。20 世纪 70 年代初，诺德豪斯和托宾提出了计算经济净福利量的方法，其中不但包括国民收入，还包括闲暇、环境污染水平和家庭自我服务等项目。虽然许多经济学家怀疑这种方法的计量可行性和合理性，但他们普遍认同对闲暇等的忽视的确是国民收入核算的重要缺陷。

（3）国民收入核算体系对耐用消费品的处理是不合适的。像汽车和电冰箱之类的耐用消费品一般都能使用多年，然而其价值只计入生产它们那一年的GDP中。国民收入核算资料告诉我们，这些耐用消费品在它们被生产出来的那一年就已使用完毕，消费者并不能在以后各年享受它们所提供的福利。在衰退时期，许多旧的耐用品仍在被使用而新产品却减少了，耐用消费品向人们提供的福利要多于GDP所列出的数字。在繁荣时期，耐用消费品的产量大大提高，相对GDP所提供的数字（耐用消费品在报废前所提供服务的总和），人们实际享受的福利（耐用消费品在当年所提供的服务）要低得多。

（4）国民收入核算资料不能准确地度量人们的精神收入。当一个人十分热爱他的工作时，他除了得到工资（货币收入）外，还能从工作中得到特殊的满足（精神收入）。反之，当一个人十分厌倦他的工作时，负的精神收入将部分抵消其货币收入。诺德豪斯和托宾还将社会的民主自由水平列入了精神收入应当考虑的范围。如果精神收入对人们的福利非常重要，忽视这种收入的那些核算资料的有用性就值得怀疑了。

（5）国民收入核算资料不能说明产品的种类。传统经济学认为，在私有经济条件下产品生产大致上反映了消费者的购买愿望。对这一看法的正确性姑且不论，我们只指出当政府参与购买后这一愿望就不能保证必然实现。比如，政府用1亿美元的税收来建造一座桥梁，这是否比让公众自己来消费这1亿美元更能增进社会的经济福利呢？国民收入核算资料无法说明这一问题。

2. 国内生产总值不足以真实反映各国的生活水平差距

用国民收入核算资料来比较不同国家和不同时期的生活水平虽具有一定的实际意义，但这种比较常常会产生一定的甚至较为严重的失真。这主要表现在以下方面：

（1）利用人均GDP来比较各国间的生活水平掩盖了因贫富不均而造成的社会经济福利低下。GDP是以一国作为一个整体而计量的，它不能反映收入的分配状况。例如，A国有100人每人年收入100美元；B国有200人，其中180人每人年收入50美元，而另外那20人每人年收入550美元。容易看出，A国的社会经济福利要优于B国的，但两国的人均GDP都是100美元。

（2）GDP不能说明地理、气候条件和社会习惯的不同所导致的社会经济福利差异。一个有着四通八达的河流系统、气候温暖适宜和人口不多的小国比起一个人口分散、缺乏自然水道系统和四季冷热变化很大的国家来说，并不需要大规模的交通、高质量的住房和发达的服务业。因此，仅用人均GDP不一定能正确反映一个国家的社会经济福利状况。另外，习惯于大家庭生活方式的民族能为自己提供较多的诸如照看小孩一类的非市场服务，而这类服务在城市化的工业国家就必须通过市场才能提供。还有，比起依靠农业为生的社会来说，一个工业社会很少有机会靠自己的产品来生活。农业社会的家庭不但为自己生产所需要的大部分食品和衣物，而且还经常通过物物交换得到其他物品。在农业社会中以货币为媒介进行产品交换的机会是有限的，尤其在银行业务不发达的情况下更是如此。在这样的情况下，GDP就不能正确地反映出各国的生活水平差异。

（3）由于GDP不能对整个社会所享受的闲暇进行计量，所以在对具有不同工作条件和工作时间的国家进行对比时就会发生困难。一周工作40小时还是30小时对人们的福利水平会产生很大的影响，但GDP却反映不出这一差别。

（4）一国的政治局势能够影响国民的生活水平，这在GDP中是得不到反映的。比如，一国由于受到侵略的威胁而不得不将其资源更多地用于国防。该国购买大炮的费用越多，能用来购买黄油的费用就越少。然而不论大炮还是黄油，都不加区别地计入了GDP。

3. 货币估价产生的问题

各个国家都按本国货币估算自己的GDP。当进行国际比较时，以一国货币核算的GDP通常都折算成以美元表示的数字，但许多国家都缺乏一个稳定的国内货币制度，故折算的汇率不一定能反映进出口商使用的比价，从而通过折算的GDP就不一定能够准确地计量实际的生活水平。除了计量方面的困难，还必须考虑货币本身价值的变动。进行比较的时期越长，由货币价值变动而引起的误解也就越大。

关键术语

最终产品　国内生产总值　名义GDP　实际GDP　国内生产净值　国民收入　个人收入　个人可支配收入

主要观点

◆ 国民收入核算资料是反映一国总体经济活动的综合性指标，国民账户体系是西方经济学中反映总体经济情况的基本方法。

◆ 国内生产总值是一国境内一定时期生产的最终产品的市场价值。

◆ 名义GDP的计算方法主要有两种：支出法是将经济中各部门对最终产品的购买加总来计算GDP的方法；收入法是将经济中各要素的收入加总来计算GDP的方法。

◆ 因当期价格水平影响名义GDP，故剔除了价格影响的实际GDP能更准确地反映一国的产出水平。

基本训练

一、填空题

1. 国内生产总值是一国境内一定时期生产的（　　）的市场价值。

2. 名义GDP就是按（　　）的市场价格来计算的这一期间所生产的最终产品的市场价值。

3. 国民收入是指考察期（　　）所有生产要素得到的收入。

4. 个人收入指考察期一国境内（　　）所得到的收入。

5. 可支配收入是从个人收入中扣除（　　）得到的。

二、选择题

1. 期初存量(　　)期间流量(　　)期末存量。

A. 加上，大于　B. 等于，加上　C. 加上，等于　D. 等于，减去

2. 某国的资本品存量在年初为5 000亿美元。该国本年度生产了500亿美元的资本品，磨损和报废了300亿美元的资本品。该国本年度的总投资和净投资分别为(　　)。

A. 5 800亿美元和800亿美元　B. 5 500亿美元和5 200亿美元

C. 500亿美元和200亿美元　D. 500亿美元和300亿美元

3. 已知数据同上题，该国年末的资本品存量是(　　)。

A. 5 800亿美元　B. 5 200亿美元　C. 4 700亿美元　D. 800亿美元

4. 净税收是指税收与(　　)之差。

A. 政府转移支付　B. 家庭储蓄　C. 国内总投资　D. 政府支出

5. 国内生产总值是指一定时期一国境内生产的(　　)的市场价值总和。

A. 所有商品和服务　B. 中间商品和服务

C. 最终商品和服务　D. 所有通过了市场的商品和服务

6. 国内生产总值(　　)国民生产总值。

A. 大于　B. 小于　C. 等于　D. 以上都有可能

7. 某期名义国内生产总值相对上期变化的原因是本期(　　)的变化。

A. 产出水平　B. 价格水平

C. 产出水平或价格水平　D. 产出水平且价格水平

8. 某期实际国内生产总值相对上期变化的原因是本期(　　)的变化。

A. 产出水平　B. 价格水平

C. 产出水平或价格水平　D. 产出水平且价格水平

9. 今年的实际GDP大于去年的实际GDP说明(　　)。

A. 今年的产出比去年多　B. 今年的价格水平比去年高

C. 今年的产出水平和价格水平都比去年高

D. 或者是今年的产出比去年多，或者是今年的价格水平比去年高

10. 下列交易中应计入今年GDP的是(　　)。

A. 去年生产今年售出的一辆小汽车

B. 今年生产交货但在去年就已经预收货款的一辆小汽车

C. 去年赊销并已列入坏账却在今年意外地收回了货款的一辆小汽车

D. 汽车制造厂今年购入的10吨钢板

11. 下列项目中(　　)不是要素收入。

A. 总统的薪水　B. 股息

C. 企业对灾区的捐款　D. 家庭从银行取得的利息

12. 增加一笔进口将使国内生产总值(　　)。

A. 增加　B. 减少　C. 不变　D. 以上均有可能

13. 下列项目中(　　)不是政府购买。

A. 政府办一所学校　　B. 政府修建三峡大坝

C. 政府向公务员发放工资　　D. 政府向失业者发放救济金

14. 某国由甲、乙两个地区组成，其国内生产总值为Y。若将这两个地区视为两个独立的国家，其国内生产总值分别为 Y_1 和 Y_2，则(　　)。

A. $Y>Y_1+Y_2$　　B. $Y<Y_1+Y_2$　　C. $Y=Y_1+Y_2$　　D. 以上均有可能

15. 增加社会保险税将影响(　　)。

A. 国内生产总值　B. 国内生产净值　C. 国民收入　　D. 个人收入

16. 不属于国民收入但属于个人收入的项目是(　　)。

A. 租金　　B. 红利　　C. 养老金　　D. 存款利息

17. 用支出法计算国内生产总值是(　　)。

A. 人们取得的收入（包括资本所得）的总和

B. 所有厂商的收入减去使用的中间投入品后的加总

C. 厂商支出的劳动者工资、银行的利息、租金、间接税加上厂商利润后的数额

D. 依据最终使用者的类型将最终产品和服务的货币价值加总

18. 王五买了一辆旧车，盖了一栋新房，还购买了一些政府债券。反映在国民收入账户上，下列叙述中(　　)是正确的。

A. 他买了一辆旧车，还买了一些政府债券，因此C和G增加了

B. 他买了一辆旧车，还买了一些政府债券，因此C和I增加了

C. 他买了一辆旧车，盖了一栋新房，因此C和I增加了

D. 他盖了一栋新房，因此I增加了

19. 私人部门的储蓄为960、投资为780，政府的支出比税收收入多300，则(　　)。

A. 贸易赤字为120　　B. 贸易赤字为300

C. 贸易赤字为420　　D. 贸易赤字为180

20. 下列(　　)属于经济学意义上的投资。

A. 购买一公司发行的债券　　B. 购买一公司发行的股票

C. 在投资银行存入一笔钱　　D. A、B、C均非

三、简答题

1. 下列项目是否计入GDP？为什么？①政府转移支付；②购买一辆用过的卡车；③购买普通股票；④购买一块地产。

2. 在统计中，社会保险税增加对GDP、NDP、NI、PI和DPI这5个总量中的哪个总量有影响？为什么？

3. 如果甲、乙两国并成一个国家，对GDP总和会有什么影响（假定两国产出不变）？

4. 储蓄-投资恒等式为什么不意味着计划的储蓄恒等于计划的投资？

5. 简单说明用支出法如何计算国内生产总值。

6. 简单说明用收入法如何计算国内生产总值。

7. 在计算国内生产总值时为什么只计入最终产品的市场价值而不计入中间产品的市场价值?

8. 哪些生产性活动无法衡量，从而不包括在国内生产总值之中?

9. 如何计算价格指数?

10. 总投资和净投资是否可为负数? 为什么?

11. 人们常将购买债券和股票说成是投资，这是否符合经济学的概念?

12. 请分析 GNP 和 GDP 的不同。

四、计算题

1. 某年发生了以下活动：(1) 一银矿公司支付7.5 万美元给矿工开采了50 千克银卖给一银器制造商，售价为10 万美元；(2) 银器制造商支付5 万美元工资给工人造了一批项链卖给消费者，售价为40 万美元。要求：

(1) 用最终产品生产法计算 GDP。

(2) 每个生产阶段生产多少价值? 用增值法计算 GDP。

(3) 在生产活动中赚得的工资和利润各阶段共为多少? 用收入法计算 GDP。

2. 一经济社会生产3 种产品：书本、面包和菜豆。它们在2014 年和2015 年的产量和价格如表2-6 所示。要求：

(1) 分别计算2014 年和2015 年的名义 GDP。

(2) 以2014 年为基期，2014 年和2015 年的实际 GDP 是多少? 这两年实际 GDP 变化率为多少?

(3) 以2015 年为基期，2014 年和2015 年的实际 GDP 是多少? 这两年实际 GDP 变化率为多少?

(4) “GDP 的变化取决于我们用哪一年的价格作为衡量实际 GDP 的基期的价格。”这句话对否?

(5) 以2014 年作为基期，计算2014 年和2015 年的 GDP 折算数。

表2-6　　2014 年和2015 年3 种产品的数量和价格

	2014 年		2015 年	
	数量	价格（美元）	数量	价格（美元）
书本（册）	100	10.0	110	10.0
面包（条）	200	1.0	200	1.5
菜豆（千克）	500	0.5	450	1.0

3. 假定某经济社会有 A、B、C 3 个厂商。A 厂商年生产出5 000 美元，卖给 B、C 和消费者。其中，B 买 A 的产出200 美元，C 买 A 的产出2 000 美元，其余2 800美元卖给消费者。B 年产出500 美元，直接卖给消费者。C 年产出6 000 美元，其中3 000 美元由 A 购买，其余由消费者购买。要求：

(1) 假定投入在生产中用光，计算价值增加。

(2) GDP 为多少?

(3) 如果只有 C 有500 美元折旧，计算国民收入。

4. 假定一国的国民收入统计资料如表2-7所示。要求：分别计算国内生产净值、净出口、政府税收减去转移支付后的收入、个人可支配收入、个人储蓄。

表2-7 一国国民收入统计资料

国内生产总值	4 800
总投资	800
净投资	300
消费	3 000
政府购买	960
政府预算盈余	30

5. 假设国内生产总值是5 000，个人可支配收入是4 100，政府预算赤字是200，消费是3 800，贸易赤字是100（单位都是万元）。要求：分别计算储蓄、投资、政府支出。

6. 从表2-8所列资料中分别找出国民收入、国内生产净值、国内生产总值、个人收入、个人可支配收入、个人储蓄。

表2-8 国民收入相关资料

资本消耗补偿	356.4
雇员酬金	1 866.6
企业利息支付	264.9
间接税	266.3
个人租金收入	34.1
公司利润	164.8
非公司企业主收入	120.8
红利	66.4
社会保险费	253.9
个人所得税	402.1
消费者支付的利息	64.4
政府支付的利息	105.1
政府和企业的转移支付	374.5
个人消费支出	1 991.9

7. 根据下列数据（未列出者如企业转移支付、企业未分配利润和社会保险税等均视为零，单位：亿美元）计算净投资、国内生产总值、国民生产总值、国民生产净值、国民收入、个人收入、个人可支配收入和储蓄：消费支出30 000，总投资7 000，折旧700，政府购买10 000，出口4 000，进口5 000，政府对企业的转移支付2 000，政府对个人的转移支付3 000，公司所得税9 000，企业间接税600，个人所得税2 000，本国居民境外产值3 000，外国居民境内产值6 000。

8. 假设一个经济中只生产两种消费品X和Y，表2-9给出了相应的数据。试计算该经济当期的消费物价指数。

表2-9　　X和Y的数量和价格

商品	基期		当期	
	数量	价格	数量	价格
X	10	5	12	5
Y	5	10	4	12

9. 计算并将结果填入表2-10的空白栏。

表2-10　　GDP的计算

年份	名义GDP	实际GDP	GDP折算数
基年	1 000		
2014	1 134	1 050	
2015	1 320		1.1

10. $y=100+0.8Y_d$，$t=0.25$，$G=200$，$Tr=62.5$，$I=50$，$T=ty$。要求：

（1）分别计算均衡收入、边际税率的乘数、政府g的乘数、平衡预算乘数。

（2）实际收入水平是800，非意愿投资是多少？

11. 已知下列资料：国内生产总值6 000亿元，总投资800亿元，净投资300亿元，消费400亿元，政府购买1 100亿元，政府预算盈余300亿元。要求：分别计算国内生产净值、净出口、政府税收减去政府转移支付后的收入、个人可支配收入、个人储蓄。

第三章 简单国民收入决定理论

学习目标

◆ 重点掌握消费函数、边际消费倾向、总支出、产品市场均衡条件和乘数的定义；掌握产品市场由非均衡向均衡过渡的过程、乘数的作用过程、两部门经济和三部门经济定量税下的均衡国民收入公式和乘数的计算；了解储蓄函数、边际储蓄倾向、平均消费倾向和平均储蓄倾向以及各种条件下的均衡国民收入公式和乘数。

本章研究国民收入是如何决定的。简单国民收入决定理论又称为简单凯恩斯模型或乘数模型。之所以冠以“简单”一词，是因为这个模型建立在以下三个基本假设之上，这些假设使得我们的讨论在理解基本原理的前提下变得较为简单。

假设一：投资是外生变量从而在本模型中被当做常数处理。

假设二：产品市场与货币市场相互独立，从而本模型仅孤立地研究产品市场。

假设三：价格水平不变。

通过第四章的学习我们将看到，投资是利率的函数，而产品市场和货币市场通过利率相互影响。这就是说，前两个假设本质上是一个假设：利率不变。

第一节　凯恩斯消费理论

一、消费函数

家庭用其得到的收入来购买消费品，这项支出就是家庭消费，简称消费。消费受到多种因素的影响，其中主要包括个人可支配收入水平、消费者偏好、利率水平、价格水平和收入分配状况等。凯恩斯认为其中最主要的因素是个人可支配收入水平。将影响消费的非主要因素固定起来，就可将消费 c 视为个人可支配收入 Y_d 的一元函数：

$$c=c(Y_d) \tag{3-1}$$

在两部门经济中不存在政府的作用，个人可支配收入 Y_d 就是国民收入 Y，即 $Y_d=Y$。一旦考虑政府的作用，在三部门经济或四部门经济中则必须从国民收入 Y 中扣除税收 t 并加上政府转移支付 tr 或者说从国民收入 Y 中扣除净税收 $nt=t-tr$ 后就得到个人可支配收入①：

① 作为理论分析，这里忽略了企业所得税、企业未分配利润和社会保险费等较为次要的量。

$$Y_d = Y - (t - tr) \tag{3-2}$$

个人可支配收入 Y_d 只有两个用途：消费 c 和储蓄 s，即

$$Y_d = c + s \tag{3-3}$$

函数3-1被称为消费函数，其图像被称为消费曲线。凯恩斯认为消费与个人可支配收入是正相关的，也就是说消费函数是单调增加的或者消费曲线是单调上升的（见图3-1）。

有时我们并不关心消费函数的二阶性质而将其线性化，线性消费函数形如：

$$c = \alpha + \beta Y_d \tag{3-4}$$

线性消费曲线是纵轴上截距为 α、斜率为 β 的一条直线（见图3-2）。其中，参数 α 被称为自发消费，此项消费是必不可少的，即使收入为零也要通过动用过去的储蓄或举债来满足家庭基本生活消费，因此它不受个人可支配收入的影响。线性消费函数3-4中的第二项 βY_d 称为引致消费，它完全由个人可支配收入 Y_d 决定，其中参数 β 的含义将在下一小节介绍。

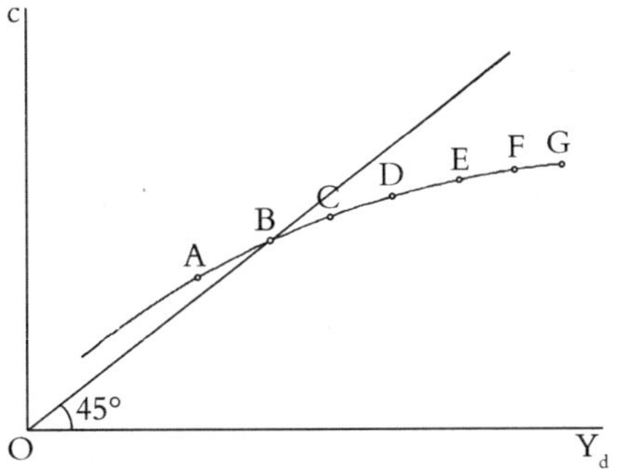

图3-1　消费曲线

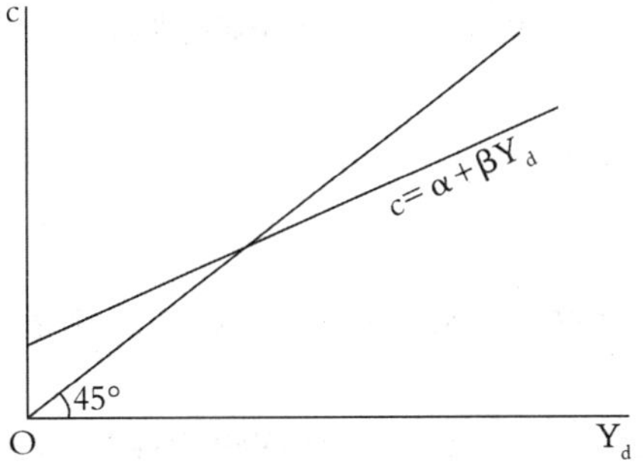

图3-2　线性消费曲线

二、消费倾向

（一）平均消费倾向

一般地说，人们通常只将其个人可支配收入的一部分消费掉。我们**把消费占个人可支配收入的比重称为平均消费倾向（average propensity to consume，APC）**，即

$$APC = \frac{c}{Y_d} \tag{3-5}$$

我们这里说“比重”并不意味着消费只能是个人可支配收入的一部分（虽然在很多情况下的确如此），当个人可支配收入较少而必须动用以前的储蓄或通过负债来消费时就

会出现消费大于可支配收入的情况。因此，不要误认为平均消费倾向一定介于 0 和 1 之间。在上述情况下，平均消费倾向可以大于 1。

从几何上来看，消费曲线上某点处的平均消费倾向就等于该点与原点之间连线的斜率（见图 3-3）。

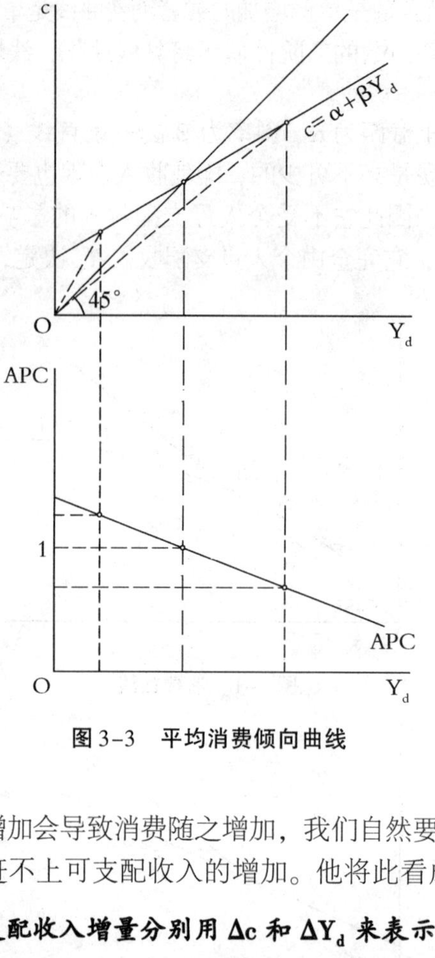

图 3-3　平均消费倾向曲线

（二）边际消费倾向

既然个人可支配收入增加会导致消费随之增加，我们自然要问：谁增加得更快？凯恩斯的看法是，消费的增加赶不上可支配收入的增加。他将此看成人类的基本心理规律之一。**将消费增量和个人可支配收入增量分别用 Δc 和 ΔY_d 来表示，其比值 $\frac{\Delta c}{\Delta Y_d}$ 当 ΔY_d 趋向于零时的极限 $\lim_{\Delta Y_d \to 0} \frac{\Delta c}{\Delta Y_d}$ 称为边际消费倾向（marginal propensity to consume，MPC）**：

$$MPC=\lim_{\Delta Y_d \to 0} \frac{\Delta c}{\Delta Y_d} \tag{3-6}$$

根据导数的概念，边际消费倾向就是消费函数 3-1 对个人可支配收入的导数：

$$MPC=\frac{dc}{dY_d} \tag{3-7}$$

根据导数的几何意义，某点处的边际消费倾向就等于消费曲线在该点处的切线斜率（见图 3-4）。

与计算其他边际量一样，当消费函数是用表格法等方式给出时，我们无法准确计算边际消费倾向而只能计算其近似值：

$$MPC \approx \frac{\Delta c}{\Delta Y_d} \tag{3-8}$$

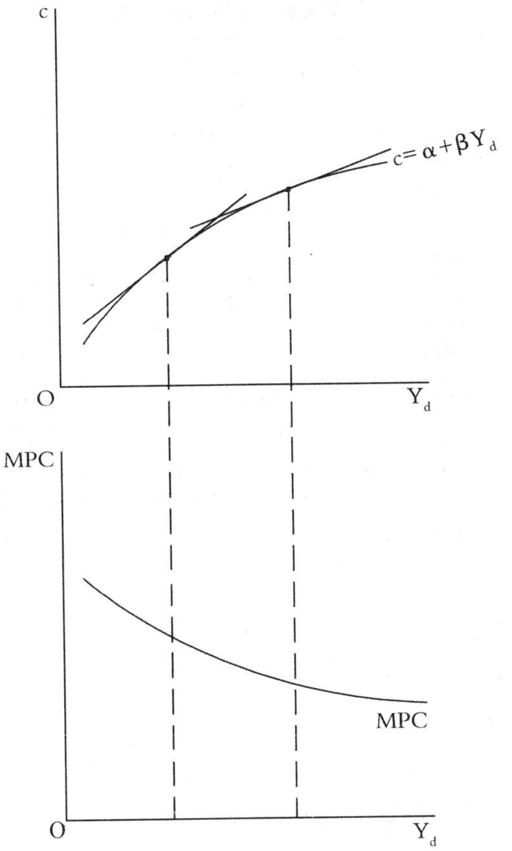

图 3-4　边际消费倾向曲线

从几何上来看，这一近似值是用割线斜率代替切线斜率而得到的，故 ΔY_d 越小近似值就越精确。式 3-8 也给出了边际消费倾向概念的一个近似描述：MPC 是消费者再（或最后）增加 1 单位个人可支配收入而导致的消费增量。或者说，MPC 近似地表示消费者再（或最后）增加的 1 单位收入中用于消费的部分。

根据凯恩斯的看法，$0<\Delta c/\Delta Y_d<1$，由极限的保号性知，$0\leqslant MPC\leqslant 1$。

表 3-1 是假设的某家庭消费和个人可支配收入之间的关系。其中，边际消费倾向 A 是按"再增加 1 单位个人可支配收入而导致的消费增量"来计算的，边际消费倾向 B 则是按"最后增加 1 单位个人可支配收入而导致的消费增量"来计算的。两者都是边际消费倾向的近似值。

从表 3-1 可以看到：当个人可支配收入为 9 000 时，消费为 9 110，这个家庭要动用以前的储蓄或靠负债来维持生活。此时的平均消费倾向大于 1。在图 3-1 中，相应的点 A 位于 45°线上方。当个人可支配收入为 10 000 时，消费也是10 000，图中相应的点 B 位于 45°线上。当收入以 1 000 为增量不断增加时，消费也不断增加，但消费的增量总不到 1 000，而且还越来越少。这反映在图 3-1 中 C、D、E、F、G 各点均在 45°线下方，而且还越来越远离 45°线。无论是从表 3-1 还是从图 3-1 中都可以看到平均消费倾向和边际消费倾向都是递减的，同时前者总是大于后者。

表 3-1　　某家庭的消费和消费倾向

个人可支配收入（Y_d）	消费（c）	平均消费倾向（APC）	边际消费倾向（MPC）	
			A	B
9 000	9 110	1.01	—	0.89
10 000	10 000	1.00	0.89	0.85
11 000	10 850	0.99	0.85	0.75
12 000	11 600	0.97	0.75	0.64
13 000	12 240	0.94	0.64	0.59
14 000	12 830	0.92	0.59	0.53
15 000	13 360	0.89	0.53	—

根据凯恩斯的看法，作为人类的基本心理规律之一，**边际消费倾向是递减的**。上面这个例子也是按这一原理设计的。边际消费倾向递减意味着边际消费倾向函数的导数是负的，从而消费函数 3-1 的二阶导数是负的。从几何上看，这表明消费曲线是向上凸的。

十分明显，线性消费函数 3-4 中的参数 β 就是边际消费倾向。因为边际消费倾向介于 0 和 1 之间，所以图 3-2 中线性消费曲线较 45°线更为平缓。因为：

$$APC=\frac{c}{Y_d}=\frac{\alpha+\beta Y_d}{Y_d}=\frac{\alpha}{Y_d}+\beta=\frac{\alpha}{Y_d}+MPC$$

所以，MPC<APC。由于自发消费 α 为维持生存的最低消费，故当个人可支配收入 Y_d 很大时，α/Y_d 可以忽略，这时 MPC≈APC。

三、储蓄函数

家庭部门的个人可支配收入中未用于消费的部分就是储蓄。家庭进行储蓄的目的是多种多样的，如为购买耐用消费品、为不测事件进行储备、为养老进行储备或为子女未来的教育费用进行储备等。用 s 代表储蓄，我们有：

$$s=Y_d-c=Y_d-c(Y_d)=s(Y_d) \tag{3-9}$$

这一函数被称为储蓄函数，其图像被称为储蓄曲线（见图 3-5）。因为边际消费倾向递减，或者说消费的增加赶不上个人可支配收入的增加，所以储蓄与个人可支配收入正相关，即个人可支配收入增加时，储蓄或多或少也随之增加。于是，储蓄曲线也是一条单调上升的曲线。

根据式 3-9 表明的个人可支配收入、消费和储蓄的关系，利用表 3-1 的数据，可列出相应的储蓄数据，见表 3-2。

图 3-5 中的储蓄曲线即根据表 3-2 画出。图中储蓄曲线与横轴交于点 B，这时个人可支配收入全部用于消费，储蓄为零。在点 B 以左，过低的收入使储蓄为负数，表明此时须靠以往的储蓄或借债来维持生存。在点 B 以右，较高的收入带来了正的储蓄。

利用式 3-9 和式 3-4 可得线性储蓄函数：

$$s=Y_d-c=Y_d-(\alpha+\beta Y_d)=-\alpha+(1-\beta)Y_d \tag{3-10}$$

式中：$-\alpha$ 是自发消费的相反数，称为自发储蓄；$(1-\beta)Y_d$ 称为引致储蓄，意即由个人可支配收入导致的储蓄。

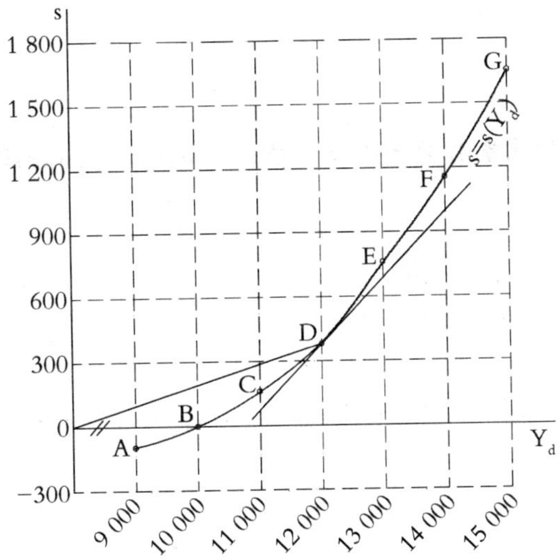

图 3−5　储蓄曲线

表 3−2　某家庭的储蓄和储蓄倾向

个人可支配收入（Y_d）	储蓄（s）	平均储蓄倾向（APS）	边际储蓄倾向（MPS）	
			A	B
9 000	−110	−0. 01	—	0. 11
10 000	0	0. 00	0. 11	0. 15
11 000	150	0. 01	0. 15	0. 25
12 000	400	0. 03	0. 25	0. 36
13 000	760	0. 06	0. 36	0. 41
14 000	1 170	0. 08	0. 41	0. 47
15 000	1 640	0. 11	0. 47	—

图 3−6 画出了线性储蓄曲线。

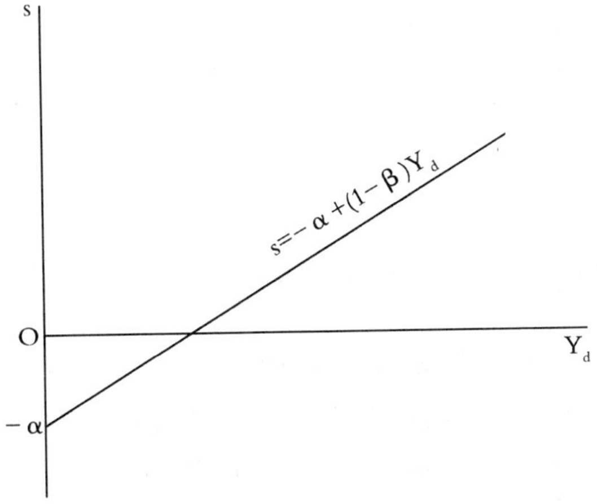

图 3−6　线性储蓄函数

四、储蓄倾向

1. 平均储蓄倾向

我们**把储蓄占收入的比重称为平均储蓄倾向（average propensity to saving，APS）**，即

$$APS=\frac{s}{Y_d} \tag{3-11}$$

几何上，某点处的平均储蓄倾向可用储蓄曲线上的相应点与原点连线的斜率来表示。从图 3-5 可见，平均储蓄倾向曲线是单调上升的。

2. 边际储蓄倾向

与边际消费倾向相对应，边际储蓄倾向（marginal propensity to saving，MPS）的定义是：

$$MPS=\lim_{\Delta Y_d\to 0}\frac{\Delta s}{\Delta Y_d} \tag{3-12}$$

根据导数的概念，边际储蓄倾向就是储蓄函数 3-9 对个人可支配收入的导数：

$$MPS=\frac{ds}{dY_d} \tag{3-13}$$

根据导数的几何意义，某点处的边际储蓄倾向就等于储蓄曲线在该点处的切线斜率。

边际储蓄倾向的近似值是：

$$MPS\approx\frac{\Delta s}{\Delta Y_d} \tag{3-14}$$

这个近似表达式也给出了边际储蓄倾向概念的一个近似描述：MPS 是消费者再（或最后）增加 1 单位个人可支配收入所导致的储蓄增量。或者说，MPS 是消费者新增的 1 单位个人可支配收入中用于储蓄的部分。

表 3-2 中作为边际储蓄倾向的近似值，边际储蓄倾向 A 是按“再增加 1 单位个人可支配收入而导致的储蓄增量”来计算的，边际储蓄倾向 B 则是按“最后增加 1 单位个人可支配收入而导致的储蓄增量”来计算的。

由式 3-10 和式 3-13 知，对于线性储蓄函数：

$$MPS=1-\beta \tag{3-15}$$

因为：

$$APS=\frac{s}{Y_d}=\frac{-\alpha+(1-\beta)Y_d}{Y_d}=-\frac{\alpha}{Y_d}+(1-\beta)$$

所以：

$$APS+\frac{\alpha}{Y_d}=MPS \tag{3-16}$$

此式说明 APS<MPS。当个人可支配收入很高时，α/Y_d 很小，APS 与 MPS 就相差很小了。

消费倾向和储蓄倾向是凯恩斯提出的重要概念，有着较大的实用价值。如某国正处在经济衰退时期，此时总体经济的 MPC 等于 0.7。假设研究表明只要增加 14 亿美元的消费支出就能使该国达到充分就业，经济就能由萧条转为复苏。为了增加 14 亿美元的消费支出，个人可支配收入必须增加 20 亿美元。在经济本身不能自行调整到充分就业时，政府就可以采取各种宏观调控措施来使社会的个人可支配收入增加 20 亿美元。

五、消费与储蓄的关系

由式 3-9 可知，消费函数与储蓄函数是相互确定的。二者中只要确定了一个，另一个也随之确定。同样，平均消费倾向与平均储蓄倾向、边际消费倾向与边际储蓄倾向也是相互确定的。下面我们将消费和储蓄间的一些重要关系汇总如下：

（1）消费与储蓄之和等于个人可支配收入：

$$c+s=Y_d$$

（2）平均消费倾向与平均储蓄倾向之和等于 1：

$$APC+APS=1 \tag{3-17}$$

这是因为 APC 和 APS 分别是消费占 Y_d 的比重和储蓄占 Y_d 的比重。个人可支配收入 Y_d 不是用于消费就是用于储蓄，故这两个比重之和为 1，即

$$APC+APS=\frac{c}{Y_d}+\frac{s}{Y_d}=\frac{c+s}{Y_d}=\frac{Y_d}{Y_d}=1$$

（3）边际消费倾向与边际储蓄倾向之和等于 1：

$$MPC+MPS=1 \tag{3-18}$$

这是因为，MPC 表示新增微量个人可支配收入中用于消费部分所占比重，而 MPS 则表示新增微量个人可支配收入中用于储蓄部分所占比重，与上同理，这两个比重之和也应为 1，即

$$MPC+MPS=\frac{dc}{dY_d}+\frac{ds}{dY_d}=\frac{dc+ds}{dY_d}=\frac{d(c+s)}{dY_d}=\frac{dY_d}{dY_d}=1$$

（4）MPC<APC，且二者均为个人可支配收入 Y_d 的减函数。

这里要注意的是，当消费函数为线性时，MPC 为一常数。这时减函数应作广义的减函数来理解，即当 Y_d 增加时 MPC 不增加。

（5）APS<MPS，且二者均为个人可支配收入 Y_d 的增函数。

与上同理，这里的增函数也应作广义的理解。

第二节　总支出、总收入和产品市场均衡

一、总支出

总支出是一定时期内一国经济中各个部门计划购买的产品按当期市场价值计算的总和，记做 E。总支出是一国经济中的意愿支出，它不同于经济中的总产出（GDP），后者包括了厂商部门的非意愿存货投资。非意愿存货投资是厂商部门计划卖出但在当期没有销售掉的产品。作为事后的结果，总产出总是等于国民收入的。但总支出计量的是人们在事前的意愿购买量，它可以小于或大于当期的总产出。对照第一章中所给总需求的概念可知，这里的总支出就是总需求。收入水平和价格水平都是影响这个量的重要因素。当我们强调它与收入水平的关系时经常称其为总支出；当我们强调它与价格水平的关系时经常称其为总需求。本章假定价格水平不变，故采用总支出而不是总需求来表达这一概念。按照我们在第一章的约定，作为事前变量的总支出应该用小写字母来表示，但为了与习惯用法保持一致，这里不得不违反这一约定而用大写字母 E 来表示总支出。

总支出由参与一国总体经济活动的四个部门各自对产品的意愿购买量构成，它们分别是消费、投资、政府购买和净出口。这四个量不同于第二章中用支出法计算GDP时的那四个名称相同的量。GDP计算中的消费、投资、政府购买和净出口都是事后统计的量，我们分别用大写字母C、I、G和（X-M）来表示。构成总支出的消费、投资、政府购买和净出口都是事前计划的意愿量，我们分别用小写字母c、i、g和（x-m）来表示。这样，我们就得到总支出的表达式：

$$E=c+i+g+(x-m) \tag{3-19}$$

当然，如果我们讨论的是封闭经济（三部门模型），上式就要写成：

$$E=c+i+g \tag{3-20}$$

在两部门模型中，总支出就是：

$$E=c+i \tag{3-21}$$

二、总收入

总收入、总产出、总供给和GDP表示的都是同一个概念。总收入强调这是由家庭部门所获得的收入，总产出强调这是厂商部门所生产的产品，总供给强调它与总需求的对应，GDP则强调其核算体系以区别于其他核算体系。

在理论分析中，经常忽略国内生产总值、国内生产净值、国民收入和个人收入之间的差异而统一用总收入Y来表示它们。这样总收入就可分解为净税收和个人可支配收入两个部分：

$$Y=Y_d+(t-tr) \tag{3-22}$$

三、产品市场的均衡

在第一章第三节中我们已初步描述了产品市场均衡的过程。下面进一步来说明产品市场均衡的条件。为简单起见，假设总支出为常数3 000，不依赖收入水平。

假定总产出或总收入小于3 000，比如Y=2 500。由于价格不变，当期产出不能满足总支出，只好动用存货以满足高涨的需求。这就使得存货水平下降。为了使存货恢复到所希望的水平，厂商就会增加总产出。总产出的增加也就是总收入的增加。

反之，假定总产出或总收入大于3 000，比如Y=3 500。此时厂商会发现其产出中有500无法卖出而转化为非意愿存货。这些非意愿存货使厂商的利润不能达到最大，厂商必然通过减产来消除它。减产的结果当然是总收入降低。

如果总产出或总收入恰好为Y=3 000，正好满足总支出，存货将保持不变，厂商也就没有调整产出的动机了，因而总收入也就不会变化了。因此，Y=3 000是当E=3 000时可以持续下去的产出水平或收入水平。我们称**与总支出相等的总收入水平为均衡产出或均衡收入。**

以上分析也可用图3-7说明。图中以横轴表示总收入或总产出Y，纵轴表示总支出E，45°线是均衡收入线，其上的点都满足E=Y。45°线左上方的点表示总支出超过总收入，而45°线右下方的点表示总收入超过总支出。总支出曲线E=3 000是一条水平线，它与均衡收入线的交点F所对应的总收入Y=3 000即为均衡收入。若Y=2 500，经济处于点F′。此时总支出超过了总收入，经济处于非均衡状态，将通过厂商增产逐步移向均衡点 F。若 Y=3 500，经济处于点 F″，总支出不足。这时经济也处于非均衡状态，将通过厂商减产逐步向点 F 过渡。

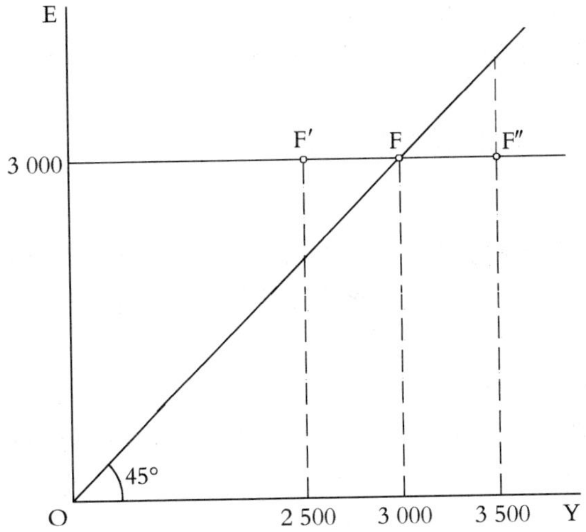

图 3-7　产品市场的均衡

通过以上分析可见，产品市场均衡条件（亦称均衡收入条件）是总支出与总收入相等，即

$$E=Y \tag{3-23}$$

第三节　国民收入的决定

“国民收入的决定”讨论的是哪些因素可以作为均衡国民收入的自变量，或者说均衡的国民收入由哪些因素决定。产品市场的均衡条件式 3-23 就是国民收入均衡的条件。本节由最简单的两部门开始，逐步增加部门来讨论这个问题。

一、两部门经济国民收入的决定

两部门经济中的总支出由式 3-21 给出。其中，投资 i 不随利率变化（或看作利率不变），为一常数。将式 3-21 代入式 3-23 就得到两部门经济产品市场均衡的条件：

$$c+i=Y \tag{3-24}$$

注意到这里没有政府的作用，故：

$$Y=Y_d=c+s \tag{3-25}$$

我们就可将两部门经济产品市场均衡的条件写成：

$$i=s \tag{3-26}$$

这就是说，两部门经济中产品市场均衡时厂商部门的投资恰好由家庭部门的储蓄来提供。两部门经济国民收入恒等式 1-5 指出，作为事后量的投资 I 和储蓄 S，它们是必然相等的。但是，作为事前量的投资 i 和储蓄 s 就不一定相等了。它们不相等是经常的情况，这时产品市场处于非均衡或不稳定的状态。因此，我们说产品市场均衡条件 3-26 指出了非均衡状态下有关变量的变动趋势。还可以利用图 1-5 来加深我们对两部门经济产品市场均衡条件 3-26 的理解。图中将整个宏观经济描绘成一个流量系统。消费、投资、储蓄和产出（收入）是系统中的流量，其中消费和产出不断地在系统中流动，储蓄从系统中漏出而投资则是对系统的注入。显然，只有当漏出与注入相等即式3-26成立时，系统才能保持原规模继续循环而处于均衡状态。

如果消费函数如式3-4为一线性函数，则将该式代入式3-24，并利用式3-25得：

$$\alpha+\beta Y+i=Y$$

解之，得两部门经济均衡国民收入公式：

$$Y=\frac{\alpha+i}{1-\beta} \tag{3-27}$$

既然消费与储蓄是相互确定的，由线性消费函数3-4得到的均衡国民收入公式3-27当然也可由线性储蓄函数求得。这只要将线性储蓄函数3-10代入产品市场均衡条件3-26即可。

式3-27指出，均衡国民收入由三个因素决定：自发消费α、投资i和边际消费倾向β。这三个量都与均衡收入正相关。作为经济中的注入，投资与均衡收入正相关是显而易见的。自发消费和边际消费倾向越大，经济社会就越奢靡。一个崇尚节俭的社会的自发消费和边际消费倾向都比较小。于是，较为奢靡的社会有着较高的均衡收入，而崇尚节俭的社会则只有较低的均衡收入。作为个人美德的节俭被凯恩斯看成对社会的恶行，这就是曾在经济学界引起激烈争论的“节俭悖论”。其实，凯恩斯主义的分析针对的是短期内资源未得到充分利用的情况，此时提倡刺激消费以提高总需求是合适的。在充分就业条件下资源已经被充分利用，过高的总支出会引发通货膨胀。从长期来看，经济增长必须以资本积累为基本条件。资本积累来自储蓄，克制消费提倡节俭仍然是社会的美德。

下面的表3-3和图3-8是一个虚构的例子，我们用来说明均衡收入是如何决定的。在这个例子中，消费函数为c=1 000+0.8Y，投资为常数i=600亿美元。

表3-3 **均衡收入的决定** 单位：亿美元

收入（Y）	3 000	4 000	5 000	6 000	7 000	8 000	9 000	10 000
消费（c）	3 400	4 200	5 000	5 800	6 600	7 400	8 200	9 000
投资（i）	600	600	600	600	600	600	600	600

由表3-3可见，当收入为8 000亿美元时，消费为7 400亿美元，投资为600亿美元，满足产品市场均衡条件式3-24或式3-26，这说明8 000亿美元就是均衡收入。如果收入小于这个数，比方说为6 000亿美元时，消费为5 800亿美元，加上投资600亿美元，总支出为6 400亿美元，超过了总收入6 000亿美元。这就意味着厂商销售出去的产量大于它当期的产出。存货出现意外的减少，这时扩大生产是有利可图的。于是厂商会增雇工人，增加产量，使收入增加从而向均衡收入8 000亿美元靠拢。相反，如果收入大于8 000亿美元，比方说10 000亿美元，这时总支出只有9 600亿美元（9 000+600），厂商生产出来的产品多于能够销售出去的量，存货出现意外的增加。于是厂商便通过减产来缩减存货，收入随之减少并向均衡量8 000亿美元靠近。只有当收入正好达到均衡水平8 000亿美元时，既没有正的非意愿存货投资，也没有负的非意愿存货投资，或者说实际存货量就等于厂商的意愿存货量。这时厂商不再调整产量，收入也就能保持在均衡水平8 000亿美元不变。

在图3-8中，横轴表示总收入，纵轴表示总支出。将消费曲线c上移i=600亿美元

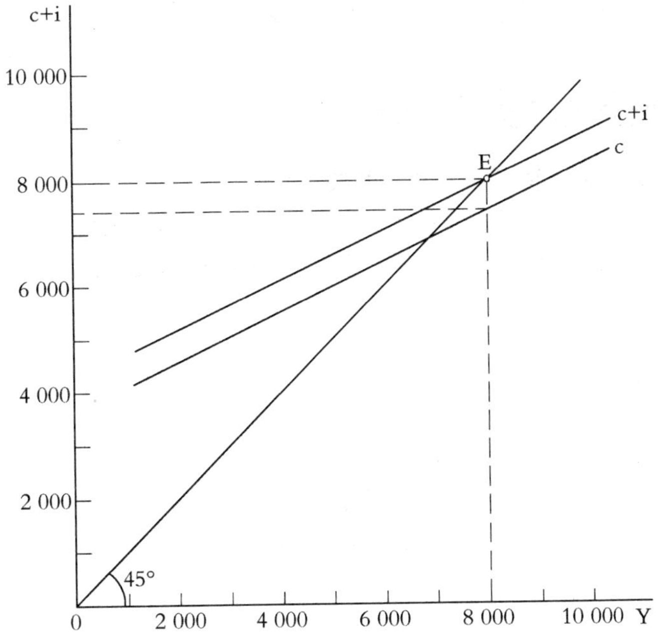

图 3-8　总支出决定总收入

就得到总支出曲线 c+i。总支出曲线与均衡收入线（45°线）相交于点 E，相应的收入水平就是均衡收入 8 000 亿美元。这时，家庭部门意愿的消费支出与厂商部门意愿的投资支出之和正好等于收入。如果经济偏离了这个均衡点，厂商部门的销售量就会与其产量不等从而被迫进行正的或负的非意愿存货投资，这将引起生产的从而是收入的扩张或收缩，直到回归均衡点为止。

根据产品市场均衡条件式 3-26，我们也可以用图 3-9 再次说明本例中均衡国民收入的决定。

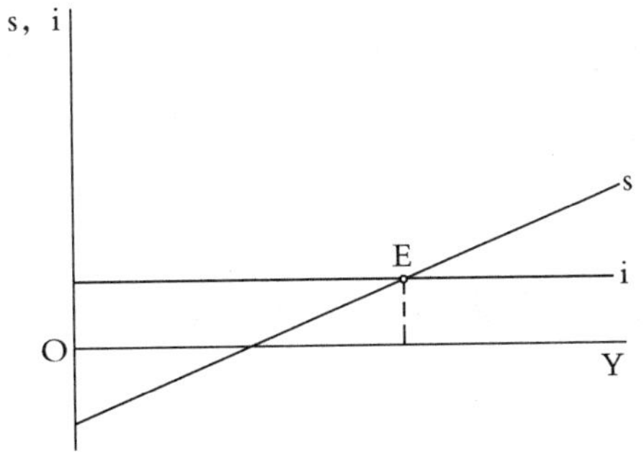

图 3-9　用储蓄曲线和投资曲线决定均衡收入

在图 3-9 中，横轴表示收入，纵轴表示储蓄和投资。由于投资被假定为常数，故投资曲线为一水平线。储蓄曲线 s 与投资曲线 i 相交于点 E，对应的收入即为均衡收入。若产出小于均衡收入，则表明经济处于投资曲线上点 E 以左。此时总体经济中漏出的储蓄小于注入的投资，产品供不应求，厂商出现负的非意愿存货。接着出现的现象便是厂商扩大生产，国民收入提高，经济所处的点沿投资曲线向右方移动逐渐到达点 E。反过来，若产出大于均衡收入，经济处于投资曲线上点 E 以右。此时经济中漏出的储蓄大于注入的投资，产品过剩，厂商出现正的非意愿存货。于是，生产萎缩，国民收入下降，经济所处之点沿投资曲线左移直到与点 E 重合为止。

二、三部门经济国民收入的决定

（一）定量税下三部门经济均衡收入公式

现在把政府部门加入到二部门经济中去，得到三部门模型或封闭经济模型。三部门模型中的总支出由式 3-20 给出。将其代入产品市场均衡条件式 3-23，便得到三部门经济的均衡收入条件：

$$c+i+g=Y \tag{3-28}$$

利用式 3-22 也可将这一条件写成：

$$i=s+(t-tr-g) \tag{3-29}$$

式 3-29 可理解为产品市场均衡时必须使得厂商部门的投资恰好等于其他两个部门的“储蓄”之和。

如果消费函数如式 3-4 为一线性函数，则储蓄函数如式 3-10 也是线性的。有了政府的参与，这两个函数应根据式 3-22 分别写成：

$$c=\alpha+\beta(Y-t+tr) \tag{3-30}$$

和

$$s=-\alpha+(1-\beta)(Y-t+tr) \tag{3-31}$$

将式 3-31 代入式 3-29 便得到定量税下三部门经济的均衡收入公式：

$$Y=\frac{\alpha+i+g-\beta(t-tr)}{1-\beta} \tag{3-32}$$

（二）混合税下三部门经济均衡收入公式

之所以称式 3-32 为定量税下的均衡收入公式，是因为我们将政府税收 t 简单地看做与收入无关的常数。实际上，政府税收（理论分析中简化为个人收入所得税）是根据国民收入的大小来征收的。我们称如下形式的税收：

$$t=t_0+\tau Y \tag{3-33}$$

为混合税。式中：Y 为国民收入，$\tau=dt/dY$ 为边际税率，表示新增的收入中应纳税款所占的比重。显然有 $0\leqslant\tau<1$。若边际税率 $\tau=0$，常数 $t_0\neq0$，则称 $t=t_0$ 为定量税；若边际税率 $\tau\neq0$，常数 $t_0=0$，则称 $t=\tau Y$ 为比例税。不难看出，定量税和比例税是混合税的两个特例。

将式 3-33 代入式 3-32 并整理便得混合税下三部门经济的均衡收入公式：

$$Y=\frac{\alpha+i+g-\beta(t_0-tr)}{1-\beta(1-\tau)} \tag{3-34}$$

令 $t_0=0$ 还可得到比例税下三部门经济的均衡收入公式：

$$Y=\frac{\alpha+i+g+\beta\cdot tr}{1-\beta(1-\tau)} \tag{3-35}$$

三、四部门经济国民收入的决定

最后我们把外国部门也加入进来，得到四部门模型或开放经济模型。在四部门模型中，出口 x 取决于外国的收入等，因而是一个外生变量，我们将它当做常数处理。进口 m 主要取决于本国的收入，其线性表达式为：

$$m=m_0+\gamma Y \tag{3-36}$$

式中：m_0 为自发进口，与国民收入无关；$\gamma=dm/dY$ 为边际进口倾向，表示新增国民收入中用于进口的比例，显然有 $0<\gamma<1$。

将式 3-19 代入产品市场均衡条件 3-23 便得到四部门经济产品市场均衡条件：

$$c+i+g+(x-m)=Y \tag{3-37}$$

利用式 3-22 又可得四部门经济产品市场均衡条件的另一表达式：

$$i=s+(t-tr-g)+(m-x) \tag{3-38}$$

式 3-38 可记忆为：厂商部门的投资应恰好由其他各部门的“储蓄”来提供。

将线性储蓄函数 3-10 和进口函数 3-36 代入式 3-38 便得到定量税下四部门经济的均衡国民收入公式：

$$Y=\frac{\alpha+i+g+(x-m_0)-\beta(t-tr)}{1-\beta+\gamma} \tag{3-39}$$

将式 3-33 代入便得混合税下四部门经济的均衡国民收入公式：

$$Y=\frac{\alpha+i+g+(x-m_0)-\beta(t_0-tr)}{1-\beta(1-\tau)+\gamma} \tag{3-40}$$

令 $t_0=0$ 又得到比例税下四部门经济的均衡国民收入公式：

$$Y=\frac{\alpha+i+g+(x-m_0)+\beta\cdot tr}{1-\beta(1-\tau)+\gamma} \tag{3-41}$$

本节推导了一批均衡国民收入公式，读者仅需记忆混合税下四部门经济的均衡国民收入公式 3-40。其中，分子的前四项为四个部门的自发支出：自发消费 α、投资 i、政府购买 g 和出口 x 均为常数，本来就是自发量；$(x-m_0)$ 是自发净出口。第五项之所以带负号是因为净税收 $nt=t_0-tr$ 是经济中的漏出，自发净税收 (t_0-tr) 与均衡国民收入负相关。下一节我们将看到，净税收对均衡国民收入的影响比四个部门的支出对均衡国民收入的影响要小一些，因此这一项前面乘上了一个 0 到 1 之间的因子 β。

利用式 3-40 不难写出其他的均衡国民收入公式：

令 $t_0=0$，得到比例税下四部门经济的均衡国民收入公式 3-41。

令 $\tau=0$，得到定量税下四部门经济的均衡国民收入公式 3-39。

令与外国有关的量为零，即令 $x=m_0=\gamma=0$，得到混合税下三部门经济的均衡收入公式 3-34。

在混合税下三部门经济的均衡收入公式 3-34 的基础上，令 $\tau=0$，可得定量税下三部门经济的均衡收入公式 3-32。

在混合税下三部门经济的均衡收入公式 3-34 的基础上，令 $t_0=0$，可得比例税下三部门经济的均衡收入公式 3-35。

在混合税下三部门经济的均衡收入公式 3-34 的基础上，令与政府有关的量为零，即令 $t_0=tr=\tau=0$，即得两部门经济均衡国民收入公式 3-27。

第四节　乘数原理

乘数是凯恩斯提出的重要概念之一。我们首先以投资乘数为例介绍这一原理，然后再讨论其他几个重要的乘数。

一、投资乘数

前面的讨论都假设投资不变，现在考虑当投资增加时将出现的变化。为配合这一投资增量，厂商增加雇用各种生产要素从而增加产出。这就会使得均衡的国民收入得到提高。我们的问题是，要具体弄清楚再增加 1 元投资将导致均衡的国民收入增加多少。让我们回到表 3-3 所提供的例子，不过现在将投资提高到 800 亿美元，这就得到表 3-4。

表 3-4 投资增加后的均衡收入 单位：亿美元

收入（Y）	3 000	4 000	5 000	6 000	7 000	8 000	9 000	10 000
消费（c）	3 400	4 200	5 000	5 800	6 600	7 400	8 200	9 000
投资（i）	800	800	800	800	800	800	800	800

由表 3-4 可见，此时的均衡收入为 9 000 亿美元，平均每增加 1 美元的投资使均衡收入提高了 5 美元。均衡收入增量是投资增量的 5 倍，我们说投资乘数等于 5。

我们**将乘数（multiplier）定义为在其他因素不变的条件下均衡收入水平的增量与导致这一增量的某变量的增量之间的比值当后者趋向于零时的极限**。至于投资乘数（K_i）的定义，只要将“某变量”改为“投资”即可。也就是说：

$$K_i = \lim_{\Delta i \to 0} \frac{\Delta Y}{\Delta i} \tag{3-42}$$

或

$$K_i = \frac{dY}{di} \tag{3-43}$$

当均衡收入 Y 为多元函数时，投资乘数就是：

$$K_i = \frac{\partial Y}{\partial i} \tag{3-44}$$

这一定义指出，投资乘数就是均衡国民收入对投资的变化率。在式 3-42 中省略极限过程就得到投资乘数的近似值：

$$K_i \approx \frac{\Delta Y}{\Delta i} \tag{3-45}$$

有些教材甚至就用式 3-45 来定义投资乘数。按这一近似的定义，投资乘数就是在其他因素不变的条件下均衡收入增量与导致这一增量的投资增量之间的比值。由均衡收入公式 3-40 可见，均衡收入 Y 与投资 i 呈线性关系。在这种情况下由式 3-45 计算的近似值与式 3-42 计算的精确值之间并无误差。一般地说，只要均衡收入 Y 与有关变量呈线性关系，相应的乘数定义也就无所谓精确和近似之分了。但是，作为一种计算手段，式 3-42 与式 3-45 各有其实用价值。

根据式 3-27，两部门经济中的投资乘数为：

$$K_i = \frac{\partial Y}{\partial i} = \frac{1}{1-\beta} = \frac{1}{1-MPC} = \frac{1}{MPS} \tag{3-46}$$

因为 $0<MPS<1$，所以 $K_i>1$。这表明投资的增加将导致均衡收入成倍地增加，这个倍数就是投资乘数。

在上面的例子中，因 $MPC=0.8$，故 $MPS=0.2$，从而 $K_i=1\div0.2=5$。

二、乘数的作用过程

下面再举一个二部门经济的例子来说明投资乘数是如何起作用的。假设 $MPC=0.6$，

则有 $K_i=1/(1-\beta)=1\div(1-0.6)=2.5$，这就是说，增加100元的投资可以导致均衡收入增加250元。为什么增加投资会使收入增加2.5倍呢？这是因为，增加100元用来购买投资品时，实际上是用来购买制造投资品所需要的生产要素，这100元以工资、利息、租金和利润的形式流入要素所有者（家庭）手中。家庭部门所增加的100元是投资增量对收入的第一轮促进。

读者可能会怀疑这100元是否会全部转化为家庭的收入。如果这100元投资是购买机器设备，那么制造这些机器设备的原材料价值也会转化为家庭的收入吗？理解这一问题的关键是要记住所购买的机器设备乃是最终产品，而最终产品的价值是要计入GDP的。或者说，这批机器设备的价值等于为生产这批机器设备所需要的全部生产要素（包括开采铁矿、炼钢铁、制造机器等整个生产链环中所需要的各种生产要素）所创造的价值，这些价值都转化为工资、利息、租金和利润。因此，这100元机器设备的增加的确会使家庭的收入也增加100元。然而，事情并未到此为止。我们来看第二轮的情况。

家庭所增加的100元收入中将有60元（100×0.6）用来购买消费品。与购买机器设备相同，这60元又会以工资、利息、租金和利润的形式流入生产这些消费品的生产要素所有者手中，从而使家庭收入又增加60元。这是那100元投资增量导致的第二轮收入的增加。

现在读者应当可以指出第三轮收入的增量将是 $100\times0.6^2=36$（元），第n轮收入的增量将是 $100\times0.6^{n-1}$ 元。各轮收入的增量之和为：

$$
\begin{aligned}
\Delta Y &= 100+100\times0.6+100\times0.6^2+\cdots+100\times0.6^{n-1}+\cdots \\
&= 100\times(1+0.6+0.6^2+\cdots+0.6^{n-1}+\cdots) \\
&= 100\lim_{n\to+\infty}(1+0.6+0.6^2+\cdots+0.6^{n-1}) \\
&= 100\lim_{n\to+\infty}\frac{1-0.6^n}{1-0.6} \\
&= 250
\end{aligned}
$$

以上过程在表3-5中列出。

表3-5 **投资乘数效应**

轮次	各轮收入增量	累计收入增量
1	$\Delta i=100$	$\Delta i=100$
2	$\Delta i\times\beta=60$	$\Delta i(1+\beta)=160$
3	$\Delta i\times\beta^2=36$	$\Delta i(1+\beta+\beta^2)=196$
4	$\Delta i\times\beta^3=21.6$	$\Delta i(1+\beta+\beta^2+\beta^3)=217.6$
⋮	⋮	⋮
n	$\Delta i\times\beta^{n-1}=100\times0.6^{n-1}$	$\Delta i(1+\beta+\beta^2+\cdots+\beta^{n-1})=100\times(1+0.6+0.6^2+\cdots+0.6^{n-1})$
⋮	⋮	⋮

投资乘数作用的过程也可以用图3-10来说明。

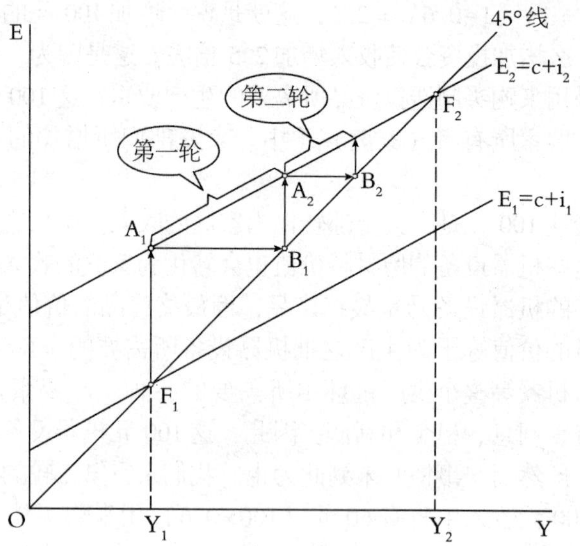

图 3-10 投资乘数作用示意图

图 3-10 中横坐标表示总收入，纵坐标表示总支出。45°线是均衡收入线，线上各点均满足产品市场均衡条件 3-23。E_1 是原来的总支出曲线，它与均衡收入线交于初始均衡点 F_1。由于增加了 100 元投资，总支出也提高了 100 元。将总支出曲线 E_1 向上平移 100 元就得到新的总支出曲线 E_2。此时经济位于 45°线左上方的点 A_1，总支出超过总收入导致第一轮收入增加，增量为线段 A_1B_1（在本例中为 100 元）。此时经济位于 45°线左上方的点 A_2，总支出仍然超过总收入，线段 A_2B_2 表示第二轮收入的增量（在本例中为 60 元）。这个过程一直要进行到使经济位于新的均衡点 F_2 方告结束。

以上只是讨论了最简单的乘数，目的是让读者容易理解乘数的概念及作用的过程。要注意的是，首先，乘数是一把“双刃剑”。投资增加会使收入成倍地增长，投资减少同样也会使收入以同一倍数降低。其次，这里还没有考虑政府的介入。政府的税收会减少人们的可支配收入从而使消费增量减少，因此投资乘数比这里的要小一些。再次，我们没有考虑各轮收入增加所需要的时间，或者说我们暗含了各轮调整在所考察的时期内完成这一假设。实际上，在较短的时间内乘数是不可能充分发挥作用的。最后，我们还没有考虑经济中的不确定因素。分析中假定消费者有不变的边际消费倾向，然而实际情况并非完全如此。当某些非经济因素使人们对未来充满信心时，即使收入不增加，消费也会增加，边际消费倾向也会变大；反之，边际消费倾向会变小。总之，实践中的乘数与理论上的乘数存在着一定的距离。

三、其他乘数

根据乘数的定义，每个影响均衡收入的变量都对应一种乘数。这种乘数表示均衡收入对有关变量的增长率，数值上等于均衡收入对有关变量的偏导数。对于线性消费函数，均衡国民收入公式中影响均衡国民收入的各变量都是一次的，故对有关变量的偏导数就等于公式中该变量的系数。

（一）政府购买乘数

政府购买乘数（government purchase multiplier）是指均衡国民收入对政府购买的变化

率，记做 K_g，即

$$K_g=\lim_{\Delta g\to 0}\frac{\Delta Y}{\Delta g}=\frac{\partial Y}{\partial g}\approx\frac{\Delta Y}{\Delta g} \tag{3-47}$$

据此定义，再增加微量政府购买将导致均衡收入成倍增加，政府购买乘数就是这一倍数。根据式 3-40 和式 3-41，混合税或比例税下四部门经济的政府购买乘数为：

$$K_g=\frac{\partial Y}{\partial g}=\frac{1}{1-\beta(1-\tau)+\gamma} \tag{3-48}$$

根据式 3-39，定量税下四部门经济的政府购买乘数为：

$$K_g=\frac{\partial Y}{\partial g}=\frac{1}{1-\beta+\gamma} \tag{3-49}$$

在式 3-48 中令 $\tau=0$ 也可得到式 3-49。

利用式 3-34 或直接在式 3-48 和式 3-49 中令 $\gamma=0$，便得到混合税或比例税下三部门经济的政府购买乘数：

$$K_g=\frac{\partial Y}{\partial g}=\frac{1}{1-\beta(1-\tau)} \tag{3-50}$$

以及定量税下三部门经济的政府购买乘数：

$$K_g=\frac{1}{1-\beta} \tag{3-51}$$

因为均衡国民收入公式中投资与政府购买有相同的系数，所以式 3-48 至式 3-51 也可用来表示相应条件下的投资乘数。

政府购买乘数理论包含强烈的政策主张。假设某国的政府购买乘数为 10，政府希望国民收入增加 100 亿元，它只需增加 10 亿元的购买即可。

（二）税收乘数和转移支付乘数

1. 税收乘数

税收乘数（tax multiplier）是指均衡国民收入对自发税的变化率，记做 K_t，即

$$K_t=\lim_{\Delta t_0\to 0}\frac{\Delta Y}{\Delta t_0}=\frac{\partial Y}{\partial t_0}\approx\frac{\Delta Y}{\Delta t_0} \tag{3-52}$$

其近似含义是：再增加 1 元自发税导致的均衡国民收入增量。因为税收是总体经济中的漏出，所以这一国民收入增量是负数。因此我们可以预见，税收乘数必为负数。

根据式 3-40，混合税下四部门经济的税收乘数为：

$$K_t=\frac{\partial Y}{\partial t_0}=-\frac{\beta}{1-\beta(1-\tau)+\gamma} \tag{3-53}$$

根据式 3-39，定量税下四部门经济的税收乘数为：

$$K_t=\frac{\partial Y}{\partial t_0}=-\frac{\beta}{1-\beta+\gamma} \tag{3-54}$$

当然，式 3-54 也可在式 3-53 中令 $\tau=0$ 得到。

利用式 3-34 或直接在式 3-53 和式 3-54 中令 $\gamma=0$ 便得到混合税下三部门经济的税收乘数：

$$K_t=\frac{\partial Y}{\partial t_0}=-\frac{\beta}{1-\beta(1-\tau)} \tag{3-55}$$

以及定量税下三部门经济的税收乘数：

$$K_t=\frac{\partial Y}{\partial t_0}=-\frac{\beta}{1-\beta} \tag{3-56}$$

2. 转移支付乘数

转移支付乘数（transfer payment multiplier）是指均衡国民收入对转移支付的变化率， 记做 K_{tr}，即

$$K_{tr}=\lim_{\Delta tr\to 0}\frac{\Delta Y}{\Delta tr}=\frac{\partial Y}{\partial tr}\approx\frac{\Delta Y}{\Delta tr} \tag{3-57}$$

其近似含义是：再增加1元转移支付导致的均衡国民收入增量。

因为在均衡国民收入公式中转移支付 tr 与自发税 t_0 的系数互为相反数，所以转移支付乘数与税收乘数也互为相反数。税收乘数小于零表明 ΔY 与 Δt_0 异号，即政府增税将导致均衡收入以 $|K_t|$ 倍的比例减少。当然，政府减税就会使均衡收入增加。因为转移支付实际上是一种负的税收，所以转移支付乘数与税收乘数互为相反数就不难理解了。

因为 β 介于 0 和 1 之间，所以政府购买乘数比税收乘数（的绝对值）和政府转移支付乘数要大一些。为什么会这样呢？作为总支出的构成部分，政府购买每增加1元都直接使总支出增加1元。但减税1元或增加转移支付1元只能使个人可支配收入增加1元。这1元中仅有一部分（等于边际消费倾向）被用于增加消费，另一部分（等于边际储蓄倾向）是用来增加储蓄的。因此，减税或增加转移支付1元对收入的影响不如直接增加1元政府购买对收入的影响来得大。这就说明，改变政府购买水平对宏观经济活动的效果要大于改变税收或改变转移支付的政策的效果，因而政府购买是财政政策中最为有效的手段。也正是这一原因，使政府购买和税收同步增加也能促进均衡国民收入的增加。这就是下面要讨论的平衡预算乘数的作用原理。

（三）平衡预算乘数

政府购买乘数与税收乘数的代数和称为平衡预算乘数（balanced budget multiplier）， 记做 K_b，即

$$K_b=K_g+K_t \tag{3-58}$$

它表示当政府增加1元自发税并将其全部用于增加政府购买所导致的均衡收入增量。读者不要顾名思义地认为平衡预算乘数必须以政府预算平衡为条件。政府预算无论是盈余、平衡还是赤字都不会影响平衡预算乘数。平衡预算乘数这个术语不过是说，如果政府预算本来是平衡的，那么在等量地增加政府购买和自发税后，政府预算仍然是平衡的。

根据式3-48和式3-53，混合税下四部门经济的平衡预算乘数为：

$$K_b=K_g+K_t=\frac{1}{1-\beta(1-\tau)+\gamma}-\frac{\beta}{1-\beta(1-\tau)+\gamma}=\frac{1-\beta}{1-\beta(1-\tau)+\gamma} \tag{3-59}$$

定量税下四部门经济的平衡预算乘数为：

$$K_b=K_g+K_t=\frac{1}{1-\beta+\gamma}-\frac{\beta}{1-\beta+\gamma}=\frac{1-\beta}{1-\beta+\gamma} \tag{3-60}$$

混合税下三部门经济的平衡预算乘数为：

$$K_b=K_g+K_t=\frac{1}{1-\beta(1-\tau)}-\frac{\beta}{1-\beta(1-\tau)}=\frac{1-\beta}{1-\beta(1-\tau)} \tag{3-61}$$

定量税下三部门经济的平衡预算乘数为：

$$K_b=K_g+K_t=\frac{1}{1-\beta}-\frac{\beta}{1-\beta}=\frac{1-\beta}{1-\beta}=1 \tag{3-62}$$

表 3-6 汇总了全部的均衡收入公式和乘数公式。

表 3-6　　均衡收入公式和乘数公式一览表

		均衡收入	K_i 和 K_g	K_t 和 K_{tr}	K_b
四部门	混合税	$\frac{\alpha+i+g+(x-m_0)-\beta(t_0-tr)}{1-\beta(1-\tau)+\gamma}$	$K_i=K_g=\frac{1}{1-\beta(1-\tau)+\gamma}$	$K_t=-K_{tr}=\frac{-\beta}{1-\beta(1-\tau)+\gamma}$	$\frac{1-\beta}{1-\beta(1-\tau)+\gamma}$
	比例税	$\frac{\alpha+i+g+(x-m_0)+\beta\cdot tr}{1-\beta(1-\tau)+\gamma}$	$K_i=K_g=\frac{1}{1-\beta(1-\tau)+\gamma}$		
	定量税	$\frac{\alpha+i+g+(x-m_0)-\beta(t-tr)}{1-\beta+\gamma}$	$K_i=K_g=\frac{1}{1-\beta+\gamma}$	$K_t=-K_{tr}=\frac{-\beta}{1-\beta+\gamma}$	$\frac{1-\beta}{1-\beta+\gamma}$
三部门	混合税	$\frac{\alpha+i+g-\beta(t_0-tr)}{1-\beta(1-\tau)}$	$K_i=K_g=\frac{1}{1-\beta(1-\tau)}$	$K_t=-K_{tr}=\frac{-\beta}{1-\beta(1-\tau)}$	$\frac{1-\beta}{1-\beta(1-\tau)}$
	比例税	$\frac{\alpha+i+g+\beta\cdot tr}{1-\beta(1-\tau)}$	$K_i=K_g=\frac{1}{1-\beta(1-\tau)}$		
	定量税	$\frac{\alpha+i+g-\beta(t-tr)}{1-\beta}$	$K_i=K_g=\frac{1}{1-\beta}$	$K_t=-K_{tr}=\frac{-\beta}{1-\beta}$	1
二部门		$\frac{\alpha+i}{1-\beta}$	$K_i=\frac{1}{1-\beta}$		

同理，我们还可以定义出口乘数、进口乘数和对外贸易乘数，这里从略。

关键术语

消费函数　储蓄函数　边际消费倾向　边际储蓄倾向　总支出　均衡收入　乘数

主要观点

◆ 消费和储蓄都是个人可支配收入的递增函数，但消费的增加滞后于个人可支配收入的增加。

◆ 均衡收入由总支出决定，二者正相关。任何使总支出增加的因素如消费、投资、政府购买、转移支付和出口的增加都导致均衡收入增加；任何使总支出减少的因素如税收和进口的增加都导致均衡收入减少。

◆ 国民收入与均衡收入不等时，产品市场不均衡，国民收入有向均衡收入逼近的趋势。国民收入与均衡收入相等时，产品市场达到均衡，国民收入无变动趋势。

◆ 影响均衡收入的因素变动将导致均衡收入按相应乘数所表示的倍数取得增量。

基本训练

一、填空题

1. 根据凯恩斯的看法，作为人类的基本心理规律之一，边际消费倾向是(　　)。

2. 家庭部门的（　　）收入中未用于消费的部分就是储蓄。

3. 总支出是一定时期内一国经济中各个部门计划购买的产品按(　　)市场价值计算的总和。

4. 乘数为在其他因素不变的条件下(　　)的增量与导致这一增量的某变量的增量之间的比值当后者趋向于零时的极限。

二、选择题

1. 消费曲线上移意味着消费者(　　)。

A. 因收入增加而增加储蓄　　B. 因收入减少而减少储蓄

C. 在各种收入水平上储蓄都增加了　　D. 在各种收入水平上储蓄都减少了

2. 设经济运行在某点，该点在以横轴为总收入、纵轴为总支出的平面直角坐标系中用 A 表示。如果原点与点 A 间连线的倾角（与横轴间的夹角）为 50°，则当其他条件不变时该经济的总收入将(　　)。

A. 保持不变　　B. 增加　　C. 减少

D. 不稳定，具体变动方向视实际投资和实际储蓄的大小关系而定

3. 如果消费函数为 $c=\alpha+\beta Y$，其中 α 和 β 都是正数，那么边际储蓄倾向(　　)。

A. 大于平均储蓄倾向　　B. 小于平均储蓄倾向

C. 大于平均消费倾向　　D. 小于平均消费倾向

4. 计划投资减少将导致( )。

A. GDP 下降而 S 不变　B. GDP 下降而 S 上升

C. GDP 和 S 同时下降　D. GDP 不变而 S 下降

5. 在本期 GDP 一定的条件下，如果某种原因使边际消费倾向变小了，这会使得本期的( )。

A. 消费和储蓄都变大　B. 消费变小而储蓄变大

C. 消费和储蓄都变小　D. 消费变大而储蓄变小

6. 在本期 GDP 一定的条件下，如果某种原因使边际储蓄倾向变小了，这会使得下期的( )。

A. GDP 和 C 都提高　B. GDP 和 C 都降低

C. GDP 提高而 C 降低　D. GDP 降低而 C 提高

7. GDP 高于均衡水平时( )。

A. 总体经济活动中漏出的储蓄大于注入的投资

B. 总体经济活动中漏出的储蓄小于注入的投资

C. 计划的消费支出超过了计划的投资支出

D. 计划的投资支出超过了计划的消费支出

8. 平衡预算乘数是指( )时国民收入增量与税收增量的相反数之比。

A. 政府支出与税收同方向变化同一数量

B. 政府转移支付与税收同方向变化同一数量

C. 政府预算平衡（政府预算赤字为零）

D. 政府购买与税收同方向变化同一数量

9. 当( )时用近似值 $\Delta y/\Delta g$ 来代替 $\partial y/\partial g$ 表示政府购买乘数所产生的误差为零。

A. 均衡收入与政府购买呈线性关系　B. 政府预算平衡（政府预算赤字为零）

C. 均衡收入与政府转移支付无关　D. 政府预算盈余（政府预算赤字为负数）

10. 对均衡收入影响最大的是( )水平的改变。

A. 政府净税收　B. 政府对家庭的转移支付

C. 政府购买　D. 政府税收

11. 如果投资突然大幅度减少，那么 GDP 将( )。

A. 开始持续下降，但最终的下降幅度不会超过投资的减少幅度

B. 迅速下降，最终的下降幅度会超过投资的减少幅度

C. 开始持续下降，最终的下降幅度会超过投资的减少幅度

D. 迅速下降，但最终的下降幅度不会超过投资的减少幅度

12. GDP 的均衡水平与充分就业的 GDP 水平间的关系是( )。

A. 两者完全相同

B. 除了特殊的失衡状态，GDP 均衡水平通常就意味着充分就业时的 GDP 水平

C. GDP 的均衡水平不可能是充分就业的 GDP 水平

D. GDP 的均衡水平可能是也可能不是充分就业的 GDP 水平

13. 消费曲线与45°线交点对应的产出水平表示(　　)。
A. 净投资大于零时的GDP水平　　B. 均衡的GDP水平
C. 消费和投资相等　　D. 投资为零时的GDP水平
14. (　　)不可能使收入增加。
A. 自发消费增加　B. 定量税减少　C. 税率降低　D. 进口增加
15. 设i和s分别表示两部门经济中的计划投资和计划储蓄，则(　　)。
A. 一定有i≥s　B. 一定有i≤s　C. i=s恒成立　D. i=s偶然成立
16. 设I和S分别表示两部门经济中的实际投资和实际储蓄，则(　　)。
A. 一定有I>S　B. 一定有I<S　C. I=S恒成立　D. I=S偶然成立
17. 政府预算盈余是指(　　)。
A. 税收与政府购买之差　　B. 税收与政府转移支付之差
C. 净税收与政府支出之差　　D. 净税收与政府购买之差
18. 设政府改变税率τ使其增量$\Delta\tau=\tau_1-\tau_0$为某一确定数，这将导致均衡收入取得增量$\Delta Y=Y_1-Y_0$，以下结论中正确的是(　　)。
A. Y与τ同向变化，且Y_0越大将使$|\Delta Y|$越小，τ_0越大将使$|\Delta Y/Y_0|$越大
B. Y与τ同向变化，且Y_0越大将使$|\Delta Y|$越大，τ_0越大将使$|\Delta Y/Y_0|$越小
C. Y与τ反向变化，且Y_0越大将使$|\Delta Y|$越小，τ_0越大将使$|\Delta Y/Y_0|$越大
D. Y与τ反向变化，且Y_0越大将使$|\Delta Y|$越大，τ_0越大将使$|\Delta Y/Y_0|$越小
19. 以下命题中正确的是(　　)。
A. APC+APS=1，MPC+MPS=1，c+s=Y
B. APC+MPC=1，APS+MPS=1，c+s=Y
C. APC+MPS=1，APS+MPC=1，c−s=Y
D. APC+MPC=1，APS+MPS=1，c−s=Y
20. 在一个没有政府的简单乘数模型中，如果自发投资增加40个单位导致消费增加了160个单位，则这个经济的边际储蓄倾向为(　　)。
A. 0.10　B. 0.20　C. 0.25　D. 0.40

三、简答题

1. 在均衡产出水平上，是否意愿存货投资和非意愿存货投资都必然为零?
2. 能否说边际消费倾向和平均消费倾向都总是大于0而小于1?
3. 按照凯恩斯主义的观点，增加储蓄对均衡收入会有什么影响?
4. 如果政府决定削减转移支付，同时增加等量的政府购买，均衡收入水平是增加、减少还是不变?

四、计算题

1. 假设某经济社会的消费函数为c=100+0.8Y，投资为50（单位：10亿美元）。要求：
(1) 求均衡收入、消费和储蓄。
(2) 如果当时实际产出（收入）为800，企业非意愿存货积累为多少?

(3) 若投资增至100，试求增加的收入。

(4) 若消费函数变为 $c=100+0.9Y$，投资仍为50，收入和储蓄各为多少？投资增至100时收入增加多少？

(5) 消费函数变动后，乘数有何变化？

2. 设某经济的消费函数为 $c=100+0.8Y_d$，投资 $i=60$，政府购买 $g=200$，政府转移支付 $tr=50$，税收 $t=250$ (单位均为10亿美元)。要求：

(1) 求均衡收入。

(2) 试求投资乘数、政府支出乘数、税收乘数、转移支付乘数、平衡预算乘数。

(3) 假定该社会达到充分就业所需要的国民收入为1 200，那么在以下情况下实现充分就业，各需多少数额：①增加政府购买；②减少税收；③以同一数额增加政府购买和税收(以便预算平衡)。

3. 假设某经济社会储蓄函数为 $S=-1\,000+0.25Y$，投资从300增至500时(单位：10亿美元)，均衡收入增加多少？若本期消费是上期收入的函数，即 $c_t=\alpha+\beta Y_{t-1}$。要求：投资从300增至500过程中1、2、3、4期收入各为多少？

4. 假定消费函数 $c=100+0.75Y_d$，税收函数 $t=10+0.2Y$，政府转移支付为 $tr=4$，进口函数为 $m=40+0.10Y$，投资 $i=100$，政府购买 $g=200$，出口 $x=100$。求均衡的国民收入。

5. 在四部门经济中，假定边际消费倾向为0.9，边际税率为0.3，边际进口倾向为0.1。若投资增加100亿元，计算乘数效应带来的国民收入的增加。

6. 根据表3-7所示的开放经济数据，回答下列问题：

(1) 对外开放前后的均衡GDP和GDP*等于多少？

(2) 对外开放后GDP上升了百分之几？

(3) 边际进口倾向MPM等于多少？

(4) 开放经济下的政府支出乘数等于多少？

(5) 当GDP=GDP*时，私人储蓄等于多少？

表3-7 **GDP相关数据**

GDP	C	I	G	NT	E_X	I_M
1 250	550	200	500	500	250	125
1 300	580	200	500	500	250	130
1 350	610	200	500	500	250	135
1 400	640	200	500	500	250	140
1 450	670	200	500	500	250	145
1 500	700	200	500	500	250	150
1 550	730	200	500	500	250	155
1 600	760	200	500	500	250	160

五、论述题

1. 税收为收入的函数时，为什么税率提高时，均衡收入会减少？定量税增加会使收入水平上升还是下降，为什么？

2. 阅读下面的资料并根据所学的知识说明：(1) 一国储蓄率主要由什么决定；(2) 我国储蓄率居高不下的原因。

截至2013年8月，我国居民储蓄余额已连续3个月突破43万亿元，位于历史最高位。其中，活期存款超过16万亿元，定期存款超过27万亿元，显示出存款定期化的趋势。

我国已成为全球储蓄金额最多的国家，同时也是人均储蓄最多的国家，我国人均居民储蓄已经超过3万元。相应的，我国也是全球储蓄率最高的国家，居民储蓄率已超过50%，远远超过世界平均水平。

而在过去10年来，我国居民储蓄实现加速度增长，分别于2003年9月、2008年8月、2010年12月和2013年1月突破10万亿元、20万亿元、30万亿元和40万亿元大关，且每突破一个10万亿元大关所用时间不断缩短。如此快速增长引发各界关注。专家指出，投资渠道狭窄、物价房价的攀升、社会保障制度的不健全以及居民对未来预期不乐观等因素，是目前我国居民储蓄规模持续扩张的重要原因。

一定规模的储蓄有利于银行业务的开展和经济建设活动，但过高的储蓄却可能成为经济之痒、百姓之痛。

第四章

IS-LM 模型

学习目标

◆ 重点掌握投资需求函数、货币需求函数、IS 曲线和 LM 曲线的概念、两部门经济的线性 IS 方程和线性 LM 方程、两个市场同时均衡的收入与利率；掌握内部收益率和资本边际效率、IS 曲线和 LM 曲线的几何推导、IS 曲线和 LM 曲线对平面的划分、IS 曲线和 LM 曲线的单调性、IS 曲线和 LM 曲线的移动；了解投资边际效率、IS 方程和 LM 方程的解析求法、两个市场同时均衡时收入与利率的解析求法。

投资是总体经济中最为活跃的因素之一。上一章将这一因素视为外生变量，掩盖了导致它变动的原因。产品市场也不能脱离货币市场的影响而孤立地运行。本章将放弃简单凯恩斯模型三个基本假设中的前两个，仅仅保留价格水平不变这一假设。本章的 IS-LM 模型又称扩大的凯恩斯模型或扩大的国民收入决定理论。这一模型将研究导致投资变动的原因并通过其建立起产品市场与货币市场间的联系。本章研究的目标与上一章相同，仍然是均衡国民收入的决定。

第一节　投资的决定

一、资金序列的现值

在考虑利率时，相同数额的资金在不同的时点上具有不同的价值。假设年利率为 10%，第一年的 100 元存到第二年可以得到 110 元，即第一年的 100 元与第二年的 110 元是等值的。一般的，设 R_0 为本金，r 为利率，n 为期数，R_n 为该项本金在 n 期后的价值（称为终值），我们有如下的终值公式：

$$R_n = R_0(1+r)^n \tag{4-1}$$

把问题倒过来，为了 n 年后得到一笔数额为 R_n 的资金，现在应存入的本金（称为现值）R_0 应为：

$$R_0 = \frac{R_n}{(1+r)^n} \tag{4-2}$$

我们称式 4-2 为资金的现值公式。

如图 4-1 所示，如果在未来的 n 年中各年年末依次得到资金 R_1，R_2，…，R_n，这一资金序列中各项资金的现值之和为：

$$R_0=\frac{R_1}{1+r}+\frac{R_2}{(1+r)^2}+\cdots+\frac{R_n}{(1+r)^n} \quad (4-3)$$

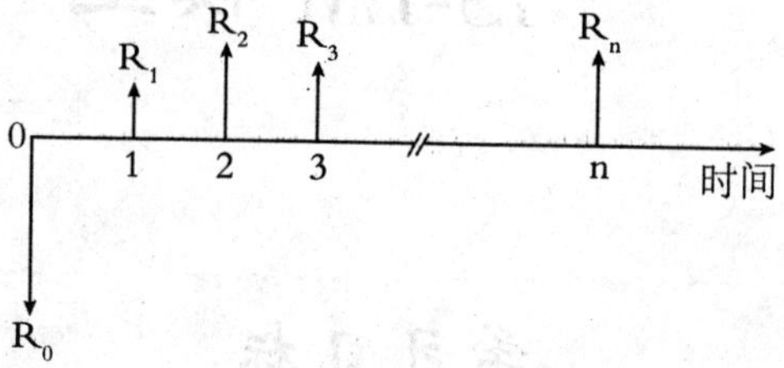

图 4-1　资金序列的现值

称式 4-3 为资金序列 $\vec{R}=(R_1, R_2, \cdots, R_n)$ 的现值公式，它表明这一资金序列与其现值 R_0 等价。

我们来看一个具体的例子：某人现在投入 1 000 元，预计在今后的 7 年中各年年末依次获得收益 200 元、240 元、320 元、240 元、200 元、160 元和 120 元（见图 4-2）。

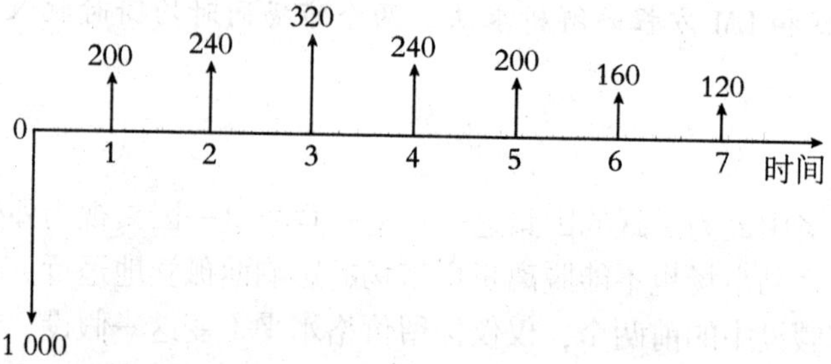

图 4-2　某人投入 1 000 元的资金流量图

将这 7 项收益简单加总得：

$$S=R_1+R_2+R_3+R_4+R_5+R_6+R_7=200+240+320+240+200+160+120=1\ 480>1\ 000$$

这是否就意味着这笔投资是有利可图的呢？换种说法，资金序列 $\vec{R}=(200, 240, 320, 240, 200, 160, 120)$ 是否比现在投入的 1 000 元的价值更大呢？

设年利率为 10%，由式 4-3 得这个资金序列的现值为：

$$R_0=\frac{R_1}{1+r}+\frac{R_2}{(1+r)^2}+\frac{R_3}{(1+r)^3}+\frac{R_4}{(1+r)^4}+\frac{R_5}{(1+r)^5}+\frac{R_6}{(1+r)^6}+\frac{R_7}{(1+r)^7}$$

$$=\frac{200}{1+0.1}+\frac{240}{(1+0.1)^2}+\frac{320}{(1+0.1)^3}+\frac{240}{(1+0.1)^4}+\frac{200}{(1+0.1)^5}+\frac{160}{(1+0.1)^6}+\frac{120}{(1+0.1)^7}$$

$$=992<1\ 000$$

二、资本的内部收益率

以上例子中资金序列的现值低于前期投入的 1 000 元，是因为利率较高的缘故。如果利率为零，其现值就等于资金序列的简单和 1 480 元。容易理解，当利率 r 由零连续地上升到 10%，这个资金序列的现值 R_0 会由 1 480 连续减小到 992。根据闭区间上连续函数的性质，必定存在一个正数 λ，使得：

$$\frac{200}{1+\gamma}+\frac{240}{(1+\gamma)^2}+\frac{320}{(1+\gamma)^3}+\frac{240}{(1+\gamma)^4}+\frac{200}{(1+\gamma)^5}+\frac{160}{(1+\gamma)^6}+\frac{120}{(1+\gamma)^7}=1\ 000$$

解此一元七次方程，我们可以得到：

$\gamma=9.2\%$

γ 即为该项投入的内部收益率。$\gamma=9.2\%$ 表示现在投入 1 000 元而获得资金序列 $\vec{R}=(200, 240, 320, 240, 200, 160, 120)$ 所得到的年利率。

一项资本在其使用年限内的各年都能向资本使用者提供服务，其价值称为资本收益。如一年内经一台缝纫机生产的服装收益为 10 000 元，扣除相关的原材料、人工和厂房租金分摊等 8 000 元，剩下的 2 000 元即为此缝纫机这一年提供的资本收益。

一般地，设一项使用年限为 n 的资本品买价为 R，其各年所能提供的资本收益为资金序列 $\vec{R}=(R_1, R_2, \cdots, R_n)$①。通常 R 会小于资本收益序列的简单和 $R_1+R_2+\cdots+R_n$，否则不会有人愿意购买该资本品。因此不妨假设 $0<R<R_1+R_2+\cdots+R_n$。

考虑函数 $f(x)=\frac{R_1}{1+x}+\frac{R_2}{(1+x)^2}+\cdots+\frac{R_n}{(1+x)^n}$，它显然满足如下条件：

(1) 在 $[0, +\infty)$ 内单调递减；

(2) 在 $[0, +\infty)$ 内可导；

(3) $f(0)=R_1+R_2+\cdots+R_n$，$f(+\infty)=\lim_{x\to+\infty}f(x)=0$。

取一充分大的正数 X，使 $f(X)<R$，注意到 $0<R<f(0)=\sum_{j=1}^{n}R_j$，在闭区间 $[0, X]$ 上应用介值定理(闭区间上连续函数的性质)知，存在一个 $\gamma\in(0, X)$ 使 $f(\gamma)=R$，即

$$R=\frac{R_1}{1+\gamma}+\frac{R_2}{(1+\gamma)^2}+\cdots+\frac{R_n}{(1+\gamma)^n} \tag{4-4}$$

由上述条件 (1) 还知，这样的 γ 是唯一的 (见图 4-3)。

式 4-4 中的 γ 就是所论资本品的内部收益率 (internal rate of return)。

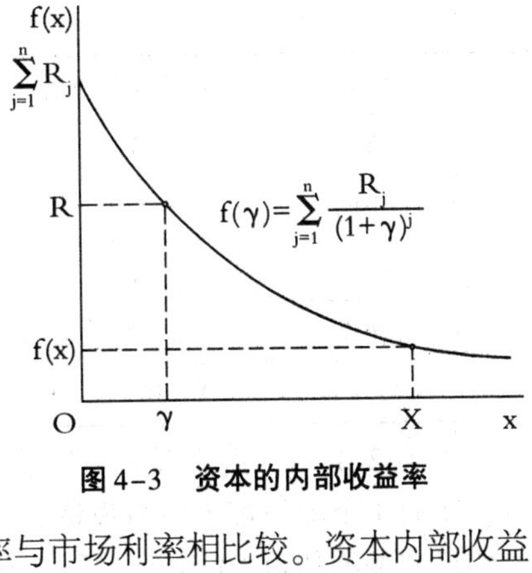

图 4-3 资本的内部收益率

我们可以将所论资本品看做一家特殊的银行，购入这项资本品就是在这家“银行”办理“整存零取”业务，资本品的买价 R 就是对这家“银行”的存款，资本收益序列 $\vec{R}=(R_1, R_2, \cdots, R_n)$ 就是从这家“银行”陆续取得的存款收益，资本内部收益率 r 就是这家“银行”的存款利率。资本内部收益率 (特殊“银行”的“存款利率”) 越高，该项资本品创造利润的能力 (从“银行”取得的“存款收益”) 就越强。衡量一项投资是否合算，一般是将其内部收益率与市场利率相比较。资本内部收益率高于市场利率，说明这家特殊“银行”的存款待遇高于一般银行的存款待遇，该项投资是合算的；否则就是不合算的。

从资本内部收益率的定义式 4-4 中容易得出如下结论：

(1) 内部收益率与市场利率 r 无关。内部收益率是所考察的资本品创造利润的能力，当然与市场利率无关。由内部收益率的定义式 4-4 也可以看到这一点。

① 资本品在 n 年后报废。最后一年除了该资本品服务所提供的资本收益外，还能提供资本品的残值收益，这里将二者一并计入了 R_n 中。

（2）内部收益率与资本收益序列中的各项收益正相关。容易理解，各期的资本收益 R_1，R_2，…，R_n 越大，资本品创造利润的能力就越强。

（3）内部收益率与资本品的使用年限 n 正相关。资本品的使用年限越长，它创造利润的能力就越强。

（4）内部收益率与资本品的买价 R 负相关。资本品的买价 R 是生产中成本的一部分，当使用年限 n 和各期的资本收益 R_1，R_2，…，R_n 是确定的（即资本品的内在"质量"是确定的）条件下，R 越低，资本品创造利润的能力就越强。

三、资本的边际效率

资本的边际效率（marginal efficiency to capital，MEC）是指投入生产中的最后 1 单位资本的内部收益率。因为一项投资往往是不可分割的，所以对于一个投资项目来说，资本的边际效率就是该项目的内部收益率。对于全社会来说，情况就有些不同了。下面来说明这个问题。

每一个企业都会面临一些可供选择的投资机会，比方说，某企业面临如表 4-1 所示的可供选择的投资项目。

表 4-1　**某企业面临的投资项目**

项　目	A	B	C	D
最大投资量（万元）	10	20	15	25
内部收益率（%）	10	7	6	4

这些项目是否值得投资取决于市场利率（见表 4-2）。

表 4-2　**根据利率选择投资项目**

市场利率	依次可选项目	可投资量（万元）	追加投资量（万元）	资本边际效率
r>10%	无	i=0	0	—
7%<r<10%	A	i≤10	i≤10	10%
6%<r<7%	A、B	i≤30	i≤20	7%
4%<r<6%	A、B、C	i≤45	i≤15	6%
r<4%	A、B、C、D	i≤70	i≤25	4%

表 4-2 中的"追加投资量"指追加到最后一个项目的投资量。当市场利率高于 10% 时，所有 4 个项目都不值得投资。当市场利率介于 7% 和 10% 时只有项目 A 值得投资，此时的投资额不超过 10 万元。项目 A 的内部收益率就是资本边际效率。当市场利率降低至 6% 与 7% 时，除了项目 A 外项目 B 也值得投资了。项目 A 的投资容量只有 10 万元，追加投资就只好选择项目 B 了。此时的追加投资量不超过 20 万元，项目 B 的内部收益率就是资本边际效率。当市场利率降到 4% 以下，所有 4 个项目都值得投资。前 3 个项目的投资容量为 45 万元，追加投资于项目 D 的投资量不超过 25 万元，其内部收益率就是资本边际效率。

现在，依据表 4-2 的有关数据绘出图 4-4。

如图 4-4 所示，横轴表示投资量 i，单位为万元，纵轴表示资本边际效率。当投资量

i∈(0，10] 时，厂商当然只会选择内部收益率最高的项目 A，因而资本边际效率为 10%；当投资量 i∈(0，30] 时，项目 A 已经容纳不下所有的资金，厂商只好把超出的资金投向内部收益率次高的项目 B，而最后 1 元是投向项目 B 的，故此时的边际效率为 7%；如此类推，在 i∈(30，45] 时，边际效率为 6%；在 i∈(45，70] 时，边际效率为 4%。图中的折线即为该企业的资本边际效率曲线。

一个企业的资本边际效率曲线是阶梯形的折线，这是因为这个企业面临的投资项目只有几个，相邻（内部收益率最相近）投资项目的内部收益率有较大的差异。对于总体经济来说投资机会成千上万，其中相邻投资项目的内部收益率差异必然十分微小，这就使得社会的资本边际效率曲线成为一条光滑的下降曲线（见图 4-5）。

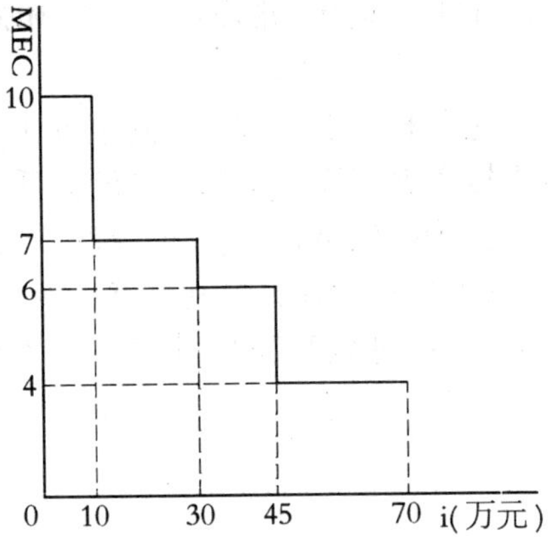

图 4-4　某企业的 MEC 曲线

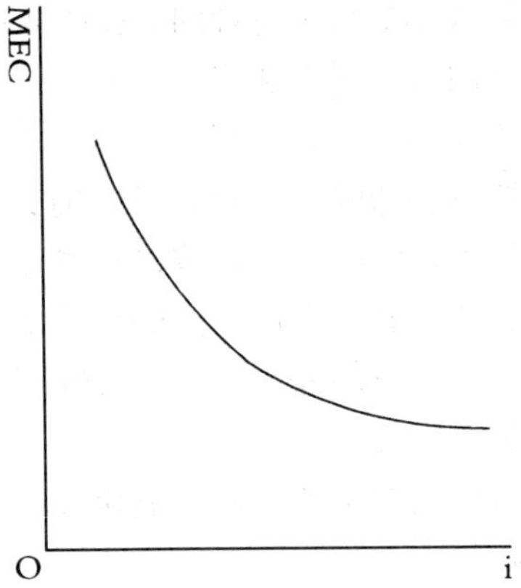

图 4-5　社会的资本边际效率曲线

资本边际效率曲线说明，资本边际效率与投资量是负相关的。这是因为投资量越大，内部收益率较高的项目已被选完，最后一项的投资就只能选择内部收益率较低的项目了。

在得出资本边际效率曲线时暗含着资本品价格不变的假定。实际上，当大量企业都增加投资时，资本品的价格会上涨。在式 4-4 中，R 的增加会使 γ 变小，即资本品价格的提高会降低资本的内部收益率。这样，随着投资量的不断增加，资本的边际效率会比图4-5中 MEC 曲线所描绘的情况下降得更多，即这时的资本边际效率曲线会位于图中 MEC 曲线的下方。我们把考虑资本品价格变动时的资本边际效率称为投资边际效率（marginal efficiency to investment，MEI），MEI 曲线位于 MEC 曲线的下方（见图 4-6）。

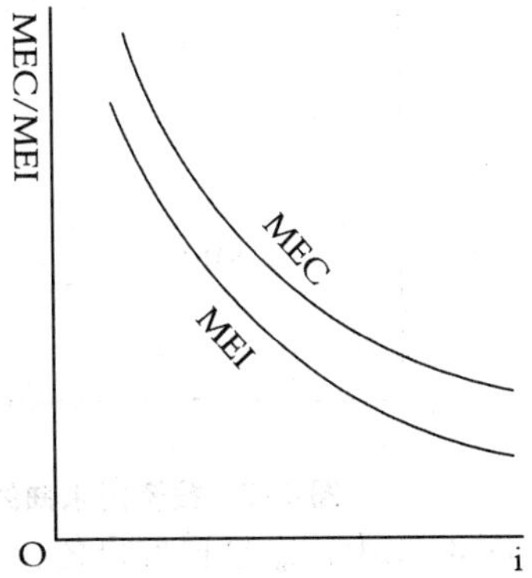

图 4-6　资本边际效率曲线及投资边际效率曲线

作为基础理论，通常忽略资本边际效率与投资边际效率间的差异。下文中的资本边际效率也可理解为投资边际效率。

四、投资需求函数

一项投资会付诸实施，当且仅当其资本边际效率 MEC 不低于市场利率 r。如果 MEC<

r，表明最后一项投资的内部收益率低于投资市场的平均水平，作为经济人的厂商就不会实施这项投资。反过来，如果 MEC> r，表明最后一项投资的内部收益率高于投资市场的平均水平，再增加投资是值得的。投资的增加会降低其边际效率，直到 MEC=r 为止。这就说明，社会选择的投资量（投资需求量）会使得资本的边际效率与市场利率相等。于是，MEC 曲线所表达的投资需求量与资本边际效率间的函数关系也可用来表达投资需求量（计划投资）与利率间的关系。我们**称计划投资与利率间的函数关系为投资需求函数（investment demand function）或简称投资函数**：

$$i=i(r) \tag{4-5}$$

投资函数的图像称为投资需求曲线或简称投资曲线。前文的分析说明，投资需求曲线与资本边际效率曲线是重合的。在图 4-6 中，若纵轴表示的是市场利率，则 MEC 曲线就是投资需求曲线（见图 4-7）。

由图 4-7 可以看出，投资需求量与市场利率是负相关的。我们对此也可作如下的理解：在投资所创造的资本收益既定时，企业是否投资就取决于市场利率的高低。可以认为，企业用于投资的资金是按市场利率借来的（因为即使是自有资金，投资者也会把按市场利率计算的利息当成投资的机会成本），故以市场利率计算的利息就是投资的成本。利率提高时，投资的成本上升，投资需求量就会减少；利率降低时，投资的成本下降，投资需求量就会增加。

投资需求函数 4-5 经常被简化成线性的：

$$i=i_0-\delta r \tag{4-6}$$

相应的投资需求曲线为直线（见图 4-8）。

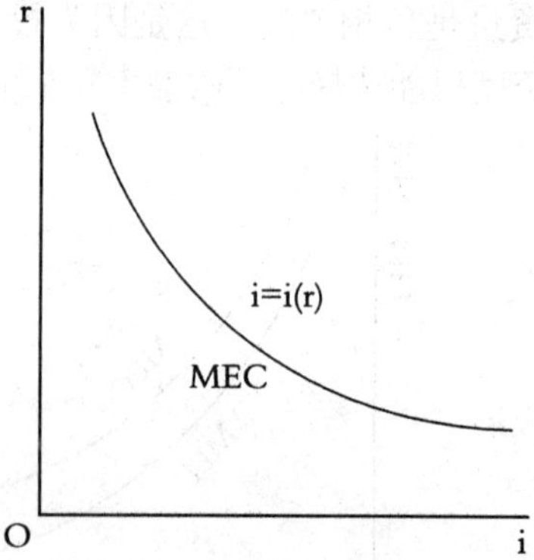

图 4-7 投资需求曲线

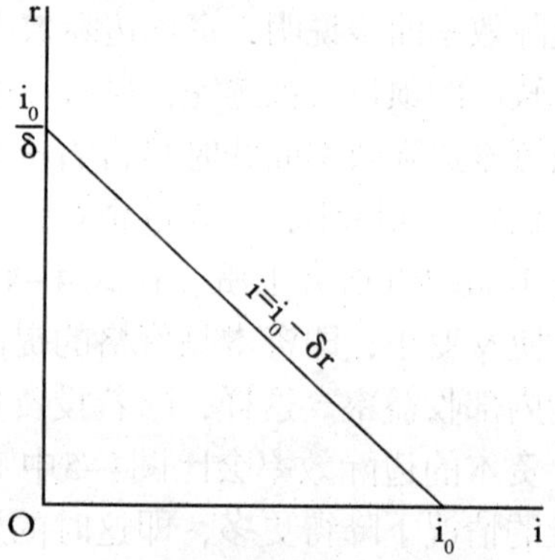

图 4-8 线性投资需求曲线

在图 4-8 中，i_0 是自发投资，不受利率影响。$-\delta r$ 是引致投资。$\delta>0$ 是投资对利率的变化率，其数值表示投资对利率变化反应的敏感程度。这种反应越敏感，δ 越大；反应越迟钝，δ 越小。几何上，δ 就是线性投资需求曲线斜率倒数的相反数，或者说，线性投资需求曲线的斜率为 $-1/\delta$。

第二节 IS 曲线

第三章所介绍的简单国民收入决定理论是对产品市场的研究。但在那里假定投资是一个常数，为自发投资。实际上，投资是总体经济中最为活跃的因素，必须对其变动的原因和后果进行充分的研究。本节仍然讨论产品市场的均衡，但去掉了“投资为外生变量”这个假设而按上一节的分析将投资当做内生变量来展开我们的讨论。

一、IS 方程

因为利率的高低会影响投资，而投资的多少又影响均衡的国民收入，所以**使产品市场均衡的国民收入是利率的函数。这个函数的解析式称为 IS 方程，其图像称为 IS 曲线**。根据产品市场均衡条件 3-26、3-29 和 3-38，两部门经济的 IS 方程为：

$$i(r)=s(Y) \tag{4-7}$$

这也是这个方程名称的由来。三部门经济的 IS 方程为：

$$i(r)=s(Y)+(t(Y)-tr-g) \tag{4-8}$$

四部门经济的 IS 方程为：

$$i(r)=s(Y)+(t(Y)-tr-g)+(m(Y)-x) \tag{4-9}$$

我们还是从混合税下的四部门经济开始。

将线性投资函数 4-6 代入混合税下四部门经济的均衡收入公式 3-40，得：

$$Y=\frac{\alpha+(i_0-\delta r)+g+(x-m_0)-\beta(t_0-tr)}{1-\beta(1-\tau)+\gamma}$$

整理得混合税下四部门经济的 IS 方程：

$$Y=\frac{\alpha+i_0+g+(x-m_0)-\beta(t_0-tr)}{1-\beta(1-\tau)+\gamma}-\frac{\delta}{1-\beta(1-\tau)+\gamma}\cdot r \tag{4-10}$$

在上式中令 $t_0=0$，得比例税下四部门经济的 IS 方程：

$$Y=\frac{\alpha+i_0+g+(x-m_0)+\beta\cdot tr}{1-\beta(1-\tau)+\gamma}-\frac{\delta}{1-\beta(1-\tau)+\gamma}\cdot r \tag{4-11}$$

在式 4-10 中令 $\tau=0$ 并将 t_0 改记为 t，得定量税下四部门经济的 IS 方程：

$$Y=\frac{\alpha+i_0+g+(x-m_0)-\beta(t-tr)}{1-\beta+\gamma}-\frac{\delta}{1-\beta+\gamma}\cdot r \tag{4-12}$$

在式 4-10 中令 $x=m_0=\gamma=0$，得混合税下三部门经济的 IS 方程：

$$Y=\frac{\alpha+i_0+g-\beta(t_0-tr)}{1-\beta(1-\tau)}-\frac{\delta}{1-\beta(1-\tau)}\cdot r \tag{4-13}$$

在上式中令 $t_0=0$，得比例税下三部门经济的 IS 方程：

$$Y=\frac{\alpha+i_0+g+\beta\cdot tr}{1-\beta(1-\tau)}-\frac{\delta}{1-\beta(1-\tau)}\cdot r \tag{4-14}$$

在式 4-13 中令 $\tau=0$ 并将 t_0 改记为 t，得定量税下三部门经济的 IS 方程：

$$Y=\frac{\alpha+i_0+g-\beta(t-tr)}{1-\beta}-\frac{\delta}{1-\beta}\cdot r \tag{4-15}$$

在上式中令 $g=tr=0$，得两部门经济的 IS 方程：

$$Y=\frac{\alpha+i_0}{1-\beta}-\frac{\delta}{1-\beta}\cdot r \tag{4-16}$$

表 4-3 汇总了以上 IS 方程以供读者查阅。

这里我们是先导出最复杂的 IS 方程——混合税下四部门经济的 IS 方程 4-10，然后以其为“母公式”，令公式中的某些量为零而得出各种情况下的 IS 方程。作为练习，读者不妨按下面指出的方法重新推导一遍。

表 4-3　　　　IS 方程一览表

四部门经济	混合税	$Y=\frac{\alpha+i_0+g+(x-m_0)-\beta(t_0-tr)}{1-\beta(1-\tau)+\gamma}-\frac{\delta}{1-\beta(1-\tau)+\gamma}\cdot r$
	比例税	$Y=\frac{\alpha+i_0+g+(x-m_0)+\beta\cdot tr}{1-\beta(1-\tau)+\gamma}-\frac{\delta}{1-\beta(1-\tau)+\gamma}\cdot r$
	定量税	$Y=\frac{\alpha+i_0+g+(x-m_0)-\beta(t-tr)}{1-\beta+\gamma}-\frac{\delta}{1-\beta+\gamma}\cdot r$
三部门经济	混合税	$Y=\frac{\alpha+i_0+g-\beta(t_0-tr)}{1-\beta(1-\tau)}-\frac{\delta}{1-\beta(1-\tau)}\cdot r$
	比例税	$Y=\frac{\alpha+i_0+g+\beta\cdot tr}{1-\beta(1-\tau)}-\frac{\delta}{1-\beta(1-\tau)}\cdot r$
	定量税	$Y=\frac{\alpha+i_0+g-\beta(t-tr)}{1-\beta}-\frac{\delta}{1-\beta}\cdot r$
两部门经济		$Y=\frac{\alpha+i_0}{1-\beta}-\frac{\delta}{1-\beta}\cdot r$

（1）两部门情形。将线性投资需求函数 4-6 和线性储蓄函数 3-10 代入式 4-7，并注意到两部门经济中无政府介入（$Y_d=Y$），便得到两部门经济的 IS 方程 4-16；或者由产品市场均衡条件的另一表达式 3-24 仿上推导也可得两部门经济的 IS 方程4-16。

（2）三部门情形。将线性投资需求函数 4-6、线性储蓄函数 3-10 及税收函数 3-33 代入式 4-8，便得到三部门经济的 IS 方程；或者由产品市场均衡条件 3-28 仿上推导也可得三部门经济的 IS 方程。

（3）四部门情形。将线性投资需求函数 4-6、线性储蓄函数 3-10、税收函数 3-33 和进口函数 3-36 代入式 4-9，便得到四部门经济的 IS 方程；或者由产品市场均衡条件3-37 仿上推导也可得四部门经济的 IS 方程。

二、IS 曲线的几何推导

根据利率→投资→储蓄→收入这一联动关系，我们用几何方法来推导两部门经济的 IS 曲线①。

如图 4-9 所示，图（1）的横坐标表示国民收入 Y，纵坐标表示利率 r，IS 曲线 Y=Y(r)将在此坐标系中形成。图（2）的纵坐标与图（1）的相同，表示利率 r，横坐标则

① 三、四部门经济 IS 曲线的几何推导与此类似。如定量税下三部门经济产品市场均衡条件为 3-29，其中（t-tr-g）为常数。这只需将图 4-9 中图（3）中产品市场均衡线 i=s 向右平移（t-tr-g）单位，其余的推导过程相同。

表示投资 i。图中画出了递减的投资需求曲线 $i=i(r)$。图（3）的横坐标与图（2）的相同，表示投资 i，纵坐标则表示储蓄 s。图中画出了表示产品市场均衡的 45°线 $i=s$。图（4）的纵坐标与图（3）的相同，表示储蓄 s，横坐标则与图（1）的相同，表示国民收入 Y。图中画出了递增的储蓄曲线 $s=s(Y)$。

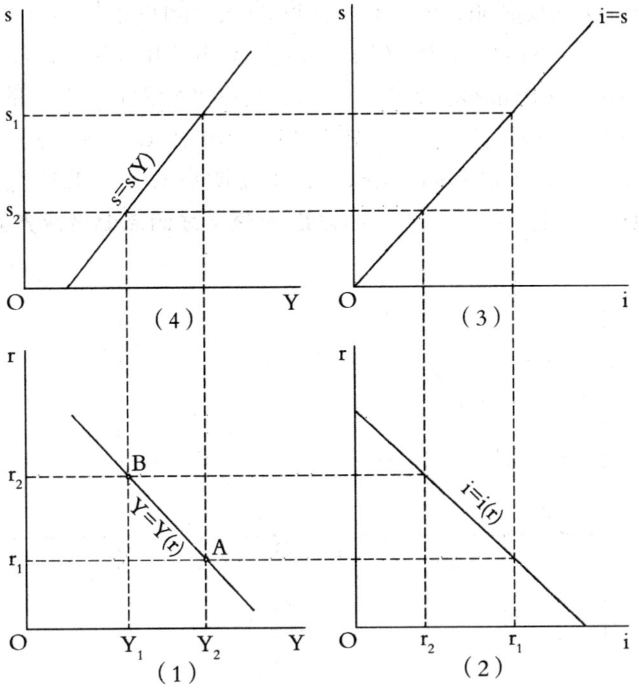

图 4-9 IS 曲线的几何推导

对于利率 r_1，我们希望在图 4-9 的图（1）中找到相应的均衡国民收入，从而确定 IS 曲线上的一个点。根据图（2）中投资需求曲线，我们可以找到对应利率 r_1 的投资需求量 i_1。再根据图（3）中产品市场的均衡条件 $i=s$，可确定相应的储蓄 s_1。最后，由图（4）中的储蓄曲线，可确定相应的国民收入 Y_1。这样我们在图（1）中就找到了 IS 曲线上的一个点 A。

同样的道理，当利率提高到 r_2 时，投资需求量缩减为 i_2。要保持产品市场均衡，储蓄也必须相应缩减为 s_2。与缩减了的储蓄相对应，国民收入也减小为 Y_2。于是我们在图（1）中找到了 IS 曲线上的另一个点 B。将点 A 和点 B 等光滑地连接起来就得到了 IS 曲线。

由以上推导可见，利率提高使国民收入降低，即 IS 曲线是单调下降的。

以上推导揭示了 IS 曲线单调下降的原因：

$$r\uparrow \Rightarrow i\downarrow \Rightarrow s\downarrow \Rightarrow y\downarrow$$

式中：$r\uparrow \Rightarrow i\downarrow$ 的原因为投资需求函数是递减的；$i\downarrow \Rightarrow s\downarrow$ 是因为要保持产品市场均衡，必须使 $i=s$①；$s\downarrow \Rightarrow y\downarrow$ 的原因为储蓄函数是递增的。

① 三部门经济中必须使 $i=s+(t-tr-g)$，四部门经济中则必须使 $i=s+(t-tr-g)-(m-x)$。它们都要求 i 与 s 正相关。

三、IS 曲线对平面的划分

IS 曲线为满足产品市场均衡条件 3-26① 的收入-利率组合之点集，它将产品市场的非均衡点分成两个部分：IS 曲线的上方和 IS 曲线的下方。②

图 4-10 是图 4-9 的复制品，图（1）中 IS 曲线上的点集与图（3）中产品市场均衡线 i=s 上的点集形成一一对应，如图（1）中的点 A 和点 B 分别对应图（3）中的点 A_1 和点 B_1。在图（1）中任取 IS 曲线上方的一点 C，其纵坐标为 r_2，对应的投资为 i_2。点 C 的横坐标为 Y_1，对应的储蓄为 s_1。这就是说图（1）中的点 C 与图（3）中的点 C_1 相对应。点 C_1 在直线 i=s 的上方，满足 i<s 即 E<y。这就说明点 C 对应的情况是产品市场供过于求。由于点 C 是 IS 曲线上方的任意点，所以**IS 曲线上方的点都对应产品市场供过于求**。

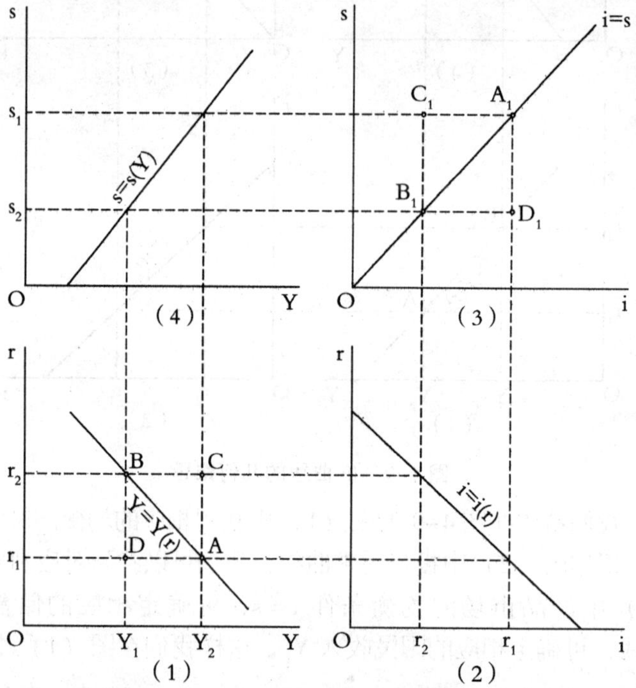

图 4-10　IS 曲线对平面的划分

读者不难仿此推出图（1）中的点 D 与图（3）中的点 D_1 相对应，从而得出结论：**IS 曲线下方的点都对应产品市场供不应求**。

四、IS 曲线的单调性

在两部门经济的 IS 方程 4-7 的两端取微分得：

$$i'(r)dr=s'(Y)dY$$

于是 IS 曲线上的切线斜率为：

① 在三部门和四部门的情形则为式 3-29 和式 3-38。

② 因 IS 曲线是单调下降的，故 IS 曲线的上方和下方也可分别说成 IS 曲线的右方和左方，或者分别说成 IS 曲线的右上方和左下方。为了与下文关于"LM 曲线对平面的划分"中的结论保持形式上的一致以便于记忆，我们统一采用上方和下方的说法。

$$\frac{dr}{dY}=\frac{s'(Y)}{i'(r)}$$

因储蓄函数是递增的而投资函数是递减的，故 $s'(Y)>0$ 而 $i'(r)<0$。于是 $dr/dY<0$。这就表明，IS 曲线是单调下降的。三部门和四部门的情形与此类似，推导过程和结论都差不多，读者不妨自行仿上研究。

我们在画 IS 曲线时，习惯把 r 安排在纵轴，Y 安排在横轴。为了方便研究 IS 曲线的斜率及移动，我们时常会把 IS 方程写成 r 关于 Y 的函数，如将式 4–10 写成：

$$r=\frac{\alpha+i_0+g+(x-m_0)-\beta(t_0-t_r)}{\delta}-\frac{1-\beta(1-\tau)+\gamma}{\delta}\cdot Y \tag{4-17}$$

由此可见，IS 曲线的斜率为：

$$k=-\frac{1-\beta(1-\tau)+\gamma}{\delta} \tag{4-18}$$

β、τ、γ 和 δ 的变化都会使 IS 曲线的斜率发生变化。τ 和 γ 增大会使 IS 曲线更加陡峭，β 和 δ 增大则会使 IS 曲线更为平缓。

五、IS 曲线的移动

（一）IS 曲线移动的代数分析

根据 IS 方程 4–10 和方程 4–17，我们可以得出导致 IS 曲线平行移动的因素有：

（1）自发消费 α。自发消费 α 增加导致 IS 曲线向右上方移动。具体地说 α 增加 1 单位导致 IS 曲线右移 $\frac{1}{1-\beta(1-\tau)+\gamma}$ 单位或上移 $\frac{1}{\delta}$ 单位。这是因为由式 4–10 有 $\frac{\partial Y}{\partial \alpha}=\frac{1}{1-\beta(1-\tau)+\gamma}$，由式 4–17 有 $\frac{\partial r}{\partial \alpha}=\frac{1}{\delta}$。

（2）自发投资 i_0。自发投资 i_0 增加导致 IS 曲线向右上方移动。具体地说 i_0 增加 1 单位导致 IS 曲线右移 $\frac{\partial Y}{\partial i_0}=\frac{1}{1-\beta(1-\tau)+\gamma}$ 单位或上移 $\frac{\partial r}{\partial i_0}=\frac{1}{\delta}$ 单位。

（3）政府购买 g。政府购买 g 增加导致 IS 曲线向右上方移动。具体地说 g 增加 1 单位导致 IS 曲线右移 $\frac{\partial Y}{\partial g}=\frac{1}{1-\beta(1-\tau)+\gamma}$ 单位或上移 $\frac{\partial r}{\partial g}=\frac{1}{\delta}$ 单位。

（4）出口 x。出口 x 增加导致 IS 曲线向右上方移动。具体地说 x 增加 1 单位导致 IS 曲线右移 $\frac{\partial Y}{\partial x}=\frac{1}{1-\beta(1-\tau)+\gamma}$ 单位或上移 $\frac{\partial r}{\partial x}=\frac{1}{\delta}$ 单位。

（5）自发进口 m_0。自发进口 m_0 增加导致 IS 曲线向左下方移动。具体地说 m_0 增加 1 单位导致 IS 曲线右移 $\frac{\partial Y}{\partial m_0}=-\frac{1}{1-\beta(1-\tau)+\gamma}$ 单位，即左移 $\frac{1}{1-\beta(1-\tau)+\gamma}$ 单位，或上移 $\frac{\partial r}{\partial m_0}=-\frac{1}{\delta}$ 单位，即下移 $\frac{1}{\delta}$ 单位。

（6）自发税 t_0。自发税 t_0 增加导致 IS 曲线向左下方移动。具体地说 t_0 增加 1 单位导致 IS 曲线右移 $\frac{\partial Y}{\partial t_0}=-\frac{\beta}{1-\beta(1-\tau)+\gamma}$ 单位，即左移 $\frac{\beta}{1-\beta(1-\tau)+\gamma}$ 单位，或上移 $\frac{\partial r}{\partial m_0}=-\frac{\beta}{\delta}$ 单位，即下移 $\frac{\beta}{\delta}$ 单位。

（7）政府转移支付 tr。政府转移支付 tr 增加导致 IS 曲线向右上方移动。具体地说 tr 增加 1 单位导致 IS 曲线右移$\frac{\partial Y}{\partial tr}=\frac{\beta}{1-\beta(1-\tau)+\gamma}$单位或上移$\frac{\partial r}{\partial tr}=\frac{\beta}{\delta}$单位。

以上导致 IS 曲线平行移动的诸变量中，税收、政府购买和政府转移支付是政府可以控制的，政府通过调节这三个量来控制 IS 曲线的移动的行为称为财政政策。分析财政政策如何影响国民收入是 IS 曲线被提出来的主要目的之一。

（二）IS 曲线移动的几何分析

根据 IS 曲线的几何推导过程，IS 曲线的形状和位置取决于投资需求曲线和储蓄曲线。投资需求曲线和储蓄曲线的移动都会使 IS 曲线发生移动。

图 4-11 由图 4-9 复制而来。我们来观察投资需求曲线 i=i(r) 移动将导致 IS 曲线 Y=Y(r) 如何移动。如果投资需求减少，投资需求曲线由 i=i(r) 向左下方移至 $i=i_1(r)$。投资需求的减少使得利率 r_1 对应的投资由 i_1 减少为 i_2。要使产品市场保持均衡，储蓄也由 s_1 减少为 s_2。因储蓄曲线是单调上升的，故收入由 Y_1 减少为 Y_2，原 IS 曲线上的点 A 移动到了点 B。由此可见，原 IS 曲线上的点都会像点 A 那样向左方移动。于是 IS 曲线由 Y=Y(r) 向左下方移动至 $Y=Y_1(r)$。这就说明，**投资需求曲线移动将导致 IS 曲线同向移动**。投资是经济中的注入，投资需求的增加当然会导致每一利率下的均衡收入都增加。

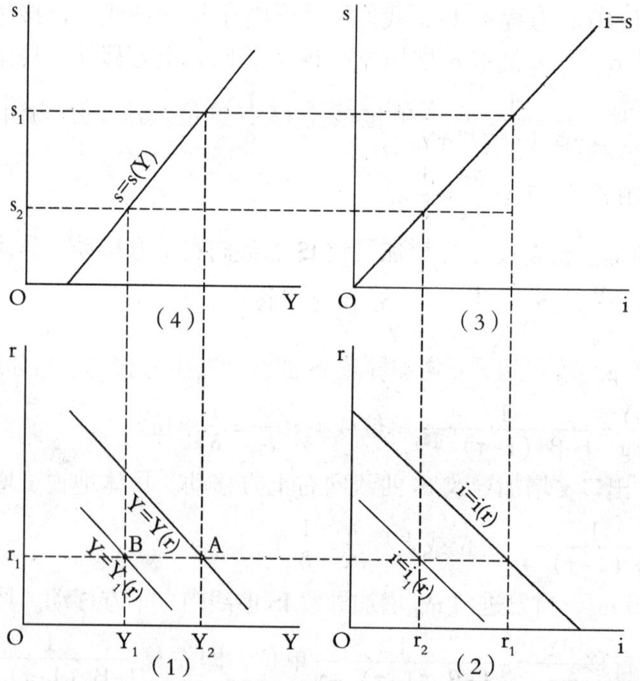

图 4-11 投资曲线移动对 IS 曲线的影响

现在再来考察储蓄曲线移动对 IS 曲线的影响。我们再次将图 4-9 复制而得到图4-12。如果储蓄需求增加（这里指每一收入下储蓄都增加），储蓄曲线由 s=s(Y) 向右上方移动至 $s=s_1(Y)$。与利率 r_1 对应的投资为 i_1，储蓄为 s_1。储蓄需求的增加使得支持这一储蓄的收入不再需要 Y_1 那么多而减少为 Y_2。点 $B(Y_2, r_1)$ 就是新的 IS 曲线上的一点。一般的结论是：**储蓄需求的增加导致 IS 曲线向左下方移动**。储蓄是经济中的漏出，储蓄需求增加使得每一利率下的均衡收入都减少应当是我们意料之中的事。

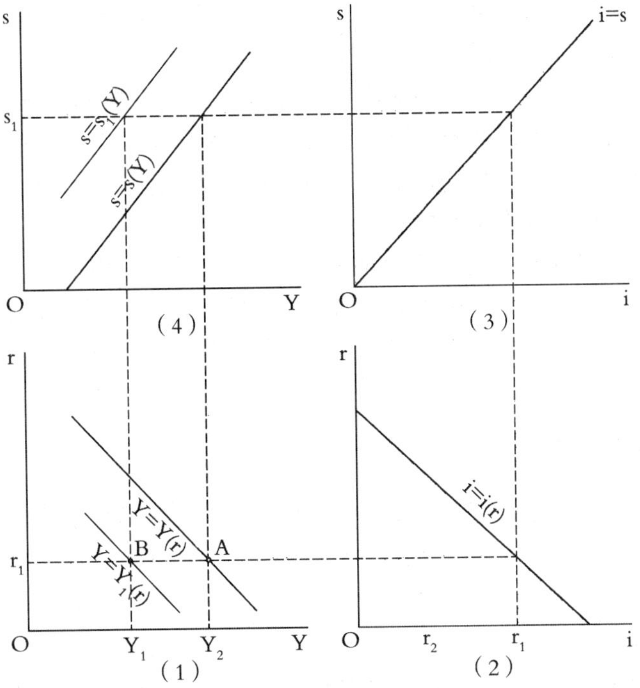

图 4-12　储蓄曲线移动对 IS 曲线的影响

第三节　利率的决定

一、利率的决定因素

以上两节说明，投资由利率决定。然而利率又是如何决定的呢？传统经济学认为投资与储蓄都是而且只是利率的函数。更具体一点，投资与利率负相关而储蓄与利率正相关。在一定的利率下，投资与储蓄通常是不相等的。比如在较高的利率下投资会小于储蓄，这将使利率下降；在较低的利率下投资又会大于储蓄而使利率上升。均衡的情况是，利率恰好使投资与储蓄相等。也就是说投资与储蓄共同决定利率。

凯恩斯不同意这种看法。他认为收入是储蓄的来源，故储蓄应由收入决定。在收入不变的条件下，即使利率提高也不会使储蓄提高。我们已从凯恩斯的消费理论中领略到他的这一思想。凯恩斯指出，利率不是由投资和储蓄而是由货币的供求关系所决定。

货币需求量是指一定时期内一国总体经济中人们希望持有的货币量，记做 L。根据这一定义，货币需求量是事前变量。按我们的约定，应以小写字母记之。但屈从于习惯，我们违反这一约定而记以大写字母。**货币供给量是指一定时期内一国总体经济中人们实际持有的货币量**，记做 M。显然，货币供给量是事后变量。

按照国际货币基金组织的口径，货币分为三个层次。

（1）通货或现钞，是指流通于银行体系以外的纸币和铸币，记做 M_0。通货的流通性最强。

（2）狭义货币（M_1），由 M_0 加上商业银行吸收的活期存款构成。由于活期存款的流动性与通货相差不大，所以各种统计口径中的"货币"通常指狭义货币。狭义货币作为现实的购买力，对社会经济生活有着最广泛、最直接的影响。因此多数国家都把控制货币供给量的主要措施指向这一层次，使之成为货币政策的主要调控对象。本书中的货币也是指这一层次，并省略下标而记做 M。活期存款在美国称为支票存款，商业银行向储户免费提供相应的服务而不支付利息①。我国商业银行对活期存款虽支付少量利息，但其利率远远低于市场利率。在经济学的讨论中，认定活期存款无利息。

（3）广义货币（M_2），由狭义货币加准货币构成。所谓准货币主要指在商业银行的定期存款、储蓄存款、外币存款和各种短期信用工具，如银行承兑汇票和国库券等。

因为货币供给量由一国的货币当局所控制，是一个外生变量，所以我们主要对货币需求量展开分析。

二、货币需求动机

人们在一定时期所拥有的财富数量是有限的，他们必须决定以何种形式来持有这些财富。持有货币是其中的一种形式，然而一旦选择了这种形式就意味着放弃了以其他形式（如有价证券和实物资本等）来持有这些财富。为了表述简单，我们将除货币以外的其他财富持有形式统称为债券。在这一约定下，人们所拥有的财富只有两种持有形式：货币和债券。持有债券可以获得利息，持有货币则放弃了本来可以得到的利息——这就是持有货币的机会成本。既然持有货币是有成本的，人们为什么还是要持有一定量的货币呢？凯恩斯在其《通论》中对此进行了详细的分析，指出交易动机、预防动机和投机动机是人们希望持有货币的三种动机。

1. 交易动机

交易动机就是人们为了应付生产或生活日常开支而希望持有一定量货币的要求。家庭不可能将领到的工资全部用来购买债券而必须留下来一部分用以购买食品和支付电费等。厂商也有支付工资和购买原材料等与收入不同步的开支，需要持有一定数量的货币。**交易动机（transaction motive）导致的货币需求量就是交易需求量**，记做 L'。凯恩斯认为交易需求量 L' 取决于收入 Y 且与 Y 正相关，即交易需求量 L' 是收入 Y 的增函数：

$$L' = L'(Y)$$

2. 预防动机

预防动机（precautionary motive）又称谨慎动机，是指人们为应付意外支出而持有一定数量货币的要求。**预防动机导致的货币需求量就是预防需求量（precautionary demand）**，记做 L''。对于单个的家庭或企业来说，预防需求量取决于他们对意外事件的看法，但从总体经济来看预防需求量还是取决于收入 Y 且与 Y 正相关。也就是说，预防需求量 L'' 也是收入 Y 的增函数：

$$L'' = L''(Y)$$

将货币的交易需求量 L' 与货币的预防需求量 L'' 之和（$L'+L''$）称为货币的交易预防需求量，记做 L_1，则 L_1 仍是收入 Y 的递增函数：

① 这里的"利息"与经济学术语"利息"（资本品投入生产所获得的报酬）是不同的概念。

$L_1=L_1(Y)$

3. 投机动机

投机动机（speculative motive）是指人们为了在有利的时机购买债券而持有一定数量货币的要求。**投机动机导致的货币需求量就是投机需求量**，记做 L_2。投机需求量与利率是密切相关的，这是因为债券的价格一般都随利率的变化而变化，而债券价格的变化又会影响人们在债券市场上进行购买或抛售，从而影响人们为投机而计划持有的货币量。

一张债券到期后可使持有人得到一笔固定的收益。设想某人握有一笔等于债券价格的货币，他可以用来购买一张债券从而到期后得到那笔固定的收益；他也可以将这笔钱进行投资（或直接理解为存入银行）而在将来得到等于债券价格×（1+利率）的收益。如果前者大于后者，即债券的固定收益>债券价格×（1+利率），他当然会选择购买债券。实际上相当多的人也会这样考虑，这就使债券市场上形成一种“买”的趋势。这一趋势会使债券价格不断提高，直到债券的固定收益=债券价格×（1+利率）为止。反过来，如果前者小于后者，即债券的固定收益<债券价格×（1+利率），购买债券就不合算了。这会使债券市场上形成一种“卖”的趋势，从而使债券价格不断降低，直到债券的固定收益=债券价格×（1+利率）为止。于是，我们得到债券的理论价格公式：

$$\text{债券价格}=\frac{\text{债券的固定收益}}{1+\text{利率}} \tag{4-19}$$

这一公式告诉我们，债券价格与利率是负相关的。

当债券价格较高时，人们往往不愿意购买它。极端的情况是债券价格高到了等于其到期后的固定收益，这时任何人都不会购买债券了。债券价格越高，它将来下跌的可能性就越大，人们就越不愿意购买它而计划持有货币待将来进行投机。反之，债券价格越低，它将来上涨的可能性就越大，人们就越愿意购买它而不指望持有货币待将来再购入。这就是说，货币的投机需求量与债券价格是正相关的。

以上分析说明了货币的投机需求量、债券价格和利率之间的如下相关关系：

$$\text{利率}\xleftrightarrow{\text{负相关}}\text{债券价格}\xleftrightarrow{\text{正相关}}\text{货币投机需求量}$$

既然货币的投机需求量与债券价格是正相关的，而债券价格与利率又是负相关的，那么货币的投机需求量与利率就是负相关的，即货币的投机需求量 L_2 是利率 r 的递减函数：

$L_2=L_2(r)$

三、货币需求函数

前已说明，货币的交易预防需求量 L_1 是收入 Y 的递增函数：$L_1=L_1(Y)$，在以收入 Y 为横轴、以货币需求量 L 为纵轴的坐标系（见图4-13）中为一条单调上升的曲线。

货币的交易预防需求函数 $L_1=L_1(Y)$ 经常被简化成线性的：

$$L_1=a+kY \tag{4-20}$$

式中：常数 $k>0$，被称为货币的交易预防需求量 L_1 对收入 Y 的变化率，它表示 L_1 对 Y 变动反应的敏感程度。下文中我们将看到 k 也是货币需求量 L 对收入 Y 的变化率。常数 $a>0$，是自发交易预防需求量，与收入 Y 无关。几何上，k 就是线性交易预防需求曲线的斜率。

图 4-14 描绘了线性的交易预防需求曲线。

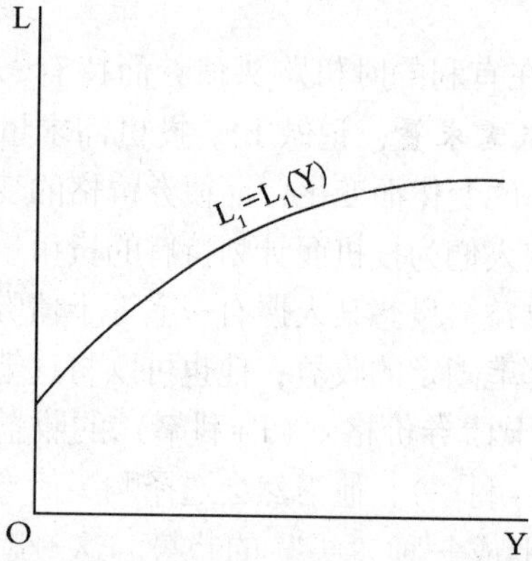

图 4-13　YOL 坐标系中的货币的交易预防需求曲线

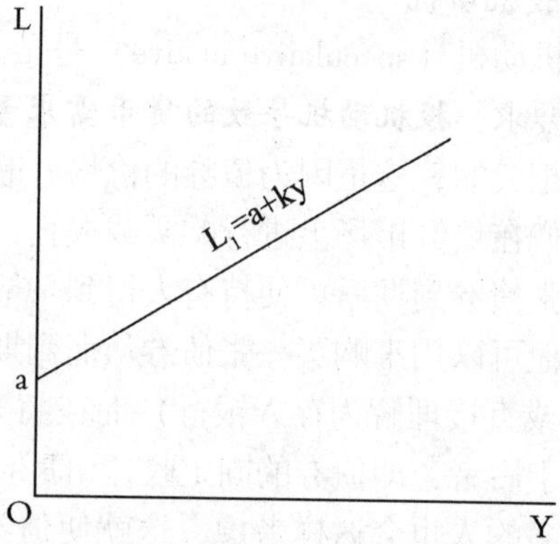

图 4-14　线性交易预防需求曲线

有时我们需要在 LOr 坐标系中研究货币的交易预防需求函数 $L_1=L_1(y)$。由于货币的交易预防需求量 L_1 与利率 r 无关，所以我们看到的是一条垂直于横轴的直线（见图 4-15）。

当收入 y 增加时，交易预防需求量 $L_1(y)$ 也随之增加，体现在图 4-15 中，那条垂直于横轴的直线向右平移。

前已说明，货币的投机需求量与利率负相关，因此通常情况下，货币的投机需求曲线是单调下降的。这里有两点要说明：其一是当利率极低时，货币投机需求量将是无限的。因为人们会认为利率不可能再下降，也就是债券价格不可能再上升。此时持有债券是不经济的，所以人们对债券的态度是愿卖不愿买而尽可能多地持有货币。这种情况被称为流动偏好陷阱或凯恩斯陷阱。图 4-16 描绘了货币投机需求曲线，曲线的水平段就是流动偏好陷阱。其二是当利率高到一定水平时，投机需求量萎缩为零，利率再行提高，对应的投机需求量仍为零。这表明投机需求曲线在利率很高时有一与纵轴重合的垂直段。

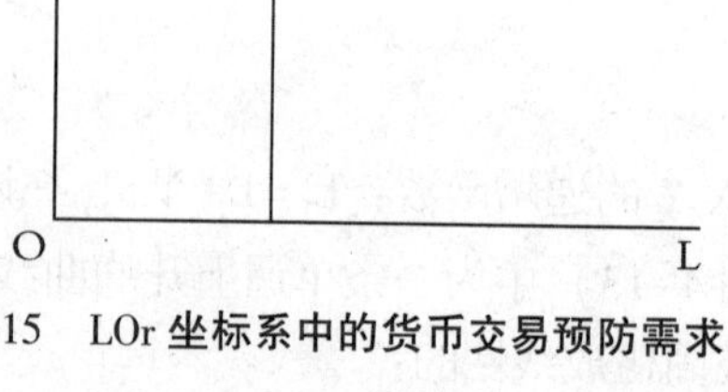

图 4-15　LOr 坐标系中的货币交易预防需求曲线

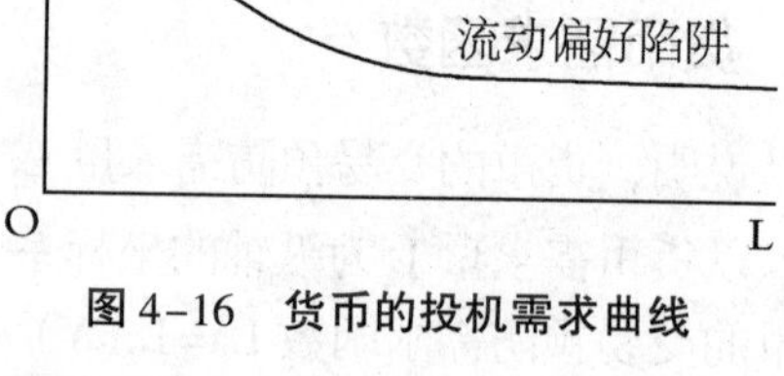

图 4-16　货币的投机需求曲线

货币的投机需求函数 $L_2=L_2(r)$ 经常被简化成线性的：

$$L_2=b-hr \tag{4-21}$$

式中：常数 $h>0$，被称为货币的投机需求量 L_2 对利率 r 的变化率，它表示 L_2 对 r 变动反应的敏感程度。下文中我们将看到 h 也是货币需求量 L 对利率 r 的变化率。几何上，$-h$ 就是线性投机需求曲线的斜率。式 4-21 中的常数 $b>0$，是自发投机需求量，与利率无关。

图4-17描绘了线性的投机需求曲线。

货币的交易预防需求量 L_1 与货币的投机需求量 L_2 之和就是货币需求量 L，它是收入 Y 和利率 r 的二元函数：

$$L=L(Y, r)=L_1(Y)+L_2(r) \tag{4-22}$$

这个函数称为货币需求函数，它在 LOr 坐标系中的图像称为货币需求曲线。在 LOr 坐标系中 $L_1(Y)$ 为常数，故将投机需求曲线 $L=L_2(r)$ 右移 $L_1(Y)$ 单位便得到货币需求曲线（见图4-18）。

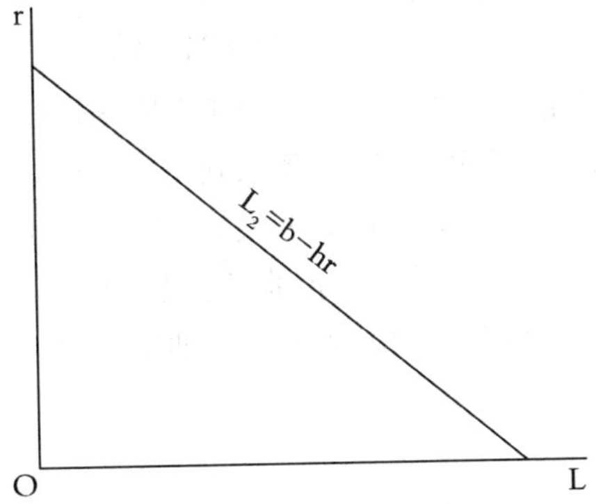

图4-17 线性的投机需求曲线

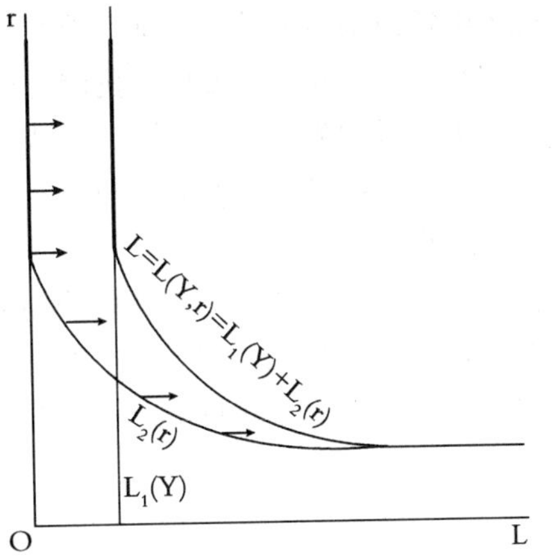

图4-18 货币需求曲线

将式4-20和式4-21代入式4-22便得到线性的货币需求函数：

$$L=H+kY-hr \tag{4-23}$$

式中：常数 $H=a+b>0$，为自发货币需求，与收入和利率均无关。

因为 $\partial L_1/\partial Y=\partial L/\partial Y=k$，所以 k 既是货币交易预防需求量对收入的变化率，也是货币需求量对收入的变化率。它既表示货币交易预防需求量对收入变化反应的敏感程度，又表示货币需求量对收入变化反应的敏感程度。因为 $\partial L_2/\partial r=\partial L/\partial r=-h$，所以 h 既是货币投机需求量对利率的变化率，也是货币需求量对利率的变化率。它既表示货币投机需求量对利率变化反应的敏感程度，又表示货币需求量对利率变化反应的敏感程度。

四、货币市场的均衡

货币需求量 L 是人们希望持有的货币量，货币供给量 M 是经济中的货币存量，是人们实际持有的货币量。当 $L<M$ 时人们感到实际持有的货币太多，于是纷纷买进债券以减少持有的货币。债券市场上买进的趋势会使债券价格提高从而使利率降低。这说明 $L<M$ 时利率是不稳定的，货币市场处于非均衡状态。反之，当 $L>M$ 时人们感到实际持有的货币太少，于是纷纷卖出债券以增加持有的货币。债券市场上卖出的趋势会使债券价格降低从而使利率提高。这说明 $L>M$ 时利率也是不稳定的，货币市场也处于非均衡状态。当 $L=M$ 时，人们实际持有的货币量与计划持有的货币量相同，债券市场既不存在买进的趋势也不存在卖出的趋势从而债券价格稳定，于是利率也稳定不变，货币市场处于均衡状态。这就是说，货币市场的均衡条件是：

$$L=M \tag{4-24}$$

在图4-19中，横轴表示货币投机需求量L_2，纵轴表示货币交易预防需求量L_1。此图描绘了货币市场的均衡条件式4-24。该直线与两条坐标轴构成等腰直角三角形，它在两轴上的截距均为M。这条直线将整个平面上的点集分成三个子集：①直线上的点，每一点都满足货币市场均衡条件式4-24。②直线左下方的点，每一点都满足货币市场供过于求的条件$L_1+L_2<M$。③直线右上方的点，每一点都满足货币市场供不应求的条件$L_1+L_2>M$。当政府增减货币供给量M时，该直线平行移动。

货币供给量M的大小由政府控制，是一个外生变量，故在以货币量和利率为坐标轴的坐标系中货币供给量是一条垂直于货币量的直线。当政府的货币政策使M增加时，这条直线向右平移（见图4-20）。我们将货币需求曲线也画在这个坐标系中，它与货币供给曲线共同决定了均衡的利率水平r_0。从图中容易看到，当货币供给量M增加时，市场的均衡利率会降低；当货币需求量增加（货币需求曲线右移）时，市场的均衡利率会升高。我们还可以看到，当政府企图一直用增加货币供给量M的方法降低利率以刺激投资时，一旦将货币供给曲线推进到流动偏好陷阱中（货币需求曲线的水平段），无论怎样增加M都不能使利率降低了。之所以称为“陷阱”，就是因为此时政府扩张性的货币政策（增加M的政策）不但不能降低利率，人们手中所持货币的大量增加还会导致通货膨胀。

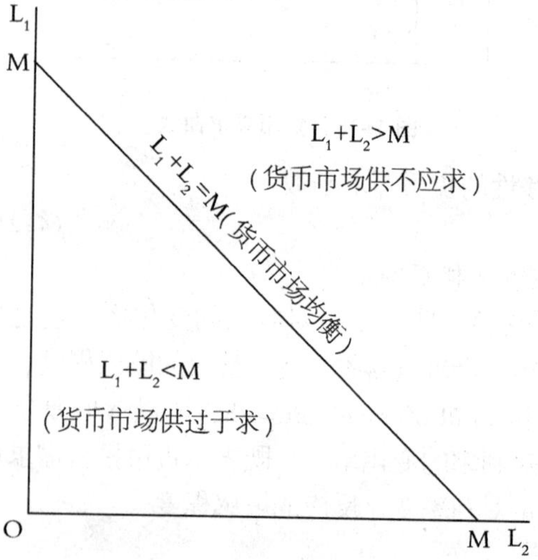

图4-19 货币市场的均衡条件

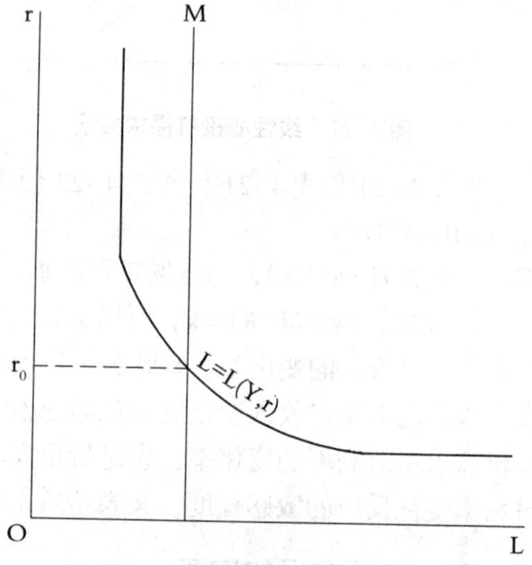

图4-20 均衡利率的决定

第四节 LM曲线

如果不加限制条件，国民收入Y和利率r是相互独立的变量，其间不存在确定的对应关系。本章第二节说明，在产品市场均衡的条件下，这两个变量不再独立而要满足IS方程。同样的道理，在货币市场均衡的条件下，收入与利率之间也存在函数关系，我们称这个函数的解析表达式为LM方程，其图像称为LM曲线。

一、LM方程

上一节已说明，货币需求L是国民收入Y与利率r的二元函数。货币供给M由一国货币当局所控制，是一个外生变量，在我们的模型中被当做常数来处理。

LM 方程是货币市场达到均衡（满足货币市场均衡条件 4-24）时收入 Y 与利率 r 的关系。根据货币市场的均衡条件 4-24，得 LM 方程：

$$L(Y, r) = M \tag{4-25}$$

如果货币交易预防需求 L_1 是收入 Y 的线性函数，而货币投机需求 L_2 是利率 r 的线性函数，将线性的货币需求函数 4-23 代入式 4-25 便得到线性 LM 方程：

$$Y = \frac{h}{k}r + \frac{M-H}{k} \tag{4-26}$$

或

$$r = \frac{k}{h}Y - \frac{M-H}{h} \tag{4-27}$$

二、LM 曲线的几何推导

下面我们用几何的方法来推导 LM 曲线。

如图 4-21 所示，图（1）的横坐标表示国民收入 Y，纵坐标表示利率 r，LM 曲线 Y＝Y(r) 将在此坐标系中形成。图（2）的纵坐标与图（1）的相同，表示利率 r，横坐标则表示货币的投机需求量 L_2。图中画出了投机需求曲线 $L_2 = L_2(r)$。图（3）的横坐标与图（2）的相同，表示货币的投机需求量 L_2，纵坐标则表示货币的交易预防需求量 L_1。图中画出了货币市场均衡的条件 $L_1 + L_2 = M$，这条直线在两个轴上的截距均为 M。图（4）的纵坐标与图（3）的相同，表示货币的交易预防需求量 L_1，横坐标则与图（1）的相同，表示国民收入 Y。图中画出了货币的交易预防需求曲线 $L_1 = L_1(Y)$。

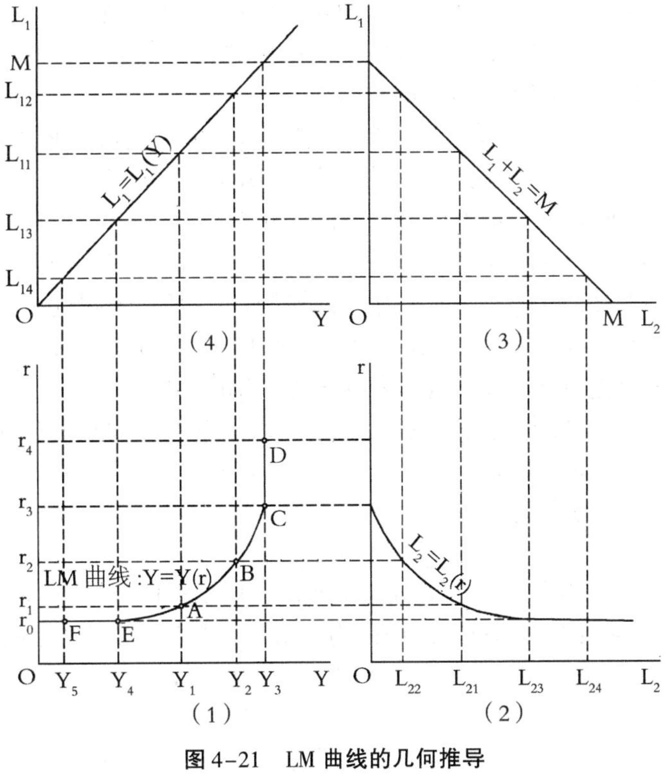

图 4-21　LM 曲线的几何推导

要描绘 LM 曲线，就是要在货币市场均衡的条件下确定每一可能的利率所对应的国民收入。确定的方法如下：

第一步，给定一个利率可确定对应的货币投机需求量，即在坐标系（2）中货币投机需求曲线上确定一个点。

第二步，根据第一步所确定的投机需求量及货币市场均衡条件确定对应的货币交易预防需求量，即在坐标系（3）的货币市场均衡线上确定一个点。

第三步，根据第二步所确定的交易预防需求量确定对应的国民收入，即在坐标系（4）的货币交易预防需求曲线上确定一个点。

第四步，根据第三步确定的国民收入即可在坐标系（1）中确定一个点，这个点就是我们要确定的 LM 曲线上的一个点。

下面我们按这四个步骤来描绘 LM 曲线。

对于利率 r_1，我们希望在图（1）中找到相应的均衡收入从而确定 LM 曲线上的一个点。根据图（2）中的投机需求曲线，我们可以找到对应利率 r_1 的投机需求量 L_{21}。再根据图（3）中货币市场的均衡条件 $L_1+L_2=M$，可确定相应的交易预防需求量 L_{11}。最后，由图（4）中的交易预防需求曲线，可确定相应的国民收入 Y_1。这样我们在图（1）中就找到了 LM 曲线上的一个点 $A(Y_1, r_1)$。

当利率提高到 r_2 时，投机需求量缩减为 L_{22}。要保持货币市场均衡，交易预防需求量就必须相应增加为 L_{12}。与增加了的交易预防需求量相对应，收入也增加为 Y_2。于是我们在图（1）中找到了 LM 曲线上的另一个点 $B(Y_2, r_2)$。

当利率提高到 r_3 时，投机需求量缩减为 0。要保持货币市场均衡，交易预防需求量就必须相应增加为 M。与增加了的交易预防需求量相对应，收入也增加为 Y_3。于是我们在图（1）中找到了 LM 曲线上的点 $C(Y_3, r_3)$。

当利率提高到 r_4 时，投机需求量仍然为 0。相应的交易预防需求量仍为 M，收入仍为 Y_3。于是我们在图（1）中找到了 LM 曲线上的点 $D(Y_3, r_4)$。

当利率降到极低值 r_0 时，货币市场进入流动偏好陷阱，投机需求量可以是任何不小于 L_{23} 的值，如 L_{23} 和 L_{24} 等。保持货币市场均衡时，这些投机需求量对应的交易预防需求量为所有不超过 L_{13} 的值，如 L_{13} 和 L_{14} 等，它们对应的国民收入为所有不超过 Y_4 的值，如 Y_4 和 Y_5 等。这样我们又在图（1）中找到了 LM 曲线上的点 $E(Y_4, r_0)$ 和点 $F(Y_5, r_0)$ 等。

将我们找到的这些点光滑地连接起来就得到了 LM 曲线。

由以上推导可见，LM 曲线由一段水平线、一段上升的曲线和一条垂直线构成，其中的水平线部分对应流动偏好陷阱。

以上推导揭示了 LM 曲线单调上升的原因：

$$r\uparrow \Rightarrow L_2\downarrow \Rightarrow L_1\uparrow \Rightarrow Y\uparrow$$

式中：$r\uparrow \Rightarrow L_2\downarrow$ 的原因为投机需求函数是递减的；$L_2\downarrow \Rightarrow L_1\uparrow$ 是因为要保持货币市场均衡，必须使 $L_1+L_2=M$①；$L_1\uparrow \Rightarrow Y\uparrow$ 的原因为交易预防需求函数是递增的。

① M 为外生变量，被作为常数处理。

三、LM 曲线对平面的划分

LM 曲线为满足货币市场均衡条件 4-24 的收入-利率组合之点集，它将货币市场的非均衡点分成两个部分：LM 曲线的上方和 LM 曲线的下方。[①]

图 4-22 的图（1）中 LM 曲线上的点集与图（3）中货币市场均衡线 $L_1+L_2=M$ 上的点集形成一一对应，如图（1）中的点 A 和点 B 分别对应图（3）中的点 A_1 和点 B_1。在图（1）中任取 IS 曲线上方的一点 C，其纵坐标为 r_2，对应的投机需求量为 L_{22}。点 C 的横坐标为 Y_1，对应的交易预防需求量为 L_{11}。这就是说图（1）中的点 C 与图（3）中的点 C_1（L_{22}，L_{11}）相对应。点 C_1 在直线 $L_1+L_2=M$ 的下方，满足 $L_1+L_2<M$，即 $L<M$。这就说明点 C 对应的情况是货币市场供过于求。由于点 C 是 LM 曲线上方的任意点，所以**LM 曲线上方的点都对应货币市场供过于求**。

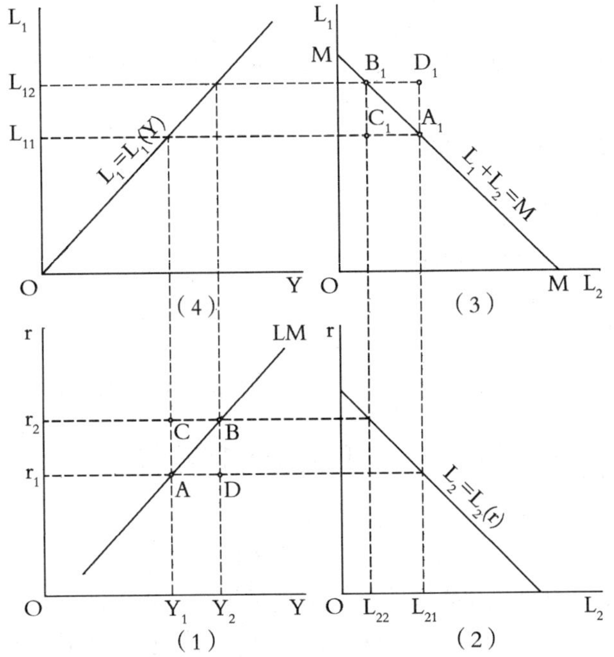

图 4-22　LM 曲线对平面的划分

读者不难仿此推出图（1）中的点 D 与图（3）中的点 D_1 相对应，从而得出结论：**LM 曲线下方的点都对应货币市场供不应求**。

将这里的结论与上文关于“IS 曲线对平面的划分”中的结论用统一的方式表述如下：

（IS/LM）曲线上方⇔（产品市场/货币市场）供过于求；（IS/LM）曲线下方⇔（产品市场/货币市场）供不应求

四、LM 曲线的单调性

LM 曲线分为三段或三个区域，我们分别来讨论各区域的一阶性质。

---

① 因 LM 曲线是单调上升的，故 LM 曲线的上方和下方也可分别说成 LM 曲线的左方和右方，或者分别说成 LM 曲线的左上方和右下方。为了与上文关于“IS 曲线对平面的划分”中的结论保持形式上的一致以便于记忆，我们统一采用上方和下方的说法。

1. 萧条区域

当利率极低（图4-21中的r_0）时，LM曲线为一水平直线，称为LM曲线的凯恩斯区域或萧条区域，此时LM曲线的斜率为零。在如此低的利率下，货币的投机需求量为无限的。若此时政府增加货币供给量，所增加的货币将全部转化为货币的投机需求量，利率并不会因此降低，经济陷入流动偏好陷阱。

2. 古典区域

当利率很高（图4-21中的r_3或更高）时，LM曲线为一铅垂直线，称为LM曲线的古典区域，此时LM曲线的斜率为无穷大。在如此高的利率下，货币的投机需求量为零，全部货币供给量都表现为货币的交易预防需求量。此时经济已达到充分就业，相应的国民收入Y_3称为潜在收入或潜在产出。**潜在收入（potential income）（或潜在产出）指充分就业条件下的国民收入（或产出）**，这是宏观经济学中一个十分重要的概念。

3. 中间区域

当利率介于图4-21中的r_0和r_3之间时，LM曲线为一单调上升的曲线，称为LM曲线的中间区域。

在LM方程4-25的两端取微分得：

$$\frac{\partial L(Y, r)}{\partial Y}dY+\frac{\partial L(Y, r)}{\partial r}dr=0$$

于是LM曲线上的切线斜率为：

$$\frac{dr}{dY}=-\frac{\partial L(Y, r)}{\partial Y}\bigg/\frac{\partial L(Y, r)}{\partial r}$$

因为货币需求量L与国民收入Y正相关而与利率r负相关，所以$\frac{\partial L(Y, r)}{\partial Y}>0$，而$\frac{\partial L(Y, r)}{\partial r}<0$。于是$\frac{dr}{dY}>0$。这就表明，LM曲线的中间区域是单调上升的。

为简化我们的分析，通常将此区域中的LM方程写成线性方程4-26或4-27，对应的直线斜率为k/h。其中k是货币需求量对国民收入的变化率，h是货币需求量对利率的变化率，它们都是正数从而线性LM曲线的斜率也是正数。货币需求量对国民收入变化的反应越敏感（k越大），或货币需求量对利率变化的反应越迟钝（h越小），LM曲线就越陡峭，越接近于古典区域。货币需求量对利率变化的反应越敏感（h越大），或货币需求量对国民收入变化的反应越迟钝（k越小），LM曲线就越平缓，越接近于萧条区域。

4. 现实经济中LM曲线的形状

理论上LM曲线的萧条区域在现实经济中并不是严格水平的，而是一段非常平缓但略为上升的曲线。理论上垂直的古典区域在现实经济中也只是表现为一段非常陡峭的上升曲线。图4-23描绘了现实经济中的LM曲线，曲线的ab段可视为LM曲线的萧条区域，其平缓性表示因产出的增加而导致的利率提高并不明显。曲线bc段的切线斜率比较大，表示在维持货币市场均衡的条件下增加产出必须以提高利率为代价。这是因为产出（国民收入）的提高会使货币的交易预防需求量相应提高，在货币市场均衡的条件下货币的投机需求量则等量降低，从而导致利率提高。点c以右的曲线就是LM曲线的古典区域，这一段曲线非常陡峭。点c处已达到充分就业，Y^*为潜在收入。这段曲线表示超充分就业的情形，提高少许国民收入将付出利率大幅度提高的代价。为了解释这一现象，我们先对充分就业作初步的了解①。

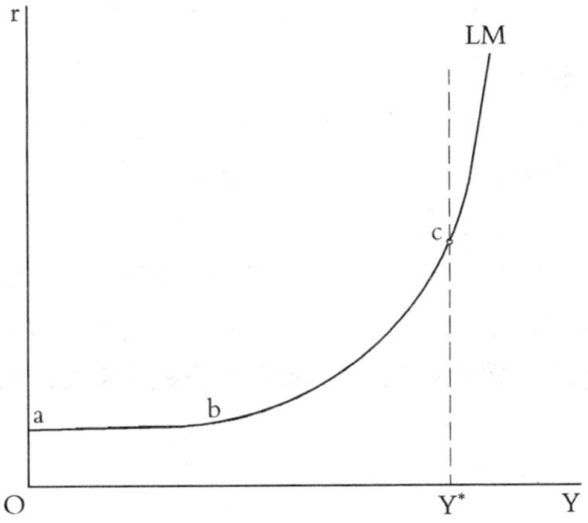

图 4-23 现实中的 LM 曲线

失业可分为自愿失业和非自愿失业。**失业者不满意现行的工资而不去寻找工作就是自愿失业（voluntary unemployment）。认可现行工资并积极地寻找工作却仍然失业便称为非自愿失业（involuntary unemployment）。消灭了非自愿失业的就业状况称为充分就业（full employment）。**根据这一定义，充分就业条件下仍然存在失业（自愿失业），这一失业率在5%左右。劳动一方面给劳动者带来劳动本身的负效应，另一方面则带来工资收入的正效应。一旦两者的代数和为负数，人们便不愿意劳动了。因此，自愿失业的原因是劳动的“痛苦”超过了工资收入带来的满足感。这要么是劳动的“痛苦”太大，这一类人不妨称为“懒人”；要么是工资收入的效用太低，根据边际效用递减规律我们不妨称这一类人为“富人”。要达到超充分就业或者说要使产出超过潜在产出，就必须将自愿失业者中的一部分投入到生产中来。要让“懒人”和“富人”愿意劳动，可能的办法只有如下几个：第一个办法是宣传“劳动光荣，不劳动可耻”，以降低劳动的“痛苦”。实践证明这一办法效果并不明显。第二个办法是强迫他们劳动。第三个办法是没收“富人”的财富以提高其货币的边际效用。这两个办法都不是市场经济中可以采用的。第四个办法就是提高工资率以提高工资收入的总效用。市场经济中也只能采取这一办法。然而工资率的提高不能只针对“懒人”和“富人”，普遍提高工资率会提高产品的生产成本从而导致物价的普遍上涨，即发生通货膨胀。利率是资本的价格，物价的普遍上涨也蕴含利率的上升。

以上讨论说明超充分就业是以通货膨胀为代价的，本书第八章将分析严重的通货膨胀对经济的巨大破坏。于是，超充分就业被贬义地称为“经济过热”，以提醒人们努力避免这种现象的发生。

五、LM 曲线的移动

从 LM 曲线的几何推导可知，LM 曲线的位置取决于以下三个因素：货币投机需求曲线的位置和形状、货币交易预防需求曲线的位置和形状以及货币供给的大小。这三个因素中的任何一个变动都会导致 LM 曲线移动。

① 对充分就业更进一步的讨论将在第八章进行。

1. 货币投机需求变动

在图4-24中，$L_2=L_2(r)$ 是原来的货币投机需求曲线，LM是对应的LM曲线。在原LM曲线上任找一点A，对应的利率为r_1，收入为Y_1。假设货币投机需求增加，即货币投机需求曲线$L_2=L_2(r)$ 向右移至$L_2=L_2'(r)$ 的位置。利率r_1所对应的投机需求量由原来的L_{21}增加到L_{22}。要保持货币市场均衡，交易预防需求量由原来的L_{11}降低到L_{12}，于是收入由原来的Y_1降低为Y_2。这样，我们就得到新的LM曲线上的一点B。综合以上分析，货币投机需求增加后，原LM曲线上的点A水平向左移动到点B的位置。由于点A是原LM曲线上的任意一点，所以原LM曲线上每一点都向左水平移动，即原LM曲线向左移动到LM′的位置。这就是说，**货币的投机需求增加导致LM曲线向左上方移动**。

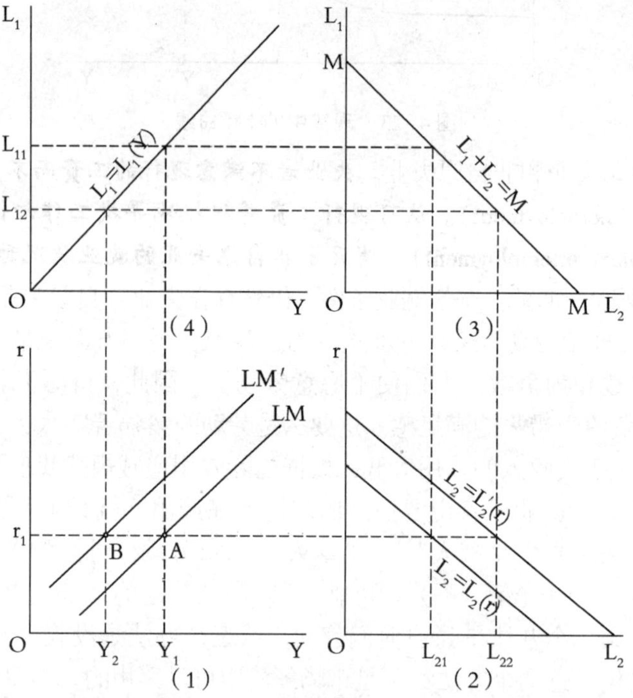

图4-24 投机需求变化导致LM曲线移动

2. 货币交易预防需求变动

设A是原LM曲线上的一点，对应的利率为r_1，收入为Y_1（见图4-25）。假设货币交易预防需求减少（每一收入所对应的交易预防需求量减少），即交易预防需求曲线$L_1=L_1(Y)$向右下方移动到$L_1=L_1'(Y)$ 的位置，我们来观察点A向何处变动。

利率r_1所对应的投机需求量为L_{21}，使货币市场均衡的交易预防需求量仍为L_{11}。由于交易预防需求减少，支持这一交易预防需求的收入便由原来的Y_1提高为Y_2。这样，我们就得到新的LM曲线上的一点B。综合以上分析，货币交易预防需求减少后，原LM曲线上的点A水平向右移动到点B的位置。由于点A是原LM曲线上的任意一点，所以原LM曲线上每一点都向右水平移动，即原LM曲线向右移动到LM′的位置。这就是说，**货币的交易预防需求减少导致LM曲线向右下方移动**。

3. 货币供给量变动

当货币供给量由M增加到M′时，图4-26坐标系（3）中的货币市场均衡线$L_1+L_2=$

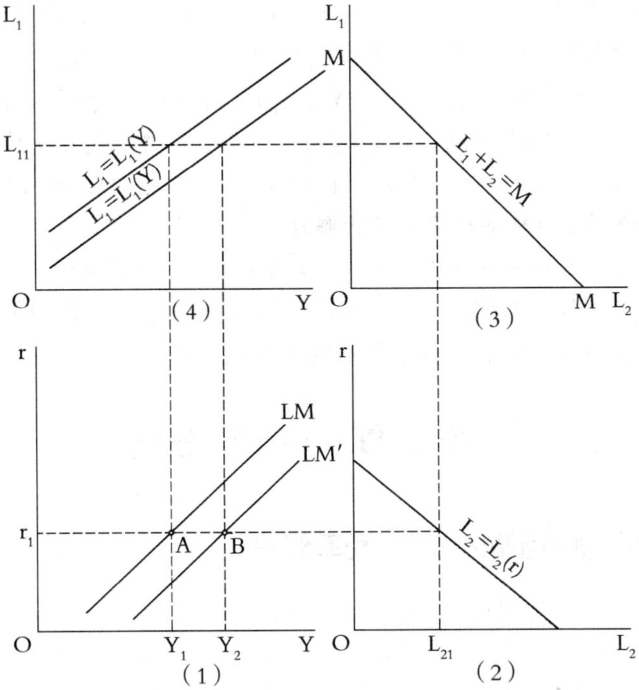

图 4-25　交易预防需求变动导致 LM 曲线移动

M 向右上方平移至 $L_1+L_2=M'$ 的位置。设 A 是原 LM 曲线上的一点，对应的利率为 r_1，收入为 Y_1。我们来观察点 A 向何处变动。

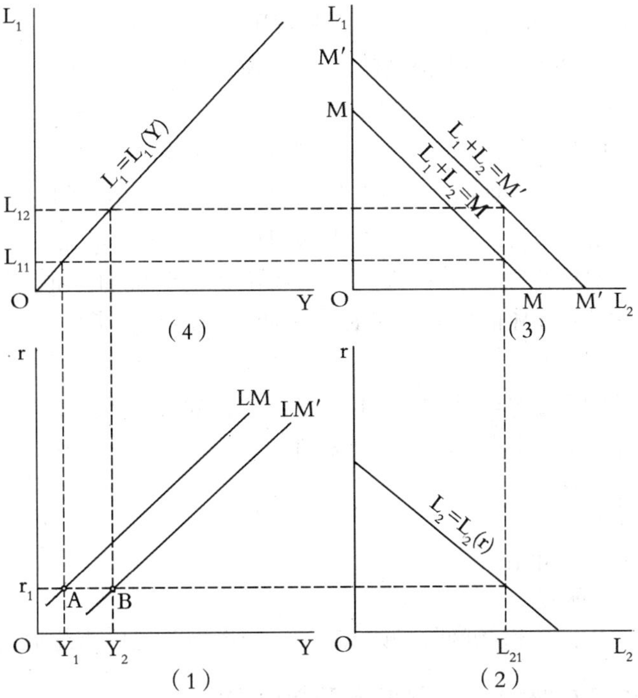

图 4-26　货币供给量变动导致 LM 曲线移动

利率 r_1 所对应的投机需求量为 L_{21}，由于货币供给量增加了，要使货币市场仍然保持均衡就必须使交易预防需求量由原来的 L_{11} 增加到 L_{12}，收入便由原来的 Y_1 提高为 Y_2。这样，我们就得到新的 LM 曲线上的一点 B(Y_2，r_1)。综合以上分析，货币供给量增加后，原 LM 曲线上的点 A 水平向右移动到点 B 的位置。由于点 A 是原 LM 曲线上的任意一点，所以原 LM 曲线上每一点都向右水平移动，即原 LM 曲线向右移动到 LM′的位置。这就是说，**货币供给量增加导致 LM 曲线向右下方移动**。

在导致 LM 曲线移动的上述三个因素中，要特别重视货币供给量变动这一因素。因为前两个因素是政府所不能控制的，而货币供给量则可由政府来控制。政府实施货币政策正是通过调整货币供给量来达到调整利率和国民收入的目的。

第五节　IS-LM 分析

一、两个市场同时均衡的收入-利率组合

凯恩斯在《通论》中指出总收入由与总供给相等的总需求即有效需求决定。因为在短期内边际消费倾向比较稳定，故有效需求主要由投资支出决定。前文已经说明投资量决定于资本边际效率与利率的比较，于是投资量就由利率来决定了。利率由货币供给和货币需求共同决定。货币需求由货币的交易预防需求和货币的投机需求构成。交易预防需求决定于收入水平，而投机需求则决定于利率水平。这就是说，在产品市场上，收入由利率决定，而利率是在货币市场上决定的；在货币市场上，利率则由收入决定，而收入是在产品市场上决定的。因此，仅由产品市场的均衡或货币市场的均衡是无法决定收入和利率的。

我们已经知道，IS 曲线上诸点都是使产品市场均衡的收入-利率组合。这样的组合有无穷多个，它们都满足产品市场均衡的条件。LM 曲线上诸点都是使货币市场均衡的收入-利率组合。这样的点也有无穷多个，它们都满足货币市场均衡的条件。容易理解，IS 曲线和 LM 曲线的交点所表示的收入-利率组合能同时满足产品市场均衡条件和货币市场均衡条件，这样的点也是唯一的，我们称之为内部均衡点。我们可以通过将 IS 方程和 LM 方程联立求解来求得内部均衡点的坐标——使产品市场和货币市场同时均衡的收入-利率组合。

图 4-27 中 IS 曲线和 LM 曲线的交点 E 就是使产品市场和货币市场同时均衡的收入-利率组合。

如果 IS 方程如式 4-16 是线性的，LM 方程如式 4-26 也是线性的，联立求解便可得到两部门经济中两个市场同时均衡的收入-利率组合：

$$Y=\frac{h(\alpha+i_0)+\delta(M-H)}{h(1-\beta)+\delta k} \tag{4-28}$$

$$r=\frac{k(\alpha+i_0)-(1-\beta)(M-H)}{h(1-\beta)+\delta k} \tag{4-29}$$

三、四部门经济中两个市场同时均衡的收入-利率组合也可仿此求得。

二、非内部均衡的收入-利率组合及其调整

在前面的讨论中我们已经看到，IS 曲线将 YOr 坐标平面（实际上仅此坐标平面的第

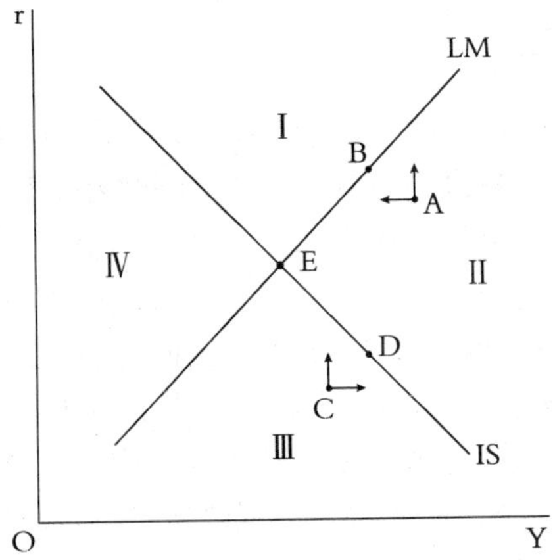

图 4-27　失衡点及其调整

一象限）分成三个部分。IS 曲线上的点都使产品市场达到均衡（E＝Y）；IS 曲线上方的点都使产品市场供过于求（E<Y）；IS 曲线下方的点都使产品市场供不应求（E>Y）。LM 曲线也将 YOr 坐标平面分成三个部分。LM 曲线上的点都使货币市场达到均衡（L＝M）；LM 曲线上方的点都使货币市场供过于求（L<M）；LM 曲线下方的点都使货币市场供不应求（L>M）。

图 4-27 中点 E 是唯一的使两个市场同时均衡的收入-利率组合，而其他的点都使得两个市场中的至少一个不均衡。不均衡的收入-利率组合是不稳定的。产品市场不均衡会使收入不稳定。具体地说，产品市场供过于求将使收入减少，而产品市场供不应求则将使收入增加。货币市场不均衡会使利率不稳定。货币市场供过于求将使利率降低，而货币市场供不应求则将使利率提高。各个不均衡点都会通过上述调整向均衡点 E 趋近。IS 曲线和 LM 曲线将两个市场都不均衡的收入-利率组合分为四个区域。图 4-27 中用罗马数字分别标出了这四个区域，各区域的失衡状况和调整方向列于表 4-4。

表 4-4　**四个区域的失衡状况和调整方向**

区域	产品市场	货币市场	收入变动	利率变动
I	供过于求（E<Y）	供过于求（L<M）	降低	降低
II	供过于求（E<Y）	供不应求（L>M）	降低	提高
III	供不应求（E>Y）	供不应求（L>M）	提高	提高
IV	供不应求（E>Y）	供过于求（L<M）	提高	降低

下面具体考察失衡点的调整。图 4-27 中点 A 位于区域 II，因为产品市场供过于求，所以收入将降低，即点 A 将向左方移动。又因为货币市场供不应求，所以利率将提高，即点 A 将向上方移动。综合起来，点 A 的实际移动方向是左上方，即朝点 B 的方向移动。图 4-27 中点 C 位于区域 III，因为产品市场供不应求，所以收入将提高，即点 C 将向右方移动。又因为货币市场供不应求，所以利率将提高，即点 C 将向上方移动。综合起来，点 C 的实际移动方向是右上方，即朝点 D 的方向移动。由此可见，失衡点并不是直接朝均衡点 E 移动，如图 4-27 中点 C 将首先调整到 IS 曲线上点 D 的位置，此时产品市场均衡了，但货币市场仍未均衡。这将使利率继续提高从而进入区域 II，再进行类似于点 A 的调整，逐步向均衡点 E 靠近，但只要尚未达到点 E，这种调整就不会停止。

三、内部均衡点的变动

IS 曲线和 LM 曲线的交点上同时实现了产品市场和货币市场的均衡。然而这一均衡不一定是充分就业的均衡。如图 4-28 中 IS 曲线和 LM 曲线的交点 E 表示的均衡收入是 Y_0，但充分就业的收入则是 Y^*，均衡收入低于充分就业的收入水平。在这种情况下仅靠市场的自发调节无法实现充分就业的均衡，这就需要依靠政府用财政政策或货币政策进行调节。财政政策是政府变动支出和税收来调节利率和收入的措施。如果政府增加支出或减少税收，或者双管齐下，IS 曲线就会向右上方移动。当 IS 上移到 IS_1 的位置时，和 LM 相交于点 E_1 就会达到充分就业的收入水平。货币政策是政府货币当局用变动货币供给量的办法来调节利率和收入的措施。当政府增加货币供给量时，LM 曲线向右下方移动。如果移动到 LM_1 处与 IS 曲线相交于点 E_2，也能达到充分就业的收入水平。当然政府也可以财政政策和货币政策双管齐下，同时改变 IS 曲线和 LM 曲线的位置，使二者交点的横坐标等于 Y^*，实现充分就业。

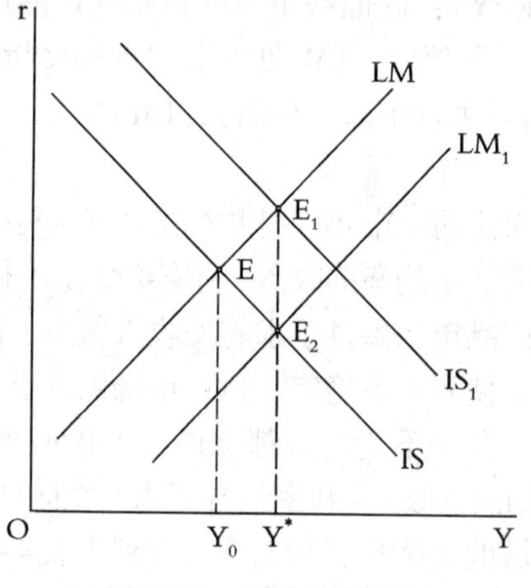

图 4-28　均衡点的变动

从图 4-28 中可以看到，IS 曲线和 LM 曲线移动时，不仅收入会变动，利率也会变动。当 LM 曲线不变而 IS 曲线向右上方移动时，不仅收入提高，利率也会上升。这是因为 IS 曲线右移是由于总支出（投资、消费、政府购买和净出口之和）增加导致了产出和收入的提高，收入的提高又会导致货币的交易预防需求量增加。如果货币供给量不变，人们就只能减少货币的投机需求量从而使利率上升。同样可以说明，LM 曲线不变而 IS 曲线向左下方移动时，收入和利率都会下降。

当 IS 曲线不变而 LM 曲线向右下方移动，会导致收入的提高和利率的下降。因为 LM 曲线右移的原因或者是货币供给不变而货币需求减少，或者是货币需求不变而货币供给增加。在 IS 曲线不变，即产品供求情况没有变化的情况下，凡 LM 曲线右移都会导致货币市场供过于求从而使利率下降。利率的下降刺激了产品市场上的投资而导致收入增加。相反，LM 曲线向左上方移动，则会使利率上升而收入下降。

如果 IS 曲线和 LM 曲线同时移动，收入和利率的变动情况则由两条曲线移动的方向和幅度来决定。比如，IS 曲线向右上方移动而 LM 曲线向右下方移动，则可能出现收入增加而利率不变的结果。这就是所谓扩张性的财政政策和扩张性的货币政策相结合可能出现的结果。

关键术语

内部收益率　资本边际效率　投资需求函数　IS 曲线　货币需求　货币供给　流动偏好陷阱　货币市场均衡　内部均衡　LM 曲线　潜在收入

主要观点

◆ 将一项投资视为与一家特殊银行间的“整存零取”业务，则此特殊银行所提供的利率就是该项投资的内部收益率。

◆ 投资量取决于资本边际效率与市场利率的对比，因而是利率的减函数。

◆ 货币需求量与收入正相关，与利率负相关。

◆ 市场利率由货币需求量与货币供给量共同决定。

◆ 国民收入与利率本来是相互独立的，附加一定条件后就形成了函数关系。产品市场均衡条件下收入与利率的函数关系就是 IS 曲线；货币市场均衡条件下收入与利率的函数关系就是 LM 曲线。

基本训练

一、填空题

1. 内部收益率与市场利率(　　)。

2. IS 曲线上方的点都对应产品市场供(　　)求，LM 曲线上方的点都对应货币市场供(　　)求。

3. 投资需求曲线移动导致 IS 曲线(　　)移动。

4. 凯恩斯指出(　　)、(　　)和(　　)是人们希望持有货币的三种动机。

5. 货币的投机需求增加导致 LM 曲线向(　　)移动。

二、选择题

1. 自发投资支出增加 10 亿美元，会使 IS (　　)。

A. 右移 10 亿美元　　B. 左移 10 亿美元

C. 右移支出乘数乘以 10 亿美元　　D. 左移支出乘数乘以 10 亿美元

2. 如果净税收增加 10 亿美元，会使 IS (　　)。

A. 右移税收乘数乘以 10 亿美元　　B. 左移税收乘数乘以 10 亿美元

C. 右移支出乘数乘以 10 亿美元　　D. 左移支出乘数乘以 10 亿美元

3. 假定货币供给量和价格水平不变，货币需求为收入和利率的函数，则收入增加时，(　　)。

A. 货币需求增加，利率上升　　B. 货币需求增加，利率下降

C. 货币需求减少，利率上升　　D. 货币需求减少，利率下降

4. 假定货币需求为 L=kY-hr，货币供给增加 10 亿美元而其他条件不变，则会使 LM (　　)。

A. 右移 10 亿美元　　B. 右移 k 乘以 10 亿美元

C. 右移 10 亿美元除以 k（10÷k）　　D. 右移 k 除以 10 亿美元（k÷10）

5. 利率和收入的组合点出现在 IS 曲线右上方、LM 曲线的左上方的区域中，则表示(　　)。

A. 投资小于储蓄且货币需求小于货币供给

B. 投资小于储蓄且货币需求大于货币供给

C. 投资大于储蓄且货币需求小于货币供给

D. 投资大于储蓄且货币需求大于货币供给

6. 如果利率和收入都能按供求情况自动得到调整，则利率和收入的组合点出现在 IS 曲线左下方、LM 曲线的右下方的区域中时，有可能(　　)。

A. 利率上升，收入增加　　B. 利率上升，收入不变

C. 利率上升，收入减少　　D. 以上三种情况都可能发生

7. 若边际储蓄倾向为 0.2，定量税（边际税率为零）增加 10 亿美元同时政府购买也增加 10 亿美元，这将使 IS 曲线(　　)。

A. 左移 10 亿美元　B. 右移 10 亿美元　C. 右移 40 亿美元　D. 不变

8. IS 曲线变得更陡峭了，可能是因为(　　)。

A. 投资对利率变化的反应变得更灵敏了　B. 边际储蓄倾向变小了

C. 边际税率提高了　　D. A 或 B

9. 如果投资对利率变化的反应变得较为迟钝，同时人们将收入增量中的更大比例用于储蓄，则 IS 曲线(　　)。

A. 将变得更平缓　　B. 将变得更陡峭

C. 斜率将不发生变化　　D. 斜率是否变化及如何变化尚不能确定

10. 如果政府进行税制改革，将过去的定量税改为比例税，则该经济的 IS 曲线将(　　)。

A. 变得更平缓　B. 变得更陡峭　C. 左移　D. 右移

11. 使 LM 曲线变得更陡峭的原因是(　　)。

A. 货币需求对收入变化的反应变得更灵敏或投资需求对利率变化的反应变得更灵敏

B. 货币需求对收入变化的反应变得更迟钝或投资需求对利率变化的反应变得更迟钝

C. 消费对收入变化的反应变得更灵敏或投资需求对利率变化的反应变得更迟钝

D. 货币需求对收入变化的反应变得更灵敏或投资需求对利率变化的反应变得更迟钝

12. 当总支出小于总收入而货币供给量小于货币需求量时，收入–利率组合位于(　　)。

A. IS 曲线上方、LM 曲线上方　　B. IS 曲线上方、LM 曲线下方

C. IS 曲线下方、LM 曲线下方　　D. IS 曲线下方、LM 曲线上方

13. 如果收入利率组合点位于 IS 曲线左下方、LM 曲线右下方，则经济中存在(　　)的趋势。

A. 收入下降、利率上升　　B. 收入提高、利率上升

C. 收入下降、利率下降　　D. 收入提高、利率下降

14. 正确的命题是(　　)。

A. 产品市场均衡时收入与利率正相关，货币市场均衡时收入与利率正相关

B. 产品市场均衡时收入与利率正相关，货币市场均衡时收入与利率负相关

C. 产品市场均衡时收入与利率负相关，货币市场均衡时收入与利率正相关

D. 产品市场均衡时收入与利率负相关，货币市场均衡时收入与利率负相关

15. 在 IS–LM 模型中，如果经济从封闭（$NX=0$）变为开放（$NX=NX_0-\gamma Y$，$\gamma>0$），则(　　)。

A. IS 曲线将会变得更陡峭　　B. IS 曲线将会变得更平坦

C. LM 曲线将会变得更陡峭　　D. LM 曲线将会变得更平坦

三、简答题

1. 税率增加如何影响 IS 曲线，如何影响两个市场同时均衡的收入和利率？

2. IS 曲线是如何推导出来的？

3. LM 曲线是如何推导出来的？

4. 货币需求动机包括哪几个方面？它对货币需求具有何种影响？

5. 假设货币的投机需求在每个利率水平、货币的交易需求在每个产出水平，收入水平均下降，试说明此时 LM 曲线会发生什么变化并解释理由。

6. 20 世纪 70 年代以来，美国经济中为什么会出现“货币失踪”现象。

四、计算题

1. 一个预期长期实际利率是 3% 的厂商正在考虑一个投资项目清单，每个项目都需要花费 100 万美元，这些项目在回收期长短和回收数量上均不同，第一个项目将在两年内回收 120 万美元，第二个项目将在 3 年内回收 125 万美元，第三个项目将在 4 年内回收 130 万美元。要求：哪个项目值得投资？如果利率是 5%，答案有变化吗（假定价格稳定）？

2. 假定每年通胀率是 4%，上题中回收的资金以当时的名义美元计算，这些项目仍然值得投资吗？

3. 设投资函数为 $i=e-dr$。货币单位为美元。要求：

(1) 当 $i=250-5r$ 时，找出 r 等于 10%、8%、6% 时的投资量，画出投资需求曲线。

（2）若投资函数为 $i=250-10r$，找出 r 等于 10%、8%、6% 时的投资量，画出投资需求曲线。

（3）说明 e 的增加对投资需求曲线的影响。

（4）若 $i=250-5r$，投资需求曲线将怎样变化？

4.（1）若投资函数为 $i=100-5r$，找出 r 为 4%、5%、6%、7% 时的投资量（单位：美元）。

（2）若储蓄为 $S=-40+0.25Y$，找出与上述投资相均衡的收入水平（单位：美元）。

（3）求 IS 曲线并作出图形。

5. 假定：①消费函数为 $c=50+0.8Y$，投资函数为 $i=100-5r$。②消费函数为 $c=50+0.8Y$，投资函数为 $i=100-10r$。③消费函数为 $c=50+0.75Y$，投资函数为 $i=100-10r$。（单位：美元）要求：

（1）求①、②、③的 IS 曲线。

（2）比较①和②，说明投资对利率更敏感时，IS 曲线的斜率发生什么变化。

（3）比较②和③，说明边际消费倾向变动时，IS 曲线的斜率发生什么变化。

6. 表 4-5 给出对货币的交易需求和投机需求。要求：

（1）求收入为 700 美元，利率为 8% 和 10% 时的货币需求。

（2）求 600 美元、700 美元和 800 美元的收入在各种利率水平上的货币需求。

（3）根据（2）作出货币需求曲线，并说明收入增加时，货币需求曲线是怎样移动的。

表 4-5　**对货币的交易需求和投机需求**

对货币的交易需求		对货币的投机需求	
收入（美元）	货币需求量（美元）	利率（%）	货币需求量（美元）
500	100	12	30
600	120	10	50
700	140	8	70
800	160	6	90
900	180	4	110

7. 假定货币需求为 $L=0.2Y-5r$。要求：

（1）求出利率为 10%、8% 和 6% 而收入为 800 美元、900 美元和 1 000 美元时的货币需求量，并由此描绘货币需求曲线。

（2）若货币供给量为 150 美元，找出货币需求与供给相均衡的收入与利率。

（3）画出 LM 曲线，并说明什么是 LM 曲线。

（4）若货币供给为 200 美元，再画一条 LM 曲线，这条 LM 曲线与原 LM 曲线相比，有何不同？

(5) 对于 (4) 中这条 LM 曲线，若 $r=10\%$，$Y=1\ 100$ 美元，货币需求与供给是否均衡？若不均衡利率会怎样变动？

8. 货币供给量用 M 表示，价格水平用 P 表示，货币需求用 $L=kY-hr$ 表示。要求：

(1) 求 LM 曲线的代数表达式，找出 LM 等式的斜率的表达式。

(2) 找出 $k=0.20$，$h=10$；$k=0.20$，$h=20$；$k=0.10$，$h=10$ 时 LM 的斜率的值。

(3) 当 k 变小时，LM 斜率如何变化？h 增加时，LM 斜率如何变化？分别说明原因。

(4) 若 $k=0.20$，$h=0$，LM 曲线形状如何？

9. 假设一个只有家庭和企业的二部门经济中，消费 $c=100+0.8Y$，投资 $i=150-6r$，货币供给 $m=150$，货币需求 $L=0.2Y-4r$（单位都是亿美元）。要求：

(1) 求 IS 和 LM 曲线。

(2) 求产品市场和货币市场同时均衡时的利率和收入。

10. 某企业欲参加一台旧设备的竞买，已知该设备还可使用 3 年，预计各年可依次提供资本收益 100 万美元、80 万美元和 50 万美元，设备报废后的净残值为 30 万美元，预计今后 3 年平均市场利率为 10%。试设定其出价上限并说明以此价购入的该设备资本边际效率为多少。

11. 假设：自发消费为 100，边际消费倾向为 0.75，自发投资为 125，投资对利率的变化率为 600，政府购买为 50，自发税为 20，边际税率为 0.2，政府转移支付为 0。要求：

(1) 求 IS 方程。

(2) 求政府购买乘数。

(3) 当利率 $r=0.15$ 时，收入 Y 是多少？如果潜在国民收入 $Y_f=465$，应增加多少政府购买才能实现充分就业？

12. 假定某一经济由下述方程描述：均衡收入函数为 $y=c+i+g+nx$，消费函数为 $c=100+0.9Y_d$，投资函数为 $i=200-500r$，净出口函数为 $nx=100-0.2Y-500r$，货币需求函数为 $L=(0.8Y-2\ 000r)P$。令 $g=200$，税率 $\tau=0.2$。要求：

(1) 导出 IS 曲线和当货币供给为 800、价格水平 P 为 1 时的 LM 曲线；

(2) 当 $M=800$，$P=1$ 时的均衡收入和利率水平；

(3) 消费、投资、净出口在均衡时的数值。

13. 用 IS-LM 模型相关知识回答以下问题：

(1) 写出封闭经济下的 IS 和 LM 曲线的公式。

(2) 某封闭经济实行固定利率制，一开始经济处于均衡状态，现在假定中央银行降低了法定存款准备金比率，结合图形说明经济会发生什么情况。

(3) 结合以上分析，展开讨论在我国实行利率自由化的必要性。

14. 假定货币需求为 $L=0.2Y-1\ 000r$，货币供给为 250，$c=60+0.8Y_d$，$t=100$，$i=170$，$g=100$。要求：

（1）计算均衡收入、利率和投资。

（2）政府购买从 100 增加到 110 时，均衡收入、利率和投资有何变化？

（3）在政府购买增加的情况下，如果保持均衡利率不变，价格水平将如何变化？

五、论述题

1. 试论述凯恩斯的货币理论和货币主义的货币理论，并对二者加以比较和评述。

2. 什么是萨伊定律？什么是凯恩斯定律？你是如何看待它们的意义与作用的？

第五章 AD-AS 模型

学习目标

◆ 重点掌握总需求函数为减函数的原因、用 IS-LM 模型对总需求曲线的推导、总供给曲线的推导、总需求曲线的移动、AD-AS 模型对经济波动的解释和总供给曲线三个区域的含义；掌握短期宏观生产函数、劳动市场的均衡和等名义工资率曲线；了解总需求函数的解析求法和总供给曲线的移动。

第三章所介绍的简单凯恩斯模型，又称“简单国民收入决定理论”。它研究了在利率和价格水平都不变的条件下，使产品市场均衡的国民收入是如何决定的。因为产品市场和货币市场是由利率联系起来的，一旦假定利率不变，这种联系就被割断了。因此该模型只是孤立地研究了产品市场，它实质上属于总需求分析。

第四章的 IS-LM 模型，又称“扩展的国民收入决定理论”。它研究了在利率可变、价格水平不变的条件下，使产品市场和货币市场同时均衡的国民收入是如何决定的。该模型重点分析了利率的决定及变动对宏观经济的影响，仍限于总需求分析。

本章要介绍的 AD-AS 模型，又称“完全的国民收入决定理论”，它研究了在利率和价格水平都可变的条件下使产品市场和货币市场同时均衡的国民收入是如何决定的。该模型引入了劳动力市场和宏观生产函数，得出了总供给曲线，重点分析了价格水平的决定及变动对总供给乃至宏观经济的影响。它不仅进行了总需求分析，还进行了总供给分析。

这些模型都属于凯恩斯的宏观经济理论，且都是研究均衡国民收入的决定问题。三个模型由简到繁，由粗糙到精细，一个比一个更接近现实经济。

第一节 总需求

引入了产品市场和货币市场的概念后我们不难理解，使这两个市场同时均衡的国民收入就是经济中的计划购买量。换言之，**使产品市场和货币市场同时均衡的产出就是总需求**。第四章中所讨论的内容都已假定价格水平不变，即假定价格水平 P=1。因为名义货币供给量 M 与实际货币供给量 M/P 是相等的，所以在那里就用前者来表示后者。本章正是要讨论价格水平的变化，故上一章提到的货币供给量 M 在本章都要改成 M/P。如式 4-27中的 M 应改成 M/P，即 LM 方程应改为 $r=\frac{k}{h}Y-\frac{M}{hP}-\frac{H}{h}$。

一、总需求函数

总需求函数是指总需求量AD与价格水平之间的函数关系，其图像称为总需求曲线。

为了简便起见，我们下面用两部门经济为例进行推导。这里我们还假定IS方程和LM方程都是线性的。

根据定义，总需求函数就是指在产品市场和货币市场同时均衡时价格水平P与国民收入Y之间的对应关系。于是联立IS方程4-16和LM方程4-27，同时注意将后者的M改成M/P，即得：

$$\begin{cases} Y=\frac{\alpha+i_0}{1-\beta}-\frac{\delta}{1-\beta}\cdot r \\ r=\frac{k}{h}Y-\frac{M}{hP}-\frac{H}{h} \end{cases}$$

消去利率r，可得总需求函数：

$$Y=\frac{h(\alpha+\delta)-H\delta}{h(1-\beta)+k\delta}+\frac{M\delta}{h(1-\beta)+k\delta}\cdot\frac{1}{P} \tag{5-1}$$

由式5-1可见，总需求量Y与价格水平P是负相关的，即随着价格水平的上升，总需求水平就会下降。在几何上表现为需求曲线的图像向右下方倾斜。

总需求曲线为什么单调下降呢？

价格水平的上升会同时打破产品市场和货币市场上的均衡。以下的三个原因使得价格水平与总需求水平反方向变动：

（1）实际余额效应（c与P负相关）：当价格水平P上升时，人们的财富和实际收入水平下降，并且名义价格的上升使人们进入更高的纳税档次，使得人们的可支配收入减少，实际购买能力下降，即有效的消费需求减少；当价格水平P下降时，人们的财富和实际收入水平上升，并且名义价格的下降使人们进入更低的纳税档次，使得人们的可支配收入增加，实际购买能力上升，即有效的消费需求增加。

（2）利率效应（i与P负相关）：当价格水平P上升时，实际货币供给量M/P下降，从而使利率上升，投资减少，即P↑→M/P↓→r↑→i↓→AD↓；当价格水平P下降时，实际货币供给量M/P上升，从而使利率下降，投资增加，即P↓→M/P↑→r↓→i↑→AD↑。

（3）国际替代效应((x-m)与P负相关)：当一国价格水平上升时，在其他国家生产的产品就会变得相对便宜，本国居民就会用外国产品来部分替代本国产品，增加对进口品的需求。外国居民则会用其母国产品来替代本国产品，减少对出口品的需求。因此，本国的净出口需求量减少。当一国价格水平下降时，在其他国家生产的产品就会变得相对昂贵，本国居民就会用本国产品来部分替代外国产品，减少对进口品的需求。外国居民则会用本国产品来替代其母国产品，增加对本国出口品的需求。因此，本国的净出口需求量增加。

因为总需求=消费+投资+政府购买+净出口，即AD=c+i+g+（x-m），且c+i+（x-m）与P均负相关（其中的政府购买g为外生变量），所以AD=c+i+g+（x-m）与P负相关。

二、总需求曲线

以下我们用两种几何方法来推导总需求曲线。

（一）利用收入–支出模型推导总需求曲线

如图 5–1 所示，上半部分为收入–支出模型，价格水平 P_1 下的总支出为 $E(P_1)$，价格水平 P_2 下的总支出水平为 $E(P_2)$，其中 $P_2<P_1$。

在上半图中，当价格水平为 P_1 时，均衡的总支出和总收入为 Y_1，于是在图的下半部分得到了与 P_1 对应的 Y_1，从而得到点 D_1。当价格水平发生变化，例如从 P_1 下降到 P_2，这将导致消费和投资的上升，从而使总支出上升，表现在图 5–1 的上半图中，就是总支出 $E(P_1)$ 上升到总支出 $E(P_2)$，从而使均衡收入上升到了 Y_2，于是又得到了图 5–1 下半图中的点 D_2。由总需求曲线的定义，点 D_1 和点 D_2 都是总需求曲线上的点。连接这些点，就得到总需求曲线 AD。

（二）利用 IS-LM 模型推导总需求曲线

如图 5–2 所示，上半部分为 IS-LM 模型，其中表示产品市场均衡的 IS 曲线方程为 $Y=\frac{\alpha+i_0}{1-\beta}-\frac{\delta}{1-\beta}\cdot r$，而表示货币市场均衡的 LM 方程为 $\frac{M}{P}=kY+H-hr$，P 表示价格水平，$\frac{M}{P}$ 为实际货币供给量。

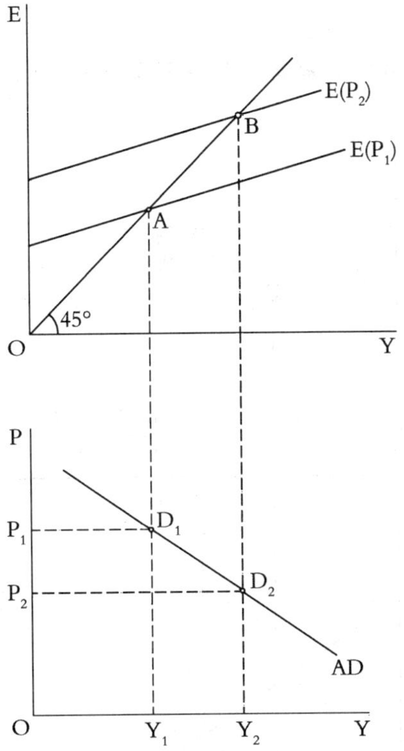

图 5–1　用收入–支出模型推导 AD 曲线

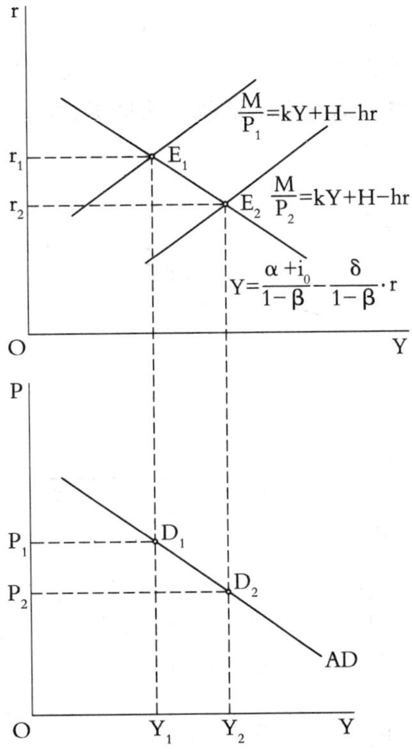

图 5–2　用 IS-LM 模型推导 AD 曲线

IS-LM 模型中的 IS 曲线与 LM 曲线 $\frac{M}{P_1}=kY+H-hr$ 交于点 E_1，而点 E_1 表示产品市场和货币市场已经同时达到了均衡。此时价格水平为 P_1，利率为 r_1，而国民收入为 Y_1，于是我们在下半部分图中得到 AD 曲线上的点 D_1（Y_1，P_1）。

现在考虑价格水平 P 由 P_1 下降到 P_2，实际的货币供给 M/P 由 M/P_1 上升到 M/P_2。这将导致LM曲线向右平移，新的LM曲线$\frac{M}{P_2}=kY+H-hr$与IS曲线交于E_2。此时，价格水平为P_2，利率下降到了r_2，而国民收入则增加到了Y_2。于是我们在下半图中得到AD曲线上的另一点D_2（Y_2，P_2）。连接D_1和D_2等点即得到总需求曲线AD。

（三）总需求曲线对平面的划分

1. 利用收入-支出模型考察总需求曲线对平面的划分

图5-1指出，总需求曲线上的每一点都是使得产品市场均衡的点。图5-3中总需求曲线上任意一点a（Y_1，P_1）都对应YOE平面45°线上的一个点A。现在我们来观察总需求曲线以外的点b（Y_2，P_1）所反映的产品市场的情况。这时的价格水平为P_1，这就决定了YOE平面上的总支出曲线仍为$E(P_1)$。这条总支出曲线上收入水平为Y_2的点为B，此时总支出超过总收入，即产品市场供不应求。这就说明了点b对应总支出大于总收入即产品市场供不应求的情形。或者说，总需求曲线下方的点都表示产品市场供不应求。同理，总需求曲线上方的点都表示产品市场供过于求。

2. 利用IS-LM模型考察总需求曲线对平面的划分

图5-4中总需求曲线上点a（Y_1，P_1）对应YOr平面上的内部均衡点A，点b（Y_2，P_1）则对应YOr平面上的点B。点B对应产品市场供过于求的情形，于是点b亦如此。这样，我们得到与前面相同的结论：**总需求曲线上方的点都表示产品市场供过于求，总需求曲线下方的点都表示产品市场供不应求**。

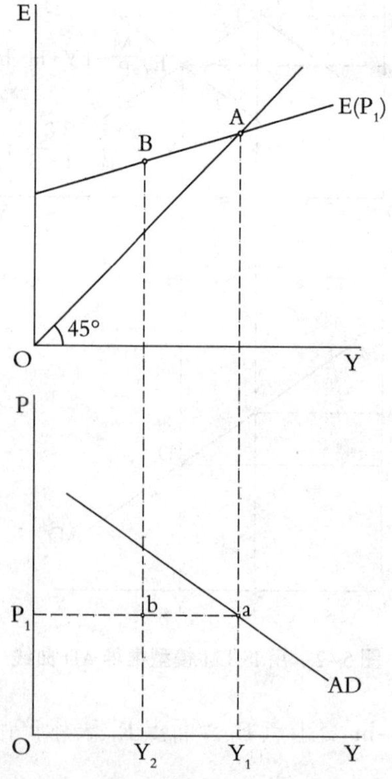

图5-3　AD曲线对平面的划分（一）

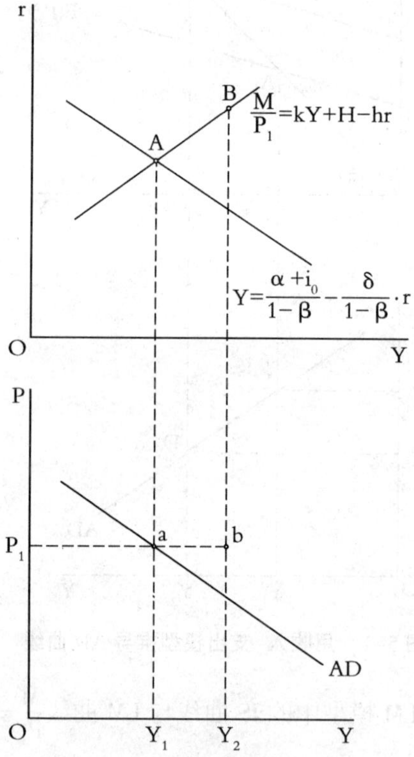

图5-4　AD曲线对平面的划分（二）

（四）总需求曲线的移动

在生产技术水平和资本存量既定的条件下短期宏观生产函数也是既定的。短期中劳动市场的供求状况也不会发生改变。由总供给曲线的推导可知短期内这条曲线是固定不变的。由图 5-5 可见，总需求曲线的移动会导致均衡产出和均衡价格水平变动。所以我们首先来讨论导致总需求变动的原因。

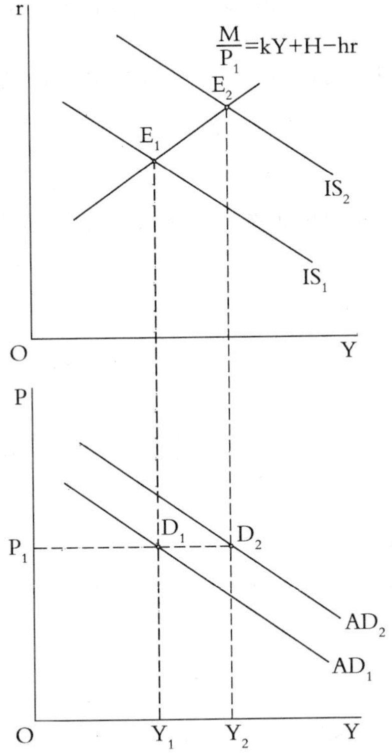

图 5-5 IS 曲线移动导致 AD 曲线移动

由图 5-2 可见，IS 曲线的移动和货币供给量 M 的变动都会使总需求曲线移动。

1. IS 曲线移动导致 AD 曲线移动

在图 5-5 中，IS_1 是原来的 IS 曲线，对应的总需求曲线是 AD_1。如果 IS 曲线向右移动至 IS_2 的位置，我们来观察原总需求曲线 AD_1 上的点 D_1 将如何移动。和价格水平 P_1 相对应的 LM 曲线 $\frac{M}{P_1}=kY+H-hr$ 与移动后的 IS 曲线 IS_2 交于点 E_2，总产出为 Y_2。这就说明，IS 曲线的移动导致原总需求曲线上的点 D_1（Y_1，P_1）向右移动到 D_2（Y_2，P_1）的位置。因为点 D_1 是原总需求曲线上的任意一点，所以 IS 曲线的右移导致总需求曲线也右移。或者说**IS 曲线的移动导致 AD 曲线同向移动**。

根据式 4-12 给出的 IS 方程：

$$Y=\frac{\alpha+i_0+g+(x-m_0)-\beta(t-tr)}{1-\beta+\gamma}-\frac{\delta}{1-\beta+\gamma}\cdot r$$

导致 IS 曲线向右平移的原因可分为两类：一类是私人部门的自发支出增加；另一类是政府扩张性的财政政策。私人部门的自发支出由自发消费 α、自发投资 i_0 和自发净出口 $(x-m_0)$ 构成，在一定的价格水平下，它们的增加导致了总支出的增加，从而使总需求曲线向右移动。政府扩张性的财政政策指政府增支（增加政府购买 g 和政府转移支付 tr）减收（减少税收 t）的政策，这种政策也使总支出增加，从而使总需求曲线右移。

2. 货币供给量变动导致 AD 曲线移动

在图 5-6 中，假设原来的名义货币供给量为 M_1。当价格水平为 P_1 时 LM 曲线为$\frac{M_1}{P_1}$=kY+H-hr，它与 IS 曲线交于点 E_1，从而确定了总需求曲线 AD_1 上的点 D_1（Y_1，P_1）。现在，名义货币供给量提高到 M_2，从而实际货币供给量提高到$\frac{M_2}{P_1}$，LM 曲线则右移至$\frac{M_2}{P_1}$=kY+H-hr。它与 IS 曲线交于点 E_2，此时的总产出为 Y_2。于是，货币供给量的增加导致原总需求曲线上的点 D_1（Y_1，P_1）向右移动到 D_2（Y_2，P_1）的位置。因为点 D_1 是原总需求曲线上的任意一点，所以**货币供给量增加导致总需求曲线右移**。

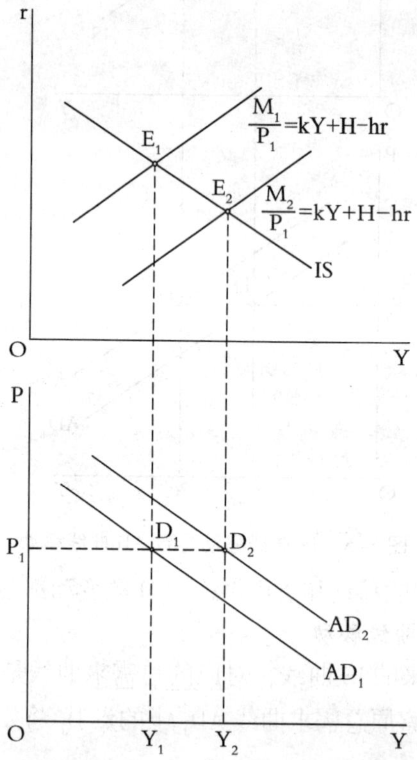

图 5-6　货币供给量变动导致 AD 曲线移动

第二节　总供给

一、宏观生产函数

第四章中我们介绍了微观生产函数，宏观经济学中的相应概念是宏观生产函数。**宏观生产函数表示生产技术水平既定条件下经济中总投入与总产出间的函数关系：**

$$Y=f(L,\ K) \tag{5-2}$$

式中：Y 为经济中的总产出或总供给量；L 为劳动投入量或就业量；K 为资本投入量。当两个自变量都可变时，式 5-2 称为长期宏观生产函数。本节主要进行短期分析，因而资本投入量 K 保持不变，相应的宏观生产函数：

$$Y=f(L) \tag{5-3}$$

称为短期宏观生产函数。短期宏观生产函数表明，在生产技术水平和资本存量既定条件下，经济中的总产出 Y 仅仅取决于就业量 L。

图 5-7 中横轴表示总产出或总供给量 Y，纵轴代表就业量或劳动投入量 L。坐标系中的曲线 $Y=f(L)$ 为短期宏观生产函数的图像。因为总供给量是劳动投入的增函数，所以这条曲线是单调上升的。相对固定的资本存量，当劳动就业量 L 很小（$L<L_1$）时，其边际产量尚未发生递减从而保持常数。体现在图 5-7 中就是当 $L<L_1$ 时（点 A 下方），宏观生产曲线为一段直线，其斜率 dL/dY（劳动边际产量 dY/dL 的倒数）不变。当劳动投入量 $L>L_1$ 时（点 A 上方），固定的资本存量开始显得不足，从而劳动的边际产量递减。劳动边际产量$\frac{dY}{dL}$递减对应宏观生产曲线的切线斜率$\frac{dL}{dY}$递增，或$\frac{d}{dY}\left(\frac{dL}{dY}\right)=\frac{d^2L}{dY^2}>0$。这就是说当 $L>L_1$ 时，宏观生产曲线是凸向下的。于是，我们得到图 5-7 中的宏观生产曲线。其一阶性质是单调上升的，二阶性质则是由一段直线转为凸向下的曲线。

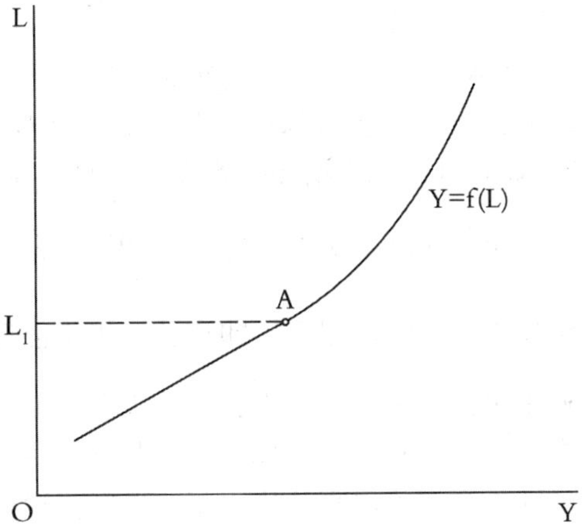

图 5-7　宏观生产函数

二、等名义工资率曲线

在图 5-8 中，纵轴代表价格水平 P，横轴代表实际工资率 w/P。由完全竞争厂商的劳动使用原则 8-12 得 $MP_L=\frac{w}{P}$，于是横轴代表的也是劳动的边际产量 MP_L。在这个坐标系中描绘了一簇等名义工资率曲线，其中每一条曲线都是等轴双曲线$\frac{w}{P}\cdot P=$常数在第一象限的一支。如给定名义工资率 $w=w_0$，它等于相应的实际工资率 w_0/P（横坐标）与价格水平 P（纵坐标）之积。换言之，等名义工资率曲线 w_0 上各点的横、纵坐标之积都等于给定的名义工资率 w_0。名义工资率 w 越高，相应的等名义工资率曲线越远离原点。如图中 $w_2>w_1$，对应 w_2 的等名义工资率曲线比对应 w_1 的等名义工资率曲线更远离原点。

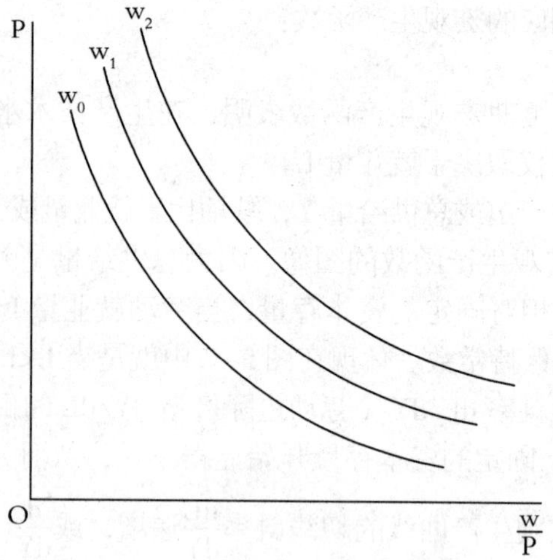

图 5-8　等名义工资率曲线族

三、劳动市场

图 5-9 中纵轴表示就业量 L，横轴表示实际工资率 w/P。L_s是劳动供给曲线。因为劳动供给量是实际工资率的增函数（实际工资越高，劳动供给量越大），所以劳动供给曲线具有正的斜率。L_d代表劳动需求曲线。根据完全竞争厂商的要素需求原则，厂商对劳动的需求量会使得劳动的边际产量与实际工资率相等，即 $MP_L = \frac{w}{P}$。换言之，劳动需求函数就是 $MP_L(L) = \frac{w}{P}$。在经济严重萧条的情况下，即在就业水平很低的情况下，现有的资本存量相对于这个很低的就业水平而言是如此之大，以至于随着劳动投入的增加，每一个新增的工人都能获得充足的资本设备而有效地工作。于是劳动的边际产量并不递减，厂商增加劳动投入时不要求降低实际工资率或提高价格水平。这就是说，厂商可以在实际工资率不变的情况下增加劳动投入。在图 5-9 中，这表现为劳动需求曲线 L_d 在就业水平很低（小于 L_1）时为一段垂直于横轴的直线。此时的实际工资率 $(\frac{w}{P})_1$ 即劳动需求曲线 L_d 在横轴上的截距为当前的资源条件和技术水平下最高的劳动边际产量。随着经济向充分就业运行，劳动投入不断增长，资本存量越来越显得相对不足，以致新增加的劳动只能获得越来越少的资本设备。因此，劳动的边际产量开始递减。要使厂商增加劳动需求量或劳动投入，实际工资率必须相应降低。只有实际工资率不断下降，劳动需求量或劳动投入才会不断增加。这就说明，此时的劳动需求量 L_d 是实际工资率 w/P 的减函数。在图 5-9 中，这表现为劳动需求曲线从就业量或劳动投入为 L_1 时开始具有负斜率。劳动供给曲线 L_s与劳动需求曲线 L_d 的交点表示了劳动市场出清的状态，这时的实际工资率为 $(\frac{w}{P})_f$，就业量为 L_f。

按照古典经济学的看法，劳动市场与产品市场没有本质的区别。与产品的价格一样，劳动市场供不应求时，厂商间的竞争会提高名义工资率 w。劳动市场供过于求时，求职者间的竞争则会降低名义工资率 w。竞争的结果是市场出清：既不存在劳动的短缺也不存在

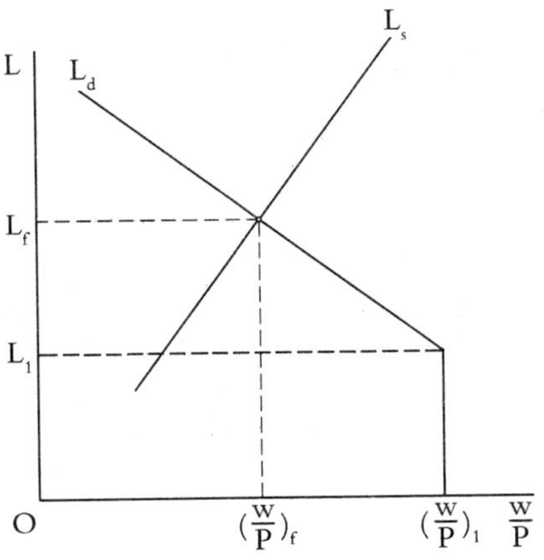

图 5-9 劳动市场

劳动的剩余。劳动市场均衡也是一种常态，我们称这种状态为充分就业状态。

凯恩斯强烈反对古典经济学的这一看法。他认为，劳动市场不可能是完全竞争的。一方面，工人存在一种**“货币幻觉”（monetary illusion）：对因名义工资率降低而导致的实际工资率降低反应强烈但却可以一定程度地忍受因价格水平提高而导致的实际工资率降低**。另一方面，工会组织在劳动市场的垄断作用造成了**“工资刚性”（wage rigidity）：名义工资率只能升不能降**。这样，名义工资率就不能像一般产品价格那样灵活可变了。工会的垄断力量阻断了市场自发力量的调节过程，名义工资率不能向下调整。这就会使劳动市场供过于求的状态不能被及时纠正而成为一种常态。

四、总供给曲线的推导

价格水平 P 的变动影响实际工资率 w/P；实际工资率 w/P 的变动影响劳动投入或就业量 L；就业量 L 的变动影响总产出或总供给 AS。按这一基本思路可以推导出总供给曲线。

图 5-10 中有四个坐标系，坐标系（1）描绘了若干等名义工资率曲线；坐标系（2）描绘了劳动市场的供求关系；坐标系（3）则描绘了短期宏观生产曲线。坐标系（4）中纵轴与坐标系（1）相同，表示价格水平 P；横轴与坐标系（3）相同，代表总产出 Y。每一个价格水平 P 与总产出 Y 的组合都将在此坐标系中形成一个点（Y，P），这些点的轨迹就是我们要推导的总供给曲线。下面分三个区域来推导总供给曲线。

1. 总供给曲线的凯恩斯区域（萧条区域）——凯恩斯总供给曲线

我们从价格水平 P_1 开始，假定名义工资率为 w_0。此时的实际工资率为 $(\frac{w}{P})_1=\frac{w_0}{P_1}$，对应着坐标系（2）中弹性为无穷大的一段劳动需求曲线。在名义工资率 w_0 不变的条件下，P_1 是厂商所能接受的最低价格水平，因为任何一个低于 P_1 的价格水平都将使实际工资率大于 $(\frac{w}{P})_1$。由弹性为无穷大的劳动需求曲线可知，这将使劳动需求或劳动投入缩减为零。由于价格水平为 P_1 以及实际工资率为 $(\frac{w}{P})_1$ 所对应的是劳动边际产量不变的情况，厂商会在既定的价格水平 P_1 下根据产品市场的需求状况来选择适当的劳动投入量。

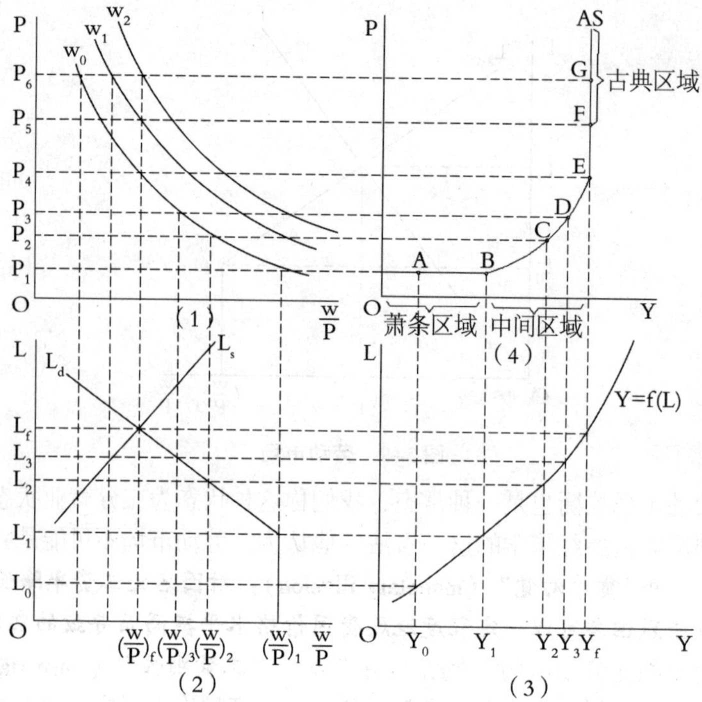

图 5-10 总供给曲线的推导

若选择的劳动投入量为 L_0，则由坐标系（3）中的宏观生产曲线 Y = f（L）可知，此时的总产出或总供给量为 Y_0。于是结合坐标系（1）中的价格水平 P_1 在坐标系（4）中形成一点 A（Y_0，P_1）。若劳动投入量增加到 L_1，仿上可推知在坐标系（4）中形成另一点 B（Y_1，P_1）。连接 A、B 点便得到一条有完全弹性的总供给曲线即总供给曲线的萧条区域或凯恩斯区域。

2. 总供给曲线的中间区域——常规总供给曲线

在坐标系（1）中，若价格水平上升到 P_2，这使得实际工资率下降为（$\frac{w}{P}$）$_2$。由坐标系（2）中的劳动需求曲线可知，劳动投入将增加到 L_2。又由坐标系（3）中的宏观生产曲线 Y=f（L）知，总产出或总供给量增加到 Y_2。于是，结合坐标系（1）中的价格水平 P_2 在坐标系（4）中形成点 C（Y_2，P_2）。若价格水平依次上升到 P_3 和 P_4，则通过类推可知在坐标系（4）中依次形成点 D（Y_3，P_3）和点 E（Y_f，P_4）。价格水平为 P_4 时，经济实现了充分就业，Y_f 即为充分就业的国民收入即潜在产出。将 B、C、D、E 诸点光滑地连接起来便得到一条递增的曲线段，即总供给曲线的中间区域，亦称常规总供给曲线。

在总供给曲线的凯恩斯区域和中间区域，劳动的供给量总是超过劳动的需求量。如果按照商品供求原理，这将导致名义工资率的下降。但凯恩斯认为由于工会对劳动市场的垄断，传统的商品供求原理在这里不能发挥作用。工会对劳动市场的垄断表现为名义工资率只能上升而不能下降，即名义工资刚性。于是尽管劳动市场供过于求，名义工资率仍然保持为 w_0。

3. 总供给曲线的古典区域——古典总供给曲线

以上关于总供给曲线的凯恩斯区域和中间区域的推导中暗含了这样一个假定：名义工

资率 w 固定不变。劳动市场可以在非出清的情况下决定就业水平。而古典经济理论认为，名义工资率是灵活可变的，具有完全的伸缩性。在以下总供给曲线的古典区域的讨论中假定名义工资率 w 是灵活可变的。

在坐标系（1）中，若价格水平由 P_4 上升到 P_5，这必然引起实际工资率下降从而导致厂商增加对劳动的需求。由于经济已经实现充分就业，所以厂商对劳动的额外需求难以得到有效满足，于是厂商们在劳动市场展开竞争。这种竞争会使得名义工资率迅速上升，坐标系（1）中的等名义工资率曲线迅速向右移动。最终名义工资率上升为 w_1，等名义工资率曲线右移至 w_1 的位置。名义工资率的上升幅度与价格水平的上升幅度相同。结果，实际工资率依然为原来的 $(\frac{w}{P})_f$，坐标系（2）中的劳动投入依然为原来的 L_f，坐标系（3）中的总产出也依然为原来的 Y_f。结合坐标系（1）和坐标系（3）在坐标系（4）中形成点 F（Y_f，P_5）。若价格水平继续上升到 P_6，仿上可在坐标系（4）中再得到点 G（Y_f，P_6）。连接 E、F 和 G 诸点便得到一条完全无弹性的线段，即总供给曲线的古典区域，亦称古典总供给曲线。

五、总供给曲线的含义

1. 凯恩斯总供给曲线的含义

总供给曲线的凯恩斯区域是一段弹性无穷大、平行于横轴的直线，它表明在这一区域总产出可以在价格水平不变的情况下发生变动。这段总供给曲线的斜率为零的主要原因是劳动的边际产量不变和劳动市场的工会垄断导致的工资刚性。在这一区域经济处于严重的失业状态，大量的生产资源被闲置。如果总需求提高，厂商便增加产出。此时生产资源的大量闲置使得不需要提高要素的价格便可以增加产出。根据 $P \cdot MP_L = w$，厂商利润最大化的劳动雇用量应使得实际工资率与劳动的边际产量相等（$MP_L = \frac{w}{P}$）。就业率非常低使得劳动的边际产量并不递减而为一常数，于是就业量的改变并不改变实际工资率而只改变产出。名义工资刚性和实际工资率不变使得价格水平也不发生变化。这就是说，在所讨论的范围内既定的价格水平上可以提供任何产出水平。

2. 常规总供给曲线的含义

总供给曲线的中间区域是一段具有正斜率的曲线，它表明在这一区域总产出随着价格水平的变动而同向变动。其主要原因是劳动的边际产量递减及工资刚性。从产出水平对价格水平的影响来看，在产出水平较低时，对生产要素的需求也较低，所以生产要素的价格较低。同时由于生产中投入的生产要素量较少，厂商又总是优先使用效率较高的生产要素，故投入使用的要素平均效率较高。因此，当产出水平较低时，产出的平均成本较低，从而价格水平较低。相反，在产出水平较高时，对生产要素的需求也较高，所以生产要素的价格较高。同时由于生产中投入的生产要素量较多，厂商不得不使用一些效率较低的生产要素，故投入使用的要素平均效率较低。因此，当产出水平较高时，产出的平均成本较高，从而价格水平较高。从价格水平对产出水平的影响来看，如果在短期内，当产品价格发生变化时生产要素的价格不变或变动不明显，在这种情况下，价格水平的降低会导致厂商的利润下降，因此全部厂商所愿意提供的产量即经济中的产出会减少。反之，价格水平的提高会导致厂商的利润提高，因此全部厂商所愿意提供的产量即经济中的产出会增加。即便产品价格与要素价格同步变动，货币幻觉也会使人们短期内只注意到与自己直接相关的价格的变动而忽视与自己间接相关的价格的变动。工人只注意到名义工资的提高而忽视价格水平提高，从而增加自己的劳动供给量。厂商只注意到自己产品价格的上升而忽略生产要素价格的上升，从而增加产品的供给量。

在产出水平较低时，闲置生产能力的存在使得厂商为一定的产出增量所付出的投入增量较少。此时只要价格稍有提高就足以刺激厂商提高产出。这就是说，产出水平较低时总供给曲线较为平坦。随着产出水平的提高，闲置的生产能力越来越少。此时，厂商为增加一定的产出须付出较多的投入增量。较少的闲置生产要素和生产要素需求的明显提高会使生产要素价格较大幅度地提高。这就是说，产出水平较高时总供给曲线较为陡峭。

3. 古典总供给曲线的含义

总供给曲线的古典区域是一段垂直于横轴的直线，它表明在这一区域总产出与价格水平无关。其主要原因是经济已经实现了充分就业以及名义工资灵活可变。此时，充分就业使得闲置的生产能力不复存在，短期内产出水平无法进一步提高。如果社会需求增加，厂商会竞相提高生产要素价格以便通过增产来提高自己的利润。结果是，一厂商增加的生产要素投入恰好以其他厂商等量减少的生产要素投入为代价，价格水平提高了，而产出水平却仍为潜在产出。

六、总供给曲线的移动

由图 5-10 可见，劳动市场的供求状况和宏观生产函数一经确定，总供给曲线也随之确定。因此，劳动供给曲线、劳动需求曲线及宏观生产曲线的移动都会导致总供给曲线移动。

1. 劳动供给曲线移动

将图 5-10 连同其中的符号复制在图 5-11 中。由于人口增加等原因，劳动的供给增加了。这在图 5-11 中表现为劳动的供给曲线向左上方移动至 L_s' 的位置，它表示在每一相同的实际工资率下劳动的供给量都增加了。

当价格水平为 P_1、P_2、P_3 和 P_4 时的讨论与图 5-10 相同，由此确定了总供给曲线上的 A、B、C、D 和 E 等点。当价格水平上升到 P_5 时，名义工资率 w_0 下劳动市场已不是原来的供不应求状态了。劳动供给的增加使得这一名义工资率下劳动的供给量超过了劳动的需求量，就业量为劳动需求量 L_4。因为这一就业量超过了原来充分就业条件下的就业量 L_f，所以相应的产出也超过原来的潜在产出 Y_f。这样我们得到劳动供给增加后的总供给曲线上的一点 H，它位于原总供给曲线上点 F 的右方。价格水平上升到 P_6 时，名义工资率 w_0 下劳动市场达到均衡，从而经济达到充分就业。此时的实际工资率为 $(\frac{w}{P})_f'$，就业量为 L_f'，产出量为新的潜在产出 Y_f'。这样我们又得到劳动供给增加后的总供给曲线上的另一点 J。当价格水平上升到 P_7 时，名义工资率 w_0 下的实际工资率 $\frac{w_0}{P_7}$ 低于 $(\frac{w}{P})_f'$，劳动市场出现供不应求。厂商受到利润最大化的驱使，通过提高名义工资率在劳动市场展开竞争

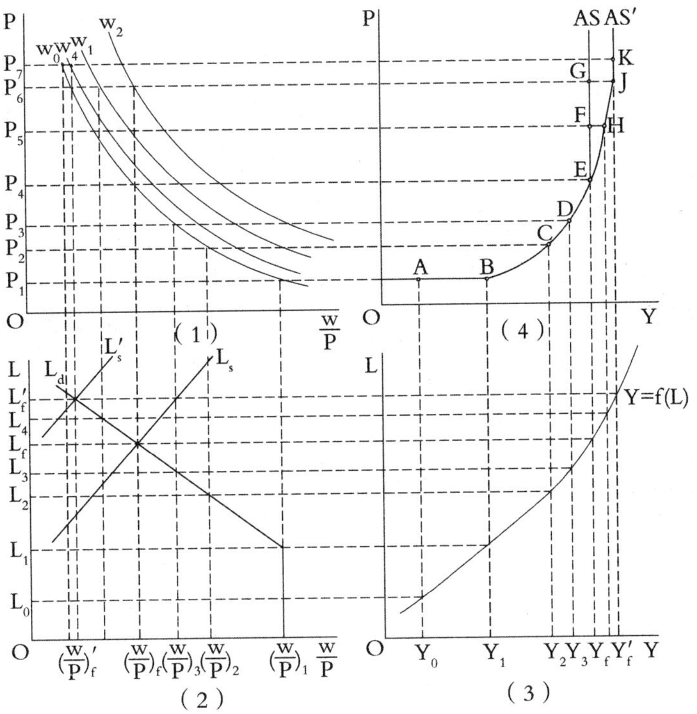

图 5-11　总供给曲线的移动（一）

以争夺供给量不足的劳动，直到名义工资率提高到 w_4，从而实际工资率为（$\frac{w}{P}$）$_f{}'$，劳动市场重新达到均衡。此时的就业量仍然为 $L_f{}'$，产出仍然为 $Y_f{}'$。这样我们得到劳动供给增加后的总供给曲线上的点 K（$Y_f{}'$，P_7）。图 5-11（4）中的曲线 ABCDEHJK 就是新的总供给曲线。

以上分析也可总结为：**劳动供给增加导致潜在产出增加**。

2. 劳动需求和宏观生产函数的变动

生产技术水平的提高或者劳动以外的其他生产要素的增加，会导致劳动需求的增加并同时使宏观生产曲线右移。劳动需求的增加表现为每一实际工资率对应的劳动需求量增加，即劳动需求曲线向右上方移动。宏观生产曲线右移则表示每一就业量对应的产出增加。劳动市场的均衡点由原来的点 J 向右上方移动到点 K，表明新的充分就业状态比旧的充分就业状态有更高的就业量，从而新的潜在产出 $Y_f{}'$高于原来的潜在产出 Y_f。

对应于价格水平 P_2 和名义工资率 w_0 下的实际工资率（$\frac{w}{P}$）$_2$，劳动市场虽然仍然供过于求，但劳动需求的提高使就业量和产出也相应提高，故新的总供给曲线 AS′上的点 H 位于原总供给曲线 AS 上点 C 的右侧。对应于价格水平 P_3 和名义工资率 w_0 下的实际工资率（$\frac{w}{P}$）$_3$，劳动市场处于均衡状态（点 K），此时的产出为新的潜在产出 $Y_f{}'$，它高于原来的潜在产出 Y_f。这样就确定了新总供给曲线上的点 L（$Y_f{}'$，P_3）。曲线 ABHLM 就是新的总供给曲线。总之，潜在产出的提高导致总供给曲线的古典区域右移和中间区域向右下方移动（如图 5-12 所示）。

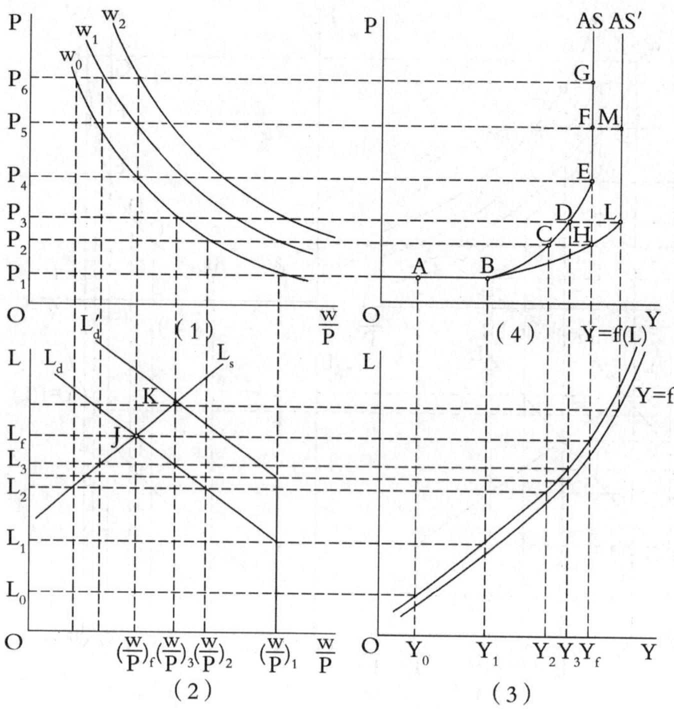

图 5-12 总供给曲线的移动（二）

第三节 均衡产出

一、均衡产出的含义

总需求与总供给相等时的产出称为均衡产出（equilibrium output），均衡产出对应的价格水平称为均衡价格水平（equilibrium price）。

图 5-13 中画出了总需求曲线和总供给曲线。当价格水平为 P_1 时，总供给量（产出）Y_1 超过了总需求量，总需求的不足导致厂商存货超出意愿水平。通过价格水平的降低和厂商的减产，总体经济达到均衡点 E。此时价格水平降低为均衡价格水平 P_0，产出水平降低为均衡产出水平 Y_0。此时总需求与总供给相等，厂商的存货保持意愿水平，产出和价格水平保持相对稳定。当价格水平为 P_2 时，总需求量超过了总供给量（产出）Y_2，高涨的总需求导致厂商存货低于意愿水平。通过价格水平的上升和厂商的增产，总体经济达到均衡点 E。总需求与总供给相等使厂商的存货保持意愿水平，产出和价格水平保持相对稳定。

二、均衡产出的变动

图 5-14 中总需求曲线 AD_1 与总供给曲线 AS 的凯恩斯区域交于点 E_1，均衡产出水平和均衡价格水平分别为 Y_1 和 P_0。假设总需求增加至 AD_2，新的均衡点为 E_2，均衡产出水平提高为 Y_2，但均衡价格水平 P_0 保持不变。这就是说，**在总供给曲线的凯恩斯区域，总需求的提高在保持均衡价格不变的同时导致均衡产出水平提高**。在 AS 曲线的凯恩斯区

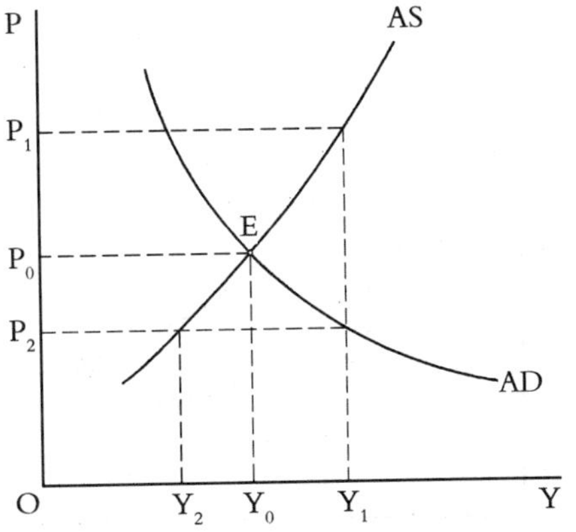

图 5-13 均衡产出

域，经济处于萧条状态，大量资源被闲置。此时只要能提高总需求，那些被闲置的资源就可在不必提高价格的情况下投入到生产中而使总产出提高。

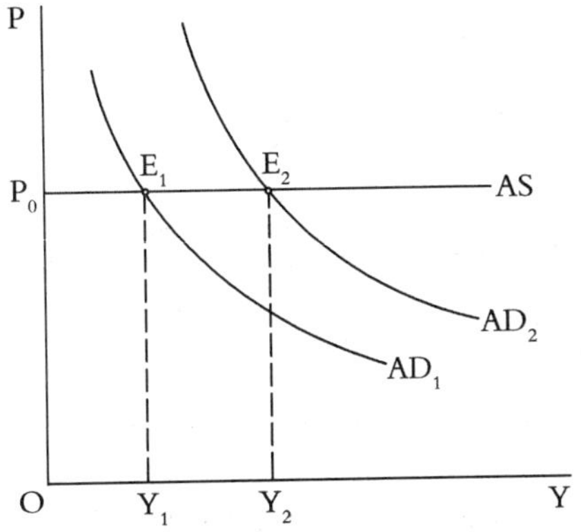

图 5-14 均衡产出的变动（一）

图 5-15 中总需求曲线 AD_1 与总供给曲线 AS 的中间区域交于点 E_1，均衡产出水平和均衡价格水平分别为 Y_1 和 P_1。假设总需求增加至 AD_2，新的均衡点为 E_2，均衡产出水平和均衡价格水平分别提高为 Y_2 和 P_2。这就是说，**在总供给曲线的中间区域，总需求的提高导致均衡产出水平和均衡价格水平同时提高**。在 AS 曲线的中间区域，经济已摆脱了萧条，失业现象已得到缓解。此时提高总需求水平可以价格上涨为代价而获得产出的增加。

图 5-16 中总需求曲线 AD_1 与总供给曲线 AS 的古典区域交于点 E_1，均衡产出水平和均衡价格水平分别为 Y_f（潜在产出）和 P_1。假设总需求增加至 AD_2，新的均衡点为 E_2，均衡产出仍保持在潜在产出水平，但均衡价格水平则提高为 P_2。这就是说，**在总供给曲线的古典区域，总需求的提高导致均衡产出水平不变和均衡价格水平提高**。在 AS 曲线的古典区域，经济已达到充分就业，此时提高总需求水平不再能增加产出却会导致通货膨胀。

三、AS-AD 模型对经济波动的解释

1. 经济萧条

如图 5-17 所示，总需求曲线与总供给曲线分别是 AD 与 AS，它们交于点 E，在点 E，产品市场和货币市场都达到了均衡状态。此时的价格水平为 P_1，而总产出 Y_1 就是

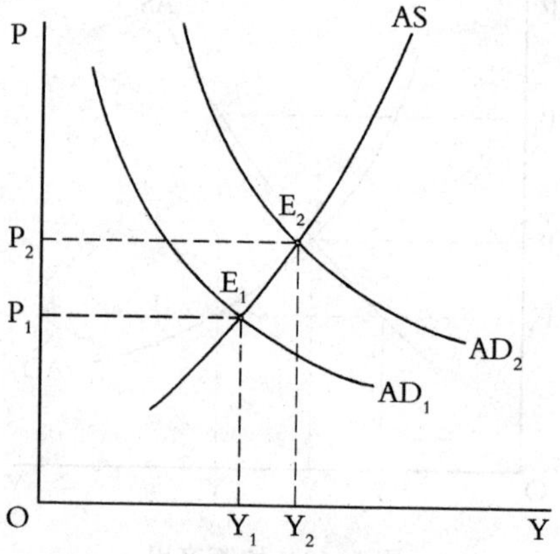

图 5-15　均衡产出的变动（二）

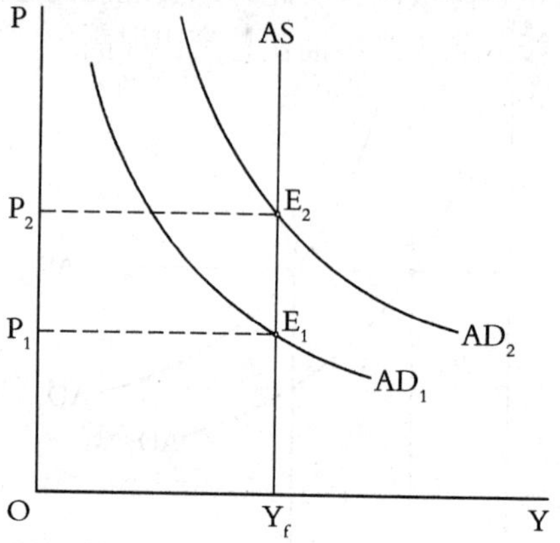

图 5-16　均衡产出的变动（三）

均衡的国民收入。如果像图 5-17 中那样，Y_1 远远小于潜在产出 Y_f，那么经济处于萧条状态。

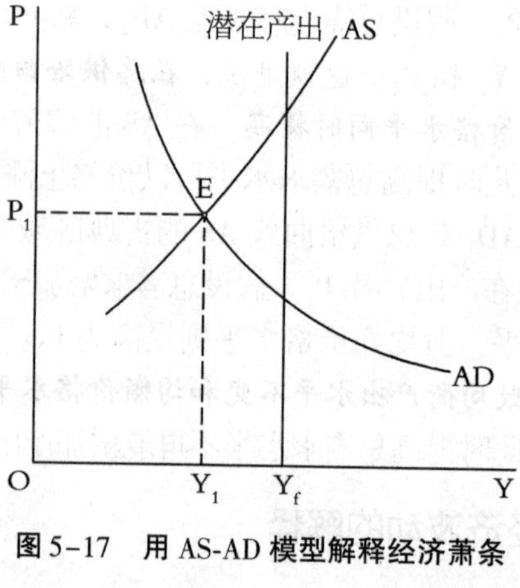

图 5-17　用 AS-AD 模型解释经济萧条

2. 经济过热

此前我们将 AS 曲线的古典区域理解为一条位于潜在产出的垂线，其含义是经济达到充分就业后已无任何闲置资源可利用从而产出无论如何也不可能再增加。其实这只是理论分析时的一种简化。我们将在第八章中看到，充分就业并不是所有劳动都已投入生产。充分就业条件下仍有少量劳动游离于生产之外，通过大幅度提高工资率从而大幅度提高价格水平可将这些劳动吸引到生产中来从而少量增加产出。这就是说，在更精细的分析下，AS 曲线的古典区域是一段非常陡峭从而接近于垂线的上升曲线。如图 5-18 所示，总需求曲线与总供给曲线分别是 AD 与 AS，它们交于点 E。此时的价格水平为 P_1，相应的总产出 Y_1 就是均衡国民收入。如果像图中那样均衡产出 Y_1 大于潜在产出 Y_f，那么经济处于过热状态。此时，相对于与充分就业相适应的总需求 AD_f 所决定的价格水平 P_f，过高的通货膨胀（P_1-P_f）只能换来极小的产出增量（Y_1-Y_f）。

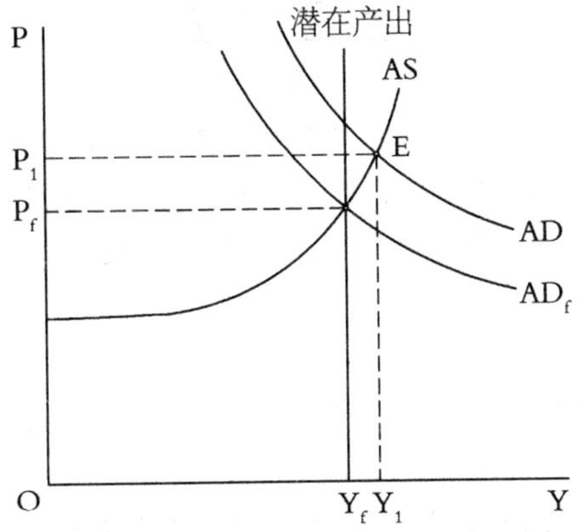

图 5-18　用 AS-AD 模型解释经济过热

3. 滞胀

滞胀（stagflation）是指经济中总产出降低（通常低于潜在水平）而价格水平上升的状态。如图 5-19 所示，初始的总需求曲线与总供给曲线分别是 AD 与 AS_1，它们交于点 E_1。此时的价格水平为 P_1，相应的总产出 Y_1 就是均衡国民收入。因 Y_1 大于潜在产出 Y_f，故经济处于过热状态。如果总供给发生了变化，供给曲线向左平移到 AS_2 的位置，与总需求曲线 AD 交于点 E_2。此时的价格水平为 $P_2>P_1$，而均衡产出 Y_2 不但小于原来的 Y_1 而且还远小于潜在产出 Y_f，经济处于滞胀状态。

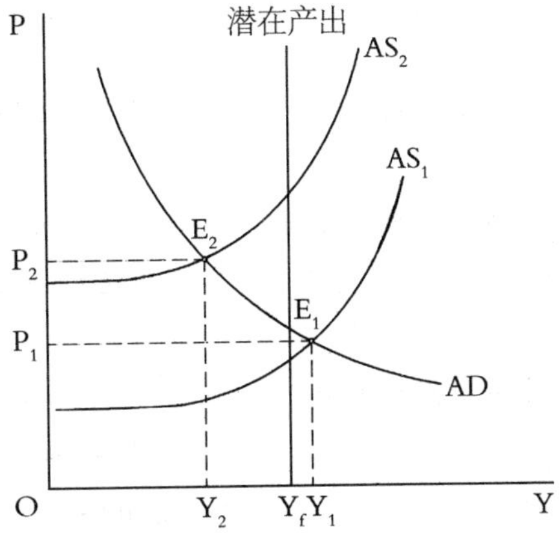

图 5-19　用 AS-AD 模型解释滞胀

关键术语

实际余额效应　利率效应　国际替代效应　短期宏观生产函数　名义工资刚性　凯恩斯总供给曲线　常规总供给曲线　古典总供给曲线　均衡产出　滞胀

主要观点

◆ 总需求量是经济中计划购买的产品按当期市场价格计算的价值，从 IS 方程和 LM 方程中消去利率 r 便得总需求量 Y 与价格水平 P 间的递减函数关系（总需求函数）。

◆ 宏观生产函数由生产技术水平和资本存量决定，短期内不变。

◆ 经济处于失业状态时由于劳动市场工会的垄断作用，名义工资率只能上升不能下降。

◆ 经济达到充分就业时名义工资率灵活可变。劳动市场供不应求时名义工资率上升；劳动市场供过于求时名义工资率下降。

◆ 短期内均衡产出取决于总需求的高低。只要未达到充分就业，总需求的提高总带来产出的提高。

基本训练

一、填空题

1. 总需求是使(　　)市场和(　　)市场同时均衡的产出。

2. 总需求曲线上方的点都表示产品市场(　　)，总需求曲线下方的点都表示产品市场(　　)。

3. IS 曲线的移动导致 AD 曲线(　　)，而货币供给量增加导致总需求曲线(　　)。

4. 工会对劳动市场的垄断表现为名义工资率只能上升而不能下降，即(　　)。

5. 经济中总产出降低（通常低于潜在水平）而价格水平上升的状态称为(　　)。

二、选择题

1. 使总需求曲线左移的原因可能是(　　)。

A. 政府转移支付减少　　B. 边际税率降低

C. 政府购买增加　　D. 货币供给量增加

2. 总需求量与价格水平负相关的原因不可能是(　　)。

A. 投资量与价格水平负相关　　B. 消费量与价格水平负相关

C. 净出口量与价格水平负相关　　　　D. 利率与价格水平负相关

3. 总需求曲线有一负斜率，这不可能是由(　　)造成的。

A. 利率效应　　B. 实际余额效应　　C. 国际替代效应　　D. 挤出效应

4. 在利率效应的作用下，总需求将随着价格水平的下降而增加，因为(　　)。

A. 利率下降导致投资增加　　　　B. 进口的增加和出口的减少

C. 由于个人净资产价值的提高，导致消费增加

D. 政府购买增加导致国民收入提高

5. 当(　　)时，总需求曲线更平缓。

A. 投资支出对利率变化更敏感　　　　B. 支出乘数更小

C. 货币需求对利率变化更敏感　　　　D. 货币供给量更大

6. 设劳动的边际产出是800−2L，产品的价格水平为2，每单位劳动的成本为4，劳动力的需求量为(　　)单位。

A. 20　　B. 399　　C. 800　　D. 80

7. 使总供给曲线上移的原因是(　　)。

A. 要素价格下降过快　　　　B. 劳动生产率增长过快

C. 工资增长过快　　　　D. 资本存量增长过快

8. 假定经济实现了充分就业，总供给曲线为垂线，减税将(　　)。

A. 提高价格水平和实际产出　　　　B. 提高价格水平但不影响实际产出

C. 提高实际产出但不影响价格水平　　　　D. 对价格水平和实际产出均无影响

9. 设经济处于总供给的中间区域，增加政府转移支付将导致(　　)。

A. 价格水平不变而收入增加　　　　B. 收入水平不变而价格水平提高

C. 价格水平下降而收入提高　　　　D. 价格水平和收入同时提高

10. 假设工资处于市场出清水平，那么(　　)。

A. 任何失业都是非自愿的　　　　B. 任何失业都是自愿的

C. 低工资时，失业是自愿的，高工资时，失业是非自愿的

D. 劳动供给是相对有弹性的

11. 当经济存在大量的闲置资源时(　　)。

A. 总需求的增加对产出没有影响　　　　B. 总供给通常不会发生变动

C. 总需求的增加使产出增加，对价格几乎没有影响

D. 总供给的增加使产出增加及价格增加

12. 下列叙述中不正确的是(　　)。

A. 凯恩斯 AS 曲线是水平的　　　　B. 古典 AS 曲线是垂直的

C. 中期 AS 曲线向右上方倾斜

D. 长期 AS 曲线比短期 AS 曲线更富有弹性

三、问答题

1. 总需求曲线的理论来源是什么？为什么在 IS-LM 模型中，由 P（价格）自由变动即可得到总需求曲线？

2. 为什么进行宏观调控的财政政策和货币政策一般被称为需求管理政策？

3. 总供给曲线的理论来源是什么？

4. 为什么总供给曲线可以被区分为古典、凯恩斯和常规这三种类型？

5. 用总需求和总供给曲线的互动说明宏观经济中的萧条、高涨（过热）和滞胀的状况。

6. 试说明主流学派经济学家是怎样用总供求分析法说明经济的“滞胀”状态的。

7. 试比较 IS-LM 模型与 AS-AD 模型。

8. 劳动供给曲线有哪些种类？请给出说明。

9. 解释以下概念，说明其内涵和联系：总需求、有效需求和充分就业下的有效需求。

10. 凯恩斯学派关于劳动市场理论的主要观点是什么？

11. 已知总需求曲线 AD 和总供给曲线 AS 在充分就业产出水平 Y_0 和价格 P_0 处达到均衡。要求：（1）在其他条件不变时，提高税收会对 IS 曲线、LM 曲线和 AD 曲线有什么影响？（2）解释价格水平是如何修正由增税所引起的非均衡。

12. 如果没有工资刚性的假设，凯恩斯扩张总需求的政策效应将如何？

13. 对微观经济学的供求模型和宏观经济中的 AD-AS 模型加以比较，并说明二者的异同。

14. 在利率–总产量和价格–总产量这两个坐标空间中作一一对应的图形，当 P_1 降到 P_2 时，要求：

（1）说明这对 AD 曲线有何影响。

（2）说明这对均衡利率和投资产生什么影响。

（3）从传导机制的角度详细解释为什么均衡利率和投资发生这种变化。

15. 新古典经济学家们是如何看待总供给曲线的？近当代经济学家们又是如何看待总供给曲线的？

四、计算题

1. 设总供给函数为 $Y_d=600-50P$，总需求函数为 $Y=2\,400-P$。要求：

（1）求供求均衡点。

（2）如果总需求曲线向左（平行）移动 10%，求新的均衡点并把该点与（1）的结果相比较。

（3）如果总需求曲线向右（平行）移动 10%，求新的均衡点并把该点与（1）的结果相比较。

（4）如果总供给曲线向左（平行）移动 10%，求新的均衡点并把该点与（1）的结果相比较。

（5）本题的总供给曲线具有何种形式？属于何种类型？

2. 设 IS 方程为 $r=0.415-0.0000135Y+0.00005g$，LM 方程为 $r=0.00001625-0.0001\cdot\frac{M}{P}$。式中：r 为利率；Y 为收入；g 为政府购买；P 为价格水平；M 为名义货币供给量。试推导总需求曲线，并说明名义货币量和政府购买对总需求曲线的影响。

3. 设总量生产函数为 $Y=F(K, L)$。式中：Y 代表总产量；K 代表总资本量；L 代表总劳动量。试说明，如果规模收益不变，则按人口（或劳动力）平均的产量唯一地决定于按人口（或劳动力）平均的资本。

4. 设总供给曲线为 $Y=500$，总需求曲线为 $Y=600-50P$。要求：

（1）求供求均衡点。

（2）如果总需求上升 10%，求新的均衡点。

5. 设经济的总供给函数为 $Y=2\,350+400P$，总需求函数为 $Y=2\,000+\frac{750}{P}$，求总供给和总需求均衡时的收入和价格水平。

6. 下面是某国的国民经济数据：消费曲线为 $C=40+0.8Y_d$，投资曲线为 $i=140-10r$，货币需求曲线为 $L=0.2Y-5r$，政府购买 $G=50$，税收 $T=0.2Y$，货币供给 $M=200$，价格水平 $P=2$。要求：

（1）当货币市场和产品市场都均衡时，求国民储蓄、均衡利率、均衡投资和均衡收入。

（2）当政府购买 G 增加 50 时，求政府购买乘数。

五、论述题

1. 说明总需求曲线为什么向右下方倾斜。

2. 画图说明总支出曲线和总需求曲线之间的区别。

3. 解释凯恩斯的短期总供给曲线是如何得到的，并指出其政策含义。

第六章 开放经济中国民收入的决定

学习目标

◆ 重点掌握绝对优势理论和比较优势理论、汇率的短期和长期决定、马歇尔-勒纳条件、净出口函数和净资本流出函数、BP 曲线的推导及性质、内部和外部双重均衡的实现过程；掌握汇率及其标价法、名义汇率和实际汇率、固定汇率制和浮动汇率制、开放经济的 IS 曲线；了解要素禀赋理论和规模经济理论、汇率的换算。

第一节 开放经济的基本知识

本书的前面各章以讨论封闭经济为主，较少涉及一国经济与外国的联系。然而，现实中封闭经济是不存在的，各国间存在着不同程度贸易和金融往来。本节将介绍开放经济的一些基本知识，以便研究开放经济中国民收入是如何决定的。

一、国际贸易的产生原因

如果说我们进口某些产品的原因在于我们需要这些产品却又不能生产它们，那么，我们如何解释当今规模巨大的国际贸易中的大部分商品都是进口国所能够生产的这一现象呢？国际贸易给贸易双方都带来了怎样的好处，或者说国际贸易产生的根本原因是什么呢？几个世纪前的重商主义认为，国际贸易是一种零和博弈，出口国从贸易中获得的财富恰好与进口国所损失的财富相等。这一认识显然不能解释几个世纪以来国际贸易迅速发展中那些进口国为何会一直坚持“损失财富”这种愚蠢的行为。

（一）绝对优势理论

斯密反对重商主义的国际贸易观点，他认为，“如果一件东西在购买时所费的代价比在家内生产时所费的小，就永远不会想要在家内生产”。因此，“如果外国能以比我们自己制造还便宜的商品供应我们，我们最好就用我们有利地使用自己的产业生产出来的物品的一部分向他们购买”①。

在生产某种商品时，若 A 国的平均成本较 B 国的低，则称在该商品的生产上 A 国较 B 国具有绝对优势（absolute advantage）或 B 国较 A 国具有绝对劣势。

设 X 产品在 A、B 两国生产的平均成本分别为 α_A 和 α_B，且 $\alpha_A<\alpha_B$；Y 产品在 A、B 两国生产的平均成本分别为 β_A 和 β_A，且 $\beta_A>\beta_B$。这就是说，在 X 产品的生产上 A 国较 B

① 斯密．国民财富的性质和原因的研究：下卷［M］．郭大力，王亚南，译．北京：商务印书馆，1974：11.

国具有绝对优势，而在 Y 产品的生产上 A 国较 B 国具有绝对劣势。

如果两国不进行交易而是各自生产两种产品，则 A 国生产数量分别为 X_A 和 Y_A 的两种产品共耗费成 $\alpha_A X_A+\beta_A Y_A$，而 B 国生产数量分别为 X_B 和 Y_B 的两种产品共耗费成本 $\alpha_B X_B+\beta_B Y_B$。

如果两国都利用这一成本来生产自己具有绝对优势的产品，则 A 国可生产的 X 产品数量为：

$$\frac{\alpha_A X_A+\beta_A Y_A}{\alpha_A}=X_A+\frac{\beta_A}{\alpha_A}Y_A \tag{6-1}$$

B 国可生产的 Y 产品数量为：

$$\frac{\alpha_B X_B+\beta_B Y_B}{\beta_B}=\frac{\alpha_B}{\beta_B}X_B+Y_B \tag{6-2}$$

因数量为$\frac{\beta_A}{\alpha_A}Y_A$ 的 X 产品在 B 国的生产成本为 $\alpha_B\cdot\frac{\beta_A}{\alpha_A}Y_A$，故 A 国用这一数量的 X 产品可换取 B 国所生产的 Y 产品数量为：

$$\alpha_B\cdot\frac{\beta_A}{\alpha_A}Y_A/\beta_B=\frac{\alpha_B}{\alpha_A}\cdot\frac{\beta_A}{\beta_B}Y_A \tag{6-3}$$

因为 α_B/α_A 和 β_A/β_B 都是大于 1 的数，所以，A 国从 B 国换得的 Y 产品数量超过 Y_A。对称地，因数量为$\frac{\alpha_B}{\beta_B}\cdot X_B$ 的 Y 产品在 A 国的生产成本为 $\beta_A\cdot\frac{\alpha_B}{\beta_B}X_B$，故 B 国用这一数量的 Y 产品可换取的 A 国所生产的 X 产品数量为：

$$\beta_A\cdot\frac{\alpha_B}{\beta_B}\cdot X_B/\alpha_A=\frac{\alpha_B}{\alpha_A}\cdot\frac{\beta_A}{\beta_B}X_B \tag{6-4}$$

式 6-4 仍然是大于 X_B 的。两国通过上述分工和交换，各自耗费与贸易前相同的成本而获得更多的产品。通过分工和国际贸易所得到的这些比贸易前多出来的产品称为贸易利得。只要适当地分配贸易利得，参与贸易各方就都能获得国际贸易带来的利益。

为了增加这一理论的直观性，我们以下面这个虚构的例子来进行具体分析。假定世界上只有英国和葡萄牙两个国家。两个国家在现有的生产技术条件下都生产葡萄酒和毛呢两种商品。生产要素被抽象为劳动力，劳动力在国内自由流动，而在国际上不能自由流动。两国生产两种产品的平均成本见表 6-1。

表 6-1 **分工前的生产情况**

	毛呢（1 米）	葡萄酒（1 瓶）
英国	1 个劳动日	2 个劳动日
葡萄牙	2 个劳动日	1 个劳动日

国际分工前，英国生产毛呢和葡萄酒的平均成本分别为 1 个劳动日和 2 个劳动日，而葡萄牙相应的平均成本则分别为 2 个劳动日和 1 个劳动日。于是，英国在生产毛呢上有绝对优势，而葡萄牙在生产葡萄酒上有绝对优势。按照斯密的主张，英国应该专业生产毛呢而放弃葡萄酒的生产，葡萄牙则应该专业生产葡萄酒而放弃毛呢的生产。如此分工后的生产情况见表 6-2。

表6-2 分工后的生产情况

	毛呢（3米）	葡萄酒（3瓶）
英国	（1+2）个劳动日	
葡萄牙		（1+2）个劳动日

从表6-2中我们可以看出，如果两国各投入3个劳动日，国际分工前全球共产出毛呢2米和葡萄酒2瓶。国际分工后，两国仍各投入3个劳动日，全球的毛呢产量增加为3米，葡萄酒的产量也增加为3瓶。国际分工导致的产量增量（1米毛呢和1瓶葡萄酒）就是贸易利得。若两国间以1米毛呢交换1瓶葡萄酒，则英国能消费2米毛呢和1瓶葡萄酒，而葡萄牙能消费1米毛呢和2瓶葡萄酒，两国都从国际贸易中获得了利益。

绝对优势理论的结论是：**为了获得贸易利得，各国均应生产并出口具有绝对优势的产品，放弃生产并进口具有绝对劣势的产品**。

（二）比较优势理论

绝对优势理论首次论证了贸易双方都可从国际分工和国际贸易中获得利益。这一理论也解释了国际贸易产生的部分原因，但它无法解释现实中发达国家与发展中国家间的大量贸易。绝对优势理论面临的尴尬情况是，A国较B国在几乎所有的产品生产上都具有绝对优势，但分工和贸易仍然会在它们之间发生。比较优势理论从生产率的相对差异而不是绝对差异角度更进一步地解释了国际贸易产生的原因。

我们先通过对具体例子的分析来了解比较优势理论。我们沿用上面绝对优势理论中“两个国家、两种产品、一种要素”的假设。若分工前英国生产1吨葡萄酒需要120个劳动日，生产1吨奶酪需要100个劳动日；葡萄牙生产1吨葡萄酒需要80个劳动日，生产1吨奶酪需要90个劳动日（见表6-3）。显然，葡萄牙在两种商品生产上都占绝对优势而英国在两种商品的生产上都占绝对劣势。按绝对优势理论，这两个国家不可能进行国际分工。在不进行国际分工时，两国各投入220个劳动日和170个劳动日，各生产1吨葡萄酒和1吨奶酪，即两国总共生产了2吨葡萄酒和2吨奶酪。

表6-3 分工前的生产情况

	奶酪（1吨）	葡萄酒（1吨）	共计
英国	100个劳动日	120个劳动日	220个劳动日
葡萄牙	90个劳动日	80个劳动日	170个劳动日

虽然葡萄牙在两种商品的生产上都占绝对优势，但相对奶酪来说，葡萄酒生产上的优势更大。这时我们说，葡萄牙在葡萄酒的生产上占有比较优势或英国在葡萄酒的生产上占有比较劣势。类似地，虽然英国在两种商品的生产上都占绝对劣势，但相对葡萄酒来说，奶酪生产上的劣势要小一些。这种情况也被说成英国在奶酪的生产上占有比较优势或葡萄牙在奶酪生产上占有比较劣势。李嘉图认为，各国均应专业生产其占有比较优势的产品。按此原则进行国际分工后，英国专业生产占有比较优势的奶酪而放弃生产占有比较劣势的葡萄酒。葡萄牙则专业生产占有比较优势的葡萄酒而放弃生产占有比较劣势的奶酪（见表6-4）。结果是两国生产的产品总量未变，但两国投入的劳动总量却减少了。分工前两国共生产葡萄酒和奶酪各2吨，而分工后英国仅用200个劳动日生产了2吨奶酪，比分工前减少了20个劳动日，葡萄牙用160个劳动日生产了2吨葡萄酒，比分工前减少了10个

劳动日。这就是分工带来的利益。

表 6-4　　　　分工后的生产情况

	奶酪（2 吨）	葡萄酒（2 吨）	共计
英国	200 个劳动日		200 个劳动日
葡萄牙		160 个劳动日	160 个劳动日

由上面的分析可知，尽管英国在两种商品的生产上都处于劣势，但通过国际分工和国际贸易仍能获得贸易利得。

以下是对比较优势理论进行的更为一般的讨论。**设 X 产品和 Y 产品在某国生产的平均成本分别为 α 和 β，称 $u_{XY}=\frac{\alpha}{\beta}$ 为 X 产品对 Y 产品的相对成本**。X 产品对 Y 产品的相对成本可理解为“用生产 1 单位 X 的成本可生产的 Y 产品数量”。显然，X 产品对 Y 产品的相对成本与 Y 产品对 X 产品的相对成本互为倒数。**如果 A 国 X 产品对 Y 产品的相对成本较 B 国的低，则称在 X 产品的生产上 A 国较 B 国具有比较优势（comparative advantage），或称在 X 产品的生产上 B 国较 A 国具有比较劣势**。容易理解“在 X 产品的生产上 A 国较 B 国具有比较优势”、“在 X 产品的生产上 B 国较 A 国具有比较劣势”、“在 Y 产品的生产上 B 国较 A 国具有比较优势”和“在 Y 产品的生产上 A 国较 B 国具有比较劣势”四个表述是等价的。换言之，一国在 X 产品上具有比较优势则它在 Y 商品上就一定具有比较劣势。所以，即使 A 国较 B 国在两种产品的生产上都具有绝对优势，即 $\alpha_A<\alpha_B$ 且 $\beta_A<\beta_B$，但是却不可能在这两种产品生产上都具有比较优势。

设 X 产品在 A、B 两国生产的平均成本分别为 α_A 和 α_B，且 $\alpha_A<\alpha_B$，Y 产品在 A、B 两国生产的平均成本分别为 β_A 和 β_B，且 $\beta_A<\beta_B$。这就是说，在两种产品的生产上 A 国较 B 国都具有绝对优势。按照绝对优势理论，这两个国家不可能产生国际分工和国际贸易。比较优势理论却论证了这种情况下仍然会产生贸易利得。

记 A 国 X 产品对 Y 产品的相对成本为 $u_{XY}=\frac{\alpha_A}{\beta_A}$，B 国 X 产品对 Y 产品的相对成本为 $v_{XY}=\frac{\alpha_B}{\beta_B}$。假设 $u_{XY}<v_{XY}$，即 A 国具有 X 产品生产上的比较优势。

如果两国不进行交易而是各自生产两种产品，则与绝对优势理论的讨论一样，A 国生产数量分别为 X_A 和 Y_A 的两种产品共耗费成本 $\alpha_AX_A+\beta_AY_A$，而 B 国生产数量分别为 X_B 和 Y_B 的两种产品共耗费成本 $\alpha_BX_B+\beta_BY_B$。

如果两国都利用这一成本来生产自己具有比较优势的产品，则 A 国可生产的 X 产品的数量和 B 国可生产的 Y 产品的数量仍可分别由式 6-1 和式 6-2 表示。A 国用数量为 $\frac{\beta_A}{\alpha_A}Y_A$ 的 X 产品在 B 国可换取的 Y 产品的数量仍由式 6-3 表示。利用已知条件，该式右端为：

$$\frac{\alpha_B}{\alpha_A}\cdot\frac{\beta_A}{\beta_B}Y_A=\frac{v_{XY}}{u_{XY}}Y_A$$

因 $u_{XY}<v_{XY}$ 所以，A 国从 B 国换得的 Y 产品的数量超过 Y_A。同样，B 国用数量 $\frac{\alpha_B}{\beta_B}X_B$

的 Y 产品可到 A 国换取的 X 产品的数量仍由式 6-4 表示。该式右端为：

$$\frac{\alpha_B}{\alpha_A}\cdot\frac{\beta_A}{\beta_B}X_B=\frac{v_{XY}}{u_{XY}}X_B>X_B$$

这就证明了，**只要各国都生产并出口自己具有比较优势的产品，放弃生产并进口自己具有比较劣势的产品即可产生贸易利得**。

从以上证明中可见，"一国在 X 产品的生产上具有绝对优势且在 Y 产品的生产上具有绝对劣势" ⇒ "该国在 X 产品的生产上具有比较优势"。也就是说，"在 X 产品的生产上具有比较优势（$\frac{\alpha_A}{\beta_A}<\frac{\beta_A}{\beta_B}$）" 是 "在 X 产品的生产上具有绝对优势且在 Y 产品的生产上具有绝对劣势（$\alpha_A<\alpha_B \wedge \beta_A>\beta_B$）" 的必要条件。细心的读者可能从式 6-3 和式 6-4 中就发现了这一点。在式 6-3 中，虽然有：

$$\alpha_A<\alpha_B \wedge \beta_A>\beta_B \Rightarrow \frac{\alpha_B}{\alpha_A}\cdot\frac{\beta_A}{\beta_B}Y_A>Y_A$$

但是条件 "$\alpha_A<\alpha_B \wedge \beta_A>\beta_B$" 并不是必要的。即使改为 "$\alpha_A<\alpha_B \wedge \beta_A<\beta_B$"，只要$\frac{\alpha_A}{\beta_A}<\frac{\alpha_B}{\beta_B}$，结论 "$\frac{\alpha_B}{\alpha_A}\cdot\frac{\beta_A}{\beta_B}Y_A>Y_A$" 仍然成立。

（三）要素禀赋理论

绝对优势理论和比较优势理论分别由斯密和李嘉图提出，属于古典国际贸易理论。20 世纪初，新古典经济学家赫克歇尔（Heckscher）和俄林（Ohlin）进一步指出了产生国际贸易的另一重要原因——要素禀赋。他们认为，各国要素的相对稀缺程度和不同产品生产中所用要素的比例差异导致了国际分工和国际贸易。这一理论不再像古典贸易理论那样局限于用产品数量的增加而是用效用水平的提高来度量贸易利得。

假设 A、B 两国生产和消费 X、Y 两种产品，相应的产品数量也用 X 和 Y 来表示。我们还假设两国的消费者偏好相同，从而两国的无差异曲线族也相同。图 6-1 中还画出了两国的生产可能性边界 PPF_A 和 PPF_B。如果我们将 X 读做 "大炮" 而将 Y 读做 "黄油"，那么 PPF_A 较为平坦表示 A 国的产品转换率 MRT_{XY} 较小，或者说为额外再增产 1 门 "大炮" 所不得不放弃的 "黄油" 较少。换言之，A 国的资源更适合生产 "大炮"。如果将 "大炮" 生产理解为资本密集型生产（生产中合理投入的资本-劳动比较大），而将 "黄油" 生产理解为劳动密集型生产，则 $MRT^A_{XY}<MRT^B_{XY}$ 表明 A 国拥有较多的资本和较少的劳动，而 B 国拥有较少的资本和较多的劳动。在完全竞争的条件下有：

$$MRT_{XY}=\frac{P_X}{P_Y}$$

式中：P_X 和 P_Y 分别表示 X 产品和 Y 产品的价格，因此，产品转换率也等于 X 产品对 Y 产品的相对价格。由帕累托效率理论可知，在不进行国际分工的条件下，A 国将在点 a 生产，这一点是生产可能性边界 PPF_A 与某一条无差异曲线 I 的切点（见图 6-1）。它满足：

$$MRT^A_{XY}=MRS^A_{XY}=\frac{P^A_X}{P^A_Y}$$

同理，B 国将在点 b 生产，这一点满足：

$$MRT^B_{XY}=MRS^B_{XY}=\frac{P^B_X}{P^B_Y}$$

现在我们将图 6-1 复制到图 6-2 中来考察两国进行国际分工和国际贸易后的情况。国际分工是由自由贸易促进的，而自由贸易条件下，两种商品在两国有同样的价格 P_X 和 P_Y，从而有统一的相对价格 P_X/P_Y。根据这一价格系统，A、B 两国的生产点分别选在点 c 和点 d。A 国增加了其具有资源禀赋优势的 X 产品的生产，而减少了具有资源禀赋劣势的 Y 产品的生产，B 国则减少了 X 产品（具有资源禀赋劣势）的生产，并增加了 Y 产品（具有资源禀赋优势）的生产。交换中，A 国用 fc 数量的 X 产品到 B 国换回 ef 数量的 Y 产品，而 B 国则用 dg 数量的 Y 产品到 A 国换回 ge 数量的 X 产品。两国的消费都在点 e 处进行，其效用达到由无差异曲线 II 所表示的更高水平。

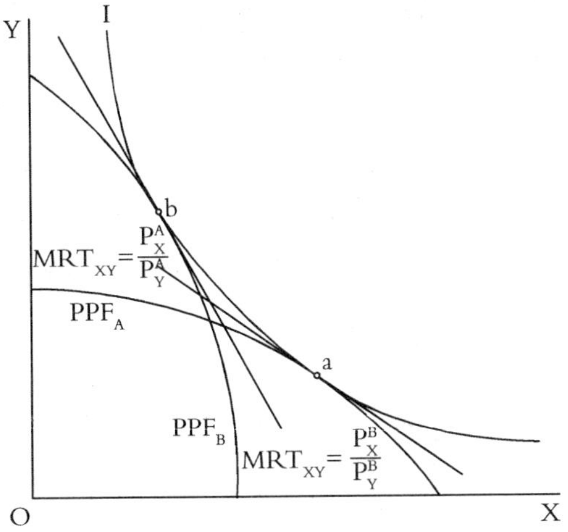

图 6-1　两国分工前的生产

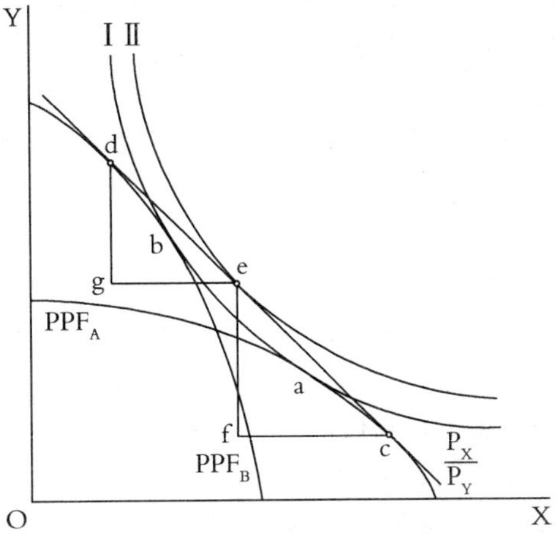

图 6-2　两国分工后的生产

要素禀赋理论的主要结论是：**一国应增加生产并出口其用相对充裕要素密集型生产的产品，而减少生产并进口其用相对缺乏要素密集型生产的产品。**

按要素禀赋理论，作为资本相对充裕而劳动相对缺乏的国家，美国应当进口劳动密集型产品而出口资本密集型产品。20 世纪 50 年代，美国经济学家里昂惕夫用其创立的投入产出法分析了当时美国的进出口产品的结构。研究的结果出人意料：美国进口商品的资本密集程度大大高于其出口商品的资本密集程度。这就是说，美国在进口资本密集型产品而出口劳动密集型产品。这一与要素禀赋理论相悖的事实被称为“里昂惕夫之谜”，西方经济学家们对此作出了各种各样的解释，其中较有影响的是：

（1）要素禀赋理论忽略了人力技能的差异。美国的人力技能明显高于他国，因而其劳动力可“以一当十”。在这一观点下，美国的确是劳动相对充裕而资本相对缺乏的国家。

（2）要素禀赋理论忽略了其他生产要素。要素禀赋理论假定生产中仅使用劳动和资本两种要素，忽略了如土地（自然资源）等其他要素。一旦进出口产品中含有较多的自然资源密集型产品，两要素假设的结论自然就会产生较大的偏差。

（3）美国实施了非均等的贸易保护政策。在里昂惕夫研究的那个期间，美国政府对其劳动密集型产业进行了较为严密的贸易保护。这一政策促进了美国劳动密集型产品的出口而抑制了这种产品的进口。

（4）要素密集程度的逆转。有些产品在美国是劳动密集型产品而在其他国家却可能是资本密集型产品。

(5) 要素禀赋理论忽略了消费者偏好的差异。要素禀赋理论假设两国消费者有相同的消费者偏好，但实际上各国消费者的偏好不尽相同。

(四) 规模经济理论

前文所述古典和新古典国际贸易理论都假设了各国的生产处于规模报酬不变的阶段。实际情况是当前许多国家，尤其是发展中国家的生产大都处于规模报酬递增的阶段。现代国际贸易理论中的规模经济理论指出，规模报酬递增也是国际贸易产生的原因之一。

本书第一章中介绍的机会成本（边际转换率）递增规律是建立在规模报酬不变的假设之上的。如果生产的规模报酬递增，生产可能性边界将凸向下方。通过扩大 X 产品的生产规模来增加这种产品的产量，在规模报酬递增的作用下，新增加 1 单位 X 产品所必须放弃的 Y 产品数量（“大炮”的单位机会成本或“大炮”对“黄油”的产品转换率）会越来越少，即单位机会成本（或产品转换率）递减。于是：

$$\text{单位机会成本递减} \Rightarrow -\frac{dY}{dX}\text{递减} \Rightarrow \frac{dY}{dX}\text{递增} \Rightarrow \frac{d^2Y}{dX^2}>0 \Rightarrow \text{生产可能性边界凸向下}$$

现在假设 A、B 两国的情况完全相同，不存在前文所提及的各种使国际贸易产生的原因。这些原因包括生产率的绝对差异、生产率的比较差异、资源禀赋的差异、人力技能的差异和消费者偏好的差异等。以下我们论证，仅仅是规模报酬递增这一假设就能使国际贸易产生贸易利得。

在图 6-3 中，两国共用一簇无差异曲线（因为两国消费者偏好相同），两国的生产可能性边界 PPF 重合（因为两国的资源禀赋相同且两种产品的生产在两国的资源密集状况都相同），因而在没有进行国际分工和国际贸易时两国的相对价格都是 P_X/P_Y。于是，在开放前两国都选择在点 a 处生产从而都获得由无差异曲线 I 所表示的效用水平。开放后两国各生产单一的产品以获取规模报酬递增的利益，A 国分工专门生产 X 产品，B 国分工专门生产 Y 产品（当然也可以反过来），即 A 国在点 b 生产而 B 国在点 c 生产。国际贸易中，A 国用其生产的 eb 数量的 X 产品按国际市场的相对价格$\frac{P_X^W}{P_Y^W}$从 B 国换取 de 数量的 Y 产品而在点 d 消费。同样地，B 国用 cf 数量的 Y 产品从 A 国换取 fd 数量的 X 产品而与 A 国一样在点 d 消费。通过国际分工和国际贸易，两国的效用都提高到了无差异曲线 II 所表示的水平。

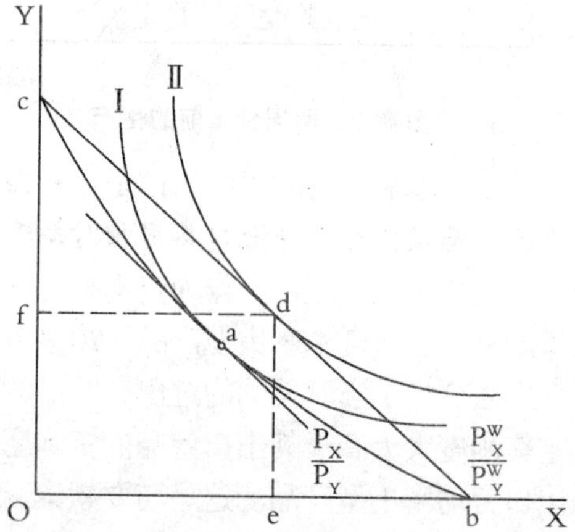

图 6-3 规模报酬递增产生国际贸易

二、汇率

汇率（exchange rate）是指一个国家的货币折算成另一个国家的货币的比率，它表示了两国货币之间的互换关系。

（一）汇率的标价法及换算

汇率有两种标价方法，分别称为直接标价法和间接标价法。

1. 直接标价法

我国和世界上大多数国家都采用此标价法。它是以一定单位（通常为1单位或100单位）的外国货币为标准，折算成一定数额的本国货币。例如，美元对人民币的汇率为6.02CNY/USD，就表示每1美元可以兑换6.02人民币元。这样，如果汇率上升，就表示本币贬值，如果汇率下降，就表示本币升值。

这里“直接”的意思就是将外币当作商品，直接标价法下的汇率就是这种商品的价格。我们习惯于“1千克苹果多少钱”的说法，而不太习惯“1元钱买多少苹果”的说法。前者为“苹果的直接标价法”，而后者则为“苹果的间接标价法”。

2. 间接标价法

世界上只有少数国家使用此标价法。它是以一定单位的本国货币为标准，折算成一定数额的外国货币。例如，美元对人民币的汇率为0.17USD/CNY，就表示每1人民币元可以兑换0.17美元。这样，如果汇率上升，就表示本币升值；如果汇率下降，就表示本币贬值。

容易理解，**两种标价法下的汇率互为倒数**。

世界上为什么同时采用两种不同的标价方法呢？

在20世纪40年代第二次世界大战结束后，44国代表在美国布雷顿建立了布雷顿森林货币体系。布雷顿森林货币体系要求，所有成员的货币对美元保持汇率的固定，并且把美元与黄金的比价固定在每盎司黄金35美元上。成员官方的国际储备以黄金或美元资产的形式持有，并有权向美国中央银行直接兑换黄金。于是，成员的货币再也不能直接兑换黄金了，只有通过美元才能间接兑换到黄金。可以说，美国成为了国际金融体系的中心，美元也因为其唯一能直接兑换黄金的优越地位，而成为了体系中的“万能货币”。这样一来，美国的汇率用的是间接标价法，如美元对人民币的汇率为6.02CNY/USD。对中国来说，如果也和美国同样用间接标价法，那么人民币对美元的汇率应该是0.17USD/CNY，美国人说的美元对人民币的汇率与我们中国人说的美元对人民币的汇率就不统一了。但是，如果美国采用间接标价法，其他成员采用直接标价法，那么所有成员货币与美元之间的汇率便统一了。例如，中国人说的美元对人民币的汇率与美国人说的美元对人民币的汇率都是6.02CNY/USD。

英国也采用间接标价法，这是因为殖民时期的英国作为“日不落帝国”在国际贸易中具有霸主地位。

3. 汇率的换算

各种货币间的汇率可采用量纲分析法来换算，如已知100美元=620人民币元，100欧元=734人民币元，100港元=11欧元，100新台币元=3美元，100澳元=80美元，100韩元=3新台币元，100日元=0.71欧元。1欧元兑换多少新台币元的计算如下：

根据已知数据，应经过的计算步骤是欧元→人民币元→美元→新台币元：

$$\frac{734\text{人民币元}}{100\text{欧元}}\times\frac{100\text{美元}}{620\text{人民币元}}\times\frac{100\text{新台币元}}{3\text{美元}}=39.46\text{新台币元/欧元}$$

同样地，由已知数据确定的计算步骤韩元→新台币元→美元→人民币元→欧元→日元，可计算出韩元与日元间的汇率：

$$\frac{3\text{ 新台币元}}{100\text{ 韩元}}\times\frac{3\text{ 美元}}{100\text{ 新台币元}}\times\frac{620\text{ 人民币元}}{100\text{ 美元}}\times\frac{100\text{ 欧元}}{734\text{ 人民币元}}\times\frac{100\text{ 日元}}{0.71\text{ 欧元}}=0.11\text{ 日元/韩元}$$

读者不妨仿此方法计算澳元与港元间的汇率。

（二）汇率制度

汇率制度（exchange rate institution）指一国货币当局对本国汇率水平的确定和变动方式所作的安排或规定。这些安排或规定主要有汇率的确定原则和依据、汇率的调整方法、汇率管理的官方机构以及与汇率有关的政策法规等。汇率制度可分为固定汇率制与浮动汇率制两种类型。

1. 固定汇率制

固定汇率制指一国将本国货币与外国货币间的汇率限制在一定范围之内的汇率制度。这种汇率制度在国际金本位制时代被各国广泛采用。汇率由有关货币的含金量所决定，政府一般不对其进行干预。汇率的波动事实上被限制在黄金输送点所决定的范围内。因为黄金运送的费用只占黄金价值的极小份额，所以汇率的波动幅度非常小。在第二次世界大战结束后实行的布雷顿森林货币体系下，各国认可美国政府承诺的美元含金量（1 盎司黄金=35 美元）并根据本币的含金量确定与美元之间的汇率。各国政府有义务对外汇市场进行干预以维持该国货币对美元汇率的波动幅度不超过1%。20 世纪 70 年代，随着布雷顿森林货币体系的崩溃和美国经济实力的下降，大多数国家纷纷放弃了固定汇率制。

2. 浮动汇率制

浮动汇率制指由外汇市场决定汇率的汇率制度。在这种汇率制下政府既不指定汇率也不规定汇率的波动幅度，听任外汇市场根据外汇供求状况来决定汇率。浮动汇率制又可分为自由浮动汇率制和管理浮动汇率制。自由浮动汇率制下政府对汇率的波动不采取任何干预措施。管理浮动汇率制下政府经常对外汇市场进行干预，使汇率朝符合本国政府意愿的方向浮动。将浮动汇率制分为自由浮动和管理浮动只是理论上的需要，完全的自由浮动是不存在的。当前世界实行浮动汇率制的各国大都采用管理浮动汇率制。

（三）汇率的决定

我们这里仅讨论浮动汇率制度下汇率的决定。

有关汇率的决定存在着许多的理论，最有影响的是“外汇供求决定论”和“购买力平价论”。前者解释了短期内汇率的变动而后者则着重于长期中汇率决定的根本原因。

1. 外汇供求决定论

外汇供求决定论认为货币也是一种商品，汇率既然是两种商品之间的兑换率，当然就是货币市场买卖双方交易的市场价格。而能使外汇市场的供求达到均衡的汇率就是均衡汇率。汇率是由进出口、外汇投机以及投资或借贷这三个因素决定的。外汇供求决定论用外汇市场的供求变动较好地解释了短期汇率的变动，所以又称为短期的汇率决定论。

假设美元市场上只有中国和美国两个国家进行美元和人民币的兑换活动。图 6-4 中描绘了美元的需求曲线。图中横轴表示美元的数量，纵轴表示中国人角度下的直接标价汇率或美国人角度下的间接标价汇率。在不考虑国际借贷的情况下，美元的需求曲线主要由中国人对美国商品的需求决定。与一般商品的情况类似，美元也服从需求规律，即美元的需求量也与其价格负相关。这就是说，美元的需求曲线是单调下降的。中国人对美国商品的偏好增强（或中国的国民收入提高、欧洲发生通货膨胀、人们预期美元将升值等原因）将导致中国人希望持有更多的美元，从而各种汇率下美元的需求量提高，或者说对美元的需求提高。这在图 6–4 中表现为美元的需求曲线由 D_1 向右移至 D_2 的位置。

图 6–5 中的坐标系与图 6–4 相同，其中描绘了美元的供给曲线。供给规律在这里同样发生作用，美元的供给量与其价格正相关。如果美国人打算更多地购买中国商品，他们就必须使用更多的人民币，从而必须卖出更多的美元。这就会使得每一汇率下的美元供给量增加，即美元的供给增加。在图 6–5 中表现为美元的供给曲线由 S_1 向右移动至 S_2 的位置。

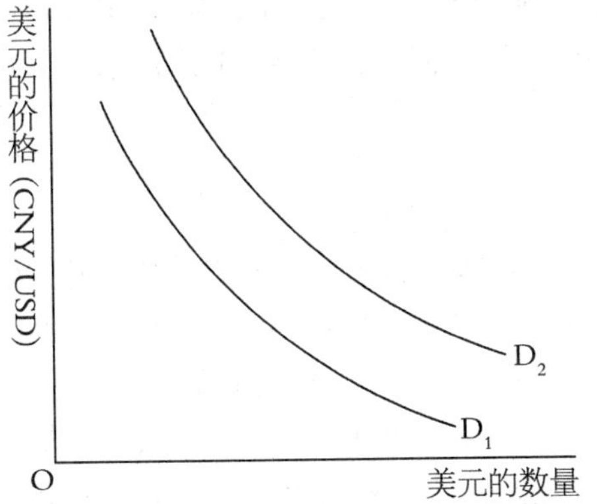

图 6–4　对美元的需求

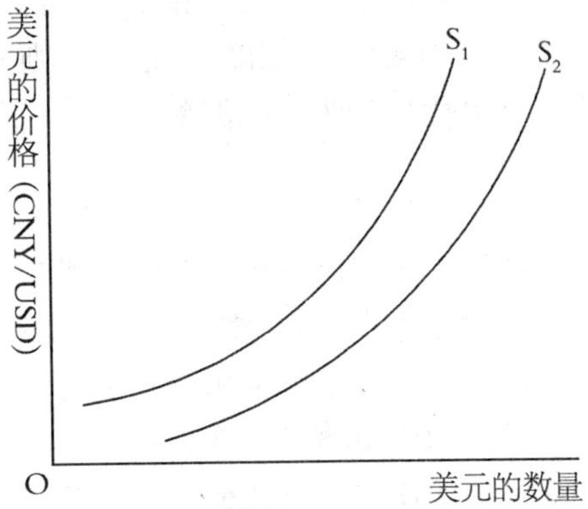

图 6–5　美元的供给

将美元的需求曲线和供给曲线画在图 6–6 中，它们共同决定了均衡的汇率和成交数量。

2. 购买力平价论

购买力平价论认为，同一篮子商品在不同国家的市场价值应该是相等的。换言之，**通过汇率联系起来的一定数量的两种货币在各自的国家应当具有相同的购买力**。因此，不同货币间购买力的比率就是汇率。这一理论虽不能很好地解释短期汇率波动，但是它给出了货币兑换的实质。因此，购买力平价理论更多的是作为解释汇率长期变化趋势的一种理论。

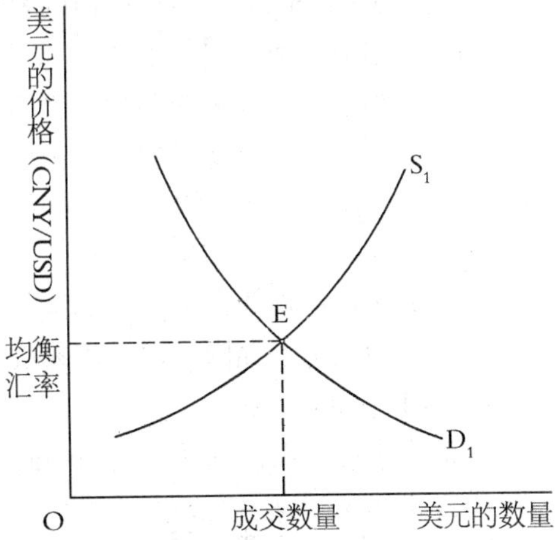

图 6–6　汇率的决定

如果有代表性的一篮子商品在美国的市场价值是 1 000 美元，同一篮子商品在中国的市场价值是 6 000 人民币元，则美元与人民币元之间的汇率应为：

$$\frac{6\,000\ \text{人民币元}}{1\,000\ \text{美元}}=6\ \text{人民币元/美元}$$

如果美国的价格水平上升，这一篮子商品的价格提高至 1 200 美元，则美元与人民币之间的汇率应为 5 人民币元/美元。

如果美国的价格水平并未上升，而中国的价格水平下降了，这一篮子商品的价格降至

5 000元人民币，则美元与人民币之间的汇率应为：

$$\frac{5\ 000\ 人民币元}{1\ 000\ 美元}=5\ 人民币元/美元$$

根据购买力平价理论，一种货币之所以贬值是因为该国的通货膨胀率较高或者他国的通货膨胀率较低，一种货币之所以升值则是因为该国的通货膨胀率较低或者他国的通货膨胀率较高。

（四）名义汇率和实际汇率

实际汇率是指用本币来度量的国外价格水平与国内价格水平的比率。实际上是消除了价格水平影响的汇率。若用 P 和 P_f 分别表示本国和外国的价格水平，用 E 和 e 分别表示直接标价法下的名义汇率和实际汇率，则 $E \cdot P_f$ 就是用本币度量的外国价格水平，它与本国价格水平 P 之比即为实际汇率：

$$e=\frac{E \cdot P_f}{P} \tag{6-5}$$

如果两个国家的价格水平相等，那么实际汇率就等于名义汇率。如果外国的价格水平高于本国的价格水平，即外国商品比本国商品更贵，在名义汇率不变的条件下，实际汇率将高于名义汇率，或本币实际贬值。此时，本国商品的国际竞争力提高，从而出口增加、进口减少，即净出口增加。这又将导致对本币的需求增加和对外币需求的减少，从而形成本币名义贬值的压力。这就是说，当名义汇率与实际汇率不相等时，前者有向后者逼近的趋势。

三、汇率变动对进出口的影响

净出口是指一国的出口与进口的差额，即净出口 $nx=x-m$。净出口大于零被称为贸易收支顺差或出超；净出口小于零被称为贸易收支逆差或入超；净出口等于零则被称为贸易收支平衡。为了分析汇率变动对进出口的影响，我们假定国际贸易中商品的供给具有完全弹性，即商品的供给是无限的。以 x 代表用本币表示的出口额，M 代表用外币表示的进口额，E 代表直接标价法下的汇率，则以本币表示的进口额 m 为 $m=E \cdot M$。于是，以本币表示的净出口额为：

$$nx=x-m=x-E \cdot M \tag{6-6}$$

我们还假设考察期内一国的贸易收支保持平衡，即

$$x=E \cdot M \tag{6-7}$$

我们将出口额的汇率弹性 η_X 和进口额的汇率弹性 η_M 分别定义为：

$$\eta_X=\lim_{\Delta E \to 0}\frac{\Delta x/x}{\Delta E/E}=\frac{E}{x} \cdot \frac{dx}{dE} \tag{6-8}$$

$$\eta_M=\lim_{\Delta E \to 0}\frac{\Delta M/M}{\Delta E/E}=\frac{E}{M} \cdot \frac{dM}{dE} \tag{6-9}$$

其绝对值分别表示出口额和进口额对汇率变动反应的敏感程度。因为本币贬值（E 上升）将导致本国产品的国际竞争力提高，从而使出口增加而进口减少，所以 $\eta_X>0$ 且 $\eta_M<0$。

在式 6-6 的两端取微分得：

$$dnx=dx-E \cdot dM-M \cdot dE$$

于是有：

$$\frac{dnx}{dE}=\frac{dx}{dE}-E\cdot\frac{dM}{dE}-M \tag{6-10}$$

利用式6-8和式6-9，式6-10可写成：

$$\frac{dnx}{dE}=\eta_X\cdot\frac{x}{E}-\eta_M\cdot M-M$$

再利用式6-7，我们就得到：

$$\frac{dnx}{dE}=\eta_X\cdot M-\eta_M\cdot M-M=\eta_X\cdot M+|\eta_M|\cdot M-M=M\cdot(\eta_X+|\eta_M|-1) \tag{6-11}$$

我们将净出口额增加称为改善贸易收支，式6-11说明本币对外贬值能改善贸易收支（$dnx/dE>0$）的充分必要条件是：

$$\eta_X+|\eta_M|>1 \tag{6-12}$$

不等式6-12称为马歇尔-勒纳条件（Marshall-Lerner Condition）。马歇尔-勒纳条件指出，本币对外贬值能改善贸易收支的充分必要条件是出口商品和进口商品的汇率弹性（的绝对值）之和大于1。

第二节　BP曲线

一、净出口函数

现在我们来考察影响净出口的各种因素。

一方面，根据马歇尔-勒纳条件，只要出口商品和进口商品的汇率弹性（的绝对值）之和大于1（在多数情况下这一条件都能满足）本币对外贬值就能使净出口额增加。换言之，一国的净出口 nx 与直接标价法下的名义汇率 E 正相关。另一方面，当国外的价格水平高于国内的价格水平时，本国商品变得相对便宜，从而本国商品的国际竞争能力提高。这会使得该国的出口增加而进口减少，即净出口增加。同理，本国价格水平的下降也能起到与此类似的作用。这就是说，一国的净出口 nx 与外国的价格水平 P_f 正相关而与本国的价格水平 P 负相关，或者说与 P_f/P 正相关。于是，一国的净出口 nx 与其实际汇率 $e=E\cdot\frac{P_f}{P}$正相关，即

$$\frac{\partial nx}{\partial e}>0$$

我们不难理解，一国国民收入的提高将导致更多的进口从而使净出口减少，即

$$\frac{\partial nx}{\partial Y}<0$$

综上所述，一国的净出口额 nx 是以该国的国民收入 Y 和实际汇率 e 为自变量的函数，称为净出口函数：

$$nx=nx(Y,\ e) \tag{6-13}$$

它满足：

$$\frac{\partial nx}{\partial e}>0 \qquad \frac{\partial nx}{\partial Y}<0$$

净出口函数的线性表达式为：

$$nx=q-\gamma\cdot Y+n\cdot e \tag{6-14}$$

或 $$nx=q-\gamma\cdot Y+n\cdot\frac{EP_f}{P} \tag{6-15}$$

式中：$q>0$ 为自发净出口；$\gamma=-\frac{\partial nx}{\partial Y}>0$ 为边际进口倾向；$n=\frac{\partial nx}{\partial e}>0$ 为净出口对实际汇率的变化率。

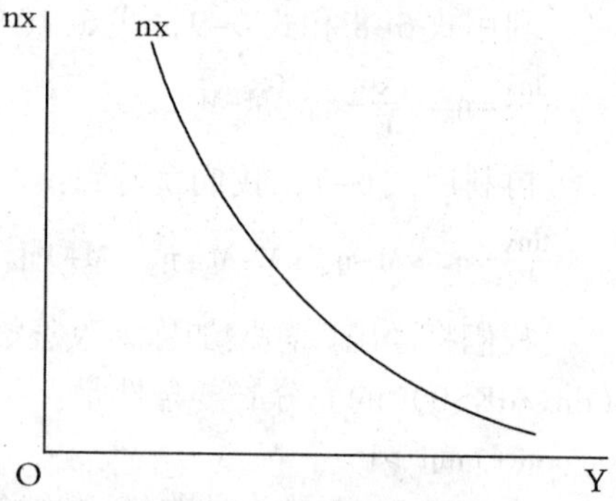

图 6-7 净出口曲线

固定实际汇率 e 而仅将收入 Y 视为自变量就得到如图 6-7 所示的递减的净出口曲线。当实际汇率上升（本币对外贬值）时，nx 曲线向右上方移动。

二、净资本流出函数

净资本流出是指一国的资本流出量与资本流入量间的差额。我们用 F 来表示净资本流出，即

F=流向外国的本国资本-流向本国的外国资本

通常情况下，国际资本由利率较低的国家流向利率较高的国家。将本国利率和外国利率分别记为 r 和 r_f，则一国的净资本流出 F 是利率差（r_f-r）的递增函数：

$$F=F(r_f-r) \tag{6-16}$$

且 $$\frac{dF}{d(r_f-r)}>0$$

净资本流出函数的线性形式为：

$$F=\sigma(r_f-r) \tag{6-17}$$

式中：参数 $\sigma=\frac{dF}{d(r_f-r)}>0$，表示净资本流出对利率差的变化率。

σ 越大，净资本流出 F 对利率差（r_f-r）变动的反应越敏感；σ 越小，F 对（r_f-r）变动的反应越迟钝。两个极端分别是国际资本完全流动和完全管制。前一极端情况下，$\sigma=\infty$，此时利率差必然为零。后一极端情况下，$\sigma=0$，此时不存在国际资本流动。

将国外利率视为常数（r_f 本来就是外生变量），我们就得到如图 6-8 所示的递减的净资本流出曲线。

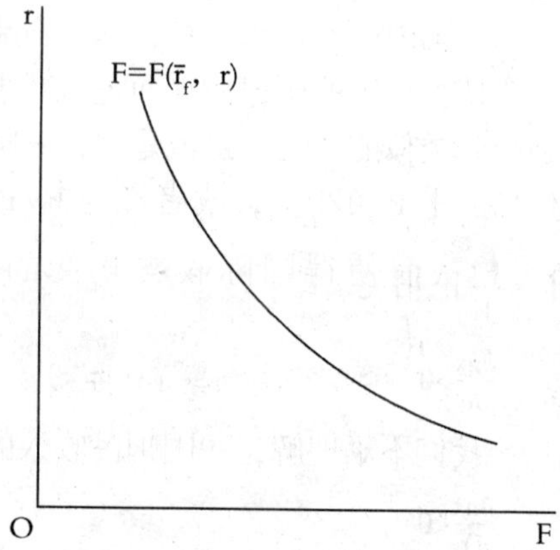

图 6-8 净资本流出曲线

三、BP 曲线的推导

开放经济中，一国的国际经济活动主要包括两个方面：一是商品与服务的进出口；二是国际买卖实物资产和金融资产而发生的资本流入、流出。前者由净出口 nx 反映，其值表示因国际贸易而流入本国的货币额；后者则由净资本流出反映，其值表示因实物资产和金融资产的国际交易而流出本国的货币额。我们将一国的国际收支差额（记做 BP）定义为净出口与净资本流出之差：

$$BP=nx-F \tag{6-18}$$

若 BP>0，我们称为国际收支盈余。这时，因国际贸易而流入本国的货币额抵消了因实物资产和金融资产的国际交易而流出本国的货币额之后尚有盈余，或者是因实物资产和

金融资产的国际交易而流入本国的货币额抵消了因国际贸易而流出本国的货币额之后尚有盈余。若 BP<0，我们称为国际收支赤字。这时，国际经济活动中流入本国的货币额不足以抵消流出本国的货币额。若 BP=0，我们称为国际收支平衡，也称外部均衡，它是指一国的国际收入和支出持平的状态。因此，国际收支平衡的条件就是：

$$nx=F \tag{6-19}$$

这一条件表示因国际贸易而流入（或流出）本国的货币额恰好与因实物资产和金融资产的国际交易而流出（或流入）本国的货币额相抵消。

将式 6-13 和式 6-16 代入式 6-19，得：

$$nx(Y, e)=F(r_f-r) \tag{6-20}$$

将实际汇率 e 和外国利率 r_f 视为常数，则式 6-20 表示国际收支平衡条件下国民收入 Y 与利率 r 之间的函数关系，称为国际收支均衡方程或 BP 方程，其图像称为国际收支均衡曲线或 BP 曲线。

根据前面的讨论，我们用两种方法来推导国际收支均衡曲线。

（一）用代数法推导 BP 方程

将国际收支均衡条件 6-19、线性净出口函数 6-14 和线性净资本流出函数 6-17 联立起来：

$$\begin{cases} nx=F \\ nx=q-\gamma Y+n\cdot e \\ F=\sigma(r_f-r) \end{cases} \tag{6-21}$$

解得：

$$r=\frac{\gamma}{\sigma}\cdot Y+\left(r_f-\frac{n}{\sigma}\cdot e-\frac{q}{\sigma}\right) \tag{6-22}$$

此即线性国际收支均衡方程，其图像如图 6-9所示，为一斜率等于$\frac{dr}{dY}=\frac{\gamma}{\sigma}>0$的直线。

BP 曲线是向右上方倾斜、有着正斜率的直线。BP 曲线上的任意一点，都是满足方程组 6-21，从而使得国际收支均衡的利率－收入组合。

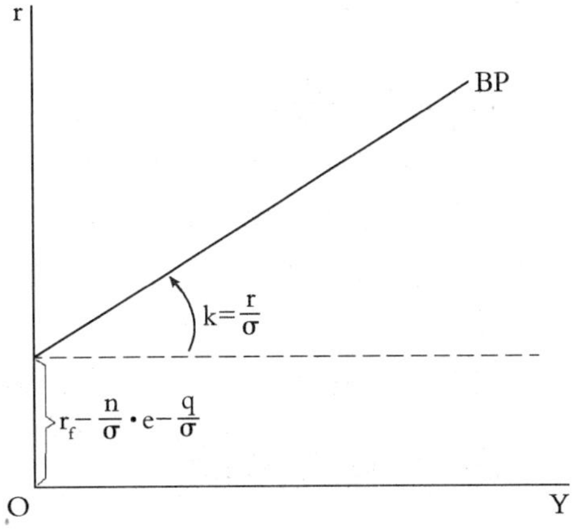

图 6-9 BP 曲线

（二）用几何法推导 BP 曲线

如同 IS 曲线和 LM 曲线的几何推导一样，图 6-10 中画出了四个坐标系，所不同的是我们将不同坐标系的相同轴重合了起来，这就使得一些坐标系中坐标轴的正向指向左或者指向下①。位于第一象限的坐标系横轴代表国民收入 Y，纵轴代表利率 r，国际收支均衡线在此坐标系中形成。位于第二象限的坐标系横轴（正向朝左）代表净资本流出 F，纵轴与第一象限相同，表示利率 r，其中画出了递减的净资本流出曲线。位于第四象限的坐标系横轴与第一象限相同，表示国民收入 Y，纵轴（正向朝下）表示净出口 nx，其中画出了递

① 本来也可以将各个坐标系按我们习惯的方向安置，但为了使读者习惯各种不同的坐标系安置方向，这里有意没有这样做。作为练习，读者不妨将图 6-10 "翻译" 成我们习惯的形式。

减的净出口曲线。位于第三象限的坐标系横轴与第二象限相同，表示净资本流出 F，纵轴与第四象限相同，表示净出口 nx。第三象限的角平分线（45°线）表示国际收支均衡条件 F = nx。

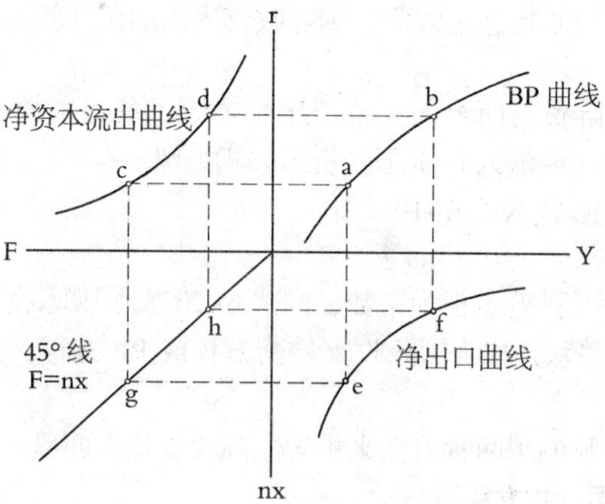

图 6-10　BP 曲线的几何推导

对于给定的利率 r_1（点 a 的纵坐标），根据净资本流出函数可确定对应的净资本流出量 F_1（点 c 的横坐标）。经 45°线转换，得对应的净出口量 nx_1（点 g 的纵坐标）。最后，通过净出口函数得到对应的国民收入 Y_1（点 e 的横坐标）。于是，我们便得到了利率为 r_1 时使得国际收支平衡的国民收入 Y_1，即在第一象限中得到国际收支均衡曲线上的点 a。

类似地，对于给定的利率 r_2（点 b 的纵坐标），根据净资本流出函数可确定对应的净资本流出量 F_2（点 d 的横坐标）。经 45°线转换，得对应的净出口量 nx_2（点 h 的纵坐标）。最后，通过净出口函数得到对应的国民收入 Y_2（点 f 的横坐标）。于是，我们便得到了利率为 r_2 时使得国际收支平衡的国民收入 Y_2，即在第一象限中得到国际收支均衡曲线上的点 b。

连接 a、b 诸点便得到国际收支均衡曲线。

四、BP 曲线的性质

（一）BP 曲线的斜率

由式 6-22 易知 BP 曲线的斜率为 γ/σ，所以有：

（1）BP 曲线的斜率与边际进口倾向 γ 正相关。一般来说，γ 比较稳定。

（2）BP 曲线的斜率与净资本流出对利率差的变化率 σ 负相关。极端的情况有两种。一种情况是资本完全流动，即 $\sigma=\infty$ 情况下的 BP 曲线。由于资本的完全流动，只有在国内利率等于国外利率的时候，国际收支才能均衡。如图 6-11 所示，BP 曲线是一条平行于横轴的直线 $r=r_f$，此时，微小的利率差都会导致国际资本的巨额流动。另一种情况是资本完全管制，即 $\sigma=0$ 情况下的 BP 曲线。此时，国际收支 BP 完全由国际贸易决定，而净出口必定在某一处达到均衡（如图 6-12 中的 nx^* 处），BP 曲线是一条垂直于横轴的直线（$Y=nx^*$），国际资本流动对国际利率差完全没有反应。

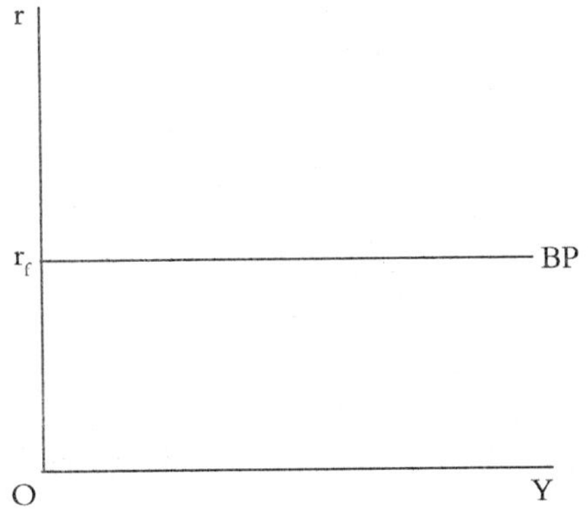

图 6-11 资本完全流动下的 BP 曲线

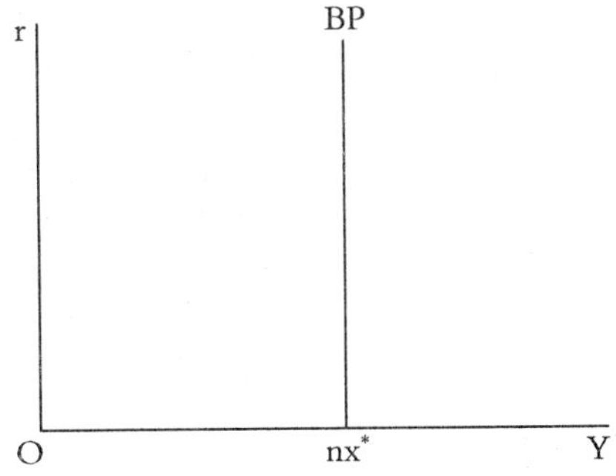

图 6-12 资本完全管制下的 BP 曲线

（二）BP 曲线对平面的划分

图 6-13 中第三象限描述了国际收支平衡的条件。图中的 45°线上诸点都使国际收支平衡，而其下方的点（如点 b）都满足 nx>F，即 BP>0，是产生国际收支盈余的点。同理，45°线上方诸点都是产生国际收支赤字的点。

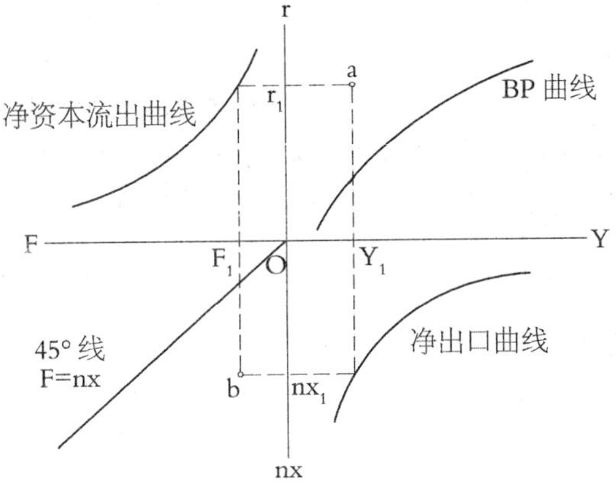

图 6-13 BP 曲线对平面的划分

现在任取 BP 曲线上方一点 a（Y_1，r_1），由净资本流出曲线确定了利率 r_1 下净资本流出额为 F_1，由净出口曲线确定了收入 Y_1 下的净出口额为 nx_1。于是，在这样的对应关系下，点 a（Y_1，r_1）在第三象限的像为点 b（F_1，nx_1）。这就说明点 a（Y_1，r_1）是产生国际收支盈余的点，同理可说明 BP 曲线下方的点都会产生国际收支赤字。

综上分析，BP 曲线将 YOr 平面上的点集分成三个子集：**BP 曲线上的点都使国际收支平衡；BP 曲线上方的点都产生国际收支盈余；BP 曲线下方的点都产生国际收支赤字**。

（三）BP 曲线的移动

由 BP 曲线的几何推导可知，净出口曲线和净资本流出曲线一经确定，BP 曲线便随之确定，因此，使得 BP 曲线移动的原因就是净出口曲线或净资本流出曲线移动。

1. 净出口需求增加导致 BP 曲线右移

如图 6-14 所示，BP_1 曲线 BP 由净出口曲线 nx_1 和净资本流出曲线 F 确定。假设净出口需求增加了，即每一收入水平下的净出口额都增加了，净出口曲线由 nx_1 移动至 nx_2 的位置。我们来观察原 BP 曲线上的点 a（Y_1，r_1）将移向何处。由于净资本流出曲线不变，

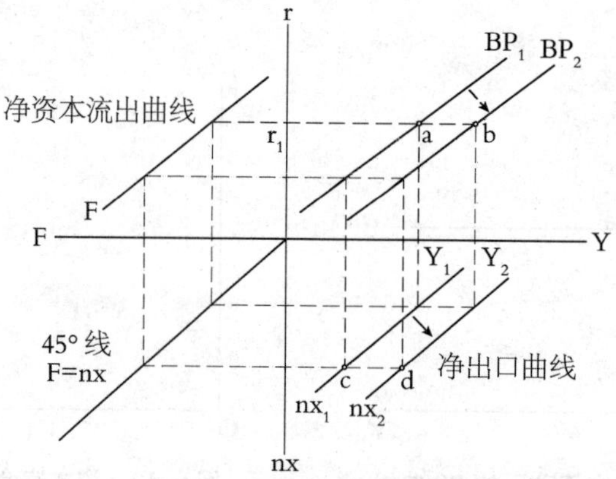

图 6-14 BP 曲线的移动

所以与利率 r_1 对应的净资本流出额也保持不变，从而使国际收支均衡的净出口额亦不变。由于净出口需求的增加，支持同一净出口额的收入由 Y_1 提高至 Y_2。这就是说，随着净出口需求的增加，对应利率 r_1 且维持国际收支平衡的国民收入由 Y_1 提高至 Y_2。换言之，净出口需求的增加导致 BP_1 曲线上的点 a（Y_1，r_1）向右移动至点 b（Y_2，r_1）。同理，净出口曲线 nx_1 上的点 c 也移动到点 d 的位置。综上所述，净出口曲线由 nx_1 移动至 nx_2 使得 BP 曲线由 BP_1 移动至 BP_2 的位置。换言之，**净出口需求增加导致 BP 曲线右移**。

由式 6-14 或式 6-15 可知，导致净出口需求增加从而使 BP 曲线右移的因素有：

（1）国内外相对价格水平 P/P_f 降低。假设国内价格水平 P 下降（或者国外价格水平 P_f 上升），则由 $e=\frac{EP_f}{P}$ 知，实际汇率上升，即本币对外币实际贬值，由式 6-14 可知，在每一利率下净出口额都会增加，净出口曲线右移。

（2）本币对外币名义贬值。假设直接标价法下的名义汇率 E 上升（即本币对外币名义贬值），实际汇率也会随名义汇率的上升而上升，从而本币对外币实际贬值。

（3）净出口对实际汇率的变化率 $n=\frac{\partial nx}{\partial e}$ 提高。净出口对实际汇率变动的反应变得更为敏感也会导致净出口需求增加。

（4）边际进口倾向 $\gamma=\frac{dm}{dY}$ 降低。这意味着本国对外国商品需求的降低，当然会导致净出口增加。

以上所讨论的变动关系可归纳如下：

$$\left.\begin{array}{l}\left.\begin{array}{l}\frac{P_f}{P}\uparrow \\ E\uparrow\end{array}\right\}\Rightarrow e\uparrow \\ \quad n\uparrow \\ \quad \gamma\downarrow\end{array}\right\}\Rightarrow nx\uparrow\Rightarrow BP\text{ 曲线右移}$$

2. 净资本流出需求增加导致 BP 曲线左移

图 6-15 中净出口曲线 nx 和净资本流出曲线 F_1 确定了 BP_1 曲线。假设净资本流出需求增加，即与每一利率对应的净资本流出额都增加，净资本流出曲线向左上方移动到 F_2 的位置。现在我们来观察曲线 BP_1 上的点 a（Y_1，r_1）移向何处。净资本流出需求的增加

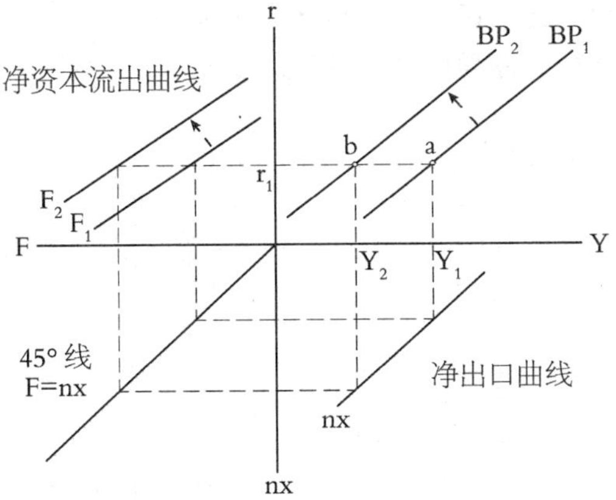

图 6–15　净资本流出需求变化对 BP 曲线的影响

导致了利率 r_1 所对应的净资本流出额提高，维持国际收支平衡的净出口额也相应提高。支持这一提高了的净出口额的国民收入降低为 Y_2。这样我们就得到了 BP_2 曲线上的点 b（Y_2，r_1）。由此可见，净资本流出曲线由 F_1 移动到 F_2 的位置导致 BP 曲线由 BP_1 移动到 BP_2 的位置。换言之，**净资本流出需求增加导致 BP 曲线左移。**

导致净资本流出需求变动的主要原因是净资本流出对利率差的变化率 σ。

$$\sigma=\frac{dF}{d(r_f-r)}$$

第三节　IS-LM-BP 模型

一、开放经济的 IS 方程

由式 3–37 可知，开放经济（四部门经济）的产品市场均衡条件为：

$$Y=c+i+g+nx \qquad (6\text{–}23)$$

式中：政府购买 g 为外生变量，这里当做常数处理；消费 c 是国民收入 Y 的函数，c = c(Y)；投资 i 是利率 r 的函数，i = i(r)；净出口 nx 是国民收入 Y 和实际汇率 e 的函数，nx = nx(Y，e)。将这些函数代入式 6–23，得：

$$Y=c(Y)+i(r)+g+nx(Y,e) \qquad (6\text{–}24)$$

将实际汇率 e 视为常数，式 6–24 就是开放经济中产品市场均衡条件下国民收入 Y 与利率 r 之间的函数关系，即 IS 方程。

在式 6–24 两端取微分得：

$$dY=c'(Y)dY+i'(r)dr+\frac{\partial nx}{\partial Y}dY+\frac{\partial nx}{\partial e}de=\beta\cdot dY-\delta\cdot dr-\gamma\cdot dY+n\cdot de \qquad (6\text{–}25)$$

将实际汇率 e 视为常数，则 de = 0，式 6–25 就变成：

$$dY=\beta\cdot dY-\delta\cdot dr-\gamma\cdot dY \qquad (6\text{–}26)$$

于是，IS 曲线的斜率为：

$$\frac{dr}{dY}=-\frac{1-\beta+\gamma}{\delta} \qquad (6\text{–}27)$$

因为进口额只能是消费额的一部分，所以边际进口倾向 γ 小于边际消费倾向 β。于是

$0<\beta-\gamma<1$，从而 $dr/dY<0$。这就说明，开放经济的 IS 曲线仍是单调下降的。将线性消费函数、线性投资需求函数和线性净出口函数代入式 6-24，同时利用式 3-2 和式 3-33 就得到：

$$Y=\alpha+\beta\cdot[Y-(t_0+\tau\cdot Y)+tr]+i_0-\delta\cdot r+g+q-\gamma\cdot Y+n\cdot e$$

整理得：

$$Y=\frac{\alpha+i_0+g+q-\beta(t_0-tr)+ne}{1-\beta(1-\tau)+\gamma}-\frac{\delta}{1-\beta(1-\tau)+\gamma}\cdot r \tag{6-28}$$

或 $$r=\frac{\alpha+i_0+g+q-\beta(t_0-tr)+ne}{\delta}-\frac{1-\beta(1-\tau)+\gamma}{\delta}\cdot Y \tag{6-29}$$

式 6-28 或式 6-29 就是开放经济的线性 IS 方程。

读者不妨模仿之前的有关讨论，得出四部门经济 IS 曲线对平面的划分及 IS 曲线的移动等结论。由式 6-28，导致 IS 曲线移动的原因除了前面所指出的那些外，还要加上“本币对外币实际贬值（实际汇率 e 提高）和自发净出口 q 增加都将导致 IS 曲线右移”。

二、内部和外部的双重均衡

前面讨论了开放经济的 IS 方程。不难理解，三部门经济 LM 方程可直接用于四部门经济而不必调整。这两个方程描述了产品市场和货币市场的均衡，称为内部均衡。将 IS 方程、LM 方程和 BP 方程联立，即得内部和外部同时均衡的条件：

$$\begin{cases}Y=c(Y)+i(r)+g+nx(Y,e)\\ L(Y,r)=\dfrac{M}{P}\\ nx(Y,e)=F(r_f-r)\end{cases} \tag{6-30}$$

将它们线性化后得：

$$\begin{cases}Y=\dfrac{\alpha+i_0+g+q-\beta(t_0-tr)+ne}{1-\beta(1-\tau)+\gamma}-\dfrac{\delta}{1-\beta(1-\tau)+\gamma}\cdot r\\ Y=\dfrac{M/P-H}{k}+\dfrac{h}{k}\cdot r\\ Y=\dfrac{q+n\cdot e-\sigma\cdot r_f}{\gamma}+\dfrac{\sigma}{\gamma}\cdot r\end{cases} \tag{6-31}$$

方程组 6-30 或 6-31 的解（Y_0，r_0）就是使内部和外部同时均衡的收入和利率的组合。

几何上，内部和外部的双重均衡表现为 IS 曲线、LM 曲线和 BP 曲线交于一点（如图 6-16 所示）。

现实中，上述三条曲线不见得正好交于一点。以下讨论在浮动汇率制度下双重均衡的实现过程。结合政府宏观经济政策的分析，我们将其他条件下 IS-LM-BP 模型的应用放在下一章进行研究。

当一国经济外部失衡时，其国民收入 Y 和利率 r 都不稳定。

假设国内经济已经达到了均衡状态，但是国际收支出现了赤字。如图 6-17 所示，经济运行在 IS_1 和 LM 的交点 E_1 处，均衡收入和利率分别为 Y_1 和 r_1。点 E_1 在国际收支曲线 BP_1 的下方，表明国际收支出现赤字。

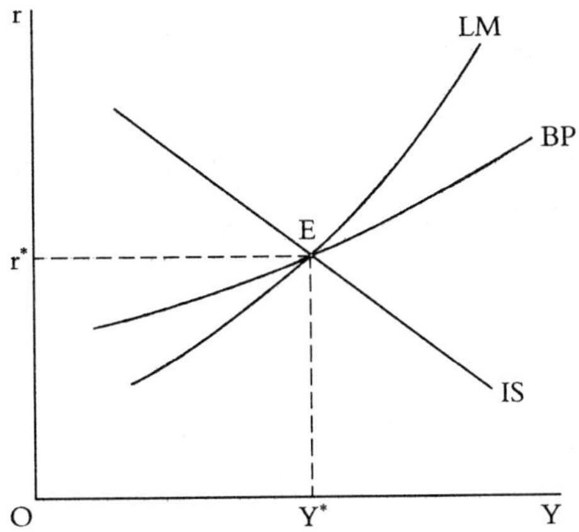

图 6-16　内部和外部的双重均衡

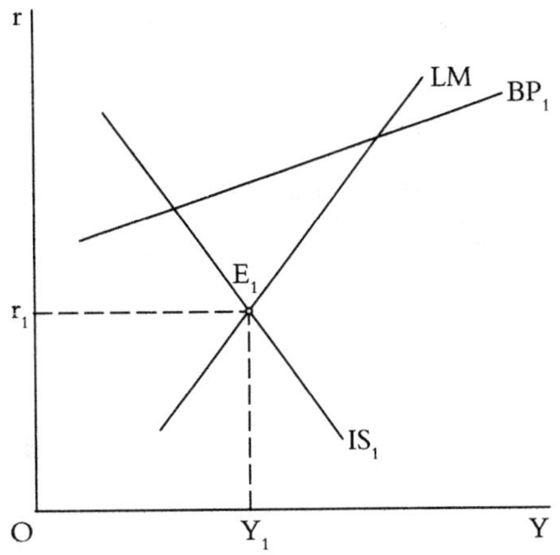

图 6-17　国际收支赤字

要消除赤字，就要使 IS 曲线、LM 曲线和 BP 曲线相交在同一点上，实现经济的双重平衡。在浮动汇率制度下，经济可以通过自动调整 BP 曲线和 IS 曲线的移动来恢复双重均衡状态。恢复过程如图 6-18 所示。

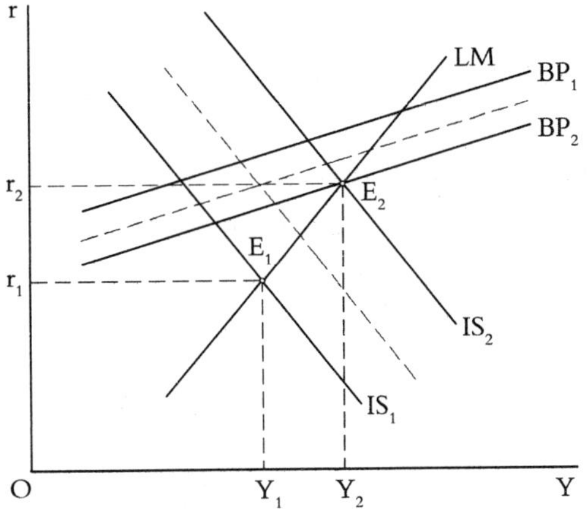

图 6-18　国际收支赤字的自动调节

国际收支逆差的实质是该国在国际贸易和国际金融中的外汇收入量低于其支出量，其表现为该国的外汇总量的减少。在浮动汇率制下，外币因供不应求而升值，本国货币则相应贬值。本币贬值一方面使得 BP 曲线向下移动，另一方面使得国内商品对外国商品来说变得相对便宜，导致净出口增加，IS 曲线向右移动。如图 6-18 所示，BP_1 曲线的下移和 IS_1 曲线的右移在双重均衡实现之前将不会停止。假设当它们移动到 IS_2 和 BP_2 的位置时，相交于 LM 曲线上的点 E_2，国际收支赤字消失，BP 曲线和 IS 曲线不再移动。于是经济通过自动调整达到了内部均衡和外部均衡的稳定状态，新的均衡收入和利率分别为 Y_2 和 r_2。

作为练习，读者不妨模仿上述分析过程分析国际收支盈余的自动调节过程。

关键术语

绝对优势　比较优势　贸易利得　固定汇率制　浮动汇率制　名义汇率　实际汇率　马歇尔-勒纳条件　净出口函数　净资本流出函数　内部均衡　外部均衡　BP 曲线

主要观点

◆ 绝对优势理论认为，为了获得贸易利得，各国均应生产并出口具有绝对优势的产品，放弃生产并进口具有绝对劣势的产品。

◆ 比较优势理论认为，只要各国都生产并出口自己具有比较优势的产品，放弃生产并进口自己具有比较劣势的产品即可产生贸易利得。

◆ 短期内汇率由外汇市场的供求关系决定，长期中汇率则由不同货币的购买力平价决定。

◆ 本币对外贬值能改善贸易收支的充分必要条件是出口商品和进口商品的汇率弹性（的绝对值）之和大于1。

◆ 仅仅达到内部均衡时，国民收入与利率仍然是不稳定的，只有达到内部和外部双重均衡时，国民收入和利率才处于相对稳定的状态。

基本训练

一、填空题

1. 在生产某种商品时若A国的平均成本较B国的低，则称在该商品的生产上A国较B国具有(　　)。

2. 如果A国X产品对Y产品的相对成本较B国的低，则称在X产品的生产上A国较B国具有(　　)。

3. 汇率是指一个国家的货币折算成另一个国家的货币的比率，汇率的标价分为(　　)和(　　)两种。

4. 购买力平价论认为通过汇率联系起来的一定数量的两种货币在各自的国家应当具有相同的(　　)。

5. BP 曲线上的点都使国际收支平衡，BP 曲线上方的点都产生国际收支(　　)，BP 曲线下方的点都产生国际收支(　　)。

二、选择题

1. 在开放经济中，IS 曲线反映了利率和实际收入水平之间的关系，所以(　　)。

A. 投资等于储蓄

B. 投资加税收等于储蓄加政府支出

C. 政府支出减税收加净进口加投资减储蓄等于零

D. 投资加政府支出加出口等于储蓄加税收加进口

2. 当国际利率高于国内利率时(　　)。

A. 本币升值　　B. 储蓄流向国外　　C. 出口受阻　　D. 上述答案都正确

3. 较高的国内利率有助于(　　)。

A. 吸引国外资金　B. 促使本币升值　　C. 增加进口　　D. 上述答案都正确

4. (　　)可能有助于缓解一个国家的贸易赤字。

A. 失业率上升　　B. 价格水平上升　　C. 货币扩张　　D. 本币升值

5. 如果人民币的实际汇率为 1.8，国内价格水平为 120，国内的价格水平为 240，则人民币的名义汇率为(　　)。

A. 3.6　　B. 2.0　　C. 0.9　　D. 0.8

三、简答题

1. 简述绝对优势理论与比较优势理论。

2. 说明规模经济的贸易理论。

3. 试比较传统国际贸易理论和新国际贸易理论。

4. 均衡汇率是如何决定的？影响汇率变化的因素有哪些？

5. 说明浮动汇率制度下国际收支盈余的调整过程。

6. 说明国际收支曲线（BP 曲线）的推导过程。

7. 汇率变动和净出口变动有哪些相互影响？

8. IS 曲线的斜率在封闭经济中和开放经济中有何不同？

9. 稳定汇率的代价是什么？政府试图稳定汇率时主要使用什么办法？这样做会遇到什么障碍？为什么国际合作很重要？如果政府试图把汇率维持在非均衡水平上，后果是什么？

四、计算题

1. 在充分就业情况下，A 国人均每工作日能生产 10 台电视机或者 20 台照相机，B 国能生产 6 台电视机或者 30 台照相机。要求：

（1）A 国和 B 国分别在什么产品的生产上有比较优势？

（2）贸易前两产品在 A、B 两国的交换比率各为多少？

（3）假定两国专门生产各自具有比较优势的产品，并以 1 台电视机与 2 台照相机的比率进行交易，若 A 国向 B 国出口 4 台电视机，求各自的可消费量。

2. 假定 1 英镑的价格为 2 美元，1 欧元的价格为 0.4 美元。要求：

（1）英镑对欧元的价格是多少？

（2）若 1 英镑的市场价格为 6 欧元，英镑持有者如何在套汇中获利？

3. 打算以不超过 7 500 美元的价格购买 1 辆小轿车，现在商店的报价为 3 500 英镑。要求：

（1）若汇率是 1 英镑=2.2 美元，双方能否成交？

（2）汇率为多少时才能买到小轿车？

4. 假设有两个国家A与B，各自生产两种物品：食物与服装。每个国家的生产可能性边界见表6-5。要求：

（1）A国生产食物与服装的机会成本是多少？

（2）B国生产食物与服装的机会成本是多少？

（3）画出两国的生产可能性边界。

（4）假定A国与B国进行贸易，每个国家应生产什么产品？

（5）在（4）的基础上，如果1单位食物与1单位服装交换，每个国家每种物品的生产会发生什么变化？

（6）如果1单位食物与1单位服装交换，作出每个国家的消费可能性边界。

（7）在交易前，如果A国消费600单位食物，所能消费的服装的最大量是200单位。在交易后，如果所消费的食物仍为600单位，那么所能消费的服装是多少单位？

（8）若A国消费600单位食物和400单位服装，B国将消费多少食物与服装？

表6-5 两国的生产可能性边界

A国	食物	0	200	400	600	800	1 000
	服装	500	400	300	200	100	0
B国	食物	0	100	200	300	400	
	服装	800	600	400	200	0	

5. 参见图6-19，图中D是A国对衬衣的需求曲线，S是B国衬衣的出口供给曲线。要求：

（1）在自由贸易时，衬衣的价格是多少？

（2）A国将进口多少件衬衣？（假设A国的衬衣生产者担心外国的竞争，A国政府对每件衬衣征收9元的关税）

（3）A国的衬衣价格会发生什么变动？

（4）出口者实际得到的价格是多少？

（5）A国进口多少衬衣？

（6）从关税中得到的收入是多少？由谁获得？（假设A国不征收关税，而是规定每年进口衬衣的限额为400万件）

（7）A国的衬衣价格是多少？

（8）出口者实际得到的价格是多少？

（9）A国进口多少件衬衣？

（10）消费者支出的总量与出口者得到的总量之间的差额（超额利润）是多少？谁得到了超额利润？（假设A国不用关税或限额，而是要求B国实行自愿出口限量，限量为每件400万件）

（11）A国衬衣的价格是多少？

（12）A国进口多少件衬衣？

（13）有没有超额利润存在？如果有，是多少？谁占有超额利润？

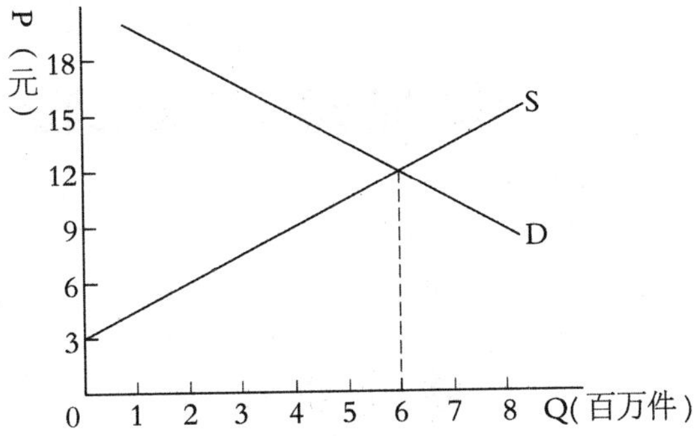

图 6-19　衬衣的供求曲线

6. 假设 1 美元兑换 6.02 人民币元。要求：

（1）用美元表示的人民币汇率是多少？

（2）售价 1 245 人民币元的一台电视机的美元价格为多少？

（3）售价 800 美元的一台电脑的人民币价格是多少？

7. 设某国宏观经济由下述方程描述：

$c=28+0.8Y_d$

$i=i_0=20$

$g=\bar{g}=26$

$t=25+0.2Y$

$x=\bar{x}=20$

$m=m_0+\gamma Y=2+0.1Y$

要求：该国的均衡产出与贸易赤字（或盈余）（单位为 10 亿美元）是多少？

8. 设一个经济由下述关系描述：

$Y=c+i+g+nx$

$Y=5\ 000$

$g=1\ 000$

$t=1\ 000$

$c=250+0.75(Y-t)$

$i=1\ 000-50\gamma$

$nx=500-500e$

$\gamma=\gamma^*=5\%$

要求：

（1）求该经济的储蓄、投资、贸易余额以及均衡汇率。

（2）设 g 增加到 1 250，解出新的储蓄、投资、贸易余额以及均衡汇率的值。

五、论述题

1. 为什么 1995 年以来，中国国际收支平衡表中出现了“双顺差”？你如何评价这一现象的后果？

2. 简述人民币的升值、贬值对我国国际收支的影响。

3. 近年来，关于人民币汇率应升还是应贬的争论十分激烈，已成为了国内外十分关心的焦点，请总结归纳争论双方的理由（各列出不少于 5 条）。

第七章 宏观经济政策

学习目标

◆ 重点掌握财政政策和货币政策的工具及其作用过程、政府购买的挤出效应、财政政策的自动稳定器机制、货币创造乘数、封闭经济中财政政策和货币政策的有效性；掌握充分就业预算盈余、货币创造过程、开放经济中财政政策和货币政策的有效性；了解财政政策的使用原则、银行制度、需求管理政策的使用。

宏观经济政策是指政府运用一定的政策工具调控宏观经济的运行以达到既定的政策目标的措施。按西方经济学家的认识，宏观经济政策的目标主要是充分就业、物价稳定、经济持续均衡增长和国际收支平衡。有些教材还将平衡收入分配也列入了宏观经济政策的目标。宏观经济政策的这些目标并不是相互独立的，它们之间经常存在着矛盾冲突。针对失业的宏观经济政策经常会导致通货膨胀，促进经济增长的同时往往又会提升本币的汇率，从而破坏国际收支平衡。这就意味着政府在制定宏观经济政策时应当作出整体性的宏观战略考虑和安排。以财政政策和货币政策为主，辅之以收入政策和人力政策等构成了宏观经济政策体系。本章仅讨论财政政策和货币政策。这两种政策都通过改变总需求来达到既定的政策目标，因而统称为需求管理政策。

第一节 财政政策

财政政策（fiscal policy）是指政府变动其收支来影响总支出，进而影响国民收入的政策措施。使国民收入增加的财政政策称为扩张性的财政政策（或称松财政）；使国民收入减少的财政政策称为紧缩性的财政政策（或称紧财政）。

一、财政政策工具

现代西方国家的财政由财政收入和财政支出两个方面构成。

（一）财政收入

财政收入的最主要部分是税收。根据课税的对象，税收可分为财产税、货物税和所得税。财产税是对不动产等征收的税种。货物税是对生产流通中各环节的货物所征收的税种。所得税是对个人和公司的收入所征收的税种。现代西方国家政府的税收中，所得税尤其是个人收入所得税占有很大的比重，因此，在经济学理论分析中常将政府的税收简化为个人收入所得税。个人收入所得税一般采用累进税制度，较高的收入适用较高的边际税率。以英国为例，5 000 英镑收入的边际税率是35%，5 500 英镑收入中超过5 000 英镑的那500英镑的税率是40%，直到最高的边际税率83%。美国的个人所得税税率则分为十几个档次，从11%到50%不等。

政府通过减少（或增加）税收t，可以直接使个人可支配收入Y_d增加（或减少），进而通过消费函数$c=\alpha+\beta Y_d$使得消费c增加（或减少）。消费c是总支出E的组成部分，故总支出E增加（或减少），将导致总收入Y增加（或减少）。总收入Y增加（或减少）又会引起下一轮个人可支配收入Y_d增加（或减少），如此循环下去，直到政策效果完全发挥。此过程可表达如下：

$$t\downarrow \xrightarrow{Y_d=Y-t+tr} Y_d\uparrow \xrightarrow{c=a+\beta Y_d} c\uparrow \xrightarrow{E=c+i+g+(x-m)} E\uparrow \xrightarrow{E=Y} Y\uparrow \cdots \tag{7-1}$$

图7-1也表达了这一过程。

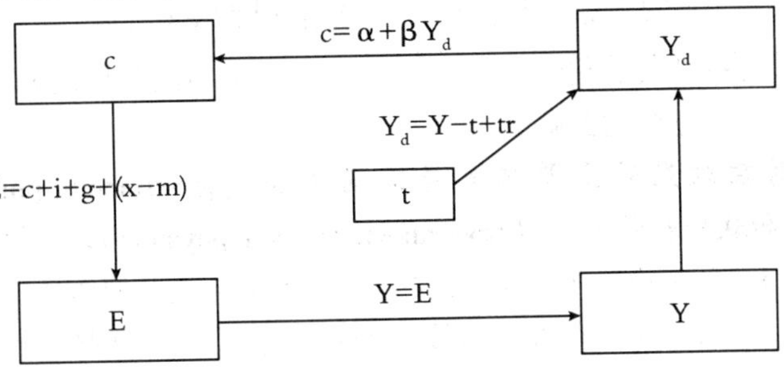

图7-1 税收变动的作用过程

由于增加税收使国民收入减少，故称税收为国民收入的收缩力量或国民收入循环中的漏出。

政府财政收入的另一部分是发行公债的收入。中央政府或地方政府利用自己的信用向公众举债就形成了公债。公债一方面构成政府的财政收入，另一方面政府也在金融市场买卖公债而影响货币市场。

在理论分析中，通常忽略公债而将个人收入所得税当做全部的财政收入。

（二）财政支出

政府的财政支出主要由政府购买和政府转移支付构成。政府购买作为总支出的组成部分直接对产品市场产生重大的影响。政府转移支付是政府对其他部门的单方支付，理论上将其简化为对家庭部门的单方支付，其典型形式是贫困补贴和失业救济。如果不考虑货币市场的影响，增加政府购买或增加转移支付将使国民收入以相应乘数为倍数而提高。

政府购买g是总支出E的组成部分，增加政府购买g直接使总支出E（$E=c+i+g+(x-m)$）增加从而使国民收入Y提高。国民收入Y的提高又会通过个人可支配收入Y_d的增加而使消费c增加。这又使总支出E再次提高，如此循环下去，直到政策效果充分发挥。这一过程可表达如下：

$$g\uparrow \xrightarrow{E=c+i+g+(x-m)} E\uparrow \xrightarrow{Y=E} Y\uparrow \xrightarrow{Y_d=Y-t+tr} Y_d\uparrow \xrightarrow{c=\alpha+\beta Y_d} C\uparrow \xrightarrow{E=c+i+g+(x-m)} E\uparrow \cdots \tag{7-2}$$

这一过程也可用图7-2表达。

政府通过增加（或减少）政府转移支付tr，可以直接使个人可支配收入Y_d增加（或减少），通过消费函数$c=\alpha+\beta Y_d$使得个人消费c增加（或减少），从而使总支出E增加（或减少），这又导致总收入Y增加（或减少）。总收入Y增加（或减少）又引起下一轮

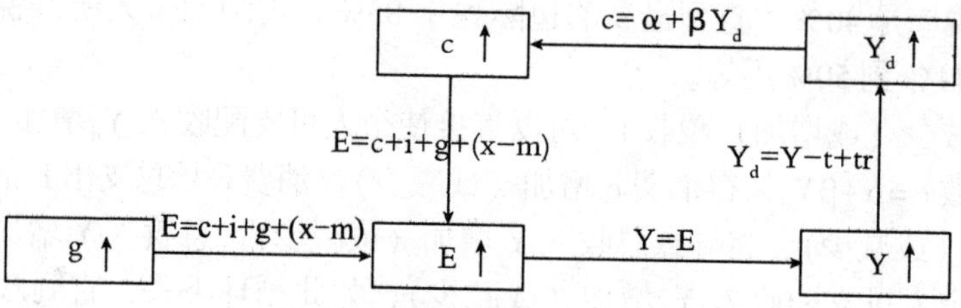

图 7-2 政府购买变动的作用过程

个人可支配收入 Y_d 增加（或减少），一直循环下去，直到政策效果完全发挥。此过程与变动税收相反：

$$tr\uparrow\xrightarrow{Y_d=Y-t+tr}Y_d\uparrow\xrightarrow{c=\alpha+\beta Y_d}c\uparrow\xrightarrow{E=c+i+g+(x-m)}E\uparrow\xrightarrow{E=Y}Y\uparrow\cdots \tag{7-3}$$

因为转移支付可看做负的税收，所以只需将图 7-1 中间方框的 t 改成 tr 就可以将其看做对政府转移支付作用过程的图解。

综上所述，**财政政策的主要工具是政府购买（government purchase）、政府税收（government tax）和政府转移支付（government transfer payment）**。当政府的收入超过支出时，称二者之差（t-（g+tr））（>0）为政府预算盈余；当政府收不抵支时，则称政府预算盈余的相反数（（g+tr）−t）（>0）为政府预算赤字。当政府财政收支相抵，即 t = g+tr 时，称政府预算平衡。政府增支减收（增加政府购买、增加转移支付和减税）是扩张性财政政策；政府增收减支（增税、减少政府购买和减少转移支付）是紧缩性财政政策。

（三）政府购买的挤出效应

前文分析的政府购买作用过程的理论依据是简单国民收入决定理论，没有考虑利率的变动。也就是说，前文的分析是在利率不变的假定下进行的。像 IS-LM 模型那样考虑利率的变动，政府购买增加所导致的国民收入增量在一定程度上要打折扣，即出现所谓的挤出效应。如前所述，政府购买 g 的增加导致国民收入 Y 增加，对货币市场的影响是使货币的交易预防需求量 L_1 增加了。在货币供给量 M 不变的条件下，要保持货币市场均衡，就只有相应地减少货币的投机需求量 L_2。因投机需求量是利率的减函数，故利率 r 将因此提高，于是投资量 i 将减少。投资量 i 减少使总支出 E 减少，从而使国民收入 Y 降低。这又会使得个人可支配收入 Y_d 减少，从而使消费 c 减少。这就是所谓的**挤出效应（crowding-out effect），增加政府购买，在提高国民收入的同时，由于提高了利率而减少了私人投资和消费，从而使得国民收入增量小于按乘数理论计算的增量。**

图 7-3 在图 7-2 的基础上附加了挤出过程，其中的虚线箭头表达了挤出效应的作用过程。式 7-4 也表达了这一过程，其中第三行将反复进行，直到挤出效应完全发挥作用。

$$g\uparrow\xrightarrow{E=c+i+g+(x-m)}E\uparrow\xrightarrow{Y=E}Y\uparrow\xrightarrow{L_1=L_1(Y)}L_1\uparrow\xrightarrow{L_1+L_2=M}L_2\downarrow\xrightarrow{L_2=L_2(r)}r\uparrow\xrightarrow{i=i(r)}i\downarrow$$

$$\xrightarrow{E=c+i+g+(x-m)}E\downarrow\xrightarrow{Y=E}Y\downarrow\xrightarrow{Y_d=Y-t+tr}Y_d\downarrow\xrightarrow{c=c(Y_d)}c\downarrow\xrightarrow{E=c+i+g+(x-m)}E\downarrow \tag{7-4}$$

政府购买增加导致的国民收入增量被挤出效应部分或全部抵消。我们将总支出 E 视为一个容器，其内容物为消费 c、投资 i、政府购买 g 和净出口（x−m）。根据产品市场的均衡条件 Y=E，容器中的内容物越多，均衡国民收入就越高。政府为了提高国民收入而向容器中加入 g，有可能会将其中的内容物——投资 i 和消费 c 部分地“挤出”容器，但

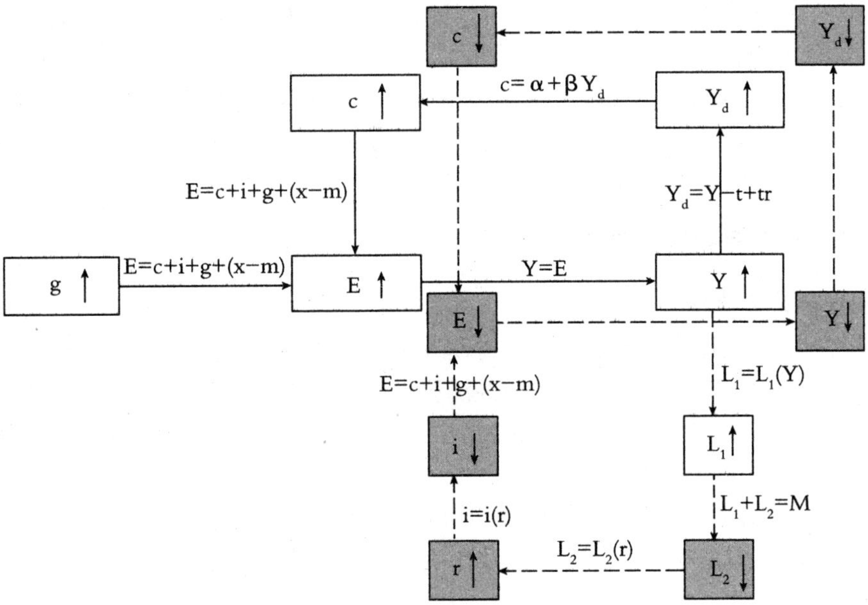

图 7-3　考虑挤出效应的政府购买变动作用过程

被挤出的内容物不会超过加入的 g。容器越满，被挤出的内容物就越多。如果容器本来就是满的，则被挤出的 i 和 c 与增加的 g 相等，即完全挤出。当经济的总支出 E 很低时，挤出效应不存在或不明显。经济越接近于充分就业，挤出效应就越明显。在充分就业的条件下，挤出效应是完全的，即增加多少政府购买就会“挤出”多少投资和消费。

尽管存在挤出效应，政府购买 g 的增加通常还是会导致国民收入 Y 增加，因此，将政府购买称为国民收入的扩张力量或国民收入循环中的注入。

我们还可以利用 IS 曲线的移动在几何上分析财政政策的影响。

如图 7-4 所示，当政府采用扩张性财政政策（减税、增加政府转移支付或增加政府购买）时，IS 曲线由原来的 IS_0 向右平移到 IS′，不考虑利率变化时国民收入由原来的 Y_0 增加到 Y_0'。但国民收入的提高导致了货币的需求增加，从而使利率由原来的 r_0 增加到 r′，私人投资和消费被一定程度地“挤出”（图中挤出效应为（$Y_0'-Y'$）），这又使得国民收入减少到 Y′，但总的来说，国民收入还是增加了（$Y'-Y_0$）。

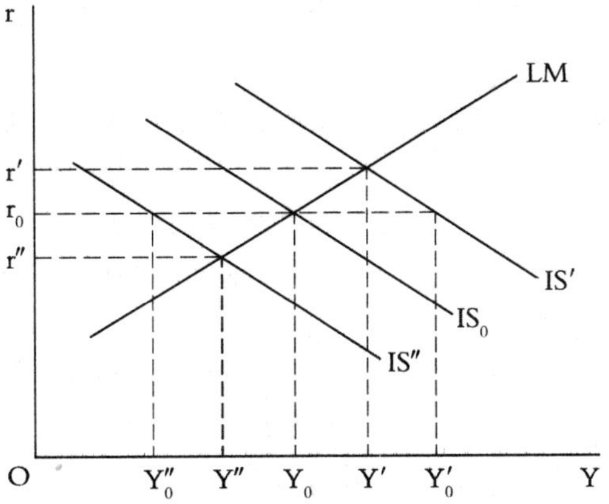

图 7-4　财政政策对经济的影响

同理，当政府采用紧缩性财政政策（增税、减少政府转移支付或减少政府购买）时，IS 曲线由原来的 IS_0 向左平移到 IS″，不考虑利率变化时，国民收入由原来的 Y_0 减少到 Y_0''。但国民收入的减少导致了货币需求量减少，从而使利率由原来的 r_0 减少到 r″，这又会使得投资和消费增加，从而使得国民收入增加到 Y″，但总的来说，国民收入还是减少了（Y_0-Y''）。

二、财政政策的使用原则

1. 积极的财政政策

积极的财政政策也称为斟酌使用的财政政策，这是凯恩斯提出的财政政策使用原则。凯恩斯提出，财政政策的运用应当“逆经济风向行事”。在经济萧条时期，政府应当采用扩张性的财政政策以提高国民收入；在经济过热而产生通货膨胀时，政府则应当采用紧缩性的财政政策以稳定价格水平。

如果政府的财政预算本来是平衡的，即政府收入与政府支出相等，实施扩张性财政政策就必然会产生预算赤字，而紧缩性财政政策则会导致预算盈余。应当如何看待财政预算盈余和财政预算赤字？历史上曾有过不同的思想。

2. 平衡财政原则

第二次世界大战前西方国家所奉行的财政思想基本上还是遵从斯密在《国民财富的性质和原因的研究》(以下简称)《国富论》) 中所提出的平衡预算原则。这一原则也被称为年度平衡思想，这种思想认为，一个负责任的政府应该厉行节约、量入为出，每年的财政预算都要尽可能保持平衡。财政盈余意味着对实际需要而言政府征收了太多的税，这当然是违背传统经济学“自由放任”导致最高效率这一原则的。财政赤字则意味着政府花掉了比其收入更多的钱。根据“看不见的手”原理，政府花钱的效率低于私人花钱的效率。一方面财政赤字说明政府低效率地替私人花钱，另一方面财政赤字引起的债务也是不负责任的政府给后代留下的负担。

年度平衡思想的修正版是周期平衡思想。这种思想认为，只要在一个经济周期内(而不必是每年) 保持财政预算平衡即可。经济萧条时期扩张性财政政策所导致的财政赤字可由经济过热时期紧缩性财政政策所产生的盈余来抵消。然而，一个经济周期中繁荣和萧条的程度及时间很难事先准确估计，繁荣时期的财政盈余与萧条时期的财政赤字很难恰好相等。这种思想比起机械的年度平衡思想虽有所进步，但其实现是有困难的。

3. 功能财政原则

现代西方国家中很少有政府按照平衡财政原则来实施财政政策。除了实现的困难外，更重要的是这一原则的理由不充分。凯恩斯主义的财政思想认为，财政政策应当瞄准宏观经济政策目标而不是为平衡而平衡。按“逆经济风向行事”的原则来实施财政政策，不必顾及其后果是盈余还是赤字。这一原则就是功能财政原则。经济萧条时期扩张性财政政策所导致的赤字并不意味着政府的不负责任，与其留一个虽无赤字但凋敝的经济给后代显然不如将赤字和欣欣向荣的经济一并移交。这个欣欣向荣的经济本身就存在着偿还赤字所带来债务的能力。通货膨胀时期紧缩性财政政策所导致的盈余也不意味着政府征收了过多的税，这些盈余一方面抑制了通货膨胀使经济健康运行，另一方面也使政府在以后的萧条中有更大的能力使经济复苏。

三、自动稳定器

财政政策中的税收政策和转移支付政策作为经济中的**自动稳定器（automatic stabilizer）是指无需政府的刻意调整，税收制度和转移支付制度本身存在的一种降低经济波动幅度的内在机制。**在经济萧条时期，减税或增加转移支付能使国民收入得到提高。但即使政府不这样做，自动稳定器的作用也能使国民收入提高。同样，在通货膨胀时期，增税或减少转移支付能降低过高的国民收入，自动稳定器也能起到性质相同的作用。

根据式 3-33，税收与国民收入正相关。政府在萧条时期的减税政策是通过降低自发税 t_0或降低边际税率 τ 来实施的。但即使政府不采取这样的措施，萧条时期国民收入的降低也会自动地使税收降下来。如果考虑累进税，国民收入的降低还会使有些人进入到更低税率的纳税档次，税收会进一步降低。

政府转移支付也有类似的作用。萧条时期政府通过提高每个贫困家庭的补助额或提高对每个失业者的救济额来增加转移支付。政府还可以通过提高贫困线的标准或放宽失业救济的领取标准来增加获得转移支付的人数。即使政府不这样做，萧条时期国民收入的下降也会使得一些家庭的收入减少到贫困线以下，从而加入到领取贫困补助的行列，失业的增加也会使更多的人获得政府的失业救济。

读者很容易模仿上述过程，分析经济过热时期自动稳定器的作用过程。

既然自动稳定器能够正确地起到稳定经济的作用，为什么政府还要实施财政政策呢？自动稳定器的作用一是不够强大，二是力度不受控制。轻微的经济波动可经自动稳定器消除。面对严重的萧条或通货膨胀，自动稳定器就无能为力了。有人将自动稳定器比喻为抵御经济波动的“第一道防波堤”。温和的经济波动可由第一道防波堤来控制，较大的经济波动就可能冲决这道防波堤。还有人将自动稳定器比喻为人体自身的免疫机制。这一机制能消灭入侵人体的少量的病菌，一旦入侵人体的病菌太多就得靠服药来治疗了。宏观经济政策就是治疗宏观经济病症的“药”。

四、充分就业预算盈余

根据政府预算盈余（budget surplus，BS）的定义：

$$BS = t - (g + tr) \tag{7-5}$$

政府实施扩张性财政政策（增支减收）将导致 BS 减少，而紧缩性财政政策（增收减支）则导致 BS 增加。现在将问题反过来，我们能否依据 BS 减少了这一事实来断定政府所实施的财政政策就一定是扩张性的呢？回答是否定的。扩张性的财政政策固然可以减少政府预算盈余，但自动稳定器也可以做到这一点。如果所考察的时期国民收入有所降低，自动稳定器会自动减税和提高转移支付，从而降低 BS。

为表述简洁起见，我们假定转移支付为常数，与国民收入无关。将式 3-33 代入式 7-5，我们得到：

$$BS = (t_0 + \tau Y) - (g + tr) \tag{7-6}$$

由此可见，政府的预算盈余 BS 与两组数有关。第一组数是 t_0、τ、g 和 tr，政府的财政政策就是改变这四个数的措施。第二组数只有一个，就是国民收入 Y。于是，政府财政政策和国民收入的变动是政府预算盈余改变的两个可能原因。仅从所观察到的 BS 增量不足以说明导致这一增量的原因究竟是哪一个。如果将式 7-6 中的国民收入 Y 固定为某一常数，不因现实中国民收入的变动而改变，那么此式的变动就仅与政府的财政政策有关了。这个常数一般取做潜在国民收入 Y^*。**潜在国民收入（或潜在产出）（potential output）是指充分就业条件下应有的国民收入（或产出）。**经济的波动反映为国民收入的变动，但一国的潜在国民收入取决于该国的资源存量和技术水平，在一定时期内是不变的。

充分就业预算盈余（full-employment budget surplus）是指既定的财政政策在潜在国民收入水平上应当产生的预算盈余，记做 BS^*，即

$$BS^* = (t_0+\tau Y^*) - (g+tr) \tag{7-7}$$

由式 7-7 可见，影响充分就业预算盈余的只有 t_0、τ、g 和 tr 四个量。换言之，充分就业预算盈余的改变完全是政府财政政策造成的。于是，充分就业预算盈余的改变方向就直接指出了政府财政政策的方向。BS^* 减少说明政府所实施的财政政策是扩张性的；BS^* 增加则说明政府所实施的财政政策是紧缩性的。

五、财政政策的有效性

（一）封闭经济中财政政策有效性的几何分析

政府实施扩张性的财政政策（增加政府购买、增加政府转移支付或减税）将使 IS 曲线右移，从而使国民收入提高。一定力度的扩张性财政政策导致 IS 曲线一定距离的右移，但在不同的条件下所导致的国民收入增量却不一定相同。如果国民收入增量较大，我们就说财政政策的效果较好；如果国民收入增量较小，我们就说财政政策的效果较差。这里的“不同条件”主要是指 IS 曲线的斜率和 LM 曲线的斜率。我们首先从几何上来分析 IS 曲线的斜率和 LM 曲线的斜率是如何影响财政政策效果的。

1. LM 曲线的斜率一定，IS 曲线越陡峭财政政策效果越好

如图 7-5 所示，(a) 图与 (b) 图分别表示 A 国与 B 国的情况。两国的初始均衡点相同（图中点 E_0），即在我们考察时两国的收入水平和利率水平是相同的。两国的 LM 曲线也完全相同，唯一不同的是，B 国的 IS 曲线比 A 国的 IS 曲线更为陡峭，即斜率的绝对值更大。现在两国政府同时实施相同力度的扩张性财政政策，这使得两国的 IS 曲线右移同一距离。例如，两国增加同样多的一笔政府购买 Δg，根据乘数论的相关知识，我们知道该笔政府购买会通过政府购买乘数使两国的国民收入 Y 都增加 $\Delta Y=\Delta g \cdot K_g$，即我们在图 7-5 中看到的“乘数效应 $\Delta g \cdot K_g = Y_1 - Y_0$”。然而政府购买增加在导致国民收入增加的同时会产生挤出效应而抵消掉一部分乘数效应 $\Delta g \cdot K_g$，使得最终的国民收入增量 ΔY 等于乘数效应与挤出效应之差。也就是说，考虑到利率化后两国新的均衡点不是点 F 而分别是点 E_1 和点 E_2。A 国的挤出效应为图中的 (Y_1-Y_2)，B 国的挤出效应为图中的 (Y_1-Y_3)，并且不难看出前者大于后者。于是，两国的国民收入增量分别为：

$$\Delta Y_A = \text{乘数效应} - \text{挤出效应} = (Y_1-Y_0) - (Y_1-Y_2) = Y_2-Y_0$$

$$\Delta Y_B = \text{乘数效应} - \text{挤出效应} = (Y_1-Y_0) - (Y_1-Y_3) = Y_3-Y_0$$

从图 7-5 中可以看出 $\Delta Y_A < \Delta Y_B$，即 A 国的财政政策效果不如 B 国。

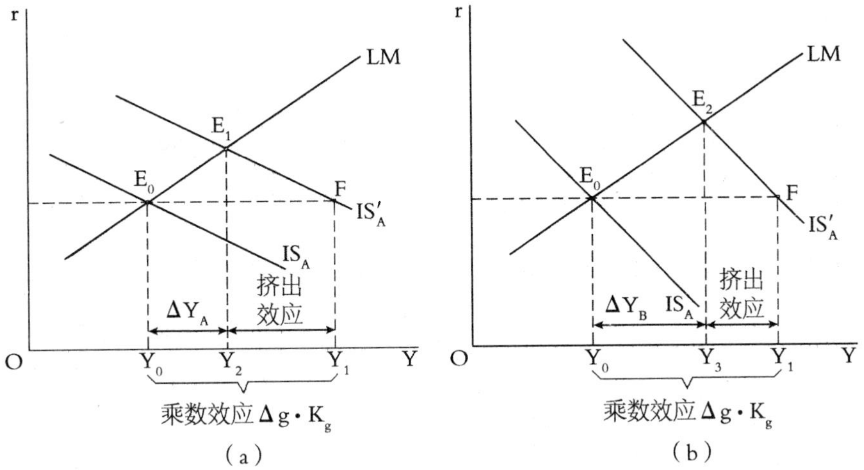

图 7-5 IS 曲线的斜率对财政政策效果的影响

结论是：**IS 曲线越陡峭，财政政策效果越好。**①

2. IS 曲线的斜率一定，LM 曲线越平缓财政政策效果越好

如图 7-6 所示，（a）图与（b）图分别表示 A 国与 B 国的情况。两国的初始均衡点相同（图中点 E_0），即在我们考察时两国的收入水平和利率水平是相同的。两国的 IS 曲线也完全相同，唯一不同的是，B 国的 LM 曲线比 A 国的 LM 曲线更为平缓，即斜率更小。现在两国政府同时实施相同力度的扩张性财政政策，这使得两国的 IS 曲线右移同一距离。例如，两国增加同样多的一笔政府购买 Δg，这会通过政府购买乘数使两国的国民收入 Y 都增加 $\Delta Y=\Delta g \cdot K_g$，即我们在图 7-6 中看到的"乘数效应 $\Delta g \cdot K_g=Y_1-Y_0$"。这就是说，根据简单国民收入决定理论（即假定利率不变），两国的均衡点都会由原来的点 E_0 移至点 F。然而考虑到利率的变化，两国都会产生挤出效应，新的均衡点不会是点 F 而分别是点 E_A 和点 E_B。两国的挤出效应分别是（Y_1-Y_2）和（Y_1-Y_3），两国的国民收入增量分别为：

$$\Delta Y_A=\text{乘数效应}-\text{挤出效应}=(Y_1-Y_0)-(Y_1-Y_2)=Y_2-Y_0$$

$$\Delta Y_B=\text{乘数效应}-\text{挤出效应}=(Y_1-Y_0)-(Y_1-Y_3)=Y_3-Y_0$$

从图 7-6 中可以看出 $\Delta Y_A<\Delta Y_B$，即 A 国的财政政策效果不如 B 国。

结论：**LM 曲线越平缓，财政政策效果越好。**

3. LM 曲线的两个极端情形

LM 曲线倾斜程度的两个极端为水平段（萧条区域或凯恩斯陷阱）和垂直段（古典区域）。图 7-7 描绘了这两种极端情况。当扩张性的财政政策使 IS 曲线在 LM 曲线的水平段处由 IS_1 移动至 IS_2 时，利率不会提高，挤出效应为零，财政政策完全有效。经济达到充分就业时扩张性的财政政策使 IS 曲线在 LM 曲线的垂直段处由 IS_3 移动至 IS_4，此时有完全的挤出效应，财政政策完全无效。

① 为便于记忆，将关于宏观经济政策效果的几条结论概括为口诀："动线陡，效果好。"一项财政政策会使 IS 曲线移动而不影响 LM 曲线，一项货币政策会使 LM 曲线移动而不影响 IS 曲线。于是，考虑财政政策的效果时，IS 曲线为动线而 LM 曲线为静线；考虑货币政策时，LM 曲线为动线而 IS 曲线为静线。将口诀的三个关键字"动"、"陡"和"好"中的任意两个改为反义词便得到宏观经济政策效果的其他结论。如"静线平，效果好"、"静线陡，效果差"和"动线平，效果差"。

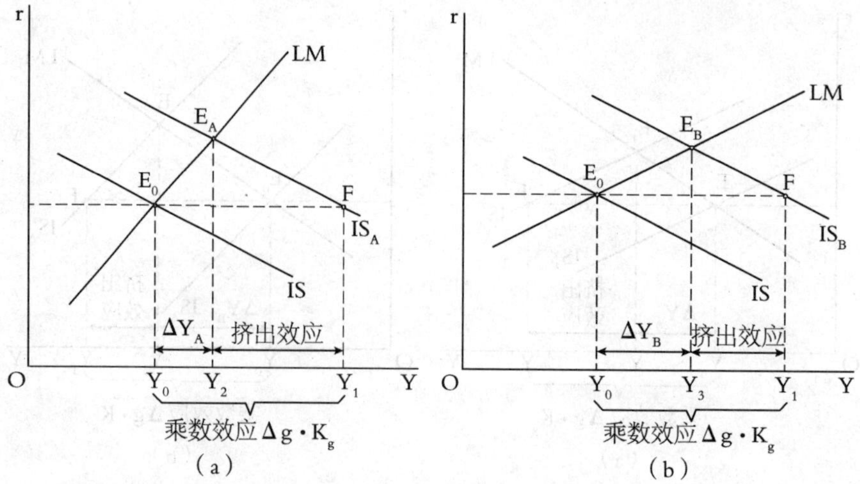

图 7-6　LM 曲线的斜率对财政政策效果的影响

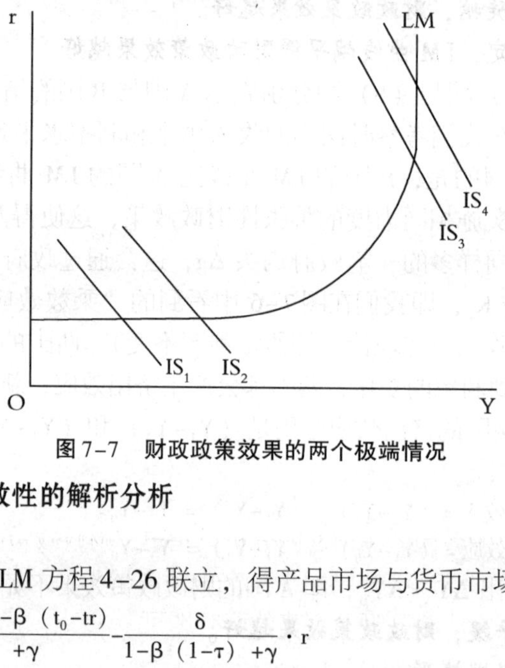

图 7-7　财政政策效果的两个极端情况

（二）财政政策有效性的解析分析

1. 财政政策乘数

将 IS 方程 4-10 与 LM 方程 4-26 联立，得产品市场与货币市场同时均衡的条件：

$$\begin{cases} Y=\dfrac{\alpha+i_0+g+(x-m_0)-\beta(t_0-tr)}{1-\beta(1-\tau)+\gamma}-\dfrac{\delta}{1-\beta(1-\tau)+\gamma}\cdot r \\ Y=\dfrac{M/P-H}{k}+\dfrac{h}{k}\cdot r \end{cases} \tag{7-8}$$

对政府购买 g 求导得：

$$\begin{cases} \dfrac{\partial Y}{\partial g}=\dfrac{1}{1-\beta(1-\tau)+\gamma}-\dfrac{\delta}{1-\beta(1-\tau)+\gamma}\cdot\dfrac{\partial r}{\partial g} \\ \dfrac{\partial Y}{\partial g}=\dfrac{h}{k}\cdot\dfrac{\partial r}{\partial g} \end{cases}$$

消去$\dfrac{\partial r}{\partial g}$得：

$$\frac{\partial Y}{\partial g}=\frac{h}{h\cdot[1-\beta(1-\tau)+\gamma]+\delta\cdot k} \tag{7-9}$$

再利用政府购买乘数 K_g 的表达式，式 7-9 可写成：

$$\frac{\partial Y}{\partial g}=\frac{h\cdot K_g}{h+\delta\cdot k\cdot K_g} \tag{7-10}$$

将式 7-10 称为财政政策乘数，记做K_{IS}，即

$$K_{IS}=\frac{h\cdot K_g}{h+\delta\cdot k\cdot K_g} \tag{7-11}$$

细心的读者应该会注意到，K_g与K_{IS}（式 7-10）都是用$\frac{\partial Y}{\partial g}$来定义的，但两者是不同的概念。$K_g=\frac{\partial Y}{\partial g}$中的 Y 是使产品市场均衡的国民收入，而$K_{IS}=\frac{\partial Y}{\partial g}$中的 Y 则是使产品市场和货币市场同时均衡的国民收入。因此，K_g是使产品市场均衡的国民收入 Y 对政府购买 g 的变化率，而K_{IS}则是使两个市场同时均衡的国民收入 Y 对政府购买 g 的变化率。这就是说，**财政政策乘数（fiscal policy multiplier）表示再增加 1 单位政府购买使得两个市场同时均衡的国民收入的增量。**

将 IS 曲线和 LM 曲线的斜率分别记做l_{IS}和l_{LM}，由式 4-10 和式 4-27 知：

$$l_{IS}=-\frac{1-\beta\ (1-\tau)\ +\gamma}{\delta}=-\frac{1}{\delta\cdot K_g}$$

$$l_{LM}=\frac{k}{h}$$

于是，式 7-11 又可写做：

$$K_{IS}=\frac{K_g}{1-\frac{l_{LM}}{l_{IS}}} \tag{7-12}$$

式 7-12 指出，K_{IS}与l_{IS}正相关而与l_{LM}负相关。在 LM 曲线的凯恩斯区域$l_{LM}=0$，或者在 IS 曲线垂直即$l_{IS}=\infty$时，$K_{IS}=K_g$，挤出为零，财政政策完全有效。在 LM 曲线的古典区域$l_{LM}=\infty$，或者在 IS 曲线水平即$l_{IS}=0$时，$K_{IS}=0$，完全挤出，财政政策完全无效。这些结论与前文的几何分析完全一致。

2. 利用财政政策作用过程分析

下面仍以增加政府购买为例再来仔细分析财政政策作用过程中的具体步骤，从另一角度理解影响财政政策效果的各因素。前文的分析已指出，财政政策的效果取决于挤出效应的大小。挤出效应越大，财政政策效果越小；挤出效应越小，财政政策效果越大。因此，我们只需分析挤出效应的大小受到哪些因素的影响即可。

式 7-4 指出了考虑挤出效应后政府购买变动的作用过程，共 11 个步骤：

第一步：$g\uparrow\xrightarrow{E=c+i+g+\ (x-m)}E\uparrow$。政府购买 g 的增加导致总支出 E 等量增加。

第二步：$E\uparrow\xrightarrow{y=E}Y\uparrow$。首轮增加的国民收入与总支出增量相等，也与政府购买增量相等。国民收入的首轮增加在产品市场上通过促进消费再次使总支出增加，从而再次提高国民收入，直到国民收入按乘数理论获得增量 $\Delta Y=K_g\cdot\Delta gK_g$。根据乘数理论，产品市场的变动过程到此为止。下面的步骤是挤出过程。

第三步：$Y\uparrow\xrightarrow{L_1=kY}L_1\uparrow$。国民收入的增加在货币市场导致交易预防需求量增加，所增加的交易预防需求量是国民收入增量的 k 倍。

第四步：$L_1\uparrow\xrightarrow{L_1+L_2=M}L_2\downarrow$。要使货币市场均衡的条件 $L_1+L_2=M$ 得到满足，投机需

求量必须减少。所减少的投机需求量与所增加的交易预防需求量相等。

第五步：$L_2\downarrow \xrightarrow{L_2=b-hr} r\uparrow$。根据货币投机需求函数，投机需求减少会导致利率提高，所提高的利率是所减少的投机需求量的$\frac{1}{h}$倍。

第六步：$r\uparrow \xrightarrow{i=i_0-\delta r} i\downarrow$。根据投资需求函数，利率的提高导致投资减少，所减少的投资量是利率增量的δ倍。

第七步：$i\downarrow \xrightarrow{E=c+i+g+(x-m)} E\downarrow$。投资的减少使总支出减少，首次减少的总支出与所减少的投资量相等。

第八步：$E\downarrow \xrightarrow{Y=E} Y\downarrow$。总支出减少导致国民收入减少，所减少的国民收入与所减少的总支出相等。

第九步：$Y\downarrow \xrightarrow{Y_d=Y-t+tr} Y_d\downarrow$。所降低的个人可支配收入与所降低的国民收入相等。

第十步：$Y_d\downarrow \xrightarrow{c=\alpha+\beta Y_d} c\downarrow$。所降低的消费是所降低的个人可支配收入的β倍。

第十一步：$c\downarrow \xrightarrow{E=c+i+g+(x-m)} E\downarrow$。第二次减少的总支出与所减少的消费相等。

第八步至第十一步反复进行，直到挤出效应完全发挥作用。

由此可见，影响挤出效应大小的量有四个：货币需求量对收入的变化率k、货币需求量对利率的变化率h、投资量对利率的变化率δ和边际消费倾向β。更详细一点，k、δ和β越大，挤出效应越明显，h越大，挤出效应越不明显。

这样，我们就得到结论：h越大，财政政策效果越好；k、δ和β越大，财政政策效果越差。

现在我们将这一结论与相应的几何结论作一比较。以定量税下的三部门经济为例，其IS方程为式4-15，故IS曲线的斜率为$-\frac{1-\beta}{\delta}$。容易看出，δ和β越大，IS曲线斜率的绝对值越小，IS曲线越平缓。因此，如下的两个结论是等价的："IS曲线越陡峭，财政政策效果越大"⇔"δ或β越小，财政政策效果越大"。

LM方程为式4-27，故LM曲线的斜率为$\frac{k}{h}$，k越小或h越大，LM曲线越平缓。因此，如下的两个结论是等价的："LM曲线越平缓，财政政策效果越好"⇔"k越小或h越大，财政政策效果越好"。

这就说明了我们这里的分析结论与前文的几何分析结论也是一致的。

（三）开放经济中财政政策的有效性

开放经济中宏观经济政策的有效性与汇率制度和资本流动性有关，因此，我们必须分不同情况进行讨论。

1. 固定汇率制下的财政政策效果

如果一国的国际收支产生了逆差，其资本净流出F超过了净出口nx，外汇市场上对外币的需求便会增加，从而外币存在升值的压力。这也同时体现为对本币的供给增加，故本币存在贬值的压力。在固定汇率制下，为了维持汇率不变，中央银行不得不抛出外币而买入本币以释放汇率变动的压力。这样就减少了本国的货币供给量。同样的道理，国际收支盈余则导致中央银行抛出本币而买入外币，从而增加了本国的货币供给量。

图 7–8 描绘了 LM 曲线比 BP 曲线更陡峭的情形。图中点 A 为初始的均衡点，此时内部和外部同时达到均衡。假设政府扩张性的财政政策使 IS 曲线由 IS_1 移动到 IS_2 的位置，内部均衡点由点 A 移动到点 B，产生了国际收支盈余。固定汇率制使中央银行抛出本币而买入外币，直到国际收支盈余消失为止。在这一过程中，LM 曲线由 LM_1 向右移动到 LM_2 的位置，经济在点 C 重新达到内部和外部均衡。

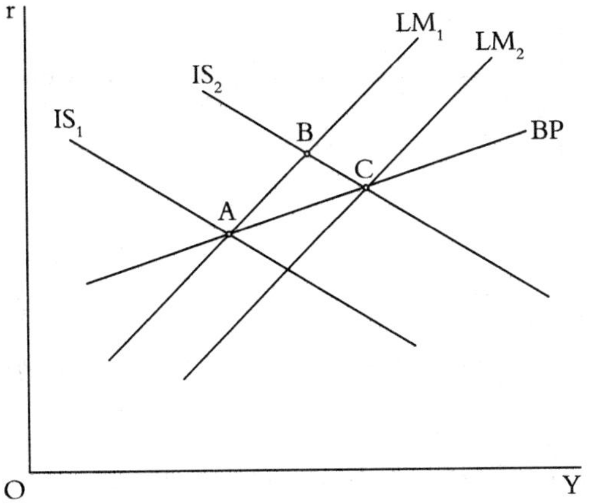

图 7–8 固定汇率制下的财政政策（一）

图 7–9 则描绘了 LM 曲线比 BP 曲线更平缓的情形。图中点 A 为初始的均衡点，此时内部和外部同时达到均衡。假设政府扩张性的财政政策使 IS 曲线由 IS_1 移动到 IS_2 的位置，内部均衡点由 A 移动到点 B，产生了国际收支赤字。为了维持固定汇率，中央银行不得不抛出外币而买入本币，直到国际收支赤字消失为止。在这一过程中，LM 曲线由 LM_1 向左移动到 LM_2 的位置，经济在点 C 重新达到内部和外部平衡。

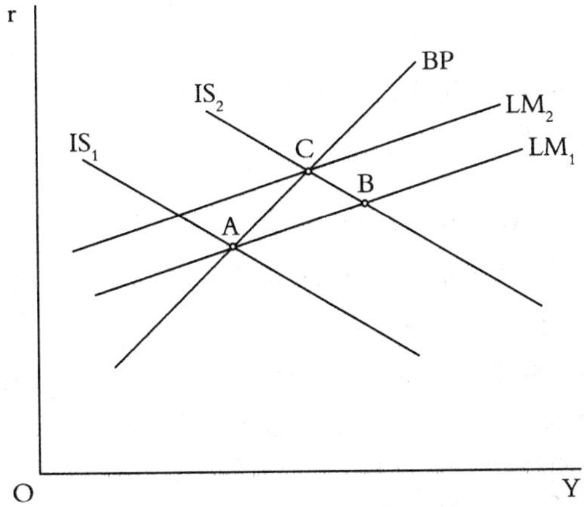

图 7–9 固定汇率制下的财政政策（二）

由以上分析可见，**固定汇率制下 BP 曲线越平缓财政政策效果越好。**两个极端的情况是 BP 曲线完全水平和完全垂直。

BP 曲线为水平线表示资本完全流动，即净资本流出 F 对利率的变化率 $\sigma=\frac{dF}{d(r_f-r)}$ 为无穷大的状况。在这种状况下，极小的利率差也会导致巨大的资本流动，从而使这一利率差迅速消失。换言之，利率差为零或 $r=r_f$。由式6-20知，BP曲线为一水平线，其高度为 $r=r_f$（见图7-10）。这表明 $r=r_f$ 是一国国际收支均衡的必要条件。一旦本国利率与外国利率不相等，巨大的国际资本流动使该国的国际收支均衡无法实现。

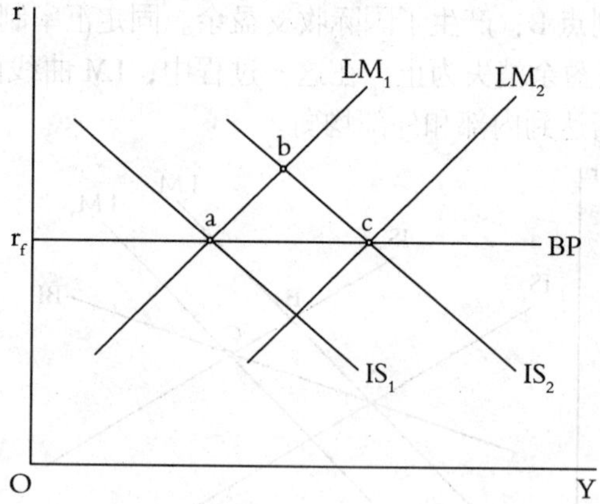

图7-10 固定汇率制下资本完全流动时的财政政策

假设一国经济在图7-10中点a处达到内部和外部双重均衡，政府为了克服萧条和促进就业实施扩张性的财政政策将IS曲线由 IS_1 移动至 IS_2。于是经济运行于点b处，从而产生了国际收支盈余。这一国际收支盈余将由于三方面的原因而改变。一方面，国民收入的提高会使净出口减少，从而降低国际收支盈余。另一方面，国内利率的提高导致净资本流出减少，从而增加国际收支盈余。更重要的是，此时本国利率高于外国利率，巨额的国际资本流入本国，外汇供过于求，产生了本币升值的压力。为了维持固定的汇率，该国政府必须购入大量外币，从而本国的货币供给量增加。货币供给量的增加导致LM曲线右移，但只要内部均衡点仍位于BP曲线的上方，这一过程就不会停止。直到LM曲线由 LM_1 移动至 LM_2，与BP曲线和 IS_2 交于点c，经济在原来的利率下重新实现双重均衡且国民收入增加。由于利率不变，故挤出为零，财政政策完全有效。这就是说，**固定汇率制下资本完全流动时的财政政策完全有效。**不难推知，固定汇率制下当净资本流出F对利率差（r_f-r）的变化率 $\sigma=\frac{dF}{d(r_f-r)}$ 较大时，财政政策效果也较大。

资本完全管制意味着 $\sigma=0$，由式6-20知BP曲线为一垂线（见图7-11）。假定经济原来在点a处达到双重均衡，IS曲线、LM曲线和BP曲线均经过此点。政府的扩张性财政政策使IS曲线由 IS_1 移动至 IS_2，从而内部均衡点移至点b。由于资本完全管制，利率的提高并不能使资本流入。但收入的提高却降低了净出口，从而造成国际收支逆差。在本币贬值的压力下为了维持固定的汇率，政府必须卖出外币而购入本币，这就减少了本国的货币供给量，从而使LM曲线向左上方移动。只要内部均衡点没有移动到BP曲线上，这一过程就不会停止。最终，LM曲线由 LM_1 移至 LM_2，双重均衡在点c重新实现。在这一过程中外汇不断流失，利率不断上升，国民收入最终回到实施财政政策前的水平。这就说明，**固定汇率制下资本完全管制时的财政政策完全无效。**当然，固定汇率制下 σ 较小时财政政策效果也较小。

2. 浮动汇率制下的财政政策效果

浮动汇率制下，一国货币当局不会通过买卖外汇来干预汇率的变动。

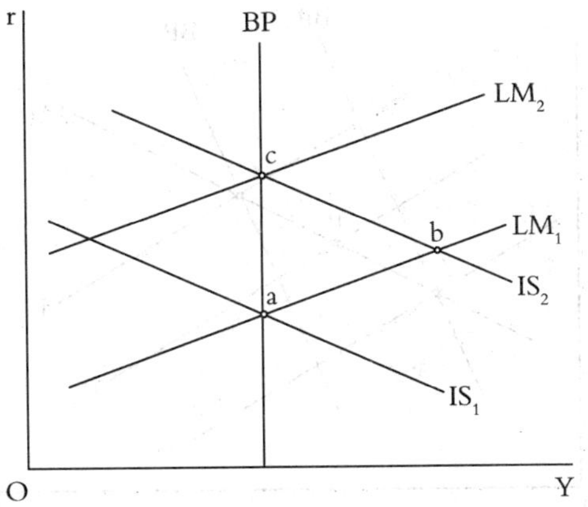

图 7-11　固定汇率制下资本完全管制时的财政政策

图 7-12 描绘了 LM 曲线比 BP 曲线更陡峭的情形。图 7-12 中点 A 是初始的均衡状态。假设扩张性的财政政策使 IS 曲线由 IS_1 向右移动到 IS_2 的位置，内部均衡点移至点 B，国际收支产生盈余。国际收支盈余使本币产生升值的压力，浮动汇率制下政府不会对此进行干预，于是升值的压力就会变成升值的现实。本币升值（直接标价法下的名义汇率 E 降低）降低了本国产品的国际竞争力，从而导致净出口减少，这一方面使 IS 曲线左移（见式 6-13）至 IS_3，另一方面也使 BP 曲线左移（见式 6-20）至 BP_2，新的均衡点为点 C。由此可见，这时财政政策效果比封闭经济的情形要小一些。

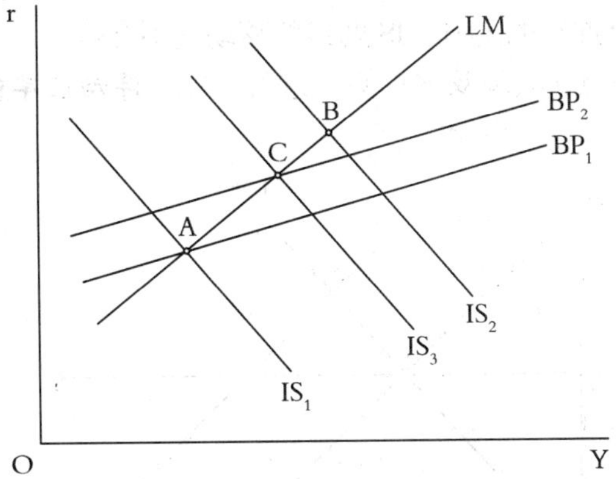

图 7-12　浮动汇率制下的财政政策（一）

图 7-13 描绘了 BP 曲线比 LM 曲线更陡峭的情形，图中点 A 是初始的均衡状态。假设扩张性的财政政策使 IS 曲线由 IS_1 向右移动到 IS_2 的位置，内部均衡点移至点 B，国际收支产生赤字。国际收支赤字使本币贬值（直接标价法下的名义汇率 E 提高），从而 IS 曲线和 BP 曲线右移，这种移动一直要进行到内部和外部均衡重新实现为止。此时 IS 曲线右移至 IS_3，BP 曲线右移至 BP_2，新的均衡点为点 C。从图中可以看到，这时国民收入和利率的提高都比封闭经济时的情形要大一些。从图中可以看到，这时财政政策效果比封闭经济的情形更大一些。

以上讨论说明**浮动汇率制下 BP 曲线越陡峭，财政政策效果越好。**下面分析 BP 曲线的两种极端情形。

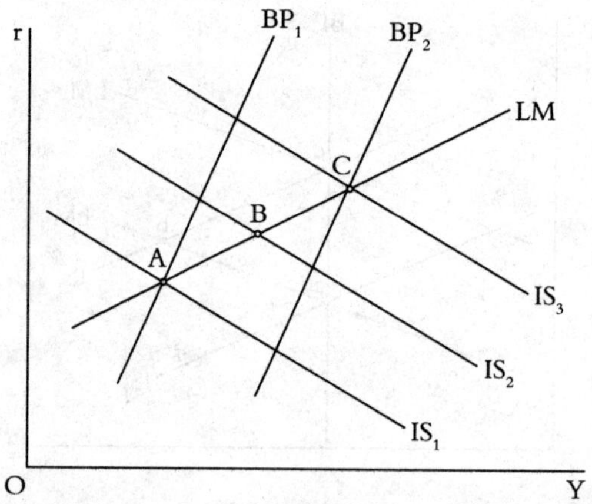

图 7-13　浮动汇率制下的财政政策（二）

图 7-14 画出了资本完全流动时水平的 BP 曲线，假定初始的双重均衡点为点 a，政府扩张性的财政政策将 IS 曲线由 IS_1 移动至 IS_2，从而内部均衡点移至点 b，产生了国际收支盈余。这一国际收支盈余同样将由于两方面的原因而改变。一方面，国民收入的提高会使净出口减少，从而降低国际收支盈余。另一方面，国内利率的提高导致净资本流出减少，从而增加国际收支盈余。但此时巨额的国际资本流入本国，外汇供过于求产生了本币升值的压力。在浮动汇率制下，这种压力会变成本币升值的事实。本币的升值又会使净出口进一步减少，从而降低国际收支盈余。净出口的减少意味着 IS 曲线向左下方移动。只要内部均衡点仍位于 BP 曲线的上方，IS 曲线的移动就不会停止。最终，IS 曲线移回原来 IS_1 的位置，经济重新在点 a 实现双重均衡。这就是说，**浮动汇率制下资本完全流动时的财政政策完全无效。**

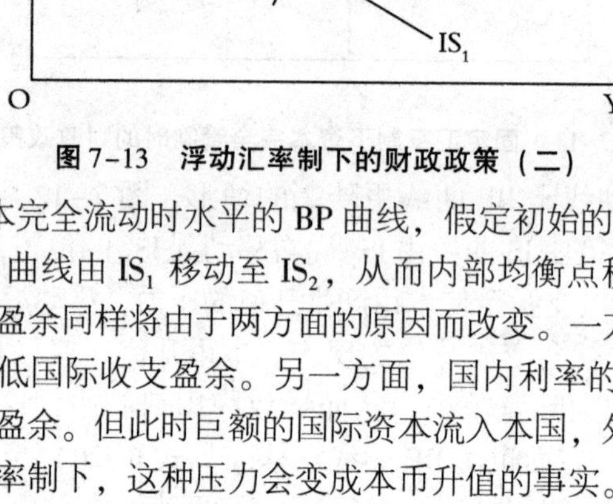

图 7-14　浮动汇率制下资本完全流动时的财政政策

资本完全管制时 BP 曲线为垂直线 BP_1，图 7-15 画出了初始的双重均衡点 a。政府扩张性的财政政策将 IS 曲线由 IS_1 移动至 IS_2，从而内部均衡点移至点 b，产生了国际收支逆差。这一逆差产生的原因是国民收入提高导致了净出口的减少。由于资本完全管制，利率提高不会导致国际资本流入。在浮动汇率制下，国际收支逆差引起外汇供不应求，从而本币贬值。本币贬值一方面使净出口增加，从而 IS 曲线右移，另一方面也会使 BP 曲线右移。在 IS 曲线和 BP 曲线不断右移的过程中，国际收支逆差不断减少。但只要国际收支逆差仍然存在，这种移动就会继续。最后，IS 曲线移动到 IS_3，BP 曲线移动到 BP_2，经济在点 c 达到双重均衡。由此可见，**浮动汇率制下资本完全管制时的财政政策是有效的**，结果是国民收入和利率都提高。

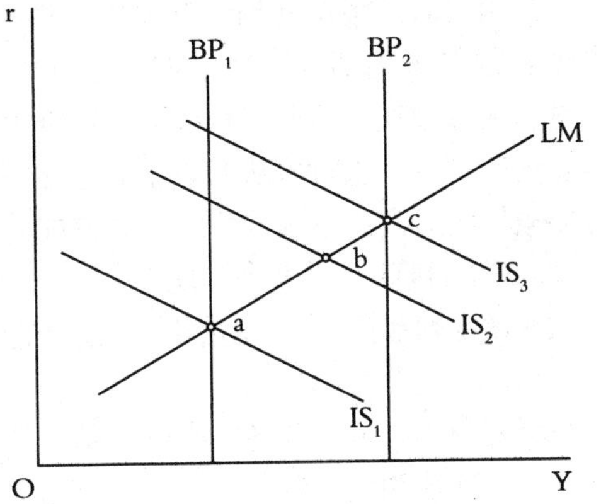

图 7-15　浮动汇率制下资本完全管制时的财政政策

第二节　货币政策

一、银行制度

要了解货币政策，必须先具备一些西方银行制度的知识。银行制度是为了促进货币和信用的流通而建立的一套金融机构和规章体系。一国的金融机构由金融中介机构和中央银行构成。商业银行是最重要的金融中介机构，本课程将金融中介机构简化为商业银行。

（一）商业银行

商业银行（commercial bank）是以货币经营为主要业务的金融企业。商业银行是企业。因此，与其他企业一样，其经营目标是利润最大化。商业银行与一般企业的不同在于其经营的业务是金融产品而不是一般的产品。商业银行的业务可分为三类：负债业务、资产业务和中间业务。

1. 负债业务

商业银行的负债业务主要是吸收存款的业务。商业银行吸收的存款有活期存款和定期存款等形式，其中活期存款是最为重要的一种存款形式。厂商和家庭在商业银行存入活期存款并不以利息为目的，而是以商业银行为支付中介，利用支票办理结算。很多国家的商业银行对吸收的活期存款不支付利息，而以免费办理有关业务作为存款的回报。当商业银行的客户存入一笔活期存款后，其各种收付结算通常都通过这一活期存款账户进行。活期存款客户对他人进行支付时，只需开出支票。收款人凭支票由商业银行将付款人账户内的相应金额划入收款人账户。由此可见，通过支票来结算可大大减少通货的使用。商业银行吸收的每一笔存款都形成其负债，所以将这一类业务称为负债业务。

2. 资产业务

商业银行的资产业务主要是对厂商和家庭的贷款。商业银行放出的每一笔贷款都形成其资产，所以将这一类业务称为资产业务。贷款收取的利息构成了商业银行的主要收益。

商业银行对厂商的贷款经常以贴现的形式进行。下面对贴现业务作一简单介绍。

商业票据是商业往来中常用的一种欠款延期支付凭证，其上注明了应付款金额、付款人、开户银行和到期日等。厂商甲可能用商业票据而不是现金或支票来支付厂商乙的货款。厂商乙在到期日凭商业票据到商业银行将相应款项由厂商甲的账户划至自己的账户。如果厂商乙在一段时期内收到很多未到期的商业票据，这可能会使其资金周转不灵。于是，厂商乙持商业票据到商业银行借款。商业银行按商业票据上注明的应付金额扣除一定利息向厂商乙发放贷款。俟到期日商业银行再从商业票据上注明的付款人账户内将相应金额收回。商业银行收回的金额与向厂商乙发放的贷款额之差即此项贷款的利息，将其单位化（单位货币贷款在单位时间内的利息）后就是贴现率。

商业银行对家庭和厂商的放款业务除了以上贴现业务外，还有抵押贷款和信用贷款等形式。

3. 中间业务

中间业务是商业银行按照客户的要求办理各种咨询、结算和其他委托事项，从中收取手续费的业务。如接受委托汇拨款项的汇兑业务、为国际贸易进口商提供付款担保和代管贵重物品等业务。

（二）中央银行

中央银行（central bank）是一国最高金融当局。它统管全国金融活动，在金融体系中具有官方地位。因为中央银行不是企业，所以尽管它也获取利润，但利润不是其唯一的目标。我们可以通过以下三大职能来了解中央银行。

1. 中央银行是发行的银行

在西方金本位制时代，各商业银行都可发行银行券来代替本位币在市面流通。中国封建时期长期实行银本位制，清朝的各大私人钱庄都发行自己的银票。只要发行者在信用方面得到收款人的认可，这些银行券或银票就可以在市面上流动。1844 年英国的银行法案赋予英格兰银行以垄断发行银行券的特权，开始禁止私人发行货币。以后各国都效仿英国，将货币发行权集中于中央银行。

2. 中央银行是银行的银行

中央银行不以一般厂商和家庭为自己的客户，其业务仅仅面向商业银行。“银行的银行”中前一个“银行”就是指商业银行。中央银行与商业银行间的业务主要有以下三种：

第一，向商业银行发放贷款。中央银行向商业银行发放贷款的形式除了抵押贷款外，主要是再贴现业务。商业银行为厂商办理贴现业务可能使前者持有太多未到期的商业票据。商业银行持商业票据到中央银行办理贴现业务称为再贴现。与贴现业务类似，再贴现业务实质上是中央银行向商业银行放款。这种贷款的利率称为再贴现率。作为一国金融市场中的基准利率，再贴现率的调整对金融市场乃至整个宏观经济产生重大的影响。

第二，保管商业银行的存款准备金。商业银行的主要利润来源于存贷利息差。作为金融企业，商业银行当然希望将吸收的存款全部放出去。但这样做就可能导致资金周转的困难，进而引发挤兑甚至商业银行的倒闭。为了防止这一点，中央银行规定商业银行吸收的存款总额中必须留下一部分作为法定存款准备金而不能贷出。**法定存款准备金与商业银行吸收的存款总额之比称为法定存款准备率（statutory reserve of deposits）**，即

$$法定存款准备金=法定存款准备率\times存款总额 \tag{7-13}$$

中央银行一般是规定法定存款准备率，各商业银行则按此比例将法定存款准备金零利

率地交由中央银行集中保管。

第三，办理全国商业银行间的结算业务。

3. 中央银行是国家的银行

中央银行作为一国货币最高当局，与政府特别是财政部关系密切。不论是国有的、私有的，还是半国有半私有的，中央银行作为国家的银行都具有以下五种作用：

第一，代理国库。政府的各项收入（各种税款和国债收入等）都作为财政部的活期存款由中央银行保管。政府的各项支出也由中央银行代为拨付。从这个意义上说，中央银行也是政府的出纳员。

第二，为政府提供资金。中央银行既为政府提供短期信用，也提供中、长期信用。中央银行通过贴现政府发行的短期国库券，或通过往来账户为政府提供短期资金。中央银行为政府发行公债或者直接购买公债，为政府提供长期资金。

第三，在国际金融事务中代表政府。在所有国际金融事务中，中央银行以国家的身份与外国发生各种关系，如代表政府参加国际金融组织和国际金融会议以及代表国家参与对外援助等。

第四，执行货币政策。

第五，监管全国金融市场。

二、货币创造

（一）基础货币

商业银行所吸收的客户存款并不能全部作为贷款发放出去。其中的一部分要留下来维持银行的正常运作，这一部分称为存款准备金。存款准备金又可分为两个部分：一部分是中央银行规定的数额，称为法定存款准备金，记做 R_d；另一部分称为超额存款准备金，记做 R_e。法定存款准备金与存款总额之比称为法定存款准备率，记做 r_d；超额存款准备金与存款总额之比称为超额存款准备率，记做 r_e。

类似于存款准备金，存款总额中还有一部分不能贷出，这就是客户从其存款中取走的现金 C_u。从整个银行体系来看，客户从其存款中取现的数额与存款总额之比相当稳定。我们将这个比值称为现金-存款比，记做 r_c。

显然，不但有 $0<r_d<1$、$0<r_e<1$ 和 $0<r_c<1$，而且还有：

$$0<r_d+r_e+r_c<1 \tag{7-14}$$

这样，银行吸收一笔存款 D，不能或没有贷出的部分为 $D \cdot r_d$、$D \cdot r_e$ 和 $D \cdot r_c$ 三者之和 $D(r_d+r_e+r_c)$，余下的部分 $D[1-(r_d+r_e+r_c)]$ 为贷出额。

基础货币（base currency）是指商业银行的存款准备金和流通在银行体系之外的通货之和，即

$$H=C_u+R_d+R_e \tag{7-15}$$

它是中央银行直接控制的变量，也是银行体系的存款扩张、货币创造的基础。其数额的大小会影响货币供给量的增减变化，所以也称高能货币。当中央银行提高或降低法定存款准备金率时，各商业银行就要调整资产负债表项目，相应地增加或减少其存放在中央银行的法定存款准备金，这会使得银行体系内产生一系列的变化，从而对货币供给量产生紧缩或扩张的作用。社会公众持有现金的变动会引起派生存款的变化，从而引起货币供给量

的增加或减少。当公众将现金存入银行时，银行就可以按一定的比例发放贷款，从而在银行体系内产生一系列的存款扩张过程。当公众从银行提取现金时，又会使银行体系内不断进行的派生存款过程部分中止。

（二）货币创造乘数

货币创造乘数是指1单位基础货币所创造出的货币量，常用θ来表示。我们仍将货币的口径定义为狭义货币：

$$M=C_u+D \tag{7-16}$$

式中：C_u为通货；D为商业银行吸收的存款总额。根据以上讨论不难得出货币创造乘数：

$$\theta=\frac{M}{H}=\frac{C_u+D}{C_u+R_d+R_e}=\frac{\frac{C_u}{D}+1}{\frac{C_u}{D}+\frac{R_d}{D}+\frac{R_e}{D}}=\frac{r_c+1}{r_c+r_d+r_e} \tag{7-17}$$

根据式7-14知θ>1。这就说明，基础货币可创造出比自己更多的货币量。下面将问题略加简化来理解货币的创造过程。

（三）货币创造过程

货币创造是指中央银行增加的基础货币能够产生成倍于此基础货币增量的货币供给量的经济现象。下面，我们就有关问题进行讨论。

我们这里的存款都是指存款人在商业银行的活期存款。为简明起见，我们简单地将货币供给量与商业银行的活期存款等同起来。

设存款人1将一笔原始存款R存入某商业银行，这使得商业银行体系的存款增加了R。该银行因为这笔存款增加了法定存款准备金$R\cdot r_d$和超额存款准备金$R\cdot r_e$。存款人1还将取出现金$R\cdot r_c$。这三项之和$R(r_d+r_e+r_c)$是原始存款R中没有贷出去的部分，剩下的部分$R[1-(r_d+r_e+r_c)]$均作为贷款发放。假设存款人2接受了这笔贷款且将其存入商业银行，则商业银行体系的存款又增加了$R[1-(r_d+r_e+r_c)]$。新增存款$R[1-(r_d+r_e+r_c)]$中同样有三个部分不能或没有贷出，它们是法定存款准备金$R[1-(r_d+r_e+r_c)]\cdot r_d$、超额存款准备金$R[1-(r_d+r_e+r_c)]\cdot r_e$和存款人2取走的现金$R[1-(r_d+r_e+r_c)]\cdot r_c$。其中的另一部分则作为贷款发放，这一部分是：

$$\begin{aligned}&R-\{R[1-(r_d+r_e+r_c)]\cdot r_d+R[1-(r_d+r_e+r_c)]\cdot r_e+R[1-(r_d+r_e+r_c)]\cdot r_c\}\\&=R\{[1-(r_d+r_e+r_c)]\cdot[1-(r_d+r_e+r_c)]\}\\&=R[1-(r_d+r_e+r_c)]^2\end{aligned}$$

如此下去，存款人n使商业银行体系增加的存款额为$R[1-(r_d+r_e+r_c)]^{n-1}$（见表7-1）。前n轮使商业银行体系增加的存款额之和为：

表7-1 存款创造过程

存款人	存款额	存款准备金与现金漏出	放贷额
1	R	$R[1-(r_d+r_e+r_c)]$	$R[1-(r_d+r_e+r_c)]$
2	$R[1-(r_d+r_e+r_c)]$	$R[1-(r_d+r_e+r_c)]\cdot(r_d+r_e+r_c)$	$R[1-(r_d+r_e+r_c)]^2$
3	$R[1-(r_d+r_e+r_c)]^2$	$R[1-(r_d+r_e+r_c)]^2\cdot(r_d+r_e+r_c)$	$R[1-(r_d+r_e+r_c)]^3$
⋮	⋮	⋮	⋮
n	$R[1-(r_d+r_e+r_c)]^{n-1}$	$R[1-(r_d+r_e+r_c)]^{n-1}\cdot(r_d+r_e+r_c)$	$R[1-(r_d+r_e+r_c)]^n$
⋮	⋮	⋮	⋮

$$D_n = R + R[1-(r_d+r_e+r_c)] + R[1-(r_d+r_e+r_c)]^2 + \cdots + R[1-(r_d+r_e+r_c)]^{n-1}$$
$$= \sum_{j=1}^{n} R[1-(r_d+r_e+r_c)]^{j-1} = R\sum_{j=1}^{n}[1-(r_d+r_e+r_c)]^{j-1}$$
$$= R\frac{1-[1-(r_d+r_e+r_c)]^n}{1-[1-(r_d+r_e+r_c)]} = R\frac{1-[1-(r_d+r_e+r_c)]^n}{r_d+r_e+r_c}$$

由不等式7-14，得 $0<1-(r_d+r_e+r_c)<1$，所以 $\lim\limits_{n\to\infty}[1-(r_d+r_e+r_c)]^n=0$，原始存款R最后使得商业银行体系的存款增加：

$$D=\lim_{n\to\infty}D_n=\lim_{n\to\infty}R\frac{1-[1-(r_d+r_e+r_c)]^n}{r_d+r_e+r_c}$$
$$=R\lim_{n\to\infty}\frac{1-[1-(r_d+r_e+r_c)]^n}{r_d+r_e+r_c}=\frac{R}{r_d+r_e+r_c}$$

即
$$\frac{D}{R}=\frac{1}{r_d+r_e+r_c} \tag{7-18}$$

根据不等式7-14，上式说明原始存款通过商业银行体系被放大了若干倍。在推导式7-17时，货币供给量是由式7-16定义的。但我们这里却将货币供给量简化为商业银行吸收的活期存款，即M=D。这样，式7-17就简化成：

$$\theta=\frac{M}{H}=\frac{D}{C_u+R_d+R_e}=\frac{1}{\frac{C_u}{D}+\frac{R_d}{D}+\frac{R_e}{D}}=\frac{1}{r_c+r_d+r_e} \tag{7-19}$$

这就是在货币供给量仅为商业银行活期存款假设下的货币创造乘数。在金融市场比较发达的国家如美国，通货 C_u 比活期存款D小得多，故式7-19可看成式7-17的近似表达。如果还假定超额存款准备率 r_e 和现金-存款比 r_c 为零，则得到：

$$\theta=\frac{1}{r_d} \tag{7-20}$$

三、货币政策的作用过程

货币政策（monetary policy）是指政府变动货币供给量的措施。政府增加货币供给量被称为扩张性的货币政策；政府减少货币供给量被称为紧缩性的货币政策。

政府增加货币供给量M，货币市场原来的均衡状态被打破。为建立新的均衡，货币需求量L相应提高，从而利率降低。利率的降低通过投资需求函数 $i=i(r)$ 使投资i得到增加，后者是总支出E的组成部分，故总支出E得到增加。为了维持产品市场的均衡，国民收入Y随之相应提高。这又会使得个人可支配收入 Y_d 增加，再通过消费函数 $c=c(Y_d)$ 使消费c增加。消费c作为总支出E的组成部分，其增加直接导致了总支出的增加。如此循环下去，直到政策效果完全发挥。这一过程也可表达如下：

$$M\uparrow \xrightarrow{L_1+L_2=M} L_2\uparrow \xrightarrow{L_2=b-hr} r\downarrow \xrightarrow{i=i_0-\delta r} i\uparrow \xrightarrow{E=c+i+g+(x-m)} E\uparrow \xrightarrow{Y=E} Y\uparrow \xrightarrow{Y_d=Y-t+tr} Y_d\uparrow$$
$$\xrightarrow{c=\alpha+\beta Y_d} c\uparrow \xrightarrow{E=c+i+g+(x-m)} E\uparrow\cdots \tag{7-21}$$

图7-16也表达了这一过程，其中实线箭头表示循环进行的过程。

四、货币政策工具

货币政策的主要工具有三个，分别是公开市场业务、调整再贴现率和调整法定存款准备率。其中，又以公开市场业务最为常用。这些工具作用的直接目标就是中央银行的货币

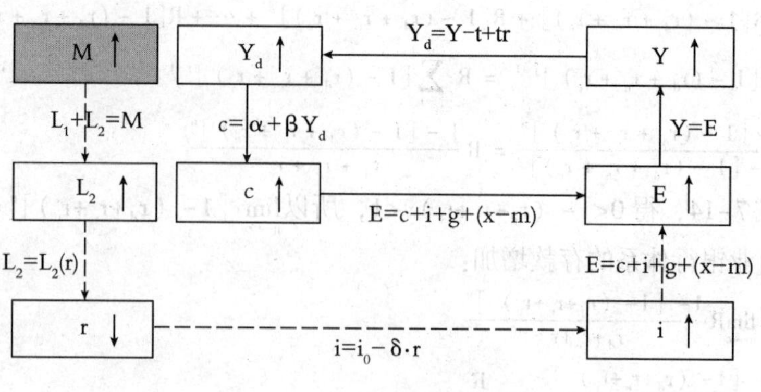

图 7-16　货币政策的作用过程

供给量 M。

（一）公开市场业务

公开市场业务（open market operation）是指中央银行在公开市场上买进或出售政府债券，用以影响基础货币和货币供给量的政策手段。当经济风向显示出总需求不足，因而有失业率持续上升，经济出现衰退的趋势时，中央银行就在公开市场上买进政府债券，使基础货币增加，再通过货币创造乘数，使货币供给量 M 增加，然后使利率下降，投资增加，总需求增加，最后使得国民收入增加，消除衰退。当经济风向显示出总需求过大，因而有物价持续上涨，经济出现过热的趋势时，中央银行就在公开市场上卖出政府债券，使基础货币减少，再通过货币创造乘数，使货币供给量减少，然后使利率上升，投资减少，总需求下降，最后使得价格水平和国民收入下降，消除通货膨胀。

作为中央银行最重要的货币政策工具之一，公开市场业务具有明显的优越性，这主要体现在：

直接——可以直接调控银行系统的存款准备金总量，使其符合货币政策目标的需要。

主动——可以“主动出击”，避免“被动等待”。

灵活——可以对货币供应量进行微调，也可以进行连续性、经常性、试探性，甚至逆向性操作。

但是，公开市场业务也受其他一些因素的影响，如商业周期、货币流通速度、商业银行的信贷意愿等。

（二）调整再贴现率

中央银行也给商业银行贷款，作为商业银行的存款准备金，但商业银行必须用商业票据或政府债券作为担保。通常把中央银行给商业银行的贷款叫做再贴现，把中央银行对商业银行的贷款利率叫做再贴现率。为了配合“斟酌使用”的货币政策，中央银行总是逆经济风向调整再贴现率。当经济风向显示出总需求不足，因而有失业率持续上升，经济出现衰退的趋势时，中央银行就降低再贴现率，增大再贴现的数量，增加货币供给量，降低利率，以鼓励商业银行发放贷款，增加投资，进而影响总需求，提高国民收入，消除经济衰退。当经济风向显示出总需求过度，因而有物价持续上升，经济出现过热的趋势时，中央银行就提高再贴现率，收缩再贴现的数量，减少货币供给，提高利率，以限制商业银行发放贷款，降低投资，进而影响总需求，降低价格水平和国民收入，消除通货膨胀。

（三）调整法定存款准备率

法定存款准备率是一国法律规定的商业银行的存款准备金与存款总额的比率。中央银行可以在法定的范围内改变商业银行活期存款的准备率来调节货币和信用供给，如果要突破法定存款准备率的最高限和最低限，就必须请求立法机构授予这项权力。改变法定存款准备率被认为是一项强有力的手段，这种手段由于影响太强烈而不经常使用。中央银行按斟酌使用的原则逆经济风向改变法定存款准备率。当货币当局认为总需求不足、失业有持续增加的趋势时，可以降低法定存款准备率，使商业银行能够按更低的存款准备率也就是按更大的倍数扩大贷款。这也使商业银行形成超额存款准备金，超额存款准备金扩大了商业银行增加信用的基础，增加了贷款的能力。反之，当货币当局认为总需求过度、价格有持续升高的趋势时，则提高法定存款准备率，使商业银行必须按更高的存款准备率，也就是按较小的倍数扩大贷款。

就重要程度而言，调整贴现率政策虽然曾经被认为是最重要的政策手段，但是现在已经被放到了次要的位置，而公开市场业务则被认为是最重要的工具。法定存款准备率具有法律效力，能对银行信用产生直接影响。其变动能直接改变商业银行的存款准备金，从而可以增强公开市场业务和贴现率政策的效果。因此，西方学者认为，法定存款准备率政策既能独立起作用，又能作为公开市场业务和再贴现率政策的补充。

一般来说，以上三种重要手段既可以单独使用，又可以配合使用。在通常情况下，中央银行通过公开市场业务和再贴现率的配合来调节宏观经济活动水平，只有在特殊情况下，才运用法定存款准备率政策。

除了上述公开市场业务、改变再贴现率和改变法定存款准备率三种重要政策手段以外，西方国家的中央银行有时还采用一些其他的手段。如道义劝告、选择性控制和证券信贷的控制，以及分期付款条件、信贷控制和抵押信贷控制等。

五、货币政策的有效性

（一）封闭经济中货币政策有效性的几何分析

政府实施扩张性的货币政策（增加货币供给量）将使 LM 曲线右移，从而使国民收入提高。一定力度的扩张性货币政策导致 LM 曲线一定距离的右移，但在不同的条件下所导致的国民收入增量却不一定相同。如果国民收入增量较大，我们就说货币政策的效果较好；如果国民收入增量较小，我们就说货币政策的效果较差。这里的“不同条件”还是指 IS 曲线的斜率和 LM 曲线的斜率。

1. IS 曲线的斜率一定，LM 曲线越陡峭，货币政策效果越大

如图 7–17 所示，IS_1-LM 与 IS_2-LM 中 IS 曲线的斜率是一样的，唯一不同的是初始均衡点 E_1 与 E_2 所在的 LM 曲线的斜率不同，E_2 处的 LM 曲线比 E_1 处更陡峭（$k_{E_2}>k_{E_1}$）。考虑政府的一次扩张性的货币政策，增加一笔货币供给 ΔM。根据 LM 曲线的相关知识，我们知道该笔货币供给增量会使 LM 曲线向右平移到 LM′。于是新的均衡点分别出现在点 E_1'与点 E_2'处，两种情况下的收入增量分别为 ΔY_1 和 ΔY_2。不难看出 $\Delta Y_1>\Delta Y_2$，即在点 E_2 处实施货币政策，其政策效果比在点 E_1 处更大。

结论：**LM 曲线越陡峭，货币政策效果越大。**

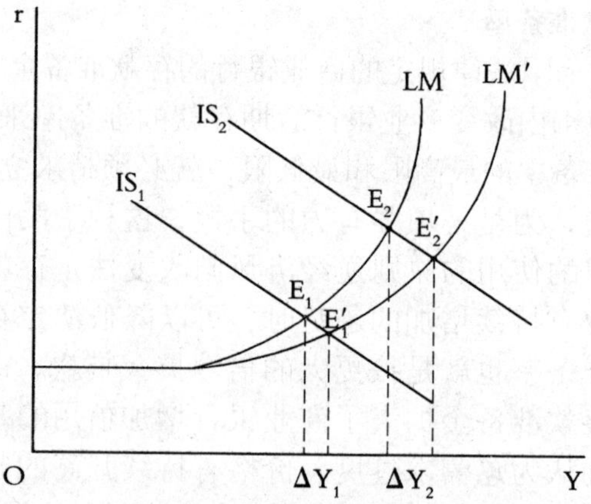

图 7-17 LM 曲线的斜率对货币政策效果的影响

2. LM 曲线的斜率一定，IS 曲线越平缓，货币政策效果越大

如图 7-18 所示，IS_1-LM 与 IS_2-LM 中的初始均衡点在同一点 E 上，但它们的 IS 曲线的斜率是不同的，IS_1 曲线比 IS_2 更平缓，即斜率的绝对值较小（$|l_{IS_1}|<|l_{IS_2}|$）。考虑政府的一次扩张性的货币政策，增加同样多的一笔货币供给量 ΔM，根据 LM 曲线的相关知识，我们知道该笔货币供给增量会使 LM 曲线向右平移到 LM′。于是新的均衡点分别出现在点 E_1'与点 E_2'处，两种情况下的收入增量分别为 ΔY_1 和 ΔY_2，且 $\Delta Y_1>\Delta Y_2$。

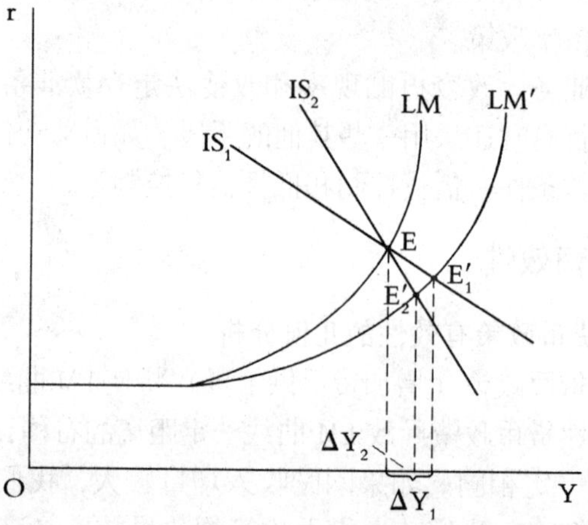

图 7-18 IS 曲线的斜率对货币政策效果的影响

结论：**IS 曲线越平缓，货币政策效果越大。**

3. LM 曲线的两个极端情形

由图 7-19 可见，在 LM 曲线的凯恩斯区域货币政策完全无效，而在 LM 曲线的古典区域货币政策完全有效。在 LM 曲线的凯恩斯区域经济陷入流动偏好陷阱，货币扩张不能使利率降低，从而不能刺激投资而提高国民收入。

（二）货币政策的有效性的解析分析

1. 货币政策乘数

在产品市场与货币市场同时均衡的条件 7-8 中对货币供给量 M 求导得：

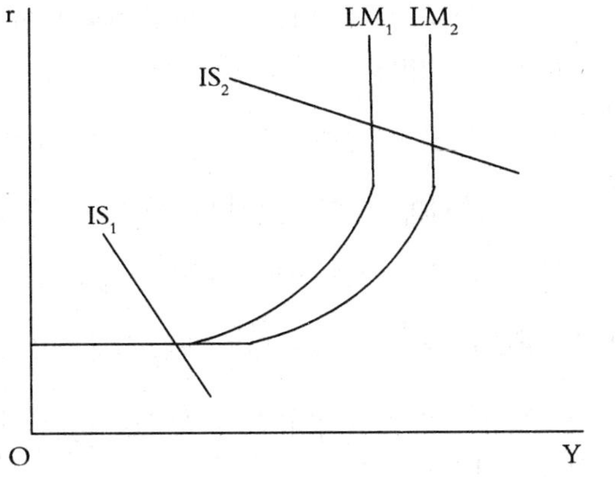

图 7-19　货币政策效果的两个极端情况

$$\begin{cases}\dfrac{\partial Y}{\partial M}=-\dfrac{\delta}{1-\beta\ (1-\tau)\ +\gamma}\cdot\dfrac{\partial r}{\partial M}\\ \dfrac{\partial Y}{\partial M}=\dfrac{1}{k\cdot P}+\dfrac{h}{k}\cdot\dfrac{\partial r}{\partial M}\end{cases} \quad (7-22)$$

消去$\dfrac{\partial r}{\partial M}$得：

$$\frac{\partial Y}{\partial M}=\frac{\delta}{P\cdot\{k\cdot\delta+h\ [1-\beta\ (1-\tau)\ +\gamma]\}}=\frac{\delta}{P\ (k\cdot\delta+\dfrac{h}{K_g})}=\frac{\delta\cdot K_g}{P\cdot\ (\delta\cdot K_g\cdot k+h)} \quad (7-23)$$

称式 7-23 为货币政策乘数，记做 K_{LM}，即

$$K_{LM}=\frac{\delta\cdot K_g}{P\cdot\ (\delta\cdot K_g\cdot k+h)} \quad (7-24)$$

由此定义可见，**货币政策乘数 K_{LM} 表示再增加 1 单位货币供给量导致的使产品市场和货币市场同时均衡的国民收入 Y 的增量。**

IS 曲线陡峭意味着 $\delta\cdot K_g$ 很小，此时 $K_{LM}=\dfrac{1}{P\cdot\ (k+\dfrac{h}{\delta\cdot K_g})}$ 也很小，即货币政策效果小。极端的情况是 IS 曲线垂直，即 $\delta\cdot K_g=0$，此时 $K_{LM}=0$，货币政策完全无效。

LM 曲线陡峭意味着 h 很小①，此时 K_{LM} 很大，即货币政策效果大。在 LM 曲线的凯恩斯区域 $h\to\infty$，经济陷入流动偏好陷阱，此时 $\lim\limits_{h\to\infty}K_{LM}=0$，货币政策完全无效。在 LM 曲线的古典区域 $h=0$，$K_{LM}=\dfrac{1}{P\cdot k}$，货币政策完全有效。这些结论都与前文的几何分析相同。

2. 利用货币政策作用过程分析

下面我们来分析货币政策作用过程中的各个步骤，以了解货币政策能在多大程度上影响国民收入，并将所得结论与上述几何结论作一比较。

第一步：$M\uparrow\xrightarrow{L_1+L_2=M}L_2\uparrow$。货币供给量 M 提高后为了维持货币市场的均衡，货币

① LM 曲线的斜率等于 k/h，其中，$k=dL_1/dY$ 为货币的交易预防需求量对国民收入的变化率，它在一定时期内是相对稳定的，因此，通常将其当做常数处理。

需求量 L 也等量提高。此时国民收入 Y 还没有来得及提高从而货币的交易预防需求量 L_1 不变，货币的投机需求量 L_2 则与货币供给量 M 等量提高。

第二步：$L_2\uparrow \xrightarrow{L_2=h-hr} r\downarrow$。所降低的利率为所提高的投机需求量的 1/h 倍。

第三步：$r\downarrow \xrightarrow{i=i_0-\delta r} i\uparrow$。所增加的投资量为所降低的利率的 δ 倍。

第四步：$i\uparrow \xrightarrow{E=c+i+g+(x-m)} E\uparrow$。首次增加的总支出与所增加的投资量相等。

第五步：$E\uparrow \xrightarrow{Y=E} Y\uparrow$。所提高的国民收入与所增加的总支出相等。

第六步：$Y\uparrow \xrightarrow{Y_d=Y-t+tr} Y_d\uparrow$。所增加的个人可支配收入与所提高的国民收入相等。

第七步：$Y_d\uparrow \xrightarrow{c=\alpha+\beta Y_d} c\uparrow$。所提高的消费是所增加的个人可支配收入的 β 倍。

第八步：$c\uparrow \xrightarrow{E=c+i+g+(x-m)} E\uparrow$。第二次增加的总支出与所增加的消费相等。

由此可见，影响货币政策效果的量有三个：货币需求量对利率的变化率 h、投资量对利率的变化率 δ 和边际消费倾向 β。具体地说，δ 和 β 越大，货币政策效果越显著，h 越大，货币政策效果越小。

因为 IS 曲线和 LM 曲线的斜率分别为$-\frac{1-\beta}{\delta}$和$\frac{k}{h}$，所以 δ 或 β 越大，IS 曲线斜率的绝对值越小，IS 曲线越平缓，h 越小，LM 曲线的斜率越大，LM 曲线越陡峭。因此，如下的结论是两两等价的：

"IS 曲线越平缓，货币政策效果越大" ⇔ "δ 或 β 越大，货币政策效果越大"

"LM 曲线越陡峭，货币政策效果越大" ⇔ "h 越小，货币政策效果越大"

这就说明了我们这里的分析结论与前文的几何分析结论是一致的。

（三）开放经济中货币政策的有效性

开放经济中货币政策的有效性主要与汇率制度有关，因此，我们分固定汇率制度和浮动汇率制度两种情况进行讨论。

1. 固定汇率制下的货币政策效果

假定经济的初始均衡点为图 7-20 中的点 A。政府的扩张性货币政策使 LM 曲线由 LM_1 向右移至 LM_2，经济的内部均衡点移至点 B，国际收支赤字使本币承受贬值的压力。为了维持固定的汇率，货币当局不得不动用外汇储备来购买本币。于是本币的供给量减少，LM 曲线左移。直到 LM 曲线移回原来的位置，国际收支赤字消失，经济再次在点 A 处达到均衡。这就表明，**固定汇率制下货币政策是无效的**。下面的讨论进一步说明这一结论与资本的流动性无关。

图 7-21 中画出了资本完全流动时的水平 BP 曲线 $r=r_f$，初始时经济处于内部和外部的双重均衡点 A。扩张性的货币政策将 LM 曲线由 LM_1 移至 LM_2，内部均衡点移至点 B，产生了国际收支赤字。国际收支赤字使本币受到贬值的压力。固定汇率制下，中央银行为了稳定汇率必须在外汇市场上抛出外币而买入本币。于是本国货币供给量减少，LM 曲线向左上方移动。只要内部均衡点仍在 BP 曲线的下方，这种移动就不会停止，直到 LM 曲线移回原来的位置，经济回到初始时的内部和外部的双重均衡点 A。同样可以说明，中央银行紧缩性的货币政策会导致国际收支盈余，从而使本币受到升值的压力。为稳定汇率，

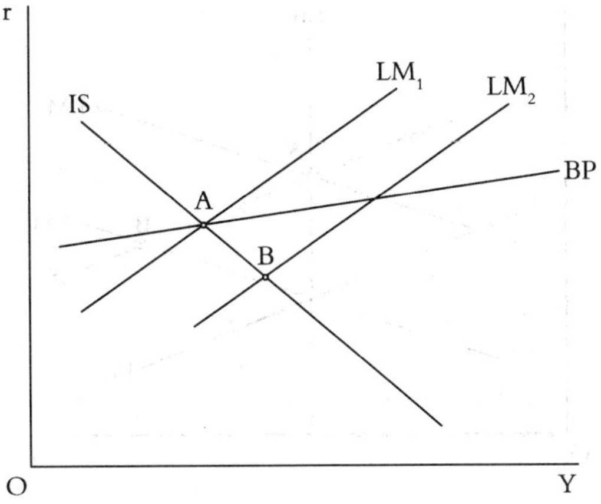

图 7-20　固定汇率制下的货币扩张

中央银行不得不在外汇市场用本币买入外币，从而本国货币供给量被迫增加，抵消了最初的紧缩性货币政策效果。

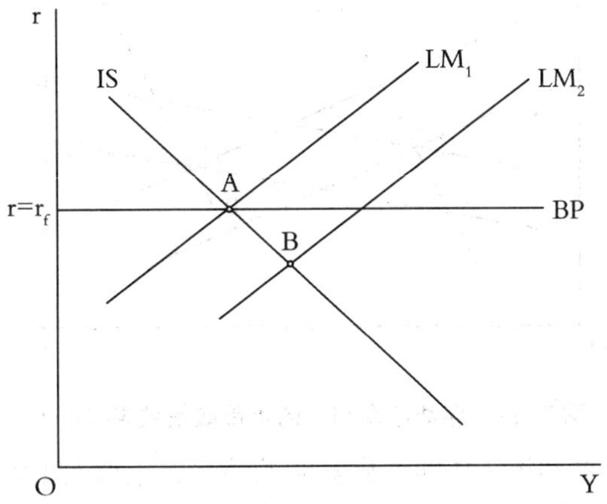

图 7-21　固定汇率制下资本完全流动时的货币政策效果

图 7-22 中画出了资本完全管制时垂直的 BP 曲线，它与 IS 曲线和 LM 曲线交于点 A，此时经济处于内部和外部的双重均衡状态。扩张性的货币政策将 LM 曲线由 LM_1 移至 LM_2，内部均衡点移至点 B。由于资本完全管制，利率的降低不会导致资本流出，但收入的提高会使进口增加，从而产生国际收支逆差。于是外汇市场上对外币的需求增加，外币存在升值压力而本币存在贬值压力。固定汇率制迫使中央银行不得不在外汇市场上抛出外币而买入本币。于是本国货币供给量减少，一直到 LM 曲线向左移回原来的位置为止，经济回到初始时的内部和外部的双重均衡点 A。

2. 浮动汇率制下的货币政策效果

在图 7-23 中假定 LM 曲线比 BP 曲线更陡峭，经济的初始均衡点为点 A。政府扩张性的货币政策将 LM 曲线由 LM_1 向右移至 LM_2 的位置，内部均衡点为点 B，国际收支处于赤字状态。在浮动汇率制下，国际收支赤字使本币发生贬值。本币贬值导致 IS 曲线和 BP 曲线向右移动，这个过程将一直进行到国际收支赤字消失。此时 IS 曲线由 IS_1 移动到 IS_2，BP 曲线也由 BP_1 移动到 BP_2，经济在点 C 达到新的均衡状态。

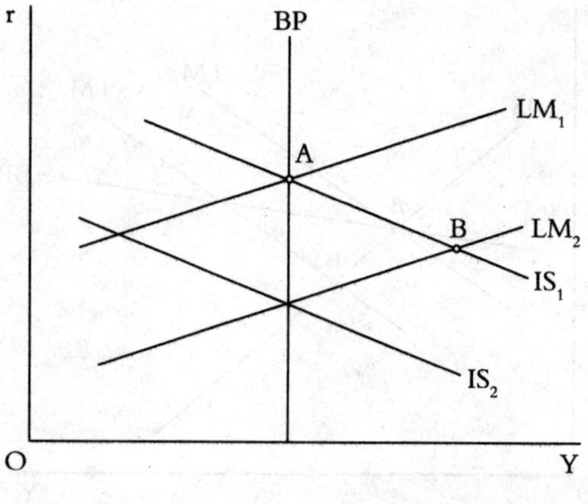

图 7-22　固定汇率制下资本完全管制时的货币政策效果

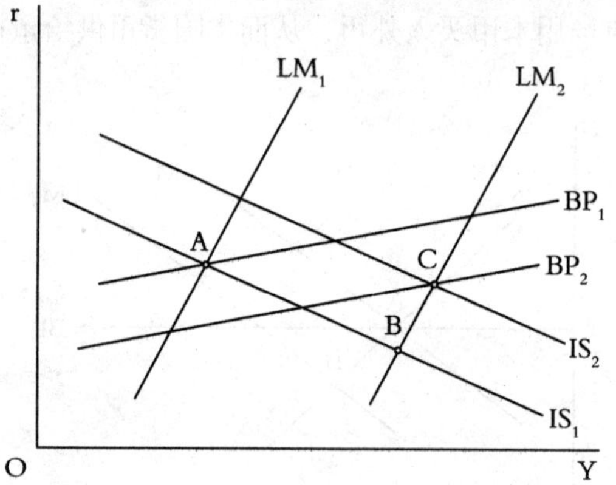

图 7-23　浮动汇率制下的货币政策效果（一）

图 7-24 描绘了 BP 曲线比 LM 曲线更陡峭的情形，上面对 LM 曲线比 BP 曲线更陡峭情形的讨论可原封不动地搬到这里来。从对这两种情形的讨论可以看出，**浮动汇率制下的货币政策效果大于封闭经济的情形。**

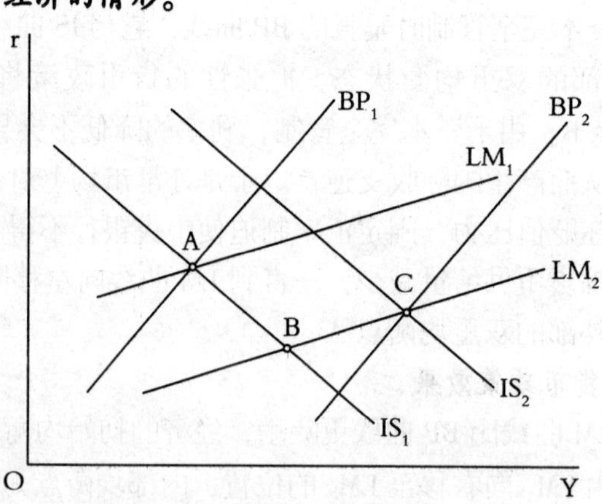

图 7-24　浮动汇率制下的货币政策效果（二）

第三节　需求管理政策的使用

一、封闭经济中需求管理政策的使用

如前文所述，政府既可以通过财政政策来移动 IS 曲线也可以通过货币政策来移动 LM 曲线，从而使这两条曲线相交于适当的点以获得适当的国民收入和利率。

假定经济起初运行在图 7-25 中的点 a（Y_1，r_1），IS 曲线和 LM 曲线分别为 IS_1 和 LM_1，使两个市场同时均衡的收入 Y_1 小于潜在收入 Y^*。为了达到潜在收入，政府可以实施扩张性的财政政策将 IS_1 曲线移动到 IS_2 的位置使经济运行于点 b（Y^*，r_2）。作为另一种政策选择，政府也可以实施扩张性的货币政策将 LM_1 曲线移动到 LM_2 的位置而使经济运行于点 c（Y^*，r_3）。这两种政策都能使国民收入达到潜在的水平 Y^*。如果政府既希望国民收入达到潜在水平 Y^* 又希望利率略为提高（如图 7-25 中点 d），就可以"双管齐下"，同时实施财政政策和货币政策。为了达到充分就业，政府可以用扩张性的财政政策将 IS_2 曲线移动至 IS_3的位置。为了纠正因此导致的经济过热，政府再采用紧缩性的货币政策将 LM_2 曲线移至 LM_3的位置。

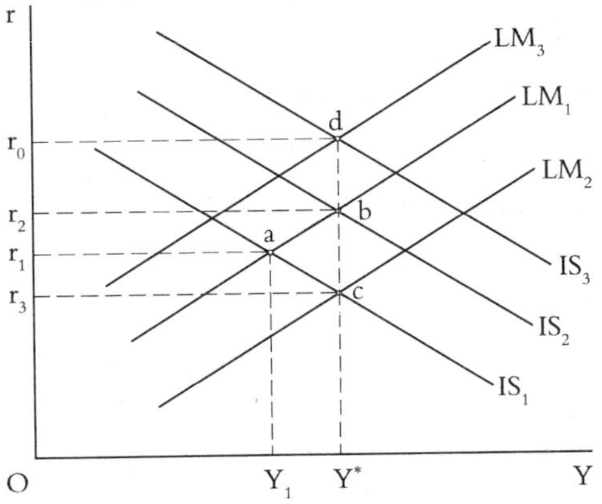

图 7-25　两种政策的混合使用

不难理解，扩张性财政政策和紧缩性货币政策的配合（松财政紧货币）导致利率上升。在前面这个例子中较大力度的扩张性财政政策配之以较小力度的紧缩性货币政策在导致利率上升的同时还增加了国民收入。读者不妨自己作图来得到结论"较小力度的扩张性财政政策配之以较大力度的紧缩性货币政策在导致利率上升的同时还会减少国民收入"。同样的道理，紧缩性财政政策与扩张性货币政策配合使用（紧财政松货币）将降低国民收入。至于利率的变动方向就取决于两种政策力度的对比了。类似地，双紧政策（紧缩性财政政策与紧缩性货币政策配合）将导致国民收入降低，而双松政策（扩张性财政政策与紧缩性货币政策相配合）将导致国民收入提高。

二、开放经济中需求管理政策的使用

因为即使实现了内部均衡也未必会同时自动实现外部均衡，所以，开放经济中宏观调控比封闭经济更为复杂。通常情况下，宏观经济的理想均衡状态是内部均衡和外部均衡在充分就业条件下同时实现。这种理想的均衡状态在几何上表现为 IS 曲线、LM 曲线和 BP 曲线交于一点，且这一点的横坐标恰为均衡国民收入 Y^*（见图 7-26）。然而，这种理想的均衡状态并不常见，经常出现的情况是内部和外部都不均衡、内部均衡但外部不均衡，以及非充分就业的内部和外部同时均衡等。这些情况都是不理想的，必须进行调整。下面我们具体讨论外部失衡的调整和内部与外部的同时调整。

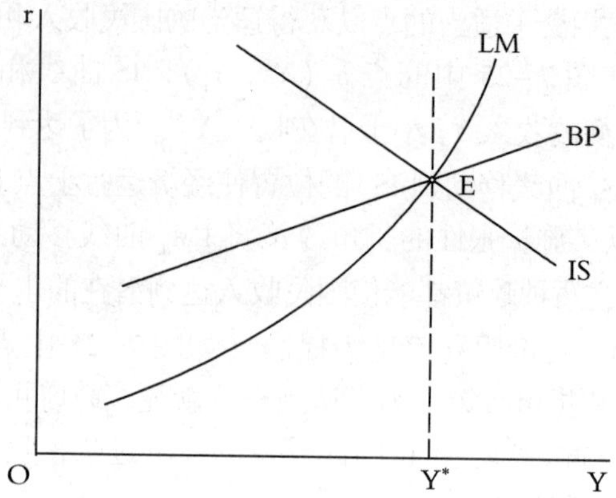

图 7-26　充分就业条件下的内部和外部同时均衡

1. 外部失衡的自动调整

假定我们所考察的经济已经实现了内部均衡，但没有实现外部均衡，图 7-27 就描绘了这种情况。图中 IS 曲线与 LM 曲线交于点 A，实现了内部均衡。但这一内部均衡点却位于 BP 曲线的上方，出现了国际收支盈余。从几何上看，要消除这一国际收支盈余就必须使内部均衡点 A 移动到 BP 曲线上，这可以通过移动这三条曲线中的一条或几条来做到这一点。前文的讨论已经说明通过政府的宏观经济政策来移动这三条曲线所产生的政策效果还取决于汇率制度。鉴于当前世界上大多数国家都实行浮动汇率制度，我们仅说明浮动汇率制度下外部失衡的调整过程。

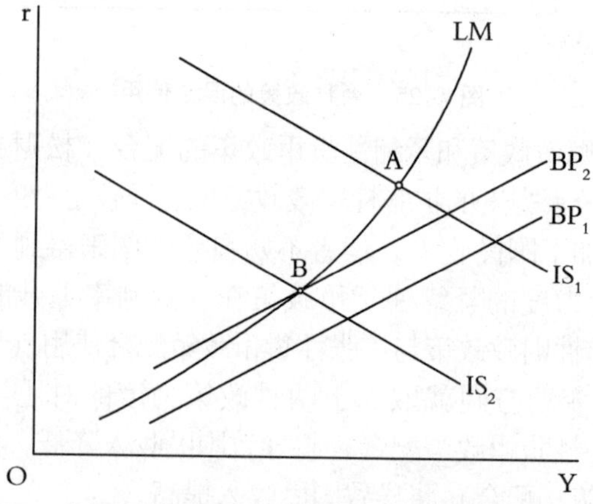

图 7-27　国际收支盈余的自动调整

浮动汇率制度下国际收支盈余的调整过程通常是经过市场的自动调节来实现的。我们假设政府并未实施货币政策，从而 LM 曲线不变。图 7-27 中点 A 表示的状态表明该国通过国际贸易和国际资本流动所得到的外汇多于所支出的外汇，这就造成了外汇市场上外汇供给的过剩。在浮动汇率制度下，过剩的外汇供给导致外币贬值和本币升值。于是，外国商品变得更加便宜而本国商品则更加昂贵，或者说外国商品的国际竞争力增强而本国商品的国际竞争力减弱。这样一来，本国的进口增加而出口减少，从而净出口减少，IS 曲线向左下方移动。与此同时，本币的升值也导致 BP 曲线向左上方移动。最终，IS 曲线由 IS_1 移至 IS_2，而 BP 曲线由 BP_1 移至 BP_2，经济的内部均衡和外部均衡在点 B 得以同时实现。

读者不妨模仿上述过程自行分析市场的自动调节机制对国际收支逆差的调整过程。

2. 内部与外部的同时调整

图 7-28 中内部均衡点 A 位于 BP 曲线的下方，因而产生了国际收支逆差。内部均衡点 A 的横坐标小于潜在国民收入 Y^*，说明经济处在低于充分就业的均衡状态。如果政府的目标仅仅是实现国际收支均衡或者仅仅是实现充分就业，则只需单独使用财政政策或单独使用货币政策即可。如果只是为了消除国际收支逆差，政府可采用紧缩性的货币政策，将 LM 曲线由 LM_1 移至 LM_2，经济在点 B 实现了内部和外部的同时均衡。但此时的国民收入更加远离潜在收入，失业更加严重。如果只是为了达到充分就业，政府可以实施扩张性的财政政策，将 IS 曲线由 IS_1 移至 IS_2，而在点 C 实现充分就业的内部均衡。但此时点 C 仍位于 BP 曲线的右下方，国际收支处于赤字状态。在浮动汇率制度下，国际收支赤字将导致本币贬值，而本币贬值又会导致 IS 曲线和 BP 曲线左移。于是，内部均衡点 C 并不稳定。

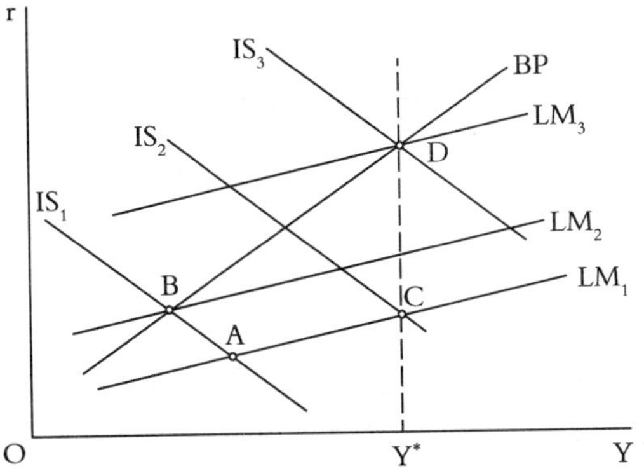

图 7-28 内部和外部的同时均衡

如果政府的目标是要达到如图 7-26 所描述的充分就业的内部均衡和国际收支平衡，则需要同时实施恰当的财政政策和货币政策。在图 7-28 中，BP 曲线上点 D 对应着潜在国民收入 Y^*，它与初始的内部均衡点 A 相比，有更高的收入和更高的利率。为了达到这一更高的收入，政府可以通过扩张性的财政政策将 IS 曲线由 IS_1 移至 IS_3。为了达到这一更高的利率，政府可以通过紧缩性的货币政策将 LM 曲线由 LM_1 移至 LM_3，经济在点 D 实现了充分就业的内部和外部的同时均衡。

关键术语

财政政策　货币政策　挤出效应　自动稳定器　充分就业预算盈余　基础货币　再贴现率　法定存款准备率　公开市场业务　货币创造乘数　财政政策乘数　货币政策乘数

主要观点

◆ 税收制度和转移支付制度本身存在着降低经济波动幅度的内在机制，无需政府刻意增减税收和转移支付，这种内在机制能在经济过热时自动增税和减少转移支付，在经济萧条时自动减税和增加转移支付。然而这种自动稳定器作用的力度不大，并不能取代政府的财政政策。

◆ 基础货币可通过商业银行体系创造出若干倍的货币量。

◆ 经济萧条时货币政策失效而财政政策完全有效。

◆ 充分就业时财政政策失效而货币政策完全有效。

基本训练

一、填空题

1. 财政政策是指政府变动其收支来影响总支出进而影响(　　)的政策措施。

2. 财政政策的主要工具是(　　)、(　　)和(　　)。

3. 增加政府购买在提高国民收入的同时，由于提高了利率而减少了私人投资和消费，从而使得国民收入增量小于按乘数理论计算的增量称为(　　)。

4. 按“逆经济风向行事”的原则来实施财政政策，不必顾及其后果是盈余还是赤字。这一原则就是(　　)原则。

5. 既定的财政政策在潜在国民收入水平上应当产生的预算盈余为(　　)。

6. 中央银行在公开市场上买进或出售政府债券，用以影响基础货币和货币供给量的政策手段是(　　)。

二、选择题

1. IS 曲线(　　)，挤出效应越大。

A. 越陡峭　　B. 越平坦　　C. 曲率越大　　D. 曲率越小

2. 货币供给的变动如果对均衡收入有更大的影响，是因为(　　)。

A. 私人部门的支出对利率更敏感　　B. 私人部门的支出对利率更迟钝
C. 支出乘数较小　　D. 货币需求对利率更敏感

3. 紧缩性财政政策与紧缩性货币政策的搭配适合于在出现(　　)情况下采用。
A. 严重衰退　　B. 严重通货膨胀
C. 严重失业　　D. 总需求严重不足

4. 扩张性财政政策与紧缩性货币政策搭配将使(　　)。
A. 均衡收入增加　　B. 均衡收入减少
C. 均衡利率上升　　D. 均衡利率下降

5. 假定经济处于流动性陷阱之中，投资乘数为 4，投资增加了 80 亿元，由IS-LM模型可推断出(　　)。
A. 收入增加将超过 320 亿元　　B. 收入将增加 320 亿元
C. 收入增加将不到 320 亿元　　D. 收入不变

6. 政府的财政收入政策通过(　　)因素对国民收入产生影响。
A. 政府转移支付　　B. 政府购买
C. 消费支出　　D. 出口

7. 假定政府没有实行财政政策，国民收入水平的提高可能导致(　　)。
A. 政府支出增加　　B. 政府税收增加
C. 政府税收减少　　D. 政府财政赤字增加

8. 扩张性财政政策对经济的影响是(　　)。
A. 缓和了经济萧条但增加了政府债务
B. 缓和了萧条也减轻了政府债务
C. 加剧了通货膨胀但减轻了政府债务
D. 缓和了通货膨胀但增加了政府债务

9. 商业银行之所以会有超额储备，是因为(　　)。
A. 吸收的存款太多　　B. 未找到那么多合适的贷款对象
C. 向中央银行申请的贴现太多　　D. 以上几种情况都有可能

10. 市场利率提高，银行的存款准备金将(　　)。
A. 增加　　B. 减少　　C. 不变　　D. 以上几种情况都可能

11. 中央银行降低再贴现率，会使银行存款准备金(　　)。
A. 增加　　B. 减少　　C. 不变　　D. 以上几种情况都可能

12. 中央银行在公开市场卖出政府债券是企图(　　)。
A. 收集一笔资金帮助政府弥补财政赤字
B. 减少商业银行在中央银行的存款
C. 减少流通中基础货币以紧缩货币供给
D. 通过买卖债券获取差价利益

13. 当(　　)时，货币政策更加有效。

A. 货币需求弹性小
B. 投资对利率的变化相对敏感
C. 价格容易调整
D. 经济处于高涨期

14. 挤出效应(　　)。
A. 是完全的（100%），如果 LM 曲线是垂直的
B. 是由于扩张性财政政策导致利率上升而导致的
C. 不会发生，如果 IS 曲线是垂直的
D. 以上全对

15. 属于自动稳定器的项目是(　　)。
A. 政府购买
B. 政府税收
C. 货币供给
D. 政府公共工程支出

16. 政府的财政政策工具主要有(　　)。
A. 税收和政府支出
B. 利率
C. 汇率
D. 进口和出口

17. 美国联邦储备系统最常用的货币政策工具是(　　)。
A. 公开市场业务
B. 调整法定储备率
C. 调整再贴现率
D. 道义劝告

18. 贴现率是(　　)。
A. 美联储向商业银行发放贷款所索取的利率
B. 由美联储对存款所索取的利率
C. 美联储索取的利率与市场利率的差额
D. 信用证差额的利率上限

19. 中央银行提高贴现率会导致(　　)。
A. 货币供给量的增加和利率提高
B. 货币供给量的减少和利率提高
C. 货币供给量的增加和利率降低
D. 货币供给量的减少和利率降低

20. 当经济中存在失业时，所采用的货币政策工具是(　　)。
A. 在公开场合买进有价证券
B. 提高贴现率并严格贴现条件
C. 提高法定存款准备率
D. 以上都不是

21. 中央银行在公开市场上买进政府债券将导致商业银行的存款(　　)。
A. 增加
B. 减少
C. 不变
D. 不能确定

22. 如果中央银行向大众大量购买政府债券，它的打算是(　　)。
A. 增加商业银行存入中央银行的贷款
B. 减少商业银行的贷款总额
C. 降低利率水平
D. 以上都是

23. 一般来说，自动稳定器(　　)。
A. 提高了衰退时的消费，抵消了投资的下降
B. 降低了衰退时可支配收入下降的程度，从而可支配收入占国民收入的比重上升了
C. 增大了财政政策乘数

D. 使经济总是保持在充分就业水平

24. 面值为 CNY1 000 的两年期债券，票面利率为 10%，当前的市场利率 r=8%，则该债券当期的价格为(　　)。

A. CNY1 200　　B. CNY1 120　　C. CNY1 036　　D. CNY920

25. 与封闭经济相比，开放经济中政府的宏观财政政策的作用将(　　)。

A. 更大，因为总需求方加入净出口后使支出乘数增大

B. 更小，因为总需求方加入净出口后使支出乘数变小

C. 不变，因为总需求方加入净出口后对支出乘数并没有影响

D. 不能确定两者的关系

26. 如果一国处于国内均衡，但国际收支有盈余的状况，这时最适宜采用(　　)宏观调节政策。

A. 紧缩性的财政政策　　B. 紧缩性的货币政策

C. 扩张性的财政政策与紧缩性的货币政策

D. 调高汇率

27. 如果一国处于国内失业，国际收支有赤字的状况，这时最适宜采用(　　)宏观调节政策。

A. 增加政府的财政支出　　B. 扩大货币供应总量

C. 降低税率　　D. 提高汇率，使货币贬值

三、简答题

1. 假定经济起初处于充分就业状态，现在政府要改变总需求构成，增加私人投资而减少消费支出，但不改变总需求水平，应当实行一种什么样的混合政策？用 IS-LM 图形表示这一政策建议。

2. 假定政府要削减税收，试用 IS-LM 模型表示以下两种情况下减税的影响：(1) 用适应性货币政策保持利率不变。(2) 货币存量不变。说明两种情况下减税的经济后果的区别。

3. 假定政府考虑用这种紧缩政策：一是取消投资津贴；二是增加所得税。用 IS-LM 曲线和投资需求曲线表示这两种政策对收入、利率和投资的影响。

4. 你认为应当怎样正确认识西方经济学家关于财政政策和货币政策效果的理论？这些理论对制定我国的宏观经济调控的政策有无借鉴意义？

5. 什么是自动稳定器？是否税率越高，税收作为自动稳定器的作用越大？

6. 什么是斟酌使用的财政政策和货币政策？

7. 平衡预算的财政思想和功能财政思想有何区别？

8. 什么是货币创造乘数？其大小主要和哪些变量有关？

9. 中央银行的货币政策工具主要有哪些？

10. 什么是公开市场业务？这一货币政策工具有哪些优点？

11. 结合财政制度自动稳定器、财政政策的乘数效应和挤出效应三个概念，简要分析和评价财政政策的有效性。

12. 在LM曲线不变时，IS越平坦是不是表示财政政策效果越小？说明传导途径。

13. 根据IS-LM模型，在什么条件下财政政策的效果较好？解释其中的原因。

四、计算题

1. 假设LM方程为$Y=500+25r$，货币需求$L=0.20Y-5r$，货币供给为100亿美元。货币单位为亿美元。要求：

（1）IS为$Y=950-50r$，消费$c=40+0.8Y_d$，投资$i=140-10r$，税收$t=50$，政府支出$g=50$，计算均衡收入、利率和投资。

（2）IS为$Y=800-25r$，消费$c=40+0.8Y_d$，投资$i=110-5r$，税收$t=50$，政府支出$g=50$，计算均衡收入、利率和投资。

（3）政府支出从50亿美元增加到80亿美元时，情况（1）和情况（2）中收入和利率各为多少？

（4）说明政府支出从50亿美元增加到80亿美元时，为什么情况（1）和（2）中收入的增加有所不同。

2. 假设货币需求为$L=0.20Y$，货币供给量为200亿美元，$c=90+0.8Y_d$，$t=50$，$i=140-5r$，$g=50$。货币单位为亿美元。要求：

（1）导出IS和LM方程，求均衡收入、利率和投资。

（2）若其他情况不变，g增加20亿美元，均衡收入、利率和投资各为多少？

（3）是否存在“挤出效应”？

（4）用草图表示上述情况。

3. 假设货币需求为$L=0.20Y-10r$，货币供给量为200亿美元，$c=60+0.8Y_d$，$t=100$，$i=150$，$g=100$。货币单位为亿美元。要求：

（1）求IS和LM方程。

（2）求均衡收入、利率和投资。

（3）政府支出从100亿美元增加到120亿美元时，均衡收入、利率和投资有何变化？

（4）是否存在“挤出效应”？

（5）用草图表示上述情况。

4. 画两个IS-LM图形（a）和（b），LM曲线都是$Y=750+20r$，货币需求为$L=0.20Y-4r$，货币供给为150亿美元，但图（a）的IS为$Y=1\,250-30r$，图（b）的IS为$Y=1\,000-15r$。货币单位为亿美元。要求：

（1）试求图（a）和（b）的均衡收入和利率。

（2）若货币供给增加20亿美元，即从150亿美元增加到170亿美元，货币需求不变，据此再作一条LM′曲线，并求图（a）和（b）种IS曲线与这条LM′相交所得的均衡收入和利率。

（3）哪一个图形中均衡收入变动更多些，利率下降更多些？为什么？

5. 假定某两部门经济中IS方程$Y=1\,250-30r$。货币单位为亿美元。要求：

（1）假定货币供给为150亿美元，当货币需求为 $L=0.20Y-4r$ 时，LM方程如何？两个市场同时均衡的收入和利率为多少？当货币供给不变但货币需求为 $L=0.25Y-8.75r$ 时，LM′方程如何？均衡收入为多少？分别画出图形（a）和（b）来表示上述情况。

（2）当货币供给从150亿美元增加到170亿美元时，图形（a）和（b）中的均衡收入和利率有什么变化？这些变化说明什么？

6. 某两部门经济中，假定货币需求 $L=0.20Y$，货币供给为200亿美元，消费为 $c=100+0.8Y$，投资 $i=140-5r$。货币单位为亿美元。要求：

（1）根据这些条件求IS和LM的方程，画出IS和LM曲线。

（2）若货币供给从200亿美元增加到220亿美元，LM曲线如何移动？均衡收入、利率、消费和投资各为多少？

（3）为什么均衡收入增加量等于LM曲线移动量？

7. 某两部门经济中，假定货币需求为 $L=0.20Y-4r$，货币供给为200亿美元，消费为 $c=100+0.8Y$，投资 $i=150$。货币单位为亿美元。要求：

（1）求IS方程和LM方程，画出图形。

（2）求均衡收入、利率、消费和投资。

（3）若货币供给增加20亿美元，而货币需求不变，收入、利率、投资和消费有什么变化？

（4）为什么货币供给增加后收入不变而利率下降？

8. 假定某国政府当前预算赤字为75亿美元，边际消费倾向 $\beta=0.8$，边际税率 $\tau=0.25$，如果政府为降低通货膨胀率要减少支出200亿美元，试问支出的这种变化最终能否消灭赤字？

9. 假定现金存款比率 $r_c=\frac{C_u}{D}=0.38$，存款准备率（包括法定的和超额的）$r=0.18$，试问货币创造乘数为多少？若增加基础货币100亿美元，货币供给变动多少？

10. 假定法定存款准备率是0.12，没有超额存款准备金，对现金的需求是1 000亿美元。要求：

（1）假定总存款准备金是400亿美元，货币供给是多少？

（2）若中央银行把存款准备率提高到0.2，货币供给变动为多少？（假定总存款准备金仍是400亿美元）

（3）中央银行买进10亿美元政府债券（存款准备率仍是0.12），货币供给变动多少？

11. 假设一经济中有如下关系：

$c=100+0.8Y_d$

$i=50$

$g=200$

$tr=62.5$

$t=0.25$

要求：

(1) 计算均衡收入。

(2) 计算预算盈余 BS。

(3) 若投资增加到 $i=100$ 时，预算盈余有何变化？为什么会发生这一变化？

(4) 若充分就业收入 $Y^*=1\ 200$，当投资为 50 时，充分就业预算盈余 BS^* 为多少？

(5) 若投资为 50，政府购买为 $g=250$，充分就业收入仍为 1 200，试问充分就业预算盈余为多少？

12. 假定总消费函数为 $c=800+0.8Y_d$，税收函数为 $t=0.02Y$，进口函数为 $m=50+0.04Y$，当政府购买 g 增加 1 000 亿元时，要求：

(1) 挤出效应为零时，国民收入将增加多少？

(2) 挤出效应为 20% 时，国民收入又将增加多少？

13. 假设货币需求为：$L=0.2Y-10r$，实际货币供给为 $M=200$，消费需求为 $c=60+0.8Y_d$，税收为 $T=100$，投资需求为 $I=150$，政府购买为 $G=100$。要求：

(1) 导出 IS 和 LM 方程，并求出均衡收入、利率和投资。

(2) 其他不变，G 增加 20，收入、利率和投资有什么变化？

(3) 是否存在"挤出效应"？

五、论述题

1. 请选择有关理论分析中国宏观经济当前内外均衡的状况以及宏观经济政策的协调。

2. 试用 IS-LM 理论分析财政政策与货币政策。

3. 解释凯恩斯和古典总供给曲线不同的原因，并利用总需求–总供给模型分析凯恩斯情形和古典情形下的财政扩张效应。

第八章

失业与通货膨胀

学习目标

◆ 重点掌握失业的原因、失业对经济的影响、通货膨胀对经济的影响、奥肯定律和长短期菲利普斯曲线；掌握失业的代价、失业的解决方法、通货膨胀的类型、通货膨胀的解决方法，会利用理论分析现实经济中的失业和通货膨胀问题；了解货币的职能及货币的演变历史。

在影响宏观经济的诸多问题中，失业（unemployment）无疑是最直接而又最严重的。对大多数人来说，失去工作意味着生活水平下降和心理折磨。失业问题是日常政治争论中的老生常谈，政治家们常常声称，他们所主张的政策有助于创造工作岗位，解决失业问题，使社会经济平稳增长并提高人们的福利水平。

通货膨胀（inflation）是宏观经济中的另一重要问题。1970 年一份《纽约时报》卖 15 美分，家庭住房的平均价值是 23 400 美元，制造业的平均工资是每小时 3. 36 美元。到 2000 年，一份《纽约时报》卖 75 美分，家庭住房的平均价值是 166 000 美元，而制造业的平均工资是每小时 14. 26 美元。这种物价总水平的上升就是通货膨胀。

在本章中，我们将首先学习失业是如何形成的，然后讨论针对失业的各项主要政策等问题。在了解失业后我们将探讨通货膨胀的意义及决定因素，并分析与此相关的重要的公共政策。在本章第三节我们将研究失业与通货膨胀之间的联系。

第一节　失业

一、自然失业率

经济学家研究失业是为了确定失业的原因，并为政府的有关公共政策提供理论依据。其中有一些政策可以帮助人们找到工作，如工作培训计划；另一些政策可以缓解失业者所承受的痛苦，如失业保障；还有一些其他政策无意中增加了失业的普遍性，如法律规定了比较高的最低工资，人们普遍认为这一情况增加了劳动力中技术最差而经验又少的那些人的失业。经济学家通过说明各种政策的影响帮助决策者评估自己的选择。

图 8-1 表示美国从 1948 年以来的失业率（劳动力中失业者的百分比），平均值大概是在 5%~6%。虽然失业率是逐年波动的，但还没有哪一年接近于零。按照这一统计数据，平均每 18 个想找工作的人中大约有一个人找不到工作。

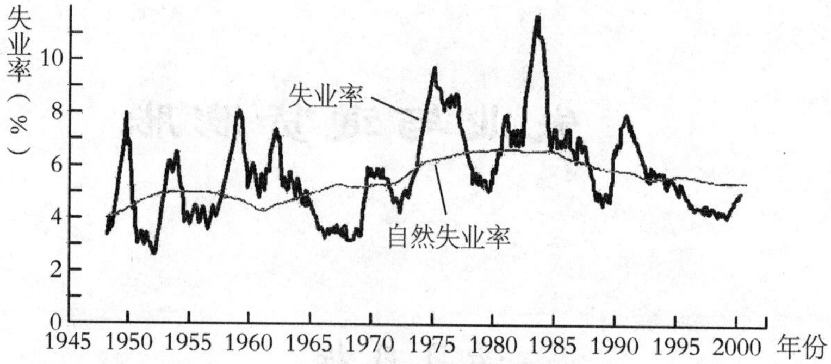

图 8-1　美国的失业率与自然失业率

资料来源　曼昆．宏观经济学［M］．张帆，梁晓钟，译．5 版．北京：中国人民大学出版社，2005：148.

理论和实践都表明零失业率是不可能的。如果有较多的人在寻找工作岗位，厂商就有可能以更低的工资雇用工人；反之，如果存在较多的工作岗位空缺，工人就有可能索取更高的工资。所谓劳动市场的供求稳定状态是指寻找工作岗位者造成的工资率下降的压力与空缺工作岗位造成的工资率提高的压力相互抵消的平衡状态。这种状态被认为是劳动市场的正常状态。在这种状态下，价格水平稳定，不存在通货膨胀和通货紧缩的趋势。**我们将劳动市场处于供求稳定状态时的失业率称为自然失业率（natural rate of unemployment）。**每天都有一些工人失去工作，同时也有一些失业工人被雇用。这种动态过程决定了劳动力中失业者的比例。

我们用 L 代表劳动力人数，E 代表就业工人人数，U 代表失业工人人数。由于每个工人不是失业者就是就业者，所以劳动力人数等于失业量和就业量之和：

$L=E+U$

失业量与劳动力人数之比 U/L 就是失业率。

为了了解失业率的决定原因，我们假设劳动力人数 L 是不变的，并将考察的重点放在劳动力中的个人在就业与失业之间的转换上。图 8-2 的“浴缸模型”可以对此作出说明。设 s 代表离职率，即每个月新失去自己工作的人数占就业者的比例；f 代表就职率，即每个月新找到工作的人数占失业者的比例。如果失业率既没有上升也没有下降——劳动市场处于稳定状态，那么新找到工作的人数 fU 必定等于新失去工作的人数 sE。因此，劳动市场处于稳定状态的条件就是：

$fU=sE$

因为就业人数等于劳动力与失业人数之差（E=L-U），所以劳动市场处于稳定状态的条件又可写成：

$fU=s(L-U)$

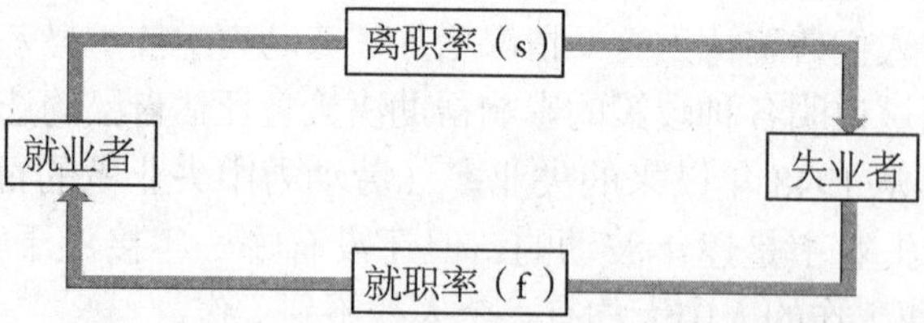

图 8-2　就业与失业之间的转换（浴缸模型）

为了进一步解出自然失业率，等式两边都除以 L，得到：

$$f\frac{U}{L}=s\left(1-\frac{U}{L}\right) \tag{8-1}$$

于是我们得到用离职率 s 和就职率 f 表示的自然失业率：

$$\frac{U}{L}=\frac{s}{s+f} \tag{8-2}$$

这个式子表明，自然失业率取决于离职率 s 和就职率 f。离职率越高，自然失业率也越高；就职率越高，自然失业率则越低。

二、失业的分类

（一）失业的三种类型

按照失业的原因可将失业分为三类。

1. 摩擦性失业

工人找到适合自己的工作岗位是需要一些时间的。首先，工人有不同的偏好和能力，而工作又有不同的性质。其次，有关寻找工作者和空缺职位的信息交流并不完全。最后，工人在不同地区间也不能迅速流动。因此找一份合适的工作需要一些时间，寻找工作者在这一时间段内就处于失业状态。我们**将由于需要时间寻找工作而引起的失业称为摩擦性失业（frictional unemployment）**。

即使经济处在充分就业水平，也总会发生一些职业调整。例如辞去现有的工作而寻找更合适的工作；学生刚从学校毕业时需要寻找工作；母亲在生育孩子以后，可能又要重归劳动者队伍。由于摩擦性失业的劳动力经常是在变换工作岗位，或者是正在寻找更好的工作，所以人们经常认为这是一种自愿失业。这从另一方面也反映出摩擦性失业是不可避免的。更重要的是，完全竞争理论指出，要素的自由流动是高效率资源配置的必要条件。既然摩擦性失业是不可避免的甚至是必要的，经济学家和政治家们当然就不会将过多的注意力放在这一方面。

2. 结构性失业

如果对一种劳动的需求上升，对另一种劳动的需求下降，而劳动的供给又未能及时地作出调整，这时候就会出现劳动力的供给与劳动力的需求不匹配的情况，由此产生的失业称为结构性失业（structural unemployment）。常见的情况是，产业的兴衰所引起的职业间或地区间的结构性调整。20 多年来伴随着计算器制造行业的扩张，算盘制造行业不断萎缩。这就意味着各种生产要素不断从算盘制造行业撤出并投入到计算器制造行业。但是，一个算盘制造师傅并不能马上适应计算器的生产工作。经过一段时间的学习，他可能成为一个计算器制造工人，也有可能他一辈子也不能适应计算器的生产工作。在 20 世纪 80 年代中期由于老年人口增加和其他因素，美国对护士的需求急剧上升，但同一时期护士数量的增长却相对缓慢，于是导致这一时期护士严重短缺。等到护士的薪金上升、供给调整完成之后，这一结构性短缺才能得到缓解。另外，我国 20 世纪末 21 世纪初也出现过类似的情形。由于高新技术产业在中国政府大力支持下蓬勃发展，给电子设备行业注入了很大活力。此时便出现了计算机方面人才短缺的现象，全社会掀起了一股学习计算机的热潮。但随后的几年对计算机人才需求出现了饱和，大批计算机专业的学生失业或转而从事其他工作。在过去的 10 多年中，欧洲一些国家的高实际工资、高社会福利和高税收都导致了较高水平的结构性失业。结构性失业的一个基本特征是失业人数与空置的工作岗位数大致相等。

因为经济结构的变革是经济增长的必要形式，所以结构性失业也是不可避免的甚至也是必要的。这种失业也不是经济学家和政治家所关注的重点。

3. 周期性失业

总产出下降时失业率明显上升。美国在 1982 年衰退时期，50 个州中有 48 个州的失业率都有较大幅度的上升。这种多个市场的失业率同时上升是一个信号，体现了失业率上升具有明显的周期性。从经济衰退低谷的 1991 年到经济繁荣高峰的 2000 年，美国各个州的失业率都在不断下降。**周期性失业（cyclic unemployment）指经济波动中因需求下降而造成的失业，**这种失业是由整个经济的总支出和总产出下降造成的。

2008 年金融危机给全世界经济都带来了灾难性的打击。受此影响，各国经济严重受挫，直接导致了大量的失业。美国失业率也达到了 25 年来的最高水平。

（二）自愿失业和非自愿失业

按失业者对现行工资率的态度又可将失业分为自愿失业和非自愿失业。前者指因不接受现行工资率而不愿意工作的失业，而后者则指虽然接受现行工资率（表现为积极寻找工作）但仍未受雇用的失业。显然，自愿失业的规模较小，对经济和对社会的影响也不大。我们**将消灭了非自愿失业的就业状态称为充分就业。**充分就业条件下的失业都是自愿失业。大量的统计表明自愿失业率与自然失业率非常相近。因此我们经常将自然失业率看做充分就业条件下的失业率。也就是说，一旦经济中的失业率等于自然失业率，我们就认为这个经济已经达到了充分就业，那些失业者都是自愿失业的。为了更好地理解失业的原因，我们用图 8-3 来讨论这种失业的分类。

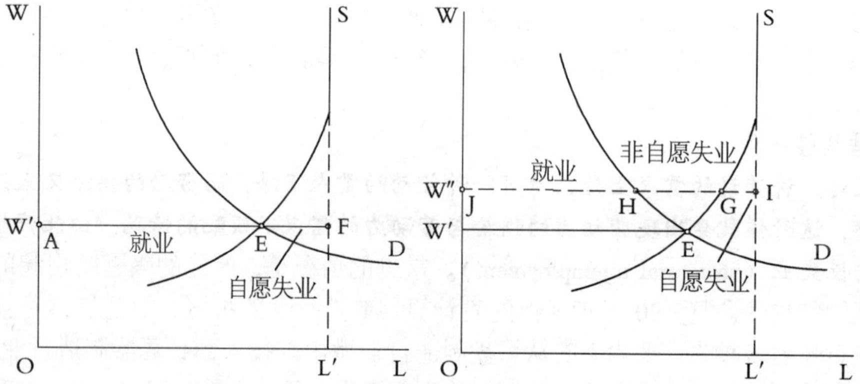

图 8-3　刚性工资导致非自愿失业

图 8-3 中以劳动投入量 L 为横轴，工资率 W 为纵轴，S 为劳动供给曲线，L′为劳动力的数量。在劳动供给量为 L′时，工资水平很高，劳动供给曲线变得完全没有弹性。

图 8-3 中的左半部分描述的是传统经济学理论在工资可灵活调整条件下的情况。传统经济理论认为劳动市场与产品市场的情况是相同的，竞争将消灭劳动的短缺和过剩。劳动市场在点 E 实现均衡，工资水平为 W′。在劳动市场出清的均衡水平，厂商愿意雇用接受市场工资水平的合格工人，雇用的数量等于 AE。另外有数量为 EF 的工人，他们虽愿意工作，但却要求有较高的工资。线段 EF 表示的这部分工人不愿在现行的市场工资率下

工作，所以他们是自愿失业的。

现代经济学不赞同传统经济学的这一看法，认为工资率并不能像产品价格一样灵活调整，下一段我们将专门对此加以解释。如果工资不能灵活调整，劳动市场的出清就难以实现。此时工资率不能调整到市场出清的水平从而导致非自愿失业。

图 8-3 的右半部分反映了劳动市场非出清的情形，也解释了缺乏弹性的工资如何导致非自愿失业。如果一次经济波动或其他原因使劳动市场的工资率 W″高于市场出清的水平，愿意工作的工人的数量就会多于可提供的工作职位。愿意在工资 W″下工作的工人数量是 JG，而企业需要雇用的工人数量则是 JH，劳动供给过剩。线段 HG 表示非自愿失业的失业者数量，他们愿意接受现行工资率但却找不到工作。在劳动过剩的情况下，企业雇用劳动力时将会提出更严格的技能要求，企业会雇用那些最有资格、最有经验的劳动者。

如果工资率低于市场出清的工资水平，则通过以上同样的分析可知，劳动力市场出现供不应求的情形。此时雇主找不到足够的劳动力来填补现有的职位空缺，企业的窗口贴满了招工启事，报纸上也登着许多招工广告，企业甚至到很远的地区去招募工人。下一段讨论将指出，名义工资率不能灵活调整这一现象仅限于工资率向下调整的障碍，工资率向上调整还是灵活可变的。于是，劳动短缺的现象会很快由于工资率上升而消失。

（三）工资刚性

名义工资率只能升不能降的现象被称为工资刚性，这种现象在现代经济社会十分普遍。造成工资刚性的原因主要是工会垄断、最低工资法和效率工资。

1. 工会垄断

工资刚性的首要原因是工会的垄断力量。在中国参加工会的工人数量相对较少，从而工会的力量没有很好的显现出来；但是在欧美国家，工会起了很大的作用，例如瑞典的工会会员占工人的比例达到了 84%。

在工会的垄断下工资并不是由供求关系而是由工会领导人与企业经理之间的集体议价决定的。最终的协议通常把工资提高到均衡水平以上，并允许企业决定雇用多少工人，结果是所雇用的工人数量低于均衡水平。

工会不仅会影响存在工会的企业所支付的工资，还会影响那些工人没有组成工会的企业所支付的工资，因为工会化的威胁会使工资保持在均衡水平之上。大多数企业都讨厌工会，因为工会不仅提高了工资，而且还提高了工人在许多其他问题上的议价力量，如工作时间、工作条件和福利条件等。所以企业往往需要向自己的工人支付较高的工资，以阻止工人组成工会。

工会和工会化威胁引起的失业是两个集团的工人——局内人与局外人之间冲突的一个例子。那些被企业雇用的工人，即局内人一般都想方设法使企业保持高工资。而失业者即局外人则承担了高工资的部分代价，因为他们只有在低工资时才会被雇用。这两个集团的利益冲突是不可避免的。任何一种议价过程对工资和就业的影响结果都取决于两个集团的相对影响力对比。

2. 最低工资法

为了保障就业者的合法权利和适当的收入水平，政府禁止工资率低于法定最低水平，这样就造成了工资刚性。以美国为例，自从 1938 年通过《公平劳动标准法案》以来，美国联邦政府强制实施最低工资政策，最低工资一般为制造业平均工资的 30%~50%。对大多数人来说，这种最低工资没有约束性，因为他们赚到的工资远远高于法定最低水平。但对一些工人，特别是对不熟练的工人来说，最低工资法使他们的工资提高到均衡水平之上，这就导致了劳动过剩和非自愿失业。

经济学家认为，最低工资法对青少年失业的影响最大。青少年的均衡工资率较低通常有两个原因。首先是由于青少年属于劳动力中技能最低且经验最少者，他们的边际生产率往往很低。另一个原因是青少年往往以在职培训的形式得到部分“补偿”。学徒制是用提供培养代替工资的一个典型例子。由于这两个原因，青少年工人的均衡工资率很低，而法定最低工资率往往要高于这个均衡工资率，从而造成青少年的非自愿失业。因此，最低工资对青少年就业的影响要比对其他劳动力更普遍。有经济学家研究发现，最低工资率每提高10%，青少年就业就减少1%~3%。

最低工资始终是政治争论的热门话题。支持较高水平最低工资保护的人把最低工资作为增加有工作的穷人收入的手段。的确，美国的法定最低工资仅仅提供了一种贫困的生活水平，两个按最低工资从事全职工作的成年人刚刚超过官方四口之家的贫困线。尽管最低工资的支持者通常都承认这种政策引起一些工人失业，但他们争辩说，为使其他人摆脱贫困，承受这种代价是值得的。

反对较高水平最低工资的人声称，这并不是帮助有工作的穷人的最好方法。他们反对不仅是因为劳动成本增加提高了失业率，而且还因为最低工资保护的目标是不合适的。许多赚取最低工资的人是中产阶级家庭中为赚点零花钱而工作的青少年。

为了减轻对青少年失业的影响，一些经济学家和决策者一直建议取消对青年工人正常的最低工资。这就会允许降低青少年的工资，从而减少他们的失业，并使他们得到培训和工作经验。反对这种做法的人认为，这会刺激企业用青少年代替不熟练的成年工人，从而增加成年工人的失业。

许多经济学家和决策者认为，税收扣除是增加在职穷人收入的一种更好的方法。劳动收入所得税扣除是允许有工作的穷人家庭扣除他们应交纳的税收量。对于一个收入极低的家庭来说，这相当于从政府那里得到了转移支付。与最低工资不同，劳动收入所得税扣除并没有增加企业的成本，从而不会减少企业需求的劳动量。但是，这种政策同样有不利之处，那就是减少了政府的税收收入。

3. 效率工资

效率工资理论在工会垄断和最低工资法之外提出了工资刚性的第三个原因。这种理论认为，高工资使工人的生产率更高。经济学家提出了各种理论来解释工资如何影响工人的生产率。

第一种是主要适用于穷国的效率工资理论。这种理论认为工资影响营养从而影响生产率。多给工人工资，工人才能吃得起营养价值更高的食物，而健康的工人生产效率更高，从而企业会决定支付高于均衡水平的工资，以保证劳动力的健康水平。显而易见，这种理论并不能解释像美国和大多数欧洲国家的情况，因为均衡工资远远高于维持良好健康所需要的水平。

第二种是适用于发达国家的效率工资理论。这种理论认为高工资减少了劳动力的更替。工人由于许多原因，比如接受了其他企业更好的职位、改变职业或者由于其他原因而离职。企业向自己工人支付的工资越高，对工人留在企业的激励就越大。企业通过支付高工资降低了离职的频率，从而减少了用于雇用和培训新工人的时间和成本。

第三种效率工资理论认为，企业劳动力的平均素质取决于它向雇员所支付的工资。如果企业降低工资，最好的雇员就会到其他待遇更高的企业工作，而留在企业的是那些没有什么其他机会的低素质雇员。这种不利的筛选作用就是第十章中讨论的**逆向选择（adverse selection）——拥有较多信息的人以一种不利于拥有信息少的人的方式进行自我选择的倾向。**企业通过支付高于均衡水平的工资可以减少逆向选择，提高本企业劳动者的素质，从而提高生产率，也减少了雇用和培训新员工的成本。

第四种效率工资理论认为，高工资提高了工人的努力程度。这种理论指出，企业不可能完全监督其雇员的努力程度，雇员必须自己决定是否努力工作。工人可以选择努力工作，也可以选择偷懒并承担被发现然后被解雇的风险，这种可能性就是第十章中论述的**道德风险——当无法完全监督人们的行为时他们会有不恰当的行为倾向。**企业通过支付高工资减少道德风险问题。工资越高，工人被解雇的代价就越大，因而通过支付高工资，企业可以促使更多的员工不偷懒，从而提高了生产率。

这四种效率工资理论虽然在细节上不同，但它们有一个共同点：向其工人支付高工资就能使企业更有效地运行。当企业认识到使工资率高于供求均衡的水平是有利的，他就会将工资率保持在这种较高水平上，从而使工人雇用量低于均衡水平。

运用效率工资理论最成功的例子是福特汽车公司。1914 年福特汽车公司开始向其工人支付每天 5 美元的工资，而当时的平均工资在每天 2 ~ 3 美元，所以福特的工资率远远高于均衡水平。于是求职者在福特工厂门外排起了长队，都希望有机会赚到这种高工资。

有证据表明，福特支付如此高的工资有利于公司。根据当时写的一份调查报告：“福特的高工资摆脱了惰性和生命力的阻力……工人绝对听话，而且可以很有把握地说，从 1913 年的最后一天以来，福特工厂的劳动成本每天都在大大减少。”旷工现象减少了 75%，这表明工人的努力程度大大提高了。研究早期福特公司的历史学家阿伦·尼文斯写道：“福特及其合伙人在许多场合公开宣称，高工资政策结果变成了良好的经营。他们这样说是指，高工资改善了工人的纪律，使他们更忠实地关心制度，并提高了他们个人的效率。”

三、失业的影响与奥肯定律

（一）失业的影响

高失业率不仅仅是经济问题而且还是一个重大的社会问题。之所以是经济问题，是因为它意味着要浪费有价值的资源。而成为社会问题是因为它会使失业人员面对收入减少的困境而痛苦挣扎。在高失业率时期，经济上的压力使人无法承受，影响着人们的情绪和行为。

失业的经济影响可以用机会成本的概念来解释。失业意味着销毁掉那些本可由失业工人生产的商品和服务。在衰退期间，这种情形就好像是将无数的汽车、房屋、服装、食品和其他商品倒进了大海。高失业时期的经济损失是现代经济中有据可查的最大损失，美国在 20 世纪 70 年代和 80 年代的石油危机中失业使得产出损失超过 1 万亿美元。这种经济损失比微观经济中由于垄断而引起的效率损失或关税和配额所引起的效率损失都要大许多倍。

失业的经济成本显然非常大，但长时间持续非自愿失业给人们所造成的精神损失，却无法用一个确定的货币数额来充分地加以表达。事实一再证明，失业的社会成本虽然难以估量，但却是最易被人们感受到的。

在一个失业的建筑工人的回忆录里我们读到："我申请去盖屋顶，可他们不需要我，因为已经有人为他们工作五六年了，没有工作岗位在等着我。大部分工作都要求受过高等教育。我寻找任何可以找到的工作，从清洗汽车到任何其他事情。于是，你成天干什么呢？回到家里，坐在家里，变得垂头丧气。家里每一个人也都变得有些紧张和不安。他们开始为一些蠢事而互相争吵，因为每个人都成天被囚禁在那个空间里，整个家庭气氛被破坏了。"

心理研究指出，解雇所造成的创伤绝不亚于亲友去世或学业失败。而且高失业率常常与吸毒、高离婚率以及高犯罪率联系在一起。不仅如此，由于受失业的影响，家庭之外的人际关系也会受到很大的冲击，失业者在就业者中失去了自尊、信心和影响力。

（二）奥肯定律

阿瑟·奥肯首先发现了产出和失业率之间存在着显著的相关关系，这就是著名的奥肯定律。

奥肯定律（Okun's Law）指出，GDP 相对于其潜在值每下降 2 个百分点，失业率就大约会上升 1 个百分点。这个定律可以用下面的公式来表示：

$$\frac{y-y_f}{y_f}=-\alpha\ (u-u^*) \tag{8-3}$$

式中：y 为实际产出；y_f为潜在产出；u 为实际失业率；u^*为自然失业率；$\alpha>0$ 是大于零的常数。按奥肯的计算，α 大约等于 2。图 8-4 描绘了式 8-3 的图像。

如果图 8-4 中的点 A 对应的初始状态为充分就业，失业率等于自然失业率：$u=u^*$（假设为 6%），GDP 等于潜在 GDP：$y=y_f$（假设为 100），那么当相对潜在产出的产出增长率$\frac{y-y_f}{y_f}$下降 2%，即$\frac{y_1-y_f}{y_f}=-2\%$，$y_1=(1-2\%)\ y_f=98$ 时，失业率就会等于 $u_1=u^*-\frac{1}{\alpha}\cdot\frac{y-y_f}{y_f}=u^*-\frac{1}{2}\times(-2\%)=7\%$（图 8-4 中点 B）。

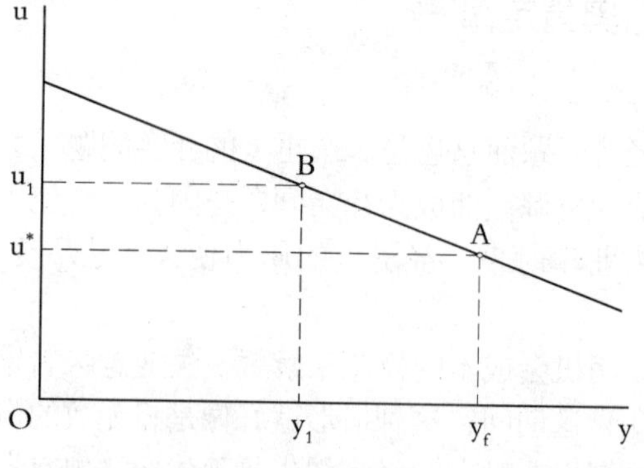

图 8-4　奥肯定律

奥肯定律揭示了产品市场和劳动市场之间极为重要的联系。它描述了 GDP 的短期变动与失业率变动的联系。奥肯定律的一个重要结论是：GDP 必须保持与潜在 GDP 同样快的增长，以防止失业率的上升。也就是说，GDP 必须不断增长才能保证失业率保持原有水平。如果要使失业率下降，GDP 的增长必须快于潜在 GDP 的增长。

第二节　通货膨胀

一、货币

凯恩斯曾经说过，没有什么手段比毁坏一个社会的通货能更隐蔽、更可靠地颠覆这个社会的现有基础了。这个破坏过程完全是由隐蔽的经济规律所引发的，而且是以一种隐蔽的方式进行的。

引起通货膨胀的“隐蔽的经济规律”并不像凯恩斯所说的那么神秘，通货膨胀只不过是价格水平的上升。由于物价是货币与产品交换的比例，为了理解通货膨胀，我们必须更详细地理解货币。

（一）货币的职能

货币的职能是由货币的本质决定的。货币具有三种职能：价值储藏手段、计价单位和交换媒介。

作为一种**价值储藏手段**（store of value），**货币是一种把现在的购买力变成未来购买力的方法。**如果我今天工作赚到了 100 元，那么我可以持有这些货币，在明天、下星期、下个月甚至明年花掉。当然，货币作为一种价值储藏手段并不完美：如果物价上升，你用既定货币量所能购买到的产品量就减少了。尽管如此，人们仍然要持有货币，因为他们可以在未来某个时间用货币交换产品与服务。

作为一种**计价单位**（unit of account），**货币提供了可以表示物价和记录债务的单位。**微观经济学告诉我们应该根据相对物价——一种产品相对于其他产品的物价来配置资源，但商店用人民币来表示他们的物价。一个汽车中间商告诉你一辆汽车值 20 000 元，而不是说值 200 台手机（尽管这可能是一回事）。同样，大多数债权人都要求债务人在未来偿付一定量的人民币，而不是一定量的某种商品。货币是我们衡量经济交易的尺度。

作为一种**交换媒介**（medium of account），**货币是我们用来购买产品与服务的东西。**当我们走进商店时，我们确信，店主将愿意接受我们的货币来交换他们出售的东西。货币转换为产品与服务的容易程度被称为货币的流动性。

（二）货币的演变

1. 货币量的度量口径

由于货币是用来交易的资产存量，所以货币量就表达了这些资产的数量。在简单经济中，这个货币量是很容易衡量的。在战俘营中，货币量可能是营中香烟的数量。但当我们在衡量当今复杂经济中的货币量时就没有那么简单了。人们可以用各种资产进行交易，如现金或支票。尽管一些资产比另一些更方便，但这种模糊性会导致多种货币量衡量指标的出现。

在货币量中最明显的资产是通货（currency），即未清偿的纸币与铸币之和。很多日常交易用通货作为交换媒介。

另外一种用来交易的资产是活期存款（demand deposits），即人们在自己支票账户①上持有的资金。如果大多收款者接受支票，那么支票账户中的资产几乎与通货同样方便。在这两种情况下，资产是一种易于交易的形式。因此，衡量货币量时通常要把活期存款加到通货中。

由于要准确判断哪一种资产应该包括在货币存量中是困难的，所以存在各种不同口径的货币。表8-1列出了美国联邦政府计算美国经济货币存量的四种不同口径以及包括在每种衡量指标中的资产清单，从最小到最大分别用C、M1、M2、M3来表示。研究货币对经济影响时最常用的衡量指标是M1和M2。本课程中的货币就是指M1。

表8-1 **计算货币存量的四种不同口径及其中资产清单**

符号	包括的资产	2001年3月的量（10亿美元）
C	通货	539
M1	通货加活期存款、旅行支票和其他可支取存款	1 111
M2	M1加散户货币市场共同基金金额、储蓄存款（包括货币市场存款账户）以及小额定期存款	5 100
M3	M2加大额定期存款、回购协定、欧洲美元以及只为机构服务的货币市场的共同基金余额	7 326

资料来源 Federal Reserve.

2. 法定货币和商品货币

货币有多种形式，我国用人民币来进行交易。如果这些印着漂亮图案的纸片不能被普遍接受，它就将一文不值。**没有内在价值的货币称为法定货币（fiat money）**，因为它是由政府的规定或法令确定为货币的。

虽然法定货币是今天大多数经济的正常形式，但历史上大多数国家都曾**把某种具有内在价值的商品作为货币，这种货币称为商品货币（commodity money）**。最普遍的商品货币是我们所熟悉的黄金。当人们把黄金（或者可兑换为黄金的纸币）作为货币时，这种货币制度被称为金本位制，19世纪末以前金本位普遍存在于西方世界。因受黄金储量不足的制约，那个时期以前的很长时间内中国都实践着银本位制。

当前世界各国都实行法定货币本位制。经济学研究中的货币就是法定货币，即流通在银行体系之外的纸币和硬币以及商业银行的活期存款。

3. 法定货币的演化

作为流通手段的货币，最初是商品货币，后来以黄金或白银的形式存在。法定货币的发展是较为复杂的。

黄金在其重量和成色上都存在着区别，每次交换时都要核实重量、检查成色，显得很不方便。于是，随着商品交换的不断扩大和日益发展，铸币便出现了。铸币是具有一定形状、重量、成色和币面价值的金属货币。尽管铸币在标度上是一致的，但是由于铸币在流

① 支票账户也就是所谓的活期存款账户。储户可以随时支取，但一般不带利息。而储蓄账户也是一种活期账户，一般带息，但不能直接支取现金，需要转到支票账户上后才能支取。

通中会受到磨损，因此它的重量不断减小，导致其名义含量与实际含量相分离。于是，作为流通手段的黄金与作为价格标准的黄金发生了偏离。这表明黄金在实现商品的价格时不再是该商品的真正等价物。因此在货币流通中存在着一种可能性：可以用其他材料做成的记号或象征来代替金属货币执行铸币的职能。由于制造重量极小的金币或银币在技术上存在困难，于是就用较低廉的金属（如铜、铁等）铸造辅币，代替金币作为那些流通快、磨损快的小额商品流通的媒介。辅币作为价值的符号，其职能与它们的物理价值无关。既然如此，作为"纯粹的象征性质"的纸币的出现也就是必然的了。

另一方面，由于金币使用起来很不方便，为了帮助人们降低交易成本，政府有首先介入货币体系的激励。有了这些激励后，下一步是政府接受公众拿来的黄金，用以交换黄金证明——可以兑换一定量黄金的纸币。如果人们相信政府关于纸币兑换为黄金的承诺，钞票就和黄金本身就有了同样的价值。此外，由于钞票比黄金（和铸币）轻，因此易于在交易中使用。最终，再没有一个人会带着黄金来进行交易，而这些以黄金为后盾的纸币就变成货币本位。

最后，黄金后盾也会丧失其必要性。如果没有一个人再想把纸币兑换成黄金，也就没有人关心这种选择权是否被废弃掉，只要每一个人在交换中都持续接受纸币，它们就有了价值。这样，商品货币制度就演变为法定货币制度。要注意的是，在交换中使用货币是一种社会习俗：每个人都认为法定货币有价值只是因为他们预见到其他每一个人也都这样认为。

（三）货币数量论

人们持有货币是为了购买产品和服务。他们进行这种交易所需要的货币越多，他们持有的货币就越多。因此，经济中的货币量与交易中用于交换的货币量密切相关。我们可以用数量方程式来表示交易量与货币之间的关系：

货币量×货币流通速度=价格水平×交易量

即 $$MV = PT \quad (8-4)$$

式中：右边表示经济中的交易额；T 代表同一时期比如说一年的交易总量，即在一年中用货币交易的产品或服务的数量；P 代表所考察时期的价格水平；PT 等于一年中用于交换的货币量；M 是货币量；V 称为货币的交易流通速度（transactions velocity of money），它衡量货币在经济中流通的速度，即在给定的时期中的交易次数，如 V=3 表示在考察时期内平均每一单位货币进行了 3 次支付，或者说被 3 次交易所使用。

当研究货币在经济中的作用时，经济学家通常用与数量方程式表述形式略有不同的方程式。在数量方程式中，交易总量的衡量是困难的。为了解决这个问题，用经济中的总产出 Y 来代替交易总量 T，从而我们可以把数量方程式写成：

货币×货币流通速度=价格水平×产出

即 $$MV = PY \quad (8-5)$$

V 被称为货币的收入流通速度（income velocity of money），也简称为货币流通速度，其含义是在给定时期中平均每一单位货币变为人们收入的次数。大量的统计表明，一定时期内货币流通速度是比较稳定的。因此，我们通常假设它为一常数。式 8-5 所指出的货币流通总量 MV 应与名义 GDP（PY）相等的这一理论被称为货币数量论（quantity theory of money）。

我们现在利用货币数量论来解释物价总水平的决定。这种理论分为三个部分：

（1）生产要素数量和生产函数决定产出水平 Y。

（2）货币供给决定产出量的名义价值 PY。这个结论来自数量方程式和货币流通速度不变的假设。

（3）价格水平 P 是产出的名义价值 PY 与产出水平 Y 的比率。

换言之，经济的生产能力决定实际 GDP，货币量决定名义 GDP，而 GDP 平减指数是名义 GDP 与实际 GDP 的比率。

这种理论解释了当中央银行改变货币供给时会出现的情况。由于货币流通速度不变，所以货币供给的任何变动都会引起名义 GDP 同比例变动。由于生产要素数量和生产函数决定了实际 GDP，所以名义 GDP 的变动必定代表价格水平的变动。这样，货币数量论意味着，价格水平与货币供给量同比例变动。

因为通货膨胀率就是价格水平的增长率，所以这种价格水平理论也是一种通货膨胀理论。

在式 8-5 两端取自然对数得：

$$\ln M+\ln V=\ln P+\ln Y$$

再取微分得：

$$\frac{dM}{M}+\frac{dV}{V}=\frac{dP}{P}+\frac{dY}{Y}$$

用 π 表示通货膨胀率 dP/P 便得：

$$\pi=\frac{dM}{M}+\frac{dV}{V}-\frac{dY}{Y}$$

如果我们还假设货币流通速度不变，则 dV/V=0，上式便可写成：

$$\pi=\frac{dM}{M}-\frac{dY}{Y} \tag{8-6}$$

由于产出 Y 的增长率 dY/Y 取决于生产要素的增长和技术进步，就我们要解释的目的而言可以视为给定的量，所以式 8-6 给出的结论是：通货膨胀率 π 由货币供给量 M 的增长率 dM/M 决定。

根据货币数量论的以上分析，控制货币供给的中央银行最终控制着通货膨胀率。如果中央银行保持货币供给稳定，价格水平也将保持稳定。如果中央银行迅速增加货币供给量，价格水平将迅速上升，从而导致通货膨胀。

二、通货膨胀

（一）什么是通货膨胀

通货膨胀指多数商品和服务的价格在一段时间内普遍而连续地上升。我们用价格指数，即成千上万种产品的加权平均价格来计算这些商品和服务的价格。消费价格指数（CPI）是以某年的价格水平为基准来衡量市场上各种消费品和服务的价格。我们还使用 GDP 平减指数和生产者价格指数作为价格指数。第一章中我们已经介绍了价格指数的计算，并指出不同的价格指数间的差别仅在于所选取的商品篮子有所不同。价格指数也被称为价格水平。

我们将价格指数的增长率称为通货膨胀率。用 P 和 π 来分别表示价格水平和通货膨胀率，则 $\pi=\Delta P/P$。如年通货膨胀率为：

$$通货膨胀率（t年）=\frac{t年的价格水平-（t-1）年的价格水平}{（t-1）年的价格水平}$$

将上式中的“年”改成“月”或“周”就得到了月通货膨胀率或周通货膨胀率。

通货膨胀与市场经济一样古老，图8-5表示美国20世纪后半叶用消费价格指数计量的通货膨胀率。从图中可以清楚地看到美国的通货膨胀率一直很不稳定，20世纪80年代初的通货膨胀率曾达到令人难以接受的高水平，而90年代由于美联储的有效控制和较小的供给冲击，通货膨胀率一直稳定地保持在低水平。

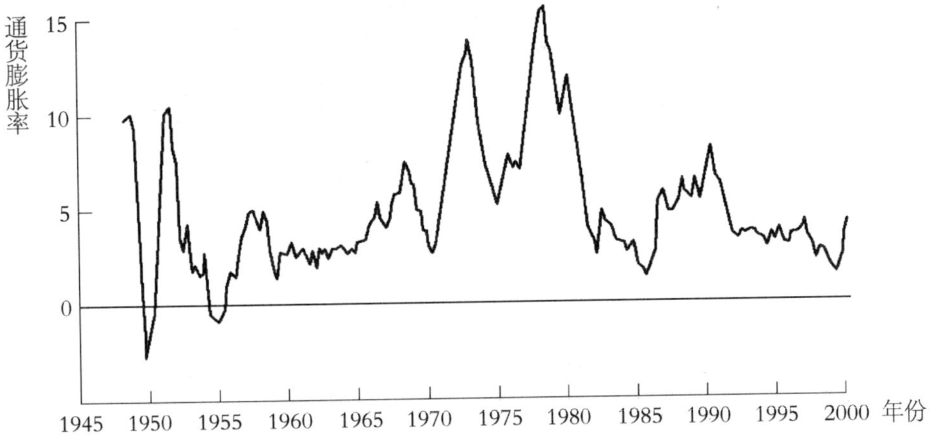

图8-5　美国20世纪后半叶的通货膨胀率（以CPI计量）

资料来源　萨缪尔森，诺德豪斯．经济学［M］．萧琛，主译．17版．北京：人民邮电出版社，2004：549.

（二）通货膨胀与利率

假如你以每年5%的利率把你的钱存到一个银行账户上，下一年你提取出你的存款和累积的利息，你比上一年存款时富有了5%吗？这个答案取决于“富”的含义是什么。当然可以肯定的是你比以前多了5%的钱。但是如果物价上升，以至于所能购买到的东西少了，那么你的购买力并没有增加5%。如果通货膨胀率是3%，那么你可以购买到的产品量只增加了2%。如果通货膨胀率是8%，那么你的购买力反而下降了3%。

经济学家把银行支付的利率称为名义利率（nominal interest rate），而把购买力增加的部分称为实际利率（real interest rate）。如果以i代表名义利率，r代表实际利率，而π代表通货膨胀率，那么这三个变量之间的关系可以表示如下：

$$r=i-\pi \tag{8-7}$$

即实际利率是名义利率和通货膨胀率之间的差额，或者说名义利率是实际利率与通货膨胀率之和：

$$i=r+\pi \tag{8-8}$$

式8-7或式8-8称为费雪方程式（Fisher Equation），以纪念经济学家阿尔文·费雪。费雪方程式说明了导致名义利率变动的两个原因：实际利率变动或者通货膨胀率变动。

将名义利率分为这两个部分后，我们就可以用这个方程式来建立一种解释名义利率的理论，同时也可以用于研究名义利率与通货膨胀率之间的关系。货币数量论指出货币增长率决定通货膨胀率。费雪方程式则告诉我们，实际利率和通货膨胀率共同决定名义利率。

根据货币数量论，货币增长率提高 1% 引起通货膨胀率上升 1%。根据费雪方程式，通货膨胀率上升 1% 引起名义利率上升 1%。**通货膨胀率和名义利率之间这种一对一的关系称为费雪效应（Fisher Effect）**。图 8-6 画出了 1954 年以来美国的名义利率（3 个月国库券利率）和通货膨胀率（用 CPI 衡量）。它印证了费雪效应，即通货膨胀率与名义利率正相关。

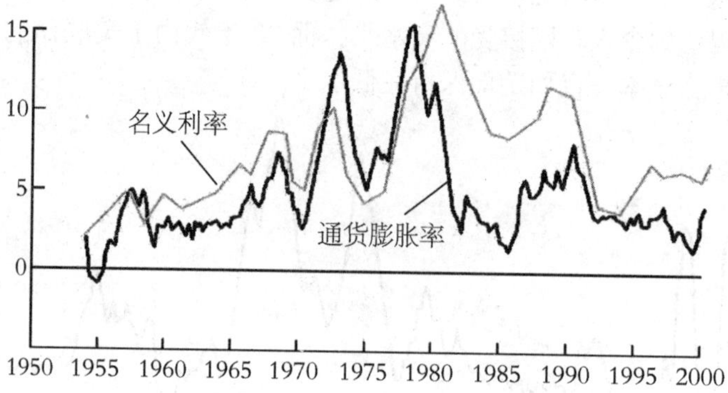

图 8-6 通货膨胀率与名义利率

当债务人和债权人就名义利率达成协议时，他们并不知道在贷款期限内的通货膨胀率将是多少。因此，我们有必要区分两个实际利率的概念：当进行贷款时债务人和债权人预期的实际利率称为事前实际利率（exante real interest rate），而实现的实际利率则称为事后实际利率（expost real interest rate）。

虽然债务人和债权人不能确切地预期未来的通货膨胀率，但他们确实对通货膨胀率有某种估计（预期）。设 π 代表实际的未来通货膨胀率，π^e 代表未来通货膨胀率的预期。事前的实际利率是（$i-\pi^e$），而事后的实际利率是（$i-\pi$）。当实际通货膨胀率 π 不同于预期的通货膨胀率 π^e 时，这两个实际利率不同。

实际与预期通货膨胀率之间的这种区别对费雪效应能产生什么影响呢？名义利率不能根据实际通货膨胀率调整，因为确定名义利率时实际通货膨胀率是未知的。名义利率只能根据预期的通货膨胀率调整。费雪方程式可以更准确地写为：

$$i=r+\pi^e \tag{8-9}$$

以上分析表明，名义利率 i 随着预期通货膨胀率 π^e 的变动而同步变动。

（三）通货膨胀的类型

1. 按通货膨胀的程度划分

通货膨胀像疾病一样会表现出不同的严重程度，因此，我们将通货膨胀分成三个类型：温和的通货膨胀、急剧的通货膨胀和恶性通货膨胀。

我们**将年通货膨胀率在 10% 以下的通货膨胀称为温和的通货膨胀（moderate inflation）**或一位数的通货膨胀，其特点是价格水平上涨缓慢而且可以预期。此时物价相对来说比较稳定，人们对货币比较有信心，因为这些钱的价值在一个月或一年中不会有太大变化。人们会很愿意签订以货币形式表示的长期合同，因为他们有把握肯定自己买卖的商品的相对价格变动不会太离谱。大多数工业国在过去都长期经历着温和的通货膨胀。

将年通货膨胀率超过 10% 但在 100% 以下的通货膨胀称为急剧的通货膨胀（galloping inflation）或两位数的通货膨胀。意大利和日本这样的发达工业国家会不时地遭到这类通货膨胀的困扰。许多拉丁美洲国家，如阿根廷和巴西，在20世纪70年代和80年代，年通货膨胀率就曾高达50%~70%。这种急剧的通货膨胀局面一旦形成并稳定下来，经济便会受到很大的冲击。一般来说，大多数经济合同都会用某种价格指数或某种外币（如美元）来加以指数化。在这种形势下，货币贬值非常迅速，人们仅在手中保留最低限度的货币以应付日常交易所需。金融市场逐渐消亡，资本逃向国外，人们囤积商品，购置房产，而且绝不会按照很低的名义利率出借货币。

年通货膨胀率超过100%的通货膨胀称为恶性通货膨胀（hyperinflation）。在恶性通货膨胀期间，各种商品的价格以惊人的速度上涨，企业不得不经常调整价格并因此影响到正常的业务活动，如按固定物价印制价目表都变得不可能。当物价频繁地大幅度上升时，顾客很难找到价格最合理的商店。这种物价的大幅度变动在许多方面也改变了人们的行为。除此之外，恶性通货膨胀也扭曲了税制。在大多数税制中，征税的时间和向政府纳税的时间之间有一段时滞。在恶性通货膨胀期间，即使是短暂的间隔也会大大减少实际税收收入。等到政府得到它应该得到的钱时，钱的价值已经大幅度下降了。因此，一旦恶性通货膨胀开始，政府的实际税收收入往往会大幅度减少。随着时间的推移，货币失去了作为价值储藏手段、计价单位和交换媒介的作用，物物交换变得更为普遍。更加稳定的非官方货币（如香烟或黄金）自然就开始替代官方货币。

在美国南北战争时期，南方联邦的居民这样来描述他们所经历的恶性通货膨胀：过去我们一般都在兜里装着钱去商店购物，将买到的食物装在篮子里带回来。而现在我们是用篮子装钱，再用衣兜装回所买的食品。我国在1949年新中国成立前也发生了恶性通货膨胀。工资发放日在工厂的铁栅栏外挤满了工人家属，为的是尽快拿到在工厂工作的父兄递出来的工资，以便在第一时间去购买大米。稍有迟缓，所能买到的大米数量就会大打折扣。当时的"邮资悖论"直到现在也被作为笑料而广为流传。通货膨胀大幅度提高了寄出一封信的邮资，邮票不是以张为单位而是以本为单位附着在信封上。这样一来，超过标准重量的信函又必须增加邮资，增贴的邮票再次增加了信函的重量，于是形成了"信函超重→增贴邮票→信函再次超重→再次增贴邮票"的怪圈。除了纸币以外，一切都十分缺乏。物价一片混乱，生产也一塌糊涂。每个人都在囤积"东西"，并尽力抛掉"不值钱"的纸币，这就将货币赶出了流通领域。结果人们的生活部分地退回到极不方便的物物交换时代。正常的经济联系被扭曲，价格体系和货币制度被砸烂。恶性通货膨胀通常伴随着剧烈的社会动荡，甚至导致政权的更迭。

2. 按能否被预期划分

分析通货膨胀时，价格增长可否预期是区分通货膨胀的一个显著标志，从而按这个标准可将通货膨胀划分为可预期的通货膨胀和不可预期的通货膨胀。假如年通货膨胀率为3%，且每个人都预期这种趋势会持续，那么通货膨胀还会令人措手不及吗？假如每年实际的和预期的通货膨胀率都是3%或5%，那么情况又有什么区别呢？经济学家们通常认为，预期到的温和的通货膨胀对经济效率或是对收入和财富的分配几乎没有什么影响。

事实上，通货膨胀往往是不可预期的。例如，俄罗斯人在1992年前的几十年间都习惯于稳定的价格，当1992年突然放开物价时，没有人能预测未来5年内价格会上升1 000倍，甚至经济学家也无法做到这一点。那些仍旧以传统方式保持财富（无论是持有现金还是储蓄账户）的人都是最不幸的，他们眼看着自己的积蓄一夜之间大幅贬值。

在物价平稳得多的国家如美国，不可预期的通货膨胀的影响就没有那么严重。价格不可预期地上升会使某些人变穷，也会使另一些人变富。这种再分配的代价很难用“成本”来反映，因为它对社会的影响可能远大于对经济的影响。一系列的盗窃案可能不会使GDP水平明显降低，但却会带来很大的混乱。同样，由于通货膨胀随机地重新分配财富，就好比强迫人们去玩他们本想竭力避免的彩票赌博一样。

（四）通货膨胀的经济影响

1. 对收入与财富分配的影响

通货膨胀对收入和财富分配的影响主要是由于人们所持有的资产与负债的种类有差别而造成的。如果价格急剧上升，那么对债务人来说就是一种意外收益。假如你为买一所房屋借款100 000元，每年偿还的固定利率的抵押贷款额是10 000元。倘若大幅度的通货膨胀突然将所有的价格和收入都翻了一番，虽然你需要偿还的贷款名义上还是每年10 000元，但是你的贷款的实际成本却只有原来的一半了，即你只需要付出过去一半的实物来支付这10 000元。这种大幅度的通货膨胀使你的负债实际额减少了一半，从而增加了你的财产。若你是债权人，且持有固定利率的抵押贷款或长期债券作为资产，那么你的处境就会完全相反，价格突然上涨会使你的财产缩水，因为别人还给你的货币的实际价值比你原先借出时要小。

如果通货膨胀持续了很长时间，使人们最终有可能预见其发展趋势，并且市场也开始与之相适应，那么市场利率中就会逐渐地包含着一种对通货膨胀的补偿部分。譬如在某一经济体中，初始状态时价格稳定，利率是3%，那么一旦人们预期价格将以每年9%的速率上涨，各种债券和抵押贷款的利率就要按12%而不是3%支付。12%的名义利率反映的是3%的实际利率再加上9%的通货膨胀溢价。一旦在利率上进行了这样的调整，收入和财富就不会再发生较大规模的再分配了。这种针对长期通货膨胀所进行的利率调整，在每一个经历过长期价格上涨的国家都曾经出现过。

在社会保障系统不完善的国家，通货膨胀会冲击那些靠固定收入生活的群体，例如靠抚恤金生存的老人、领取固定退休金的退休工人、大学教授、公务员等。但是由于制度变迁，这些看法已经不能完全反映现实了。在今天，社会保障抚恤金已经根据消费价格被指数化了，教师的工资、国家公务员所领取的薪金也会随着CPI的提高而增加。有许多债务（如“浮动利率”抵押借款）的利率也按照规定随着市场利率而上下变动，因而对债务人和债权人的影响也不像以前那样明显了。

通货膨胀对再分配的作用主要通过影响人们手中财富的实际价值来实现。一般来说，不可预期的通货膨胀会将财富从债权人手中部分地转移给债务人，也就是说，通货膨胀往往有利于债务人而不利于债权人。如果通货膨胀率出现不可预期的下降，那么所产生的效果则正好相反。但在更多的时候，通货膨胀只是将收入和资产混合在一起，随机地在全体居民中进行重新分配，而不是只冲击某些单个群体。

2. 对经济效率的影响

除了收入再分配，通货膨胀还在两个领域影响实际经济：经济效率和总产出。首先我们来看看通货膨胀对经济效率的影响。

通货膨胀之所以损害经济效率，是因为它会扭曲价格信号。在一个低通货膨胀的经济体中，如果一种商品的市场价格上升，则买方和卖方都很清楚：这种商品的供给和需求的两个方面都发生了实际的变化，他们就可以对此作出正确的反应。例如，如果附近的超市都将牛肉的价格提高 50%，消费者就知道应该是多吃猪肉而少吃牛肉的时候了。与此类似，如果新型电脑的价格下跌 90%，你也许就会决定换掉那台老式电脑了。在一个高通货膨胀的经济体中，人们就很难区分相对的价格变化与整体的价格变化。如果通货膨胀率高达每月 20% 或 30%，商店就会频繁地变动价格，以至于相对价格变得混乱无序，令人无所适从。**企业为了适应高通货膨胀而经常地改变报价是要付出成本的，这种成本我们称为菜单成本（menu cost）。**例如餐馆经常地印刷新菜单，超市更频繁地更换标价牌，出租汽车公司重新调制计价表等。

在通货膨胀时期，人们更愿意持有实际资产而减少货币持有量。他们频繁地进出银行，磨光了鞋底，浪费了宝贵的时间。**这种来自为减少货币持有量所付出的成本被称为通货膨胀的鞋底成本（shoe-leather cost）。**企业精心设计现金管理计划，实际资源仅仅被用来适应不断变化的货币尺度，而不是被用来进行生产，这自然会影响社会的经济效率。

通货膨胀的另一种成本产生于税法。许多税则的条款没有考虑通货膨胀的影响，但是通货膨胀会以法律制定者没有想到的方式改变个人所得税的负担。税则处理通货膨胀不当的一个例子是资本收益的税收处理。假设你现在购买了一些股票并在一年后以相同的实际物价出售了。看来政府不征收赋税是合理的，因为你从这种投资中并没有实际赚到利润。实际上，如果没有通货膨胀，结果就是没有税收义务。但是假设通货膨胀率是 12%，而且，你最初每股支付了 100 元；由于实际物价在一年后相同，你应该以 112 元售出股票。在这种情况下，税则没有考虑到通货膨胀的影响，认为你每股赚了 12 元，政府就会向你征收资本收益税。当然，问题在于税则是按名义资本收益而不是按实际资本收益来衡量收入。在这个例子中以及许多其他场合中，通货膨胀扭曲了所征收的税收。马丁·费尔德斯坦（Martin Feldstein）和其他一些人的研究认为，通货膨胀对税收、储蓄和投资的影响是通货膨胀的最大成本。

但这些并不是通货膨胀的全部代价。在一个价格水平急剧变动的世界里，人们生活很不方便。家庭面临的一个重要决策是把他们收入作适当的划分，其中多大比例用于现在的消费，多大比例用于为退休而储蓄等，价格水平的大幅度变动使个人的金融计划变得十分复杂而难以正确制定。企业通过预期未来价格水平来确定产品价格和产量不但困难重重而且决策成本也大大增加。更重要的是难以预测的通货膨胀会干扰这些决策，使得产量和工厂规模等指标偏离利润最大化的目标。这些社会成本虽难以准确衡量，但通货膨胀对经济效率的影响却无疑是非常明显的。

3. 对宏观经济的影响

除了影响微观经济和再分配，通货膨胀还会对宏观经济活动产生影响。在 20 世纪 70 年代以前，较高的通货膨胀率一直伴随着较高的就业和产出水平。在美国，当投资形势良好、工作机会很多的时候，通货膨胀率就趋于上升。在通货紧缩或通货膨胀率水平趋于降低的时期，资本和劳动则呈高度失业状态。

如果进一步对历史资料作详细分析，则会发现一个有趣的事实：产出和通货膨胀之间的正相关关系似乎只是暂时的。长期来看，通货膨胀与产出的增长之间存在着一种倒 U 字形的关系。研究结果表明：低通货膨胀的国家的经济增长最为强劲，而高通货膨胀或通货紧缩国家的增长趋势则较为缓慢。

不论通货膨胀对产出和效率的短期影响或长期影响如何，毫无疑问的一点是，当通货膨胀威胁来临时，政府总会采取有力措施来制止通货膨胀，例如控制货币供给量的增长或提高利率，进而抑制实际产出的增加以及提高失业率等。事实上，美国中央银行遏制通货膨胀的努力恰恰是导致1979年石油价格上涨后北美经济长时间严重衰退的主要原因，也是20世纪90年代上半期造成整个西欧经济严重滑坡的首要原因。

（五）现代通货膨胀理论

通货膨胀的根源并非只有一个，它像许多疾病一样有众多的病因。有些通货膨胀是由于需求方面的原因引起的，另一些则由供给方面的原因所造成。但是现代的通货膨胀都有一个重要特征：都需要在内部累积能量，一旦爆发便很难平息下去。这里我们主要以AS-AD框架来分析通货膨胀。

1. 需求拉动型通货膨胀

影响通货膨胀的主要原因之一是总需求的变动。消费、投资、政府购买和净出口构成了总需求，其中任何一个项目的提高都会提高总需求，并推动产出增长。无论出于什么原因，只要总需求的增长超过了总供给的增长，就会发生需求拉动型通货膨胀（demand-pull inflation)，使物价上升以平衡总供给与总需求。这就是说，由于需求方的货币竞相追逐有限的商品供给，价格水平被推高了。由于失业率下降，劳动力变得稀缺，工资也被抬高，所以通货膨胀会加速出现。

需求拉动型通货膨胀背后的一个重要因素是货币供给量的快速增加。货币供给量的快速增加使总需求增长，而后者则使价格水平升高。德国中央银行在1922—1923年间曾印制出数万亿德国马克的纸币，这些纸币涌入市场寻求面包和住房，从而使价格水平疯狂地上涨。图8-7利用总需求-总供给模型来说明需求拉动型通货膨胀的过程。

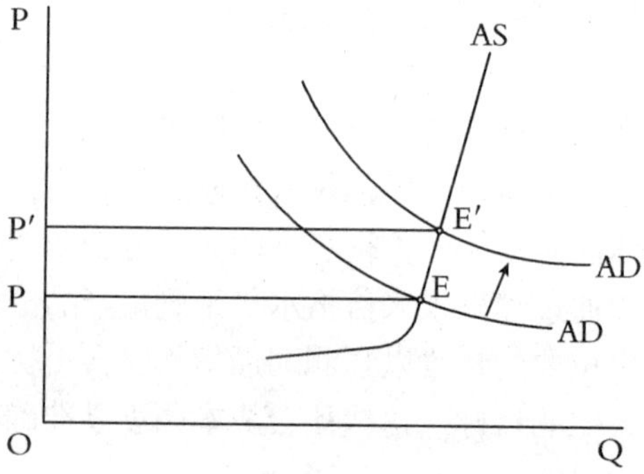

图8-7　需求拉动型通货膨胀

假设某经济的初始均衡状态为图8-7中点E，这时的总需求曲线和总供给曲线分别为AD和AS。总支出的提高将AD曲线向右上方推移至AD′，该经济的均衡点从点E移动到点E′。在这个更高的总需求水平上，价格从P上升到P′，发生了需求拉动型通货膨胀。

2. 成本推动型通货膨胀

经济学家不仅研究需求拉动型通货膨胀的原理，而且常用此来解释经济史上的价格变动趋势。在过去的半个世纪中，通货膨胀的发展过程已经发生变化，前面在讨论价格变动的历史时曾指出：现在的价格变动只是沿着一个方向，经济衰退时是上升，经济繁荣时是更快地上升。现代通货膨胀与简单的需求拉动型通货膨胀的区别在于：价格在实现充分就业之前就开始上升，甚至在30%的生产能力闲置，10%的劳动力处于失业状态的情况下，价格和工资也在上升。这种现象称为成本推动型通货膨胀（cost-push inflation）——由于成本上升所造成的通货膨胀，或称为供给冲击的通货膨胀。

为了解释成本推动型通货膨胀，很多经济学家常以工资为出发点。1982年当失业率几乎达到10%的时候，工资上升了5%，工资在衰退时期仍趋增长，这是因为价格受到管制且削减工资遭到强烈反对，其中一部分应归因于工会的垄断力量。在1973年、1978年以及1999年年末和2000年年初，当世界石油市场发生严重短缺时，各个国家都密切关注自己的宏观经济运行情况。一方面是石油价格急剧上升，另一方面是生产经营成本的增加和随后成本推动型通货膨胀的猛烈爆发。

我们同样用总需求–总供给模型来说明成本推动型通货膨胀。如图8–8所示，假设某经济的初始均衡状态为图中点E，这时的总需求曲线和总供给曲线分别为AD和AS。由于成本提高，在生产能力不变的情况下企业的产出会下降，从而导致总供给从AS曲线向左上方移动至AS′，均衡点由点E移动到点E′。由于总供给的减少导致同样的总支出竞购过少的商品，从而导致价格从P升高到P′，这就是成本推动型通货膨胀。

3. 预期和惯性通货膨胀

以上关于需求拉动型通货膨胀和成本推动型通货膨胀的分析表明了对经济的冲击如何移动了总需求曲线和总供给曲线从而导致了一个新的更高的价格水平的均衡。但通货膨胀不是价格水平的一次性改变，而是价格水平的持续上升。在大多数情况下通货膨胀似乎有一种惯性，如果经济有了7%的通货膨胀率，即使产生通货膨胀的其他原因被消除，只要人们预期未来将有同样的通货膨胀率，7%的通货膨胀率仍然会有不断持续下去的趋势，这种情况被称为惯性通货膨胀。

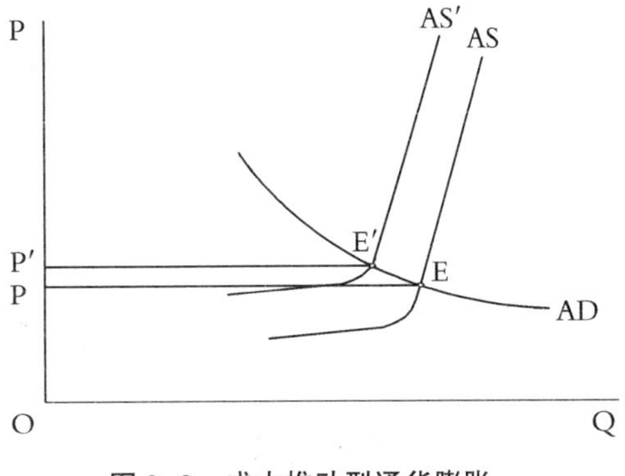

图8–8 成本推动型通货膨胀

产生这种惯性通货膨胀的原因在于，如果经济中大多数人都预期到同样的通货膨胀率，那么这种对通货膨胀的预期就会变成经济运行的现实。通货膨胀时期工会和厂方谈判，要求保证工资上升与价格水平的上涨相一致，以使他们的实际工资不会下降。银行在贷款时也希望确保一定的实际收益率，因此，他们在确定贷款利率时，要考虑到他们年末收回的货币现值会低于其名义值。这意味着在以货币计量的一些名义变量（如工资、租金等）的提高和价格上涨之间存在着因果关系。以工资为例，工资提高引起价格上涨，价格上涨又引起工资再次提高。于是，工资提高和价格上涨形成了螺旋式的上升运动。

无论通货膨胀的原因如何，只要通货膨胀开始，需求拉动和成本推动过程几乎都发挥作用。即使导致通货膨胀的初始原因消失了，通货膨胀也可以自行持续下去。当工人们预期物价会上涨时，他们就会按照对未来通货膨胀的预期而坚持要求增加工资。这种通过预期未来经济形势确立工资和薪金的过程，也适用于确定很多产品的价格，如高等院校学费、汽车价格以及长途电话费等。这些价格一旦确定之后在短时间内就不容易再发生变动。由于修正通货膨胀预期和调整大多数工资和价格都需要较长时间，所以只有在较大的冲击或经济政策变动的情况下，惯性通货膨胀率才会发生变化。一般地，导致通货膨胀的初始原因消失后，惯性通货膨胀仍然会持续相当长的一段时间。

图 8-9 进一步说明了通货膨胀螺旋。在左图中，经济初始时处于均衡点 E，它位于总供给曲线比较陡的部分。现在假定出现总需求冲击，总需求曲线从 AD 移动到 AD′。这使得在原来的价格水平上出现了超额需求，结果价格从 P 上升到 P′。根据上面所说的工资-价格螺旋，价格上升会引起工资提高，较高的工资使总供给曲线从右图中原来的 AS 移动到 AS′。同时，更高的工资率意味着人们有更多的货币收入，导致更多的消费，从而总需求会进一步扩大。在右图中，总需求曲线由 AD′移动到 AD″。在新的价格水平 P′下，新的总需求曲线 AD″与新的总供给曲线 AS′之间仍有差距。于是又存在一个对商品的超额需求，导致价格进一步上涨，新一轮的价格将达到 P″，这将又引起了另一轮的工资上涨。这样，通货膨胀的压力在整个经济中存在不断循环下去的趋势。

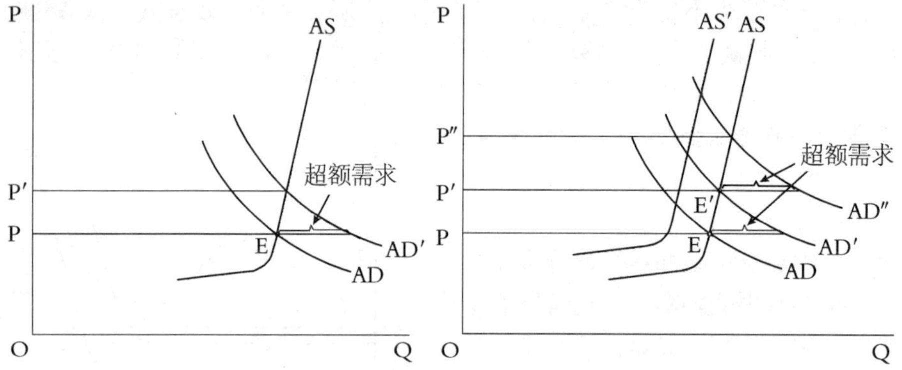

图 8-9　通货膨胀螺旋

三、菲利普斯曲线

失业与通货膨胀是宏观经济运行中的两个主要问题。如果经济决策者的目标是低通货膨胀和低失业，则现实通常会使他们非常失望。因为低通货膨胀和低失业目标往往是相互冲突的。AS-AD 模型指出，如果决策者想用需求管理政策扩大总需求以降低失业率，这种政策将使经济的均衡点沿着短期总供给曲线移动到更高产出和更高价格水平处。因为更多的产出对应更多的劳动投入，所以较高的产出意味着较低的失业率。而较高的价格水平则意味着较高的通货膨胀。因此，当决策者使经济沿着短期总供给曲线向上移动时，他们降低了失业率而提高了通货膨胀率。同样的理由，紧缩性需求管理政策在抑制总需求的同时将经济的均衡点沿总供给曲线推向了左下方。价格水平的下降是以产出下降即失业率提高为代价的。如果要探讨失业与通货膨胀之间的关系，菲利普斯曲线是一个很实用的工具。

经济学家菲利普斯（A. W. Phillips）将工资上涨的决定因素数量化，提出了一种很实用的、有代表性的方法来描述通货膨胀的过程。在深入研究了英国一个多世纪的失业和货币工资的有关资料之后，菲利普斯发现：失业和货币工资之间存在着一种负相关的关系，即当失业率降低时，工资率趋于上升，反之亦然。其原因在于，当其他工作机会比较难得时，工人要求提高工资的压力就会减少；而在盈利较少的情况下，企业也会更坚定地抵制增加工资的要求。

新古典综合派对最初的菲利普斯曲线加以改造是基于这样的认识：如果劳动生产率不变，则价格水平与货币工资同步增长；如果劳动生产率提高，则其增长率会抵消一部分货币工资增长的效果而体现出较低的通货膨胀率，即

通货膨胀率＝货币工资增长率－劳动生产率增长率

（一）简单形式的菲利普斯曲线

菲利普斯曲线对分析短期的失业与通货膨胀的交互变动十分有用。图8－10所表示的是最简单的菲利普斯曲线。图中的横轴代表失业率u，纵轴代表通货膨胀率π，向右下方倾斜的曲线PC即为菲利普斯曲线。当我们沿着这条菲利普斯曲线向左移动以降低失业率时，通货膨胀率就会上升。菲利普斯曲线所揭示的失业与通货膨胀的替代关系与美国20世纪60年代通货膨胀和失业的数据吻合得很好。

若用u^*代表自然失业率，则可将简单形式的菲利普斯曲线解析地表示为：

$$\pi=-\varepsilon\ (u-u^*) \tag{8-10}$$

式中：参数$\varepsilon>0$衡量价格相对于失业率的反应程度。举例来说，如果$\varepsilon=2$，式8－10表示如果实际失业率相对于自然失业率每增加一个百分点，则通货膨胀率将下降两个百分点。菲利普斯曲线指出，当失业率超过自然失业率（$u>u^*$）时出现通货紧缩（$\pi<0$）。当失业率低于自然失业率（$u<u^*$）时则发生通货膨胀（$\pi>0$）。当失业率恰好等于自然失业率（$u=u^*$）时价格水平不变（$\pi=0$），既无通货紧缩亦无通货膨胀。

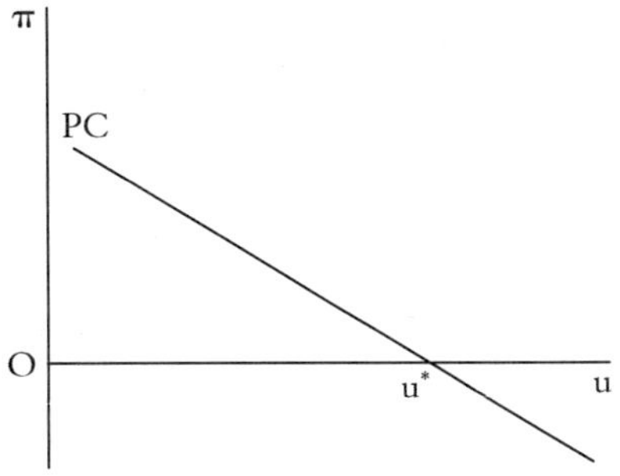

图8－10 简单形式的菲利普斯曲线

（二）非加速通货膨胀的失业率（自然失业率）

实际上，菲利普斯曲线并不像上面所描述的那样总表现出失业与通货膨胀之间固定的替代关系。由于惯性通货膨胀的变化，菲利普斯曲线也会变动。图8－11表示的是美国1960—1999年这段时期内以GDP折算数衡量的通货膨胀和失业情况。这些点似乎在沿着顺时针方向转动，并且会不时地向外或向内漂移。为了解释这种“菲利普斯螺旋线”的奇怪现象，经济学家对原始的菲利普斯理论进行了修正。这项修正是在菲利普斯和米尔顿·弗里德曼的理论基础上发展起来的，并经过了历史数据的统计检验。

改进后的理论将长期菲利普斯曲线和短期菲利普斯曲线区分开来。根据这种理论，图8－10中那种向下倾斜的菲利普斯曲线只适用于短期情况，因而称为短期菲利普斯曲线。从长期看，存在一种与稳定的通货膨胀相一致的最低失业率，称为非加速通货膨胀的失业率（nonaccelerating inflation rate of unemployment，NAIRU），这就是自然失业率，这一概念指那些作用于价格和工资膨胀的向上或向下的力量得以平衡时的失业率。当经济处在这种失业率时，通货膨胀是稳定的，不存在加速上升或下降的趋势。即没有向上的通货膨胀压力的情况下，能够长期维持的最低失业率。按照这个更新了的理论，长期菲利普斯曲线是一条位于非加速通货膨胀的失业率处的垂直线，从而不存在短期的那种失业与通货膨胀的替换关系。

当以下两个条件得到满足时，通货膨胀率就是稳定的：

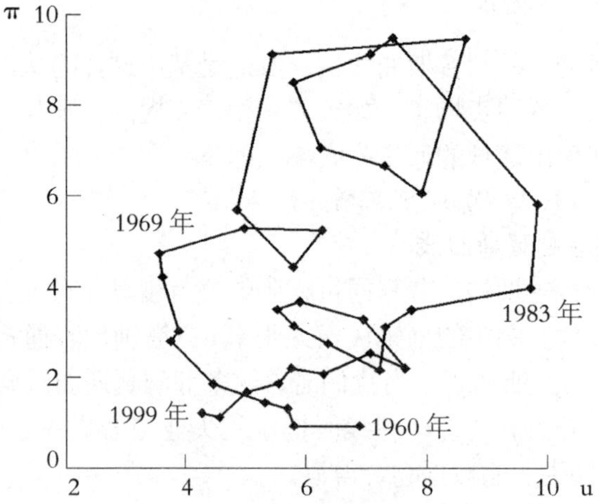

图 8-11　菲利普斯螺旋线

资料来源　萨缪尔森，诺德豪斯．经济学［M］．萧琛，主译．17 版．北京：人民邮电出版社，2004：557.

（1）没有超额需求。在非加速通货膨胀的失业率下，通货膨胀既不会上升，也不会下降。这是因为由职位空缺引起的工资上升的趋势与由失业引起的工资下降的趋势相互抵消。

（2）没有供给冲击。如果没有来自供给方面的冲击，如来自石油价格或其他资源价格的急剧变化、汇率的剧烈波动、生产率或其他影响生产成本的要素的变化，则通货膨胀将会稳定在某一确定的水平上。

如果存在需求或成本的冲击，情况又会不一样了。当像越南战争期间的美国一样失业处于很低水平时，通货膨胀率就会上升并超出惯性通货膨胀率，如同经济沿短期菲利普斯曲线向上移动一样；相反，如果失业率上升，并大大超过非加速通货膨胀的失业率水平，如 20 世纪 80 年代初美国的情况，则通货膨胀率就会下降。

一旦实际通货膨胀率上升到超出惯性的或可预期的水平，人们就会开始适应这种新的通货膨胀率，并开始预期出现更高的通货膨胀率。于是，惯性通货膨胀率便会调整到新的水平，短期的菲利普斯曲线也会随之发生变动。

（三）附加预期的菲利普斯曲线（现代菲利普斯曲线）

弗里德曼在提出短期菲利普斯曲线时，考虑到企业和工人关注的不是名义工资，而是实际工资。当劳资双方谈判新工资协议时，他们都会对新协议期的通货膨胀进行预期，并根据预期的通货膨胀相应地调整名义工资水平。根据这种说法，人们预期通货膨胀率越高，名义工资增长越快。这里的“短期”是指从通货膨胀预期形成到根据通货膨胀的实际情况发现这一预期需要作出调整的这一段时间。短期菲利普斯曲线就是预期通货膨胀率保持不变时，表示通货膨胀率与失业率之间关系的曲线。将菲利普斯曲线方程（式 8-10）改写为：

$$\pi-\pi^{e}=-\varepsilon\ (u-u^{*}) \tag{8-11}$$

或

$$\pi=\pi^{e}-\varepsilon\ (u-u^{*}) \tag{8-12}$$

式中：π^{e} 表示预期通货膨胀率。式 8-12 被称为现代菲利普斯曲线或附加预期的菲利普斯曲线。附加预期的菲利普斯曲线有一个重要性质，即当实际通货膨胀率 π 等于预期通货膨胀率 π^{e} 时，失业率 u 等于自然失业率 u^{*}。这与上一节的分析得出的结论是相同的。附加预期的菲利普斯曲线可以用图 8-12 来表示。

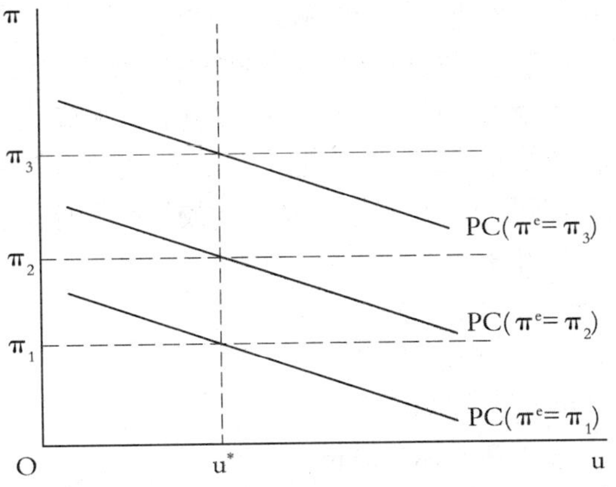

图 8-12　附加预期的菲利普斯曲线

从图 8-11 中菲利普斯螺旋线可以看出美国通货膨胀和失业的数据与简单的菲利普斯曲线不相吻合。针对这一情况，一些西方学者认为这主要是由于忽略预期通货膨胀这一重要因素造成的。基于这一观点，一些西方学者试图用预期的菲利普斯曲线来拟合实际数据。图 8-13给出了美国 20 世纪 60 年代初期和 80 年代初期（附加预期的）菲利普斯曲线。

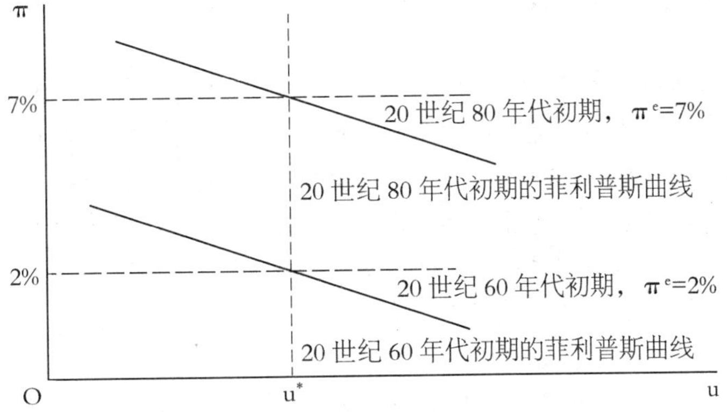

图 8-13　通货膨胀预期和短期菲利普斯曲线

图 8-13 中的两条短期菲利普斯曲线分别反映了 20 世纪 60 年代初期较低的预期通货膨胀水平和 20 世纪 80 年代初期较高的预期通货膨胀水平。有两点需要提出来：一是它们所反映的失业与通货膨胀的短期替换关系相同，即它们的斜率相等；二是 20 世纪 60 年代初期的充分就业水平（或相应的自然失业率水平）与大约 2% 的年通货膨胀率相对应，而 20 世纪 80 年代初的充分就业水平与大约 7% 的年通货膨胀率相对应。在西方学者看来，附加预期的菲利普斯曲线在解释失业与通货膨胀的关系方面还算是比较成功的。

附加预期的短期菲利普斯曲线表明，在预期的通货膨胀率不变的短期中，失业率与通货膨胀率之间仍然存在着替换关系。向右下方倾斜的短期菲利普斯曲线表明，在短期中引起通货膨胀率上升的需求管理政策是可以起到减少失业的作用的。换句话说，调节总需求的宏观经济政策在短期内是有效的。

（四）长期菲利普斯曲线

长期中工人将根据实际发生的情况不断调整自己的预期，工人预期的通货膨胀率与实际的通货膨胀率迟早会一致。这时工人会要求改变名义工资，以使实际工资不变，从而较高的通货膨胀就不会起到减少失业的作用。所以，西方学者认为，在以失业率为横坐标，通货膨胀率为纵坐标的坐标系中，长期菲利普斯曲线是一条垂直线，即失业率与通货膨胀率之间不存在替换关系。长期中，或者说作为一种趋势，经济社会是能够实现充分就业的，经济社会的失业率将处在非加速通货膨胀的失业率（即自然失业率）水平。我们用图8-14来讨论短期菲利普斯曲线不断移动，从而形成长期菲利普斯曲线的过程。

图8-14中假定某一经济体处于自然失业率 u^*，通货膨胀率为 π_1 的点 E_1。若政府采取扩张性的需求管理政策，提高了总需求，导致通货膨胀率上升至 π_2。短期内工人预期的通货膨胀率为 π_1，而现在实际的通货膨胀率为 π_2，高于预期的通货膨胀率使实际工资率下降。实际工资率的下降导致厂商对劳动的需求量增加，失业率减少为 u_1。于是就会出现图中短期菲利普斯曲线 PC_1（$\pi^e=\pi_1$）所示的情况，失业率由 u^* 下降为 u_1，而通货膨胀率则从 π_1 上升至 π_2，经济体处于点A处。

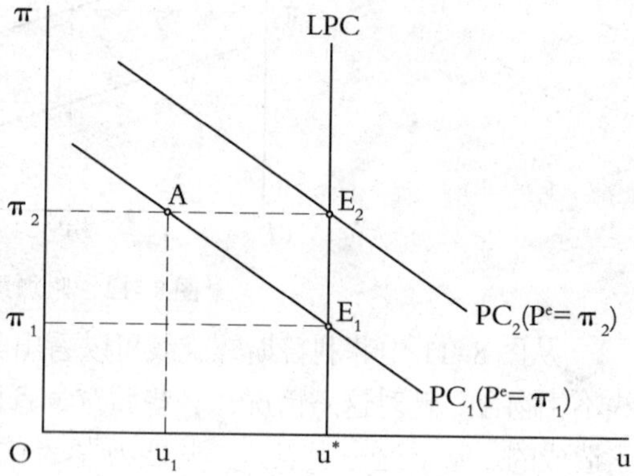

图8-14　短期和长期菲利普斯曲线

但这种情况并不会持久。经过一段时间后，工人们会意识到价格水平的上升和实际工资率的下降，这时他们便要求提高工资水平。与此同时，工人们会相应地将通货膨胀率预期从 π_1 调整到 π_2。伴随着这种调整，实际工资率回到了原来的水平。相应的，企业由于生产成本的提高也会将生产和就业调整到原有水平，失业率又回到了原来的 u^*。但此时经济体已经处于具有较高预期通货膨胀率（π_2）的点 E_2。

将以上的过程重复下去，可以想象，由于工人不能及时改变预期，将存在着失业与通货膨胀之间的短期替代关系，如图中 PC_1 和 PC_2 等短期菲利普斯曲线。随着工人预期通货膨胀率的上升，短期菲利普斯曲线不断上移。从长期来看，工人预期的通货膨胀与实际通货膨胀是一致的。因此，企业不会增加生产和就业，失业率也就不会下降，从而便形成了一条位于自然失业率处垂直的长期菲利普斯曲线LPC。垂直于自然失业率水平处的长期菲利普斯曲线表明，在一段较长的时期内，并不存在失业与通货膨胀的替代关系。其政策含义是政府扩张性的需求管理政策在长期中不但不能降低失业率，而且还会使通货膨胀率不断上升。

关键术语

摩擦性失业　结构性失业　周期性失业　自愿失业　非自愿失业　充分就业　自然失业率　工资刚性　奥肯定律　通货膨胀　费雪效应　短期菲利普斯曲线　长期菲利普斯曲线

主要观点

◆ 失业率表示没有工作的人占劳动力的比例。失业可以分为摩擦性失业、结构性失业和周期性失业，或者分为自愿失业和非自愿失业。

◆ 由于工会的垄断等原因，名义工资率只能升而不能降，呈现出向下的刚性。工资刚性使得劳动力市场经常处于非出清的状态。

◆ 根据货币数量论的分析，控制货币供给的中央银行最终控制着通货膨胀率。如果中央银行保持货币供给稳定，价格水平也将稳定。如果中央银行迅速增加货币供给，价格水平将迅速上升，从而导致通货膨胀。

◆ GDP 相对于其潜在值每下降 2 个百分点，失业率就大约会上升 1 个百分点。

◆ 短期菲利普斯曲线表明失业率与通货膨胀率之间存在替换关系。但长期菲利普斯曲线是垂直于自然失业率水平的，从而不存在失业率与通货膨胀率之间的替换关系。

基本训练

一、填空题

1. 失业可以分为(　　)、(　　)和(　　)三种类型。

2. 引起非自愿失业的主要原因是(　　)。

3. 奥肯定律指出，GDP 相对于其潜在值每下降 2 个百分点，失业率就大约会上升(　　)。

4. 费雪效应说明越高的通货膨胀率引起(　　)。

5. 在短期菲利普斯曲线中失业率与通货膨胀率之间(　　)替换关系。长期菲利普斯曲线中(　　)失业率与通货膨胀率之间的替换关系。

二、选择题

1. 在充分就业的情况下，(　　)最可能导致通货膨胀。

A. 进口增加　　B. 工资不变但劳动生产率提高

C. 出口减少　　D. 政府购买不变但税收减少

2. 经济处于充分就业均衡时，(　　)。

A. 降低政府购买会使经济的通货膨胀率一直降下去

B. 在短期内降低名义货币供给的增长会降低通货膨胀率但不影响产量

C. 在短期内降低名义货币供给的增长会降低通货膨胀率和产量水平

D. 在短期内降低政府购买会降低通货膨胀率但不影响产量

3. 在经济处于均衡时，名义货币供给增长率的上升会(　　)。

A. 使总需求曲线右移，使均衡水平位于更高的通货膨胀率和产量水平上

B. 使总需求曲线和总供给曲线右移，使均衡水平位于更高的通货膨胀率和产量水平上

C. 使总需求曲线和总供给曲线左移，使均衡水平位于更高的通货膨胀率和产量水平上

D. 使总需求曲线右移和总供给曲线左移，均衡水平位于更高的通货膨胀率水平上而产量不变

4. 按照(　　)的观点，菲利普斯曲线所阐明的通货膨胀率和失业之间的替代关系是不存在的。

A. 凯恩斯主义　　B. 货币主义　　C. 供应学派　　D. 理性预期学派

5. 将工资水平的提高与物价的上升相联系的做法称为(　　)。

A. 调节　　B. 指数化　　C. 保护　　D. 保险

6. 以下选项中，除(　　)项外，均为通货膨胀的后果。

A. 债务人获得好处　　B. 相对价格变动

C. 企业主获得好处　　D. 减少政府税收收入

7. 某一经济体在5年中货币增长速度为10%，而实际国民收入增长速度为12%，货币流通速度不变，这5年间价格水平(　　)。

A. 上升　　B. 下降　　C. 不变　　D. 上下波动

8. 通货膨胀会(　　)。

A. 使国民收入提高到超过其正常值的水平

B. 使国民收入提高或下降，主要看产生通货膨胀的原因

C. 使国民收入下降到超过其正常值的水平

D. 只有在经济处于潜在的产出水平时，才会促进国民收入的增长

9. "滞胀"用菲利普斯曲线表示即(　　)。

A. 一条垂直于横轴的菲利普斯曲线　　B. 一条长期存在的斜率为正的直线

C. 短期菲利普斯曲线的不断上移　　D. 一条长期存在的斜率为负的直线

10. 要消除通货紧缩缺口，政府应该(　　)。

A. 增加公共工程支出　　B. 减少福利支出

C. 增加税收　　D. 以上都不对

11. 一个经济体的失业率为7.5%，劳动力中白人和黑人分别占82%和18%，如果白人中的失业率为6.5%，则黑人中的失业率为(　　)。

A. 8.5%　　B. 9.5%　　C. 10.0%　　D. 12.0%

三、简答题

1. 摩擦性失业与结构性失业相比，哪一种失业问题更严重些？

2. 能否说有劳动能力的人都有工作才是充分就业？

3. 什么是自然失业率？哪些因素影响自然失业率？

4. 说明短期菲利普斯曲线与长期菲利普斯曲线的关系。

5. 通货膨胀的经济效应有哪些？

6. 试说明菲利普斯曲线与总供给曲线的关系。

7. 西方学者认为造成通货膨胀的原因是什么？

8. 阐述惯性通货膨胀。

9. 在一国发生严重的通货紧缩的情况下该国居民的边际消费倾向的变动特征是怎样的？为什么？

10. 通货膨胀、通货收缩、通货紧缩和滞胀，这几个概念有何区别？

11. 什么是菲利普斯曲线？菲利普斯曲线有哪几种类型？其各自的政策含义是什么？

12. 为什么长期菲利普斯曲线是一条竖直的直线？

四、计算题

1. 若某个经济体的价格水平如下：2013 年为 107.9，2014 年为 111.5，2015 年为 114.5。

要求：(1) 2014 年和 2015 年通货膨胀率各是多少？

(2) 若人们对 2016 年的通货膨胀率预期是按前两年通货膨胀率的算术平均得出的，设 2016 年的利率为 6%，则该年的实际利率为多少？

2. 设某经济体在某一时期内有 1.9 亿成年人，其中 1.2 亿人有工作，0.1 亿人在寻找工作，0.45 亿人没有工作但也没有在找工作。要求：分别计算劳动力人数、劳动参与率、失业率。

3. 设某一经济体符合菲利普斯曲线：$\pi=\pi^{e}-0.5\ (u-0.06)$。要求：

(1) 该经济体的自然失业率为多少？

(2) 为使通货膨胀减少 5 个百分点，必须有多少周期性失业？

4. 设统计部门选用 A、B、C 三种商品来计算消费价格指数，所获数据见表 8-2。试计算 CPI 及通货膨胀率。

表 8-2　**统计部门消费价格指数相关数据**

品种	数量（个）	基期价格（元）	本期价格（元）
A	2	1.00	1.50
B	1	3.00	4.00
C	3	2.00	4.00

5. 假设存在这样的一个经济体：$Y=\frac{1}{3}K+\frac{2}{3}L$，这个经济体内有 1 000 单位资本和 1 000 个工人，工人的名义工资水平为 W，经济的一般物价水平为 P。要求：

(1) 请把这个经济体中的劳动需求表达成实际工资和资本存量的函数。

(2) 如果实际工资可以调整到使劳动市场均衡的水平，那么实际工资是多少？在该均衡状态下，就业量、产出和工人所得的总工资量是多少？

(3) 如果政府要求企业把实际工资提高到 1，会导致就业量如何变化？

五、论述题

1. 说明需求拉动的通货膨胀。

2. 西方国家有哪些对付通货膨胀的方法？

3. 画图比较自愿失业与非自愿失业。

4. 试论述自凯恩斯以来，宏观经济学是如何考虑预期因素的？

5. 说明菲利普斯曲线的含义。在解决我国失业问题时，能否依据菲利普斯曲线原理，以高通货膨胀率换取低失业率？

第九章 经济增长与经济周期理论

学习目标

◆ 重点掌握增长核算方程、哈罗德-多马模型、新古典经济增长模型、内生经济增长理论、乘数-加速数模型；掌握经济增长与经济发展、现实增长与潜在增长的区别与联系、经济增长的好处、代价和源泉、实际增长率、有保证的增长率和自然增长率、资本的黄金律水平、非凯恩斯主义的经济周期理论；了解经济增长趋势、现代经济增长特点、经济周期的阶段与类型、经济周期内因论与外因论。

第一节 经济增长

长期以来各国都将经济增长视为重要的政策目标。长期经济增长是一国国民经济福利的最重要的决定因素。像19世纪的英国和20世纪的美国这样经济增长迅速的国家成为许多国家效仿的榜样。相反，一些经济滑坡的国家却常常经历政治与社会的动荡。1989—1991年发生的东欧剧变，也部分归因于经济停滞和经济增长率降低。毫无疑问，经济增长已成为各国长期经济成就的一个最重要的标志。

一、经济增长和经济发展

经济增长与经济发展有着不同的特定含义。

经济增长（economic growth）指一个国家或地区产出或潜在产出的增加，既可以用国内生产总值的增量来表示，也可以用人均国内生产总值的增量来表示。也可以说，当一国的生产可能性边界（PPF）向外移动时，就实现了经济增长。

经济发展的含义更加广泛，除了人均收入的提高外，它还包含有国民生活质量的提高、经济结构的根本变化等。

由此可见，经济增长的内涵比较狭窄，是一个偏重于经济数量变化的概念，而经济发展的内涵则比较广阔，是一个既包含经济数量变化，又包含经济质量变化的概念。

经济增长与经济发展也有着很强的联系。一般而言，经济增长是手段，经济发展是目的。经济增长是经济发展的基础，经济发展是经济增长的结果。

二、经济增长的特点

政府和个人都会很自然地关注经济周期的起落。然而当我们把注意力放在较长的历史时期上的时候，我们将发现那些短期经济波动是无关紧要的。我们看到的是各国的经济在长期中都趋向于不同速度的增长，没有任何一个国家会出现相反的情况。图 9-1 显示出 1960 年至 2013 年英国的 GDP 增长情况。我们可以从中看出，与产出的长期增长相比，产出的短期波动显得微不足道。

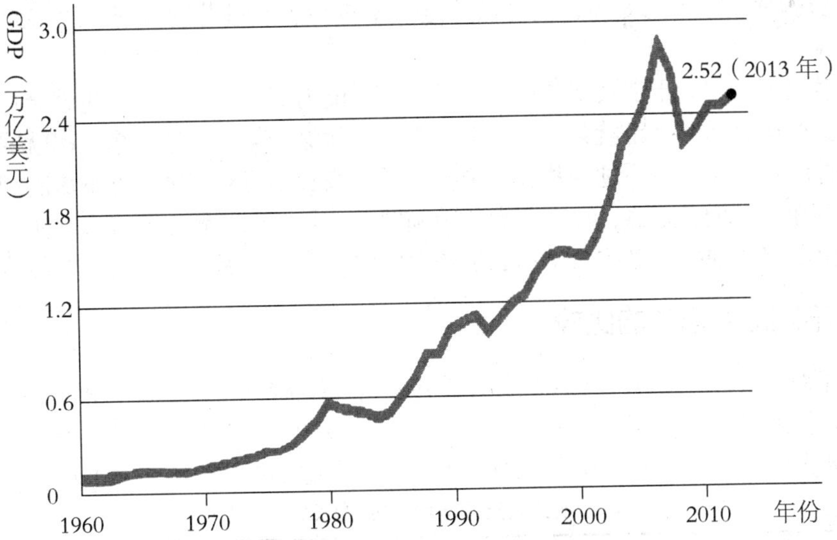

图 9-1　1960—2013 年英国按市场价格计算的 GDP

资料来源　世界银行.

根据库兹涅茨对经济增长的概括，现代经济增长呈现以下特点：

（1）人均国民收入增长率和人口增长率都保持在较高水平。200 多年来，人均产量平均年增长率约为 2%，人口年增长率约为 1%，总产量年平均增长约为 3%。在 1 个世纪内，人口大约增长了 3 倍，人均产值增长 5 倍多，而生产总值至少增长了 15 倍。

（2）要素使用效率的增长率较高。与现代经济增长相联系的人口平均产值的高增长率，应主要归功于生产率的高增长率，即单位投入的产出的高增长率，而不仅在于生产要素的投入的高增长率。

（3）经济结构的转变率高。生产要素的投入产出分布由以农业为主转向以工业和服务业为主，经济活动的范围由以家庭企业为主转向以国家和跨国企业为主。工业技术加速的增长率是现代人均产值和生产率高增长的主要源泉，并且也是引起经济结构发生巨大改变的主要动力。

（4）与经济增长密切联系着的至关重要的社会结构迅速改变。

（5）技术，特别是交通运输技术的进步，使得经济增长能从一个国家或地区向世界其他地方传导，从而使得世界成为一体。

（6）现代经济增长的范围和内容不受限制。

三、现实增长与潜在增长

在分析经济增长的各因素之前，有必要先区分一下现实经济增长和潜在经济增长。人们常常把这二者相混淆。

现实增长（actual growth）是指现实产出的增长率。当增长率的统计数据公布出来时，这些数据指的是现实经济增长情况。

潜在增长（potential growth）是整个经济可能增长的速度。它是整个经济生产能力的年度增长率，即潜在产出的增长率。有两大因素有助于潜在经济增长：

（1）资源的增加，其中包括自然资源、劳动和资本。

（2）资源使用效率的提高，这可以通过技术进步、改进劳动技能、改善组织结构等来实现。

如果潜在增长率大于现实增长率，多余的生产能力就会增加，失业也就会增加，潜在产出与现实产出之间的差距就会不断拉大。为了消除这个差距，现实增长率就要在很短的时间内超过潜在增长率。不过，从长期来看，现实增长率将受到潜在增长率的制约。

因此，在经济增长方面，存在两大政策问题：一是短期问题，即确保现实经济增长能使现实产出尽可能地接近潜在产出；二是长期问题，即什么因素决定了潜在经济增长率。

四、不同国家增长的比较

我们先来看以下两张表。表 9-1 表明了 1961 年到 2006 年的 40 多年里，一些发达国家每个就业人员平均年产出的增长情况。年均产出 2% 或 3% 的增长效应经过多年的累积，带来了产出的大幅上升。表 9-2 表明了 2006 年的每个就业人员的产出是 1961 年的多少倍。

表 9-1 每个就业人员的年均 GDP 增长率（%）

年份 国别	1961—1970	1971—1980	1981—1990	1991—2000	2001—2006	1961—2006
法国	4.9	2.8	2.3	1.5	1.1	2.6
德国*	4.2	2.5	1.3	1.6	0.9	2.2
意大利	6.2	2.6	1.7	1.6	0.3	2.7
爱尔兰	4.2	3.7	3.8	3.4	3.0	3.7
日本	8.6	3.7	3.0	1.1	2.0	3.8
荷兰	3.8	2.7	1.6	1.2	1.1	2.2
英国	2.7	1.7	1.9	2.2	2.0	2.1
美国	2.3	1.2	1.3	1.7	2.4	1.7

注：* 1991 年以前仅为联邦德国数据。

资料来源　European Economy（Commission of the European Union）.

表 9-2 2006 年的每个就业人员的产出与 1961 年对比（%）

国　家	产出变化率
法国	3.3
德国*	2.7
意大利	3.3
爱尔兰	5.3
日本	5.6
荷兰	2.7
英国	2.6
美国	2.2

注：* 1991 年以前仅为联邦德国数据。

资料来源　European Economy（Commission of the European Union）.

根据这两张表，我们可以看出，不同国家的经济增长率差异很大。在该时期的早期，日本、意大利、法国和联邦德国的经济增长率比英国和美国的高得多；但在后半期，这些国家经济增长放慢了。爱尔兰从始至终的经济增长率都较高，英国和美国在 20 世纪 70 年代增长放慢，但此后增长速度则加快了。

一般来说，比较富裕的发达国家比不太富裕的国家增长速度要小一些，结果是两类国家的差距缩小。例如，1950 年美国人均国内生产总值是原联邦德国的 2.5 倍，是日本的 20 倍，到 2006 年，美国的人均国内生产总值只比德国高 46%，比日本高 35%。然而，这种**人均国内生产总值趋同（convergence in GDP）**并非是全球的普遍现象。在 20 世纪 90 年代末爆发经济危机以前，由中国香港、韩国、新加坡和中国台湾构成的“亚洲四小龙”的经济增长很快，但一些最贫穷的发展中国家，尤其是撒哈拉以南的非洲国家，经济几乎是停滞不前，甚至有时人均国内生产总值还出现了下降现象。

尽管近几代人已开始企盼经济增长，但相对来说这还是一个新现象。因为在过去 2000 年中的绝大多数时间里，许多国家的人均产出在相当长的时期内几乎是静止不变的。只是在经历了工业革命之后，经济增长才变得明显；也只是在 20 世纪技术突飞猛进的情况下，2% 或更高的长期经济增长率才得以实现。

五、经济增长的收益与成本

对于许多发展中国家来说，想要从整体上摆脱贫困，经济增长是必要的。当大多数人口都吃不饱、住不好，缺乏足够保健且几乎受不到教育时，就不会有人质疑提高生产潜能的必要性。问题主要在于，经济增长的好处是否会惠及人民大众，或者说是否仅限于那些已经比较富裕的人群。像其他任何事情一样，经济增长是要付出代价的。如果经济增长可以在不产生任何成本的情况下实现，那么人人都会完全赞成这一帕累托改进。然而经济增长也有其不利的一面，人们会根据其对利弊的不同评价而对经济增长持不同的态度。

那么什么是经济增长的好处，为此要付出哪些代价呢？

（一）经济增长的好处

（1）提高消费水平。如果经济增长超过人口增长，人均实际收入就会增加，这可以提高产品和服务的消费水平。如果人们的福利与消费水平有关，那么经济增长显然会给社会带来好处。

（2）有助于避免其他宏观经济问题。人们都渴望提高生活水平，生产潜能不提高，人们增加收入的需求就很可能导致较高的通货膨胀、国际收支危机、劳资纠纷等。生产潜能的提高有助于满足人们的这些愿望，避免宏观经济危机。

（3）能使收入更容易地再分配给穷人。如果收入提高了，政府就可以在不使富人遭受损失的情况下把收入再分配给穷人。例如，随着人们收入的增加，他们会自动地缴纳更多的税收，政府就可以把这些额外收入用于消除贫困。如果 GDP 不能持续增长，政府帮助穷人的余地就非常有限。

（4）整个社会更有能力注重环境保护。人们越来越富有，他们就可能不只注重他们自己的私人消费，而更加关注生活在一个清洁的环境里。事实上，发达国家对污染的管制比发展中国家要严格。

（二）经济增长的代价

（1）经济增长的当期机会成本。为了实现更快的经济增长，企业可能要进行更多的投资，这需要进行融资。资金可能来自于较高的储蓄、较高的保留利润以及较高的税收收入，不管哪一种方式，消费必定会削减。所以从短期来看，较高水平的经济增长会导致消费的减少。

在图 9-2 中，假设当前的消费水平为 C_1，它在长期的增长情况用起始于 C_1 的直线表示。现假设政府实施促进经济增长的政策，消费必定下降以促进额外的投资融资。假设消费下降到 C_2，此时消费的增长可以用起始于 C_2 的直线表示。这一促进增长的政策会使经济增长加速，因此随着时间的推移，消费会更快地增加。经过一段时间的经济增长，到 t_1 时期（此时也许是过了若干年后），消费才赶上经济增长率较低条件下已经达到的消费水平。

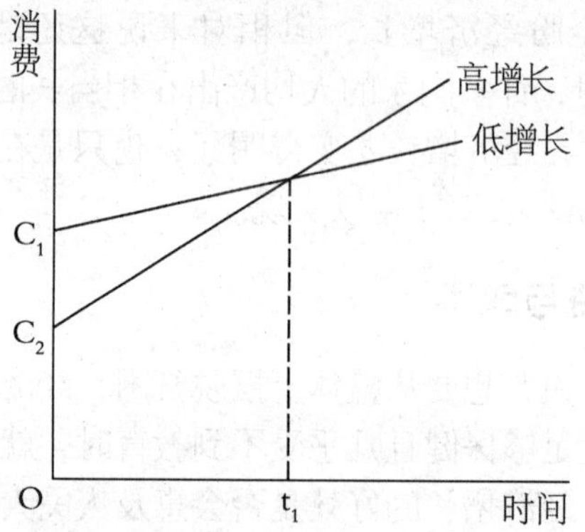

图 9-2　高增长路径和低增长路径

（2）增长也许只产生额外需求。经济增长会提高人们的欲望，这就意味着同样的商品消费给人们带来更低的效用值，或者更多的商品消费才能带来不变的效用值。倘若如此，经济增长可能根本不会提高人们的效用，这在几何上表现为无差异曲线和消费者预算线同步向外位移。有人把效用描述为所得到的物质数量与欲望之比，即效用 $=\dfrac{\text{物质数量}}{\text{欲望}}$。经济增长使这一分数的分子和分母同时扩大，如果人们欲望的膨胀更为迅速，经济增长就会带来痛苦。

（3）社会效应。许多人认为，如果一国过度追求物质增长，就会使人们更贪婪、更自私、更不关心社会，社会越工业化，暴力、犯罪、孤独、与压力相关的疾病、自杀、离婚以及其他社会问题更有可能发生。

（4）环境成本。社会越富裕，人们对环境也许越关心，但对环境的破坏也许越严重。消费水平越高，污染和废弃物的排放程度很可能越高，更严重的是，由于缺乏科学知识，许多环境成本很可能被低估，酸雨以及臭氧层的破坏就是两个十分明显的例子。

（5）不可再生资源被破坏。如果经济增长需要消耗较大数量的资源，而不是更有效地使用相同数量的资源，则某些不可再生资源将很快被消耗完，除非能找到替代各种矿物燃料的可再生资源，否则，当前的经济增长会使后代面临资源匮乏的境地。

（6）对收入分配的影响。有些人可能从较高的生活水平中获益，而有些人却可能遭受损失。如果促进增长的手段是加大激励（例如降低所得税税率），则富人会更富，而穷人只能得到较少好处。

第二节 经济增长源泉的核算

在过去的40多年间，美国的实际GDP平均每年增长3%。用什么来解释这种增长呢？在这里我们引进一种称为增长核算的方法，它把产出的增长分为三个不同的来源：资本的增加、劳动的增加和技术的进步。这种划分方式为我们提供了一种衡量经济增长源泉的理论。

一、经济增长的四个轮子

经济增长的良方是什么？成功的国家走的并非是同一条道路。有许多成功的策略可以实现经济的增长。例如，英国最早开始进行工业革命，并在19世纪成为世界经济的领导者。日本则相反，它加入经济增长竞赛的时间较晚。日本最初是通过模仿外国技术，限制进口以保护国内工业，然后大力发展自己的制造业和电子业，最终成功地发展了自己的经济。

虽然发展途径各不相同，但所有曾经快速发展的国家都有一些共同点。经济增长的基本机制都是一样的，当初它们成就了英国和日本，如今也开始适用于我国和印度这样的发展中国家。经济增长的发动机必定毫无例外地安装在四个轮子上，这四个轮子分别是人力资源（劳动供给、教育、纪律、激励）、自然资源（土地、矿产、燃料、环境质量）、资本（机器、工厂、道路）和技术（科学、工程、管理、企业家才能）。

通常，经济学家用总量生产函数来表明这些因素之间的关系。总量生产函数将总产出、总投入和技术联系在一起，它的数学表达式是：

$$Y=A\cdot F(K, L, R)$$

式中：Y、K、L、R依次为总产出、资本投入量、劳动投入量和自然资源投入量；A为经济中的技术水平（又称全要素生产率（total factor productibity））。

从总量生产函数我们可以看出，生产中投入的资本、劳动、资源以及技术是经济增长的源泉。随着资本、劳动、资源等投入要素的增加，总产出也会增加，尽管随着要素投入的不断增加，这种产出增加会发生收益递减现象。由于新发明的出现或国外先进技术的引进，技术水平（A）得到提高，因此技术的进步可以使一国在相同投入水平下生产出更多的产品。

二、增长核算

在经济增长的四个轮子中，一国或一地区的自然资源总量是相对固定的，其投入水平一般不会随着时间而增加，故我们在考查长期经济增长时，将略去自然资源的因素，综合考察资本、劳动和技术对经济增长的影响。

忽略资源因素后经济的生产函数为：

$$Y=A\cdot F(K, L) \tag{9-1}$$

对式9-1两端取微分得：

$$dY=\frac{\partial}{\partial K}(A\cdot F(K, L))dK+\frac{\partial}{\partial L}(A\cdot F(K, L))dL+\frac{\partial}{\partial A}(A\cdot F(K, L))dA$$

式中：产出对资本投入量的偏导数$\frac{\partial}{\partial K}$（A·F（K，L））$=\frac{\partial Y}{\partial K}$，就是资本的边际产出$MP_K$。同理有$\frac{\partial}{\partial L}$（A·F（K，L））$=MP_L$。因为F（K，L）与技术水平A无关，所以$\frac{\partial}{\partial A}$（A·F（K，L））=F（K，L）。于是，我们得到：

$$dY=MP_K\cdot dK+MP_L\cdot dL+F(K,L)\cdot dA \tag{9-2}$$

这表明，资本和劳动的增量按其边际产出、技术进步增量按生产函数的比例对产出增量作出贡献。

将式9-2两边同除以Y得：

$$\frac{dY}{Y}=\frac{MP_K\cdot K}{Y}\cdot\frac{dK}{K}+\frac{MP_L\cdot L}{Y}\cdot\frac{dL}{L}+\frac{dA}{A} \tag{9-3}$$

在完全竞争市场上，资本的边际产量等于其实际租赁价格，因此$MP_K\cdot K$是资本的总投入额，而$\frac{MP_K\cdot K}{Y}$则是资本总投入额在产出中的份额。我们用α表示这一份额。同样，我们用β来表示劳动总投入额在产出中的份额，则$\beta=\frac{MP_L\cdot L}{Y}$。这样，式9-3可以写为：

$$\frac{dY}{Y}=\alpha\frac{dK}{K}+\beta\frac{dL}{L}+\frac{dA}{A}$$

若进一步用$\hat{Y}$、$\hat{K}$、$\hat{L}$和$\hat{A}$分别表示产出增长率dY/Y、资本增长率dK/K、劳动增长率dL/L和技术增长率dA/A，上式又可写成：

$$\hat{Y}=\alpha\hat{K}+\beta\hat{L}+\hat{A} \tag{9-4}$$

式中：$\alpha\hat{K}$为资本总投入额在产出中的份额与资本增长率之积，可以看成资本增长对产出的贡献。同理，$\beta\hat{L}$可以看成劳动增长对产出的贡献。于是，式9-4就是：

产出的增长率=资本对产出的贡献+劳动对产出的贡献+全要素生产率的增长率

虽然全要素生产率无法直接观察到，但是我们能得到产出、资本和劳动增长的数据，也可以得到资本和劳动在产出中所占份额的数据。根据这些数据和增长核算公式9-4，我们就可以计算全要素生产率的增长率：

$$\hat{A}=\hat{Y}-\alpha\hat{K}-\beta\hat{L}$$

这样一来，全要素生产率的增长是作为一个余量计算出来的——作为我们考虑了可以衡量的产出增长决定因素后剩下的贡献因素。由于这一原因，$\hat{A}=dA/A$有时被称为索洛余量，以纪念第一个说明如何计算这个量的经济学家罗伯特·索洛。

欧拉定理指出，如果生产函数是规模收益不变的，那么资本占产出的份额α与劳动占产出的份额β之和为1。在这种情况下，增长核算公式9-4又可写为：

$$\hat{Y}=\alpha\hat{K}+(1-\alpha)\hat{L}+\hat{A}$$

而索洛余量则可以写为：

$$\hat{A}=\hat{Y}-\alpha\hat{K}-(1-\alpha)\hat{L}$$

全要素生产率可能由于许多原因而变动。通常是因为有关生产方法的知识增加，而索洛余量也常常作为技术进步的衡量指标。教育和政府管制等其他因素也会影响全要素生产率。例如，如果更高的公共支出提高了教育质量，工人就会具有更高的生产率，产出也会增加，而这也就意味着更高的全要素生产率。如果政府管制要求企业购买减少污染或提高工人安全程度的资本，那么这些资本的增加并不会导致可衡量的产出增加，这意味着全要素生产率的降低。全要素生产率可捕捉到改变可衡量的投入和可衡量的产出之间关系的任何因素。

美国经济学家丹尼森（E. F. Denison）曾经利用美国1929—1969年的统计资料对美国经济增长的源泉作了估算（见表9-3）。

表9-3 美国1929—1969年经济增长的源泉

项　目	年平均增长率（%）	占产值增长率的比例（%）
产值	3.41	100.0
各种源泉所占份额		
1. 生产要素投入	1.82	53.4
劳动	1.32	38.7
资本	0.50	14.7
土地	0.00	0.0
2. 生产率的提高	1.59	46.6
知识的增长	0.92	27.0
资源配置的改进	0.30	8.8
规模的节约	0.36	10.6
其他	0.01	0.2

资料来源 DENSION E F. Accounting for United States economics growth：1929-1969 [M]. Washington，DC：Brookings Institution Press，1974：127-128.

从表9-3中可以看出，在20世纪中叶，美国生产要素数量的增长对产值增长的贡献为53.4%，生产要素质量的提高及规模节约对产值增长的贡献是46.6%。这意味着美国在40年的增长中，内含的技术进步和非内含的技术进步的贡献大概各占一半。

其他国家经济的增长模式则与此不同。例如，学者们用增长核算方法来研究苏联的经济增长。这个国家从20世纪30年代到60年代中期这一期间的迅速增长主要归因于资本和劳动投入量的强行增加。在这个国家解体之前的几年中，由于严重的腐败和激励机制的恶化，中央计划体制越来越失去功效，生产率实际上是下降的。总体来说，苏联在解体之前的半个世纪中的全要素生产率增长速度明显低于美国和其他主要市场经济国家。只有通过中央政府的强制力将产出转移到投资（消费之外）上，才能部分抵消体系的低效率。

第三节 哈罗德-多马经济增长模型

分析经济增长所使用的最简单、最著名的生产函数或数学模型，是20世纪40年代分别由英国的罗伊·哈罗德（Roy F. Harrod）和美国麻省理工学院的埃弗塞·多马（Evsey D. Domar）提出来的。哈罗德和多马的研究成果被通称为“哈罗德-多马模型”（Harrod-Domar Model），它标志着现代西方经济增长理论的出现。哈罗德-多马的经济增长理论是将凯恩斯学派的短期静态分析长期化、动态化的结果。

一、哈罗德经济增长模型

哈罗德经济增长模型是建立在凯恩斯的国民收入均衡理论基础上的，该模型包括以下一些假定：

（1）全社会只生产一种产品，这种产品既可以用于消费，又可用于生产。

（2）生产过程中只使用两种生产要素：劳动和资本，二者比例固定不变。

（3）生产规模报酬不变，亦即产品的平均成本不随生产规模变化而变化。

（4）储蓄倾向固定不变，故平均储蓄倾向与边际储蓄倾向相等。

（5）不存在技术进步，因而资本-产出比（capital-output ratio）不变，也不存在资本折旧。

在哈罗德的经济增长模型中，有三种基本概念：

（1）储蓄率，即储蓄量与产值的比率，以小写的 s 表示，如果用大写的 S 表示储蓄量，Y 表示收入，则：

$$s=\frac{S}{Y} \tag{9-5}$$

由此可见，储蓄率就是平均储蓄倾向。

（2）资本-产出比，用 v 表示，如果用 K 表示资本存量，则：

$$v=\frac{K}{Y}$$

在 v 不变的假定下：

$$\frac{K}{Y}=\frac{\Delta K}{\Delta Y}$$

式中：ΔK 和 ΔY 分别表示资本增量和产出增量。资本存量的增量就是净投资，所以：

$$v=\frac{K}{Y}=\frac{\Delta K}{\Delta Y}=\frac{I}{\Delta Y} \tag{9-6}$$

此时资本-产出比率称为加速数。[①]

（3）经济增长率（又称为产量或收入增长率），以 G 表示，则：

$$G=\frac{\Delta Y}{Y} \tag{9-7}$$

由于模型假定不存在折旧，所以储蓄全部转化为投资，即

$$I=S \tag{9-8}$$

式 9-8 两边同除以 Y，得：

$$\frac{I}{Y}=\frac{S}{Y}$$

上式左边分子分母同乘以 ΔY，得：

$$\frac{\Delta Y}{Y}\cdot\frac{I}{\Delta Y}=\frac{S}{Y} \tag{9-9}$$

用 G、v 和 s 分别代替式 9-9 中的 ΔY/Y、I/ΔY 和 S/Y 便得到哈罗德经济增长模型的基本公式：

$$G\cdot v=s$$

或 $$G=\frac{s}{v} \tag{9-10}$$

这个公式表明，要使经济均衡增长，产出的增长率应该等于储蓄率与资本-产出比之商。产出总是以一个稳定的速度（s/v）增长，只要储蓄等于投资的条件能够成立，增长

① 见第九章第七节。

就是有保证的。从公式推导可见，哈罗德的增长公式 9-10 与凯恩斯 i=s 的国民收入决定公式是一致的。

二、多马经济增长模型

多马的出发点和哈罗德相同，都是 I=S，而且同样假定储蓄倾向固定不变，平均储蓄倾向和边际储蓄倾向相同。

在多马的理论中，以 σ 表示加速系数（或资本-产出比）的倒数，其含义是资本生产率（或称资本效率系数），指每增加一单位投资能增加的收入或产量。

$$\sigma=\frac{\Delta Y}{I}$$

多马还假定资本-产出比不变，即资本增长率与收入增长率相同，原有资本的生产率与新投入的资本生产率相同。

由 I=S，得：

$$\frac{\Delta Y}{Y}=\frac{\Delta Y}{Y}\cdot\frac{S}{I}=\frac{S}{Y}\cdot\frac{\Delta Y}{I}$$

即

$$G=s\sigma \tag{9-11}$$

这就是多马经济增长模型。

将哈罗德模型与多马模型相比，由于哈罗德模型中 v 的倒数 1/v 等于多马模型中的 σ，而且二者公式推导的出发点都是 I=S，所以，哈罗德的经济增长模型与多马的经济增长模型是一致的，西方经济学家用这样的公式来表示哈罗德-多马经济增长模型：

$$G=\frac{s}{v}=s\sigma$$

三、哈罗德-多马经济增长模型的含义

哈罗德-多马经济增长模型的含义为：

（1）从凯恩斯储蓄等于投资的公式出发，认为如果要经济实现均衡增长，一个国家每一时期的储蓄应全部转化为投资。

（2）储蓄比例和资本生产率（资本-产出比的倒数）共同决定经济增长率，这就是说，既可以在资本生产率既定的条件下用改变储蓄比例和投资比例的办法改变经济增长率，也可以在储蓄比例不变的前提下，用改变资本生产率的办法使经济增长率发生变化。

（3）该模型弥补了凯恩斯理论的不足。后者只注意到投资对刺激需求方面的作用，而没有注意到投资增加总供给的一面。而该模型证明投资具有两面性，它既可增加总需求，又具有增强生产能力增加总供给的作用。

四、实际增长率和有保证的增长率

哈罗德区别了两种定义的资本-产出比 v：一种是实际的资本-产出比；另一种是令投资者满意并与资本存量相一致的资本-产出比。

如果用 v 代表资本的实际变化量与收入（或产出）的实际变化量的比率，即实际的资本-产出比，用 G_A 表示收入的**实际增长率（actual growth rate）（一定时间内实际发生的经济增长率，由实际发生的储蓄率和资本-产出比决定）**，则：

$$G_A = \frac{s}{v}$$

有保证的增长率（warranted growth rate）是使储蓄转化为投资并充分利用投资所产生的生产能力的增长率，由人们想要进行的储蓄水平和令投资者满意并与资本存量相一致的资本-产出比决定。如果用 G_W 表示有保证的增长率，用 v_r 表示令投资者满意的资本-产出比，则有：

$$G_W = \frac{s}{v_r}$$

有保证的增长率是一种自由竞争条件下的均衡增长率。在不加干预的条件下，人们所愿意进行的储蓄与投资者的预期投资需求相一致 。但实际增长率（G_A）不一定等于有保证的增长率（G_W）。如果 $G_A = G_W$，经济将稳定地均衡增长。如果 $G_A \neq G_W$，经济将发生波动。

如果实际增长率小于有保证的增长率，即 $G_A < G_W$，这意味着储蓄没有全部转化为投资，或者说经济中的生产能力没有得到充分利用。而生产能力的过剩又意味着现有资本存量大于在现期产量水平上厂商希望有的资本存量。这时企业开工不足，厂商减少订货，减少投资。而投资的减少通过乘数作用使实际产量水平进一步降低，从而使实际增长率与有保证的增长率之间出现更大的差距。反过来，在资本-产出比不变即在一定的加速数条件下，产值的下降又导致投资的减少，使资本过剩更加严重，形成了累积性的收缩。经济长期处于停滞状态。

如果实际增长率 G_A 大于有保证的增长率 G_W，则投资者希望进行的投资大于储蓄，或者说现有生产能力被超负荷利用。生产能力的不足意味着现有资本存量小于厂商希望的资本存量。这时厂商感到资本短缺，就会增加投资。而投资的增加同样通过乘数作用使实际增长率更高，从而使实际增长率与有保证的增长率出现更大的偏离。反过来，产值的增加又通过加速数的作用使投资进一步增加，使资本短缺更加严重，形成累积性的经济扩张。

五、自然增长率

哈罗德模型中有保证的增长率是充分利用资本存量的增长率。但是在经济增长的过程中，劳动力数量和劳动生产率都在增长，因此，哈罗德又提出了自然增长率的概念。他认为，**自然增长率（natural growth rate）是人口增长和技术改进（导致劳动生产率提高）情况下所允许的增长率。**用 G_N 表示自然增长率，用 n 表示劳动力增长率，用 g 表示劳动生产率的增长率，则有：

$$G_N = n + g + ng$$

例如，一个国家的劳动力增长率为2%，劳动生产率的增长率为5%，则：

$$G_N = 2\% + 5\% + 2\% \times 5\% = 7.1\%$$

所以，自然增长率也就是潜在的或最大可能的增长率，是适应劳动增长的、实现充分就业所需要的增长率。

在技术水平不变（此时 $G_N = n$）的条件下劳动生产率不变，技术系数不变，即劳动与资本的配合比例不变，而且资本-产出比不变，从而劳动与产量的比率不变，每单位产量所需要的劳动力也就不变。这样，产出（或收入）的增长率当然不可能超过劳动力的增长率，即

$$G_A \leq G_N$$

哈罗德认为，要实现充分就业的增长，就必须使得实际增长率等于自然增长率。如果 $G_A<G_N$，经济就将出现失业；如果 $G_A=G_N$，则实现充分就业。

要保证实现收入稳定和均衡的增长，实际增长率 G_A 必须等于有保证的增长率 G_W。要实现充分就业，实际增长率 G_A 又必须等于自然增长率 G_N。于是，要实现充分就业的均衡增长，必须使实际增长率、有保证的增长率和自然增长率三者相等，即

$$G_A=G_W=G_N=n$$

第四节　新古典经济增长理论

新古典经济增长模型的主要代表人物包括美国经济学家索洛（R. M. Solow）和英国经济学家斯旺（T. W. Swan），以及对新古典经济增长理论作了系统表述的英国经济学家米德（J. Meade）。索洛认为，按照哈罗德-多马经济增长理论，均衡增长是一种极不易实现的“刀刃上的均衡”，索洛称之为“刀锋”问题。但我们所了解的其他均衡通常是一种稳定的状态，一旦这种状态被破坏，就会存在回到均衡状态的压力。因此从趋势的意义上来说，这样的均衡是非常容易实现的。但哈罗德-多马经济增长理论中的均衡增长条件则与此不同，对此条件的微小偏离就会导致经济越来越远离均衡状态。因此，哈罗德-多马的均衡增长是不大可能实现的。出现“刀锋”问题的关键是哈罗德-多马模型中资本-劳动比是固定的。索洛等在新古典增长模型中提出，可以通过市场机制调整生产中的资本-劳动比来实现充分就业的均衡从而避开“刀锋”。可见，新古典经济增长理论中既包含凯恩斯的理论，又保留了凯恩斯以前的传统经济学关于市场机制能保证充分就业均衡的观点。

一、基本假定

新古典增长模型又称索洛模型（The Solow Model），这个模型假定：

（1）使用两类投入（资本和劳动）生产一种均质产品（既可用来投资，又可用来消费），两种生产要素可以相互替代，而且规模收益不变。

（2）劳动力的增长作为外生变量是给定的，并且不受经济变量的影响。

（3）假定经济是竞争性的，并且总在充分就业的水平上运行。

（4）储蓄函数为 $S=sY$。式中：S 为储蓄量；s 为储蓄率；Y 为收入或产出。

二、新古典增长模型

新古典经济增长模型中产品的供给是基于生产函数，它说明产出 Y 取决于资本存量 K 和劳动投入量 L：

$$Y=F(K,\ L)$$

由于模型假设生产函数为规模收益不变，所以对任意正数 z 有：

$$zY=F(zK,\ zL)$$

取 $z=\frac{1}{L}$ 得：

$$\frac{Y}{L}=F\left(\frac{K}{L},\ 1\right)$$

这个式子表明，平均每个工人的产出 Y/L 是平均每个工人拥有的资本量 K/L 的函数。用小写字母表示人均额，即用 y 表示每个工人的产出 Y/L 而用 k 表示每个工人的资本量 K/L。这样，我们就可以把生产函数写为：

$$y=f(k) \tag{9-12}$$

这里 f (k)= F (k，1)。图 9-3 显示了这一生产函数。

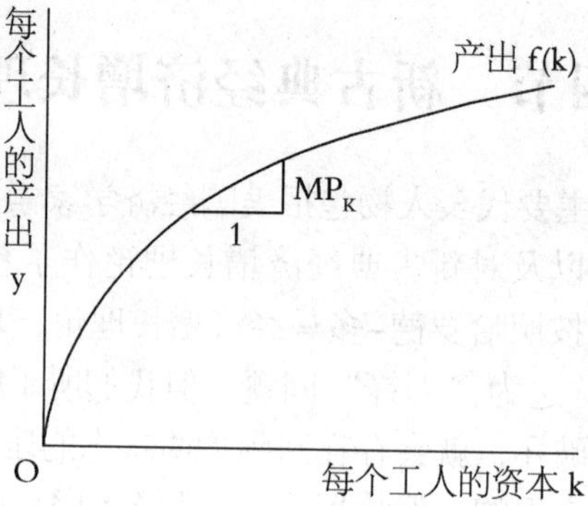

图 9-3 生产函数

因为：

$$MP_K=\frac{\partial Y}{\partial K}=\frac{\partial(Ly)}{\partial K}=L\cdot\frac{\partial y}{\partial K}=L\cdot\frac{\partial y}{\partial k}\cdot\frac{dk}{dK}=\frac{dy}{dk}\cdot\frac{d(Lk)}{dK}=\frac{dy}{dk}\cdot\frac{dK}{dK}=\frac{dy}{dk}$$

所以曲线的斜率 dy/dk 就是资本的边际产量 MP_K，其近似值 ΔY/ΔK 表示单位额外资本带来的额外产出。从图 9-3 可以看出，随着人均资本量的增加，曲线变得越来越平坦。这表明生产函数呈现出资本的边际产量递减的趋势。

在一个只包含厂商和家庭的简单二部门经济模型中，产品的需求来自消费和投资，即国民收入恒等式为：

$$Y=C+I$$

由假设（4）可知，每年人们将其收入中的 sY 部分用于储蓄，把（1-s）Y 部分用于消费，故我们可以用（1-s）Y 代替国民收入恒等式中的 C：

$$Y=(1-s)Y+I$$

整理得：

$$I=sY$$

两端除以劳动投入量 L，并用 i 和 y 分别表示人均投资量 I/L 和人均产出 Y/L，就得到：

$$i=sy$$

利用式 9-12，我们就将人均投资表示为人均资本存量的函数：

$$i=sf(k) \tag{9-13}$$

式 9-13 把现有人均资本存量 k 与新资本的积累 i 联系在一起，图 9-4 显示了这种关系。这个关系说明，对任何一个 k 值，产出由生产函数 f (k)决定，但这一产出在消费和储蓄之间的配置由储蓄率 s 决定。

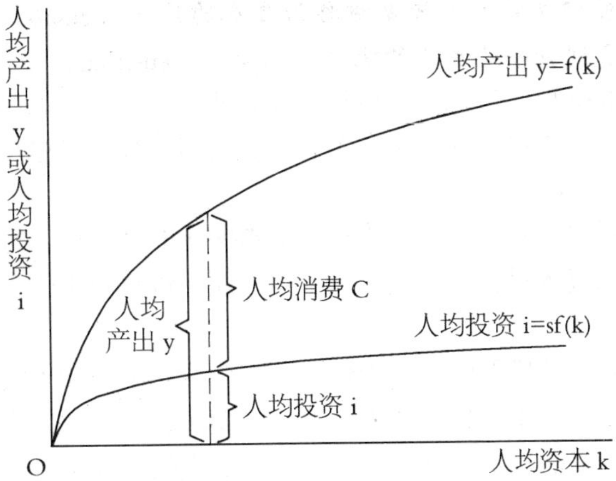

图 9-4　产出、消费和投资

由图 9-4 可以看出，在任何时刻，资本存量都是经济中产出的决定因素。但资本存量可以随时间而变动，这些变动会引起经济增长。资本存量的增量即净投资等于投资减去折旧。假设每年的折旧是资本存量的某个固定比例 δ，我们称 δ 为折旧率（depreciation rate）。例如，如果资本平均使用 20 年，那么折旧率是每年 5%（δ=0.05）。我们可以用下式表示投资和折旧对资本存量的影响：

资本存量的增量=投资-折旧

即　$\Delta K=I-\delta K$

式中：ΔK 为资本存量的增长率或净投资。

由于投资 I 等于 sY，所以上式可写为：

$$\Delta K=sY-\delta K \tag{9-14}$$

用人均量表示为：

$$\Delta k=sy-\delta k$$

新古典增长模型假定人口按固定比例增长，引入人口增长后，现在有了第三种使人均资本量变动的力量：工人数量的增加导致人均资本的减少。假设劳动人口增长率 ΔL/L 等于一个常数 n，我们便得到：

$$\Delta k=sy-(\delta+n)k \tag{9-15}$$

这便是新古典经济增长模型的基本方程。式 9-15 指出了投资、折旧和人口增长是如何影响人均资本存量的。我们可以把（δ+n）k 这一项定义为**使收支相抵的投资额（break-even investment）**，即保持人均资本量不变所需要的投资量。收支相抵的投资包括现有资本的折旧 δk，以及为新工人提供资本所需要的投资量 nk。

上式的数学推导如下：

由于 k=K/L，所以：

$$\frac{\Delta k}{k}=\frac{\Delta K}{K}-\frac{\Delta L}{L}$$

将式 9-14 和劳动人口增长率（ΔL/L=n）代入上式，得：

$$\frac{\Delta k}{k}=\frac{sY-\delta K}{K}-n=\frac{sY}{K}-(\delta+n)=\frac{sy}{k}-(\delta+n)$$

上式两边同时乘以 k，便得到方程 9-15。

与收支相抵的投资相等的人均储蓄被称为资本的广化（capital widening）。而人均储蓄超过收支相抵的投资则会导致资本的深化（capital deepening）。资本深化是指人均资本量随时间推移而增长的进程。例如，农业机械和农业灌溉系统的增多、铁路运输和公路运输的增多和银行业务中计算机系统的增多等。因此，新古典增长模型可以表述为：

资本深化=人均储蓄-资本广化

在经济增长的过程中，经济学家特别重视资本深化的必要性。每一产业都投入了大量的资本品，提高了人均资本量，结果是农业、运输业、银行业中的人均产出都有了很大的提高。

我们可以将新古典增长模型中资本深化的影响概括如下：如果资本存量的增加快于劳动的增加，那么就会发生资本深化。如果没有技术变革，资本深化将会带来人均产出的增长、劳动边际产品和工资的增加，同时它还会导致资本收益的递减从而降低资本收益率。

三、长期稳定状态

无技术变革的新古典增长模型中的长期均衡是怎样的呢？最终，资本-劳动比例即人均资本量会停止升高。长期看，经济会进入一种稳定的状态：资本深化终止，实际工资停止增长，资本收益率和实际利率也保持稳定。

如果人均资本 k 是不变的，一个经济体处于稳定状态（steady-state）。我们可以用图 9-5说明经济是怎样向着稳定状态移动的。我们用 k^* 表示稳定状态的 k 值。如果 k 小于 k^*，sf(k)曲线比（δ+n） k 线高，这表明储蓄高于资本广化的需要，即存在着资本深化。资本深化意味着每个工人占有的资本存量上升，即 $\Delta k>0$，因此 k 增加，y 亦增加。如果 k 大于 k^*，情况则刚好相反，人均储蓄不能满足资本广化的需要，这时有 $\Delta k<0$，因此 k 减少，y 亦减少。

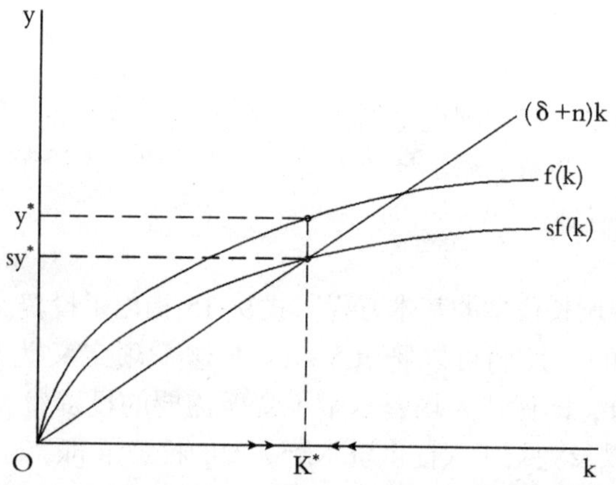

图 9-5　经济增长的稳定状态

图 9-5 中 sf(k)为人均储蓄曲线，f(k)为人均生产函数曲线，直线（δ+n） k 表示资本的广化或收支相抵的投资。

在稳定状态，投资对人均资本存量的正效应正好与折旧和人口增长的负效应平衡。这就是说，（δ+n） k 线和 sf(k)必定相交于 k^*。在 k^* 处 $\Delta k=0$，而且 $i^*=sy^*=\delta k^*+nk^*$。一旦经济处于稳定状态，投资就只有两个目的：一些投资（δk^*）用于替代折旧的资本，其余的投资（nk^*）为新工人提供稳定状态的资本量。

需要注意的是，在稳定状态中人均资本和人均产出是不变的。然而，由于工人数量以n的速率增长，总资本和总产出也必须以n的速率增长。因此，尽管人口增长不能解释生活水平的持续提高（由于在稳定状态人均产出不变），但它有助于解释总产出的持续增长。

我们来考虑人口增长率变化的影响。图9–6的分析结论是人口增长率增加会导致人均国内生产总值水平降低。在图9–6中，人口增长率由n_1提高到n_2使代表人口增长和折旧的直线向上移动，稳定状态的人均资本水平从k_1^*下降到k_2^*。由于k^*减少了，又由于$y^*=f(k^*)$，人均产出水平y^*也降低了。因此，新古典经济增长模型预言，人口增长率较高的国家，人均资本水平较低，从而人均国内生产总值水平也较低。

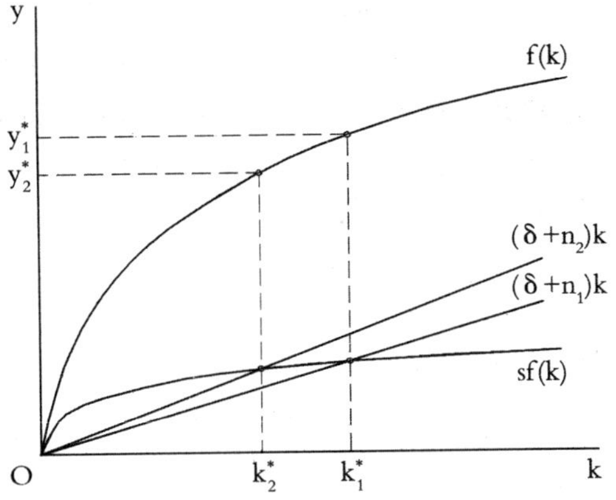

图9–6　人口增长的影响

我们再来考察储蓄率变化的影响。储蓄率的提高只会暂时使产出增长，但却不会导致产出的长期增长。图9–7显示了储蓄率的提高是如何使产出增长的。

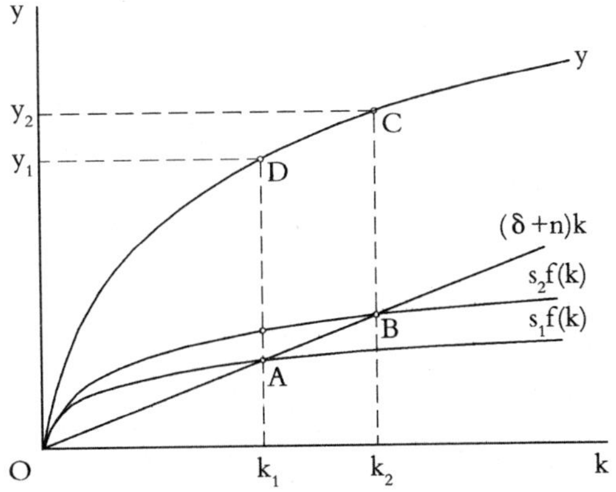

图9–7　储蓄率提高对产出的影响

图9–7中储蓄率的提高使储蓄（或投资）曲线向上位移，从$s_1f(k)$向上位移到$s_2f(k)$，此时，投资高于维持资本存量k_1的必要水平，故资本存量增加，从而产出也增加。但这种增长只是暂时现象。一旦资本存量上升到k_2，所有的新增投资都会被重置资本和人口增长所吸收（在B点，$s_2f(k)=(\delta+n)k$），产出停止上升，经济到达新的稳定状态。y_2代表新的稳定状态下的人均产出。

以上分析表明，储蓄率是稳定状态资本存量的关键决定因素：如果储蓄率高，经济的资本存量就会大，相应的产出水平就会高；反之，如果储蓄率低，经济的资本存量就会少，相应的产出水平就会低。这说明，较高的储蓄导致较快的增长，因为工人人均收入现在增加了，但这种收入增加不是一次获得的，只要储蓄率保持在这种新增水平上，从现在开始每年收入都维持在更高水平。然而，长期增长率并没有提高。要实现经济增长率提高，就不得不把希望寄托于经济增长的其他决定因素。

四、资本的黄金律水平

在选择稳定状态时，决策者的目的是使组成社会的个人福利最大化。个人本身并不关心经济中的资本量，甚至也不关心产出量。他们关心的是他们可以消费的产品和服务的数量。因此，一个为民谋福利的决策者要选择消费水平最高的稳定状态。**使消费最大化的稳定状态下的 k 值被称为资本的黄金律水平（golden rule level of capital）**，并用k^*_{gold}来表示。

为了找到稳定状态的人均消费，我们从国民收入核算恒等式开始：

$$y=c+i$$

把它重新整理为：

$$c=y-i$$

由于稳定状态的产量是 $f(k^*)$，稳定状态的投资是$(\delta+n)k^*$，我们可以把稳定状态的消费表示为：

$$c^*=f(k^*)-(\delta+n)k^* \tag{9-16}$$

根据这个等式，稳定状态的消费是在支付了稳定状态的资本广化后所剩下的稳定状态的产出。该式表明，稳定状态资本的增加对稳定状态的消费有两种相反的影响：一方面，更多的资本意味着更多的产出，另一方面，更多的资本也意味着必须把更多的产出用于替换被消耗的资本和分配给新增的人口。图 9-8 把稳定状态的产出和稳定状态的资本广化作为稳定状态资本存量的函数描绘出来，消费即为两条曲线间的距离。

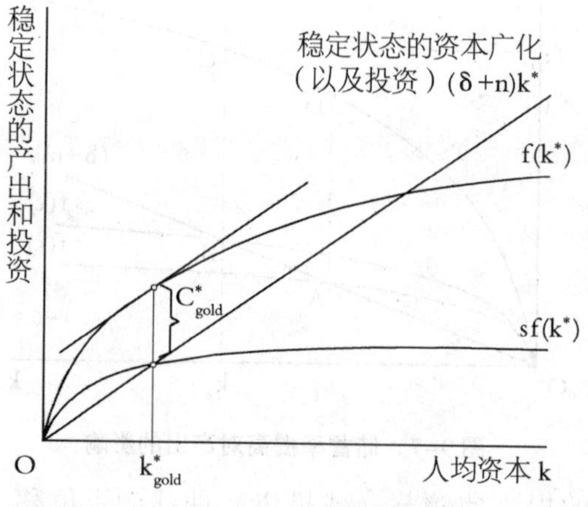

图 9-8　稳定状态的消费

由简单的几何知识可知，当生产函数与 $(\delta+n)k^*$ 线的斜率相同时，$(f(k^*)-(\delta+n)k^*)$ 最大，消费位于其最高水平，此时的 k^* 即为资本的黄金律水平。

我们现在可以得出表示黄金律资本水平的一个简单条件。由于生产函数的斜率是资本

的边际产量 MP_K，$(\delta+n)k^*$ 线的斜率是 $(\delta+n)$，这两个斜率在 k^*_{gold} 处相等，所以，黄金律可以用下式来表达：

$$MP_K=\delta+n \tag{9-17}$$

或　$$MP_K-\delta=n$$

这就表明在黄金律稳定状态，资本的边际产量与折旧率之差（资本的净边际产量）等于人口增长率。

需要指出的是，经济并不会自动地趋于黄金律稳定状态。如果想要任何一种特定的稳定状态资本存量，例如黄金律，那么我们就需要一种特定的储蓄率来支持它（见图9-9）。

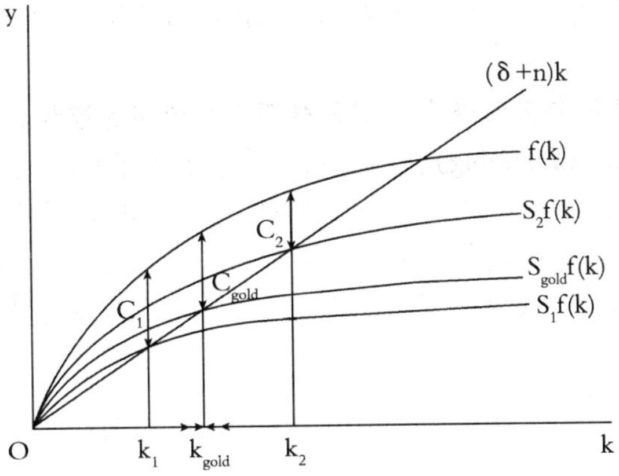

图9-9　消费水平与储蓄率的关系

图9-9显示了把储蓄率设定为产生黄金律稳定状态时的水平。如果储蓄率高于图中所表示的水平，稳定状态的资本存量就太高了；如果储蓄率低于这个水平，稳定状态的资本存量就太低了。在这两种情况下，稳定状态的消费都低于在黄金律稳定状态时的水平。

在经济由非黄金律稳定状态向黄金律稳定状态过渡时，产出、消费和投资会发生怎样的变动呢？

我们先考虑经济以资本多于黄金律稳定状态的稳定状态开始的情况。在此种情况下，决策者应该降低储蓄率以便减少资本存量。储蓄率下降造成消费的即时增加和投资的等量减少，从而资本存量减少，导致产出、消费和投资的减少，直到经济达到新的稳定状态。由于新的稳定状态是黄金律稳定状态，所以尽管产出和投资都减少了，消费却增加了，而且在沿着向黄金律稳定状态过渡的整个过程中消费都增加了。

当经济以资本少于黄金律稳定状态开始时，决策者必须提高储蓄率以增加资本存量。储蓄率的提高导致消费的立即减少和投资的等量增加，从而资本存量增加，导致产出、消费和投资的增加，最终达到新的稳定状态——黄金律稳定状态。储蓄率的提高最终使消费水平高于初始水平，但提高储蓄率要求减少现期消费，这便使决策者面临现在和未来福利之间的取舍选择。

五、新古典增长模型中的技术进步

前面关于新古典增长模型的论述并不能解释我们在大多数国家所观察到的生活水平的持续增长。为了解释持续增长，我们需要把技术进步引入到这个模型中。在投资量一定时，技术进步能使产出增加，因而是经济增长的关键因素。

引入技术进步后，我们把生产函数写为：

$$Y=F(K,\ L\cdot E) \tag{9-18}$$

式中：E为劳动效率。

劳动效率（efficiency of labor）反映了社会对生产方法的了解程度：随着可获得技术的改进，劳动效率提高了。例如，当20世纪初期装配线生产改变了制造业时，劳动效率提高了。20世纪后期的计算机化使劳动效率又一次提高。当劳动力的健康、教育或技能得到改善时，劳动效率也会得到提高。

式9-18中LE项衡量效率工人（effective worker）的人数，它考虑到工人的数量L和每个工人的效率E。这个新的生产函数表示，总产出Y取决于资本K的数量和效率工人LE的数量。

现在假设技术进步引起劳动效率E以某种不变的速率g增长。这种形式的技术进步被称为劳动扩张型（labor augmenting），而g则是劳动扩张型技术进步的速率。此时，劳动效率E提高的作用就像劳动力L增加一样。例如，若g=0.01，意味着每单位劳动每年的效率会提高1%，产出的增加就像劳动力增加了1%一样。由于劳动力L是按n的速率增长，而每单位劳动的效率E是按g的速率增长，所以，效率工人的数量按n+g的速率增长。

把技术进步表示为劳动扩张就使它类似于劳动人口的增长。现在我们设$k=\frac{K}{L\cdot E}$表示每个效率工人的资本，$y=\frac{Y}{L\cdot E}$表示每个效率工人的产出。新古典增长模型的基本方程现在变为：

$$\Delta k=sy-(\delta+n+g)\ k \tag{9-19}$$

像以前一样，资本存量的增量等于投资（储蓄）与使收支相抵的投资额之差。但现在由于$k=\frac{K}{L\cdot E}$，使收支相抵的投资额包括了三项：为使k不变，δk是替代资本折旧所需要的，nk是为新工人提供资本所需要的，而gk则是为技术进步所创造的新的“效率工人”提供资本所需要的。

式9-19的推导与不考虑技术进步时的公式推导类似：

$$\begin{aligned}\frac{\Delta k}{k}&=\frac{\Delta K}{K}-\frac{\Delta L}{L}-\frac{\Delta E}{E}\\&=\frac{sY-\delta K}{K}-n-g\\&=\frac{sY}{K}-(\delta+n+g)\\&=\frac{sy}{k}-(\delta+n+g)\end{aligned}$$

左右两边同乘以k便得到式9-19。

然而，把技术进步包括进来并未使我们对稳定状态的分析有什么实质的变动。正如图9-10所示，在稳定状态仍然有一个用k^*表示的k的水平，在这种水平每个效率工人的资本和每个效率工人的产出保持不变，因为投资sf(k)正好抵消了由于折旧、人口增长和技术进步引起的k的减少。

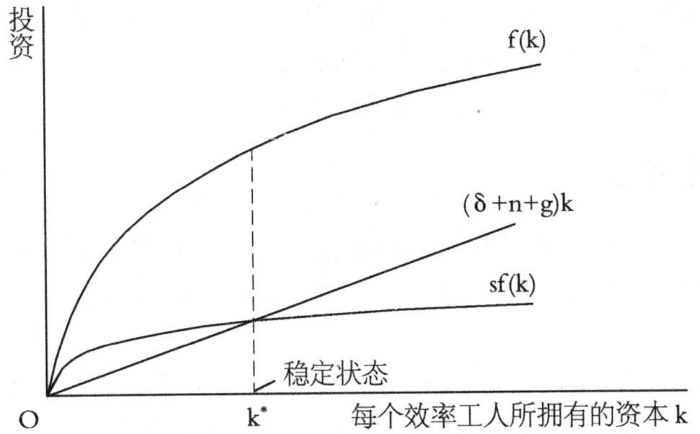

图 9-10　技术进步与索洛增长模型

在稳定状态，效率工人的人均资本是不变的，因而效率工人的人均产出也不变。但每个实际工人的效率以速率 g 增长，因此，实际人均产出 Y/L=y·E 也按速率 g 增长，总产出 Y=y·L·E 按速率（n+g）增长（见表 9-4）。

表 9-4　考虑技术进步的新古典增长模型中稳定状态的增长率

变　量	稳定状态的增长率
效率工人的人均资本	0
效率工人的人均产出	0
人均产出	g
总产出	n+g

增加了技术进步，我们就可以解释所观察到的一些国家生活水平持续提高的原因了：在达到稳定状态之前，高储蓄率导致高增长率；一旦经济处于稳定状态，人均产出的增长就只取决于技术进步的速率——这就是说，只有技术进步才能解释生活水平的长期上升。

第五节　内生增长理论

新古典经济增长模型说明了经济的持续增长必定来自技术进步。但技术进步来自何方呢？我们一直将其视为科学家和发明家所赐予的神秘的东西，技术进步只是“给定的”或外生的。但是，政府不能采取政策来鼓励科学突破和技术开发吗？许多经济学家认为，如果将更多的资源投入到研究与开发、教育与培训方面，同时给予人们适当的创新激励，那么技术进步率就能提高。为了克服新古典增长模型的缺陷，罗伯特·卢卡斯（Robert Lucas）和保罗·罗默（Paul Romer）等人共同创立了新经济增长理论（New Economic Growth Theory），试图使经济增长率内生化，用规模收益递增和内生技术进步来说明一国长期经济增长和各国经济增长率的差异。因此，新增长理论常常被称为内生增长理论。

内生增长理论不像新古典增长理论那样有一个为多数经济学家共同接受的基本模型。确切地说，它只是由一些持相同或类似观点的经济学家提出的各种增长模型构成的一个松散集合体。这些增长模型包含的共同观点是：经济增长不是外生因素作用的结果，而是由经济系统的内生变量决定的；政府实施的某些经济政策对经济增长具有重要的影响。

内生增长理论是在新古典经济增长模型的基础上发展起来的。从某种意义上说，内生经济增长理论的突破在于放宽了新古典增长理论的假设条件并把相关的变量内生化，主要包括储蓄率内生化、劳动供给内生化和技术进步内生化。

一、要素报酬不变

AK 模型是内生增长理论中最简单的一个模型。这个模型使用了把物质和人力资本都包括在内的广义的资本概念。假定总量生产函数为以下线性形式：

$$Y=AK$$

式中：Y 为产出；K 为资本存量；A 为一个常量，衡量由每一单位资本所得到的产出。

要注意的是，这个生产函数并未反映出资本收益递减的性质。无论资本量有多少，额外的一单位资本总是生产 A 单位的额外产出。不存在资本收益递减是这个模型与索洛模型的一个重要差别。

我们假设收入中的一个比例 s 用于储蓄和投资，资本积累则为：

$$\Delta K=sY-\delta K \tag{9-20}$$

这表示资本存量的增量 ΔK（即净投资）等于投资（sY）减去折旧（δK）。因为：

$$\Delta Y=A\cdot\Delta K$$

所以：

$$\frac{\Delta Y}{Y}=\frac{A\cdot\Delta K}{A\cdot K}=\frac{\Delta K}{K}=s\ \frac{Y}{K}-\delta=sA-\delta \tag{9-21}$$

式 9-21 表明了产出增长率是如何决定的：只要 sA 大于折旧率 δ，产量的增长率将为正数——即使没有外生技术进步的假设，资本积累也足以保证经济的产出永远增长下去。

由于 AK 模型放弃了资本边际收益递减的假定，因此得出了与新古典增长理论完全不同的结论。问题是，放弃资本边际收益递减的假设合理吗？新增长理论认为，知识也是一种广义的资本，是经济系统内部生产出来的生产要素。知识是经济生产中的一种重要投入——无论是它生产的产品和服务还是它产生的新知识。现代经济发展的经验表明经济中存在着知识收益递增。如果把知识看成是一种资本，那么，放弃资本边际收益递减假设的新增长理论就更加合理地描述了长期经济增长。

二、外部性模型

既不放弃资本收益递减假定和完全竞争，又能产生内生增长的经济增长模型，是以外部性和知识溢出为基础的增长模型。它在经济增长理论中具有较长的研究历史，也是第一轮内生增长模型的核心，在增长理论文献中占有重要的位置。这类增长模型的基本特征是：

（1）技术进步、知识积累或人力资本积累是经济活动的副产品，因而不需要补偿并可维持完全竞争的分析框架。

（2）个别厂商的生产函数表现为不变规模收益，但就整个经济而言表现为规模收益递增。

（3）上述两个特征决定了这类模型具有不同于新古典增长理论的政策含义：政府政策不仅具有水平效应——使人均产出升高，而且具有增长效应——使经济增长率提高。

根据外部性来源的不同，这类模型有多种构造方式，如罗默的知识溢出模型、卢卡斯的人力资本模型和巴罗（Robert Barro）的公共品模型等，阿罗（Kenneth Arrow）及其后继者提出的干中学模型则是这类模型的重要先驱。

（一）阿罗的干中学模型

针对新古典增长理论外生技术进步的假定，阿罗试图提出一个“知识积累的内生理论”，并以此解释技术进步现象。

阿罗认为，人们是通过学习而获得知识的。技术进步是知识的产物和学习的结果，而学习又是经验的不断总结，经验的积累体现于技术进步之上。知识的获得，即“学习”，是“经验的产物”，而不仅仅是时间的函数。企业在进行投资和生产的过程中会逐步积累起生产经验和更有效的生产知识，而这些知识能够提高企业的生产效率。由于一个企业获得的生产经验和生产知识也能够被其他企业所利用，因此一个企业的生产效率可以视为整个经济总投资的函数。这就是说，知识的创造是投资的“副产品”（干中学，learning-by-doing），知识的溢出导致了整个经济生产率的提高（溢出效应）。也就是说，从整个经济过程中看，生产过程因生产率的提高而表现出边际收益递增。不过由于知识的创造是投资的“副产品”，不需要进行补偿，因此仍可以维持完全竞争的分析框架。同时，由于生产率的提高是企业投资的“副产品”，个别厂商并没有考虑到其投资活动对这个经济生产率的影响，而是将它视为外生变量。因此，这些厂商的行为仍然像新古典模型中的厂商一样。于是，通过干中学和溢出效应（或投资的外部性），我们可以在完全竞争的框架下得到内生的技术进步和经济增长。

（二）罗默的知识溢出模型

美国经济学家罗默承袭了阿罗的干中学模型，并将其向前推进了一步，提出了以知识生产和知识溢出为基础的知识溢出模型。

在罗默的知识溢出模型中，内生的技术进步是经济增长的唯一源泉。他把代表技术的知识分为专业化的知识和一般知识，并认为专业化知识具有让拥有者获得垄断利润的“内在经济效应”，一般知识则具有“溢出效应”——让全社会从中受益。罗默认为知识像其他物品一样是由资本生产出来的，是厂商有意识投资的产物，所以是经济的内生变量。厂商之所以投资于知识的生产，其目的是追求新技术带来的高额利润。像物质资本投资一样，私人厂商进行知识投资也将导致知识的边际收益递减。

为了说明即使在人口增长率为零时，知识积累也足以保证经济实现长期增长，罗默假设知识的溢出效应足够大——足以抵消固定生产要素存在引起的知识资本边际收益递减的趋势，从而使知识投资的社会收益率不变或呈递增趋势。他还假设厂商的产出是该厂商的知识水平、其他有形投入（例如物质资本和原始劳动等）和社会总知识存量的函数，这样便使得生产函数表现为规模收益递增。因此知识积累过程不会中断，经济能够实现长期增长。这样，罗默模型实际上同干中学模型一样，通过知识积累的“副产品”性质和知识存量的外部性得到了内生增长。

（三）卢卡斯的人力资本模型

劳动生产率提高的另一个途径是人力资本的积累。柯布-道格拉斯生产函数对劳动生产要素的引入，使得有关人力资本因素在经济增长中的作用的研究在技术上成为可能。但柯布-道格拉斯生产函数中的劳动投入是指一般的劳动投入，看不出不同质量或不同技术熟练程度的劳动的投入对于产量所起的作用大小的差异，需要对生产要素的投入进行进一步的区分，以说明人力资本在经济增长中的作用。从这个意义上说，人力资本理论实质上是新古典经济学在人力投资研究方面的运用与发展。

卢卡斯建立了另一个重要的内生经济增长模型——人力资本溢出模型，其核心假定有两个。第一个假定是，人力资本的增长率是人们用于积累人力资本的时间比例的线性函数（这与纯粹的干中学模型有所不同），据此引入了人力资本生产部门。另一个假定是，工人的人力资本水平不仅影响自身的生产率，而且能够对整个社会的生产率产生影响（每一经济个体在进行决策时不考虑这部分影响）。这是该模型能够产生递增规模收益和政府政策增长效应的基础。

在上述假定下，经济增长不需要依赖外生力量来维持，人力资本的积累是经济增长的源泉。但是由于人力资本的外部效应，没有政府干预条件下的经济增长均衡将是一个社会次优的水平，人力资本投资低于社会所需要的水平。

（四）巴罗的公共产品模型和壅塞模型

美国经济学家巴罗在其 1990 年提出的经济增长模型中强调了政府服务对于经济增长的作用。

巴罗认为政府是推动经济增长的决定力量，政府服务（如基础设施建设）使生产呈现规模收益递增，经济得以实现内生增长。

巴罗的理论包括公共产品模型和壅塞模型，它们分别适用于不同的政府活动。

在公共产品模型中，巴罗假定政府提供公共产品，即政府产品具有非竞争性和非排他性。这种情况下，政府活动具有溢出效应，它对于私人厂商而言是一种外部经济，而且经济可以实现平衡增长。当政府采取比例税制时，均衡增长率低于社会最优增长率；当政府采取平衡预算政策时，政府可以通过规定适当的政府支出水平和采取一次总付税制使经济沿最优增长轨道增长。

壅塞模型则假定政府产品具有部分竞争性和非排他性。这种情况下政府可以通过确定适当的比例税率，使分散化均衡增长率等于社会最优增长率。这时政府若将比例税制改为一次总付税制，将会降低经济增长率和社会福利水平。

三、R&D 模型

外部性模型通过引入知识积累或人力资本积累，并借助于溢出效应得到了内生增长。R&D 模型则明确地将技术进步或创新归结为厂商有意识的、旨在获取垄断收益的活动，并运用垄断竞争的分析框架进行分析。

罗默指出，技术具有不同于传统经济物品的两大特点：非竞争性和部分排他性。非竞争性意味着生产表现为规模收益递增；部分排他性则为从事 R&D 活动的厂商提供了激励（外部性模型抓住了技术的第一个特征，但没有抓住第二个特征）。以 R&D 为基础的增长模型主要有两类：一类是将技术进步理解为产品种类的增加（例如新行业的开辟），另一类是将技术进步理解为产品质量的改进（如同类产品的升级换代）。这两类模型的主要区别在于后者引入了熊彼特的“创造性破坏”概念，即新产品的出现往往意味着旧产品的淘汰。

尽管存在这些不同，这类模型的主要特征是一致的：技术进步或创新是企业有意识 R&D 投资的结果。得自创新的垄断利润则为企业从事 R&D 活动提供了市场激励。分权经济增长率一般不等于社会最优水平，政府政策具有增长效应等。这些增长模型的主要区别是：在产品种类增加模型中，由于 R&D 活动的正外部性和市场结构的不完全竞争特征，分权经济增长率总是低于社会最优水平；在产品质量改进模型中，由于新产品具有淘汰原有产品的“创造性破坏效应”（个别企业不考虑这种负外部性），因此分权经济下的增长率既可能低于也可能高于社会最优增长率。

总而言之，新经济增长理论建立在技术和知识进步的基础上，正确地反映了现代经济增长中技术和知识的突出地位与作用，并揭示了经济长期增长的根本原因同样在于技术和知识的持续增长和积累，因而对经济增长的历史和现实更具有解释力，对各国的经济增长实践更具有指导意义。因此，它已逐渐成为经济增长理论各流派中的主导流派。

第六节　经济周期

世界经济发展的历史是繁荣与萧条、衰退与扩张不断循环往复的过程。尽管潜在增长在不同的年度将发生一定程度的变化，这种变化的大小取决于技术进步率、投资水平以及新原料的发现等，但是，它常常比现实产出的增长要稳定得多。

现实增长经常是波动的。在某些年度，有些国家的经济增长率较高，这说明这些国家处于经济繁荣时期；可是，在有些年度，一国的经济增长率很低甚至是负数，这说明该国发生了经济减速或经济衰退。这种繁荣和衰退的周期称为经济周期或商业周期（business cycle）。

一、经济周期四阶段

经济周期包括四个“阶段”，如图 9-11 所示。

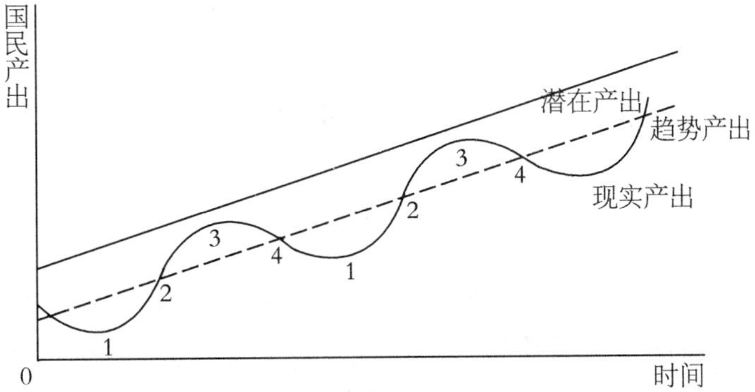

图 9-11　经济周期

第一阶段为萧条阶段。在这一阶段，经济的收缩或停滞已进入尾声。较高的失业率使国民收入处于十分低的水平。现实产出开始显露出再次增长的苗头。第二阶段是复苏阶段，又称为经济扩张阶段。在这一阶段，经济迅速增长。资源得到越来越充分的利用，现实产出与潜在产出的差距越来越小。第三阶段为繁荣阶段。在这一阶段，国民收入接近甚至超过潜在收入水平，经济增长速度放慢甚至停止。第四阶段是衰退阶段。在这一阶段，产出增长率接近零甚至为负数。经济停滞日益严重。

这里需要注意的是，不要把高产出水平与高产出增长率相混淆。现实产出水平在第三阶段最高，而现实产出增长率则在第二阶段最高。

二、现实中的经济周期

图 9-11 所示的经济周期是一种“程式化”的周期，平滑又规则。这种画法可以使我们清楚地区分四个阶段。但在现实生活中，经济周期很不规则，这主要表现在两个方面。一方面是阶段的长度。有时经济的繁荣昙花一现，仅维持几个月。有时经济繁荣持续的时间可能长达三四年甚至更长。同样地，有时经济衰退的时间比较短，而有时经济则经历较长时间的衰退。现实经济周期很不规则的另一方面表现为各阶段的强度。有时在第二阶段，经济增长率非常高，年增长率高达 10% 甚至更高。有时第二阶段的经济增长率则较低。有时第四阶段的衰退表现为产出下降，而有时这一阶段的衰退只是表现为经济增长暂停或增长速度放慢。

尽管经济波动存在不规则性，但经济周期还是能够清楚地区分开来，尤其是我们以纵轴表示产出的增长而非产出的水平来描绘经济波动时。图 9-12 就用这一方法描绘了美国从 1960 年到 2000 年的经济周期。从图中可以看到，尽管美国经济经历了增长率为 3.5% 左右的长期增长，但这种增长不是稳定的，繁荣→衰退→萧条→复苏这四个阶段反复交替出现。

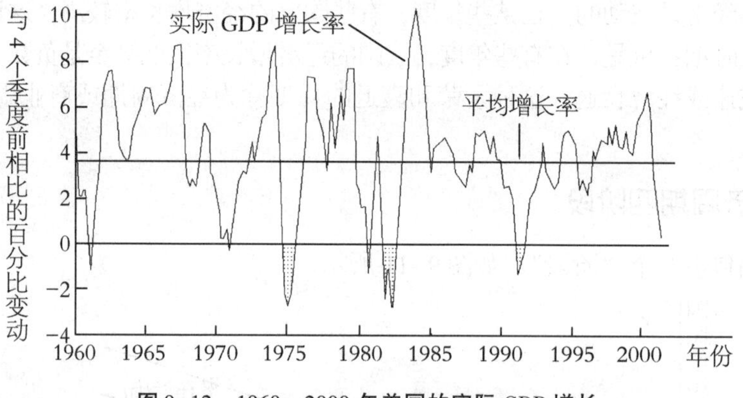

图 9-12　1960—2000 年美国的实际 GDP 增长

资料来源　U. S. Department of Commerce.

三、经济周期的类型

“经济周期”是一个容易产生误解的词，因为它经常让人将一国产出的变化过程想象成一个此起彼伏、周而复始的有规则的运动轨迹，但这是不切实际的。事实上，要准确把握经济周期的长度和振幅是一个几乎不可能完成的任务。鉴于总产出所呈现的极不规则的波动，近年来多数经济学家已经放弃了确认经济周期长度的努力。

按照时间长度，经济周期可以分为四种类型：

（1）短周期，平均长度为 3 ~ 5 年。1923 年，经济学家基钦根据 1890—1922 年间英美两国的物价、银行结算和利率等指标，首次系统地研究了这种周期。因此，这也被称为“基钦周期”。

（2）中周期，平均长度为 8 ~ 10 年。这是 1860 年法国经济学家朱格拉提出的，因此也被称为“朱格拉周期”。该周期是以国民收入、失业率和大多数经济部门的生产、利润和价格的波动为标志加以划分的。

（3）中长周期，平均长度为15～25年。由美国经济学家库兹涅茨于1930年提出，因此也称为“库兹涅茨周期”。这种周期主要是以建筑业的兴旺和衰落这一周期性波动现象为标志加以划分的，所以也被称为“建筑周期”。

（4）长周期，平均长度为50～60年，也称“长期波动”或“长波”。该周期由苏联经济学家康德拉季耶夫于1925年提出，故常被称之为“康德拉季耶夫周期”。该周期理论认为，从18世纪末期以后，经历了三个长周期。第一个长周期从1789年到1849年，上升部分为25年，下降部分35年，共60年。第二个长周期从1849年到1896年，上升部分为24年，下降部分为23年，共47年。第三个长周期从1896年起，上升部分为24年，1920年以后进入下降期。

1936年，经济学家熊彼特以他的“创新理论”为基础，对各种周期理论进行了综合分析后提出了“熊彼特周期”。熊彼特认为，每一个长周期包括6个中周期，每一个中周期包括三个短周期。短周期约为40个月，中周期约为9～10年，长周期为48～60年。他以重大的创新为标志，划分了三个长周期。第一个长周期从18世纪80年代到1842年，是“产业革命时期”；第二个长周期从1842年到1897年，是“蒸汽和钢铁时期”；第三个长周期从1897年开始，是“电气、化学和汽车时期”。在每个长周期中仍有中等创新所引起的波动，这就形成若干个中周期。在每个中周期中还有小创新所引起的波动，形成若干个短周期。

四、经济周期理论

由于经济大萧条和恶性通货膨胀给人类带来了痛苦的记忆，因此揭示与经济增长趋势相伴随的经常性波动现象的内在机理并进而为政府行动提供指南，是诸多经济学家毕生努力的目标。19世纪中叶以来，西方经济学家提出了近百种关于经济周期的理论，著述可谓汗牛充栋。本节我们就介绍一些经济学家关于经济周期变化原因的研究，在下一节我们将论述一个比较有影响的经济周期模型，即乘数-加速数模型。

（一）外因论和内因论

多年来，关于经济周期根源的大量争论给宏观经济学带来了活力。是什么导致总需求突然改变？为什么市场经济反复无常？这里存在大量的争论，并没有一个公认的结论，但可将这些不同因素划分成两类：外生的和内生的。

外因论是在经济体系之外寻找经济周期的根源，如战争、革命、选举；石油价格、发现金矿、移民；新土地和新资源的发现；科学突破和技术创新；甚至太阳黑子和气候等。20世纪90年代美国经济的长期繁荣，在很大程度上归功于信息技术部门带来的投资增加和计算机处理器在科学技术上的根本变革。

内因论则在经济体系内部寻找经济周期的机制和原因。这种理论认为任何一次收缩都包含着可能的复苏和扩张，任何一次扩张都孕育着新的衰退和收缩。社会经济正是以这种规律性的方式不断循环往复。在这方面最有代表性的是由美国经济学家汉森和萨缪尔森提出的乘数-加速数模型。

（二）非凯恩斯主义的经济周期理论

对经济周期本质和原因的研究，至少可以追溯到19世纪。从那时起，就陆续有经济学家就经济周期原因提出了一些理论，有些理论至今仍有影响，其中有代表性的主要有以下几种。

1. 纯货币理论

该理论主要是由英国经济学家霍特里（R. Hawtrey）在 1913—1933 年的一系列著作中提出的。纯货币理论认为货币供给量和货币流通速度直接决定了名义国民收入的波动。这种理论极端地认为经济波动完全是由于银行体系交替地扩张和紧缩信用所造成的。

霍特里认为，在发达资本主义社会，货币只用于零星支付，流通的主要工具是银行的信用。由于银行体系有通过乘数作用创造信用的功能，因而作为主要流通工具的银行信贷具有很大的伸缩性。当银行体系采取降低利率、放松信贷以及收购有价证券等扩张性的信用政策时，由于商人所运用的资本大部分来自银行信用，所以银行利率的轻微变动，商人最为敏感。利率降低，商人将增加向银行的贷款，以增加其对生产者的订货，于是引起生产的扩张和收入的增长，收入的增加引起对消费品需求的增加和物价上涨。物价上涨、市场繁荣和企业家的乐观情绪促使投资需求和消费需求的兴旺，由此引起货币流通速度的增加，造成累积的信用扩张和经济高涨。

银行体系的信用扩张能力是有限的。金本位制度下信用扩张能力受黄金储备的限制。在纸币本位制下，为了稳定汇率和防止国际收支逆差的过度扩大，也不能无限扩张信用。这样，当信用扩张到一定程度后银行迟早要被迫停止信用扩张而相反地采取紧缩性的信贷政策。这就导致了随之而来的衰退累积过程。如果不发生信用紧缩现象，商业周期的繁荣阶段将无限延长。这种理论是把经济周期的原因完全归结于现代货币信用制度，认为只要改革货币信用制度，经济周期便能消除。

2. 投资过度理论

投资过度理论把经济的周期性循环归因于投资过度——生产资本品部门的发展超过了生产消费品部门的发展。由于投资过多，与消费品生产相比，资本品生产发展过快。资本品生产的过度发展促使经济进入繁荣阶段，但因资本品过度生产而导致的过剩又会促使经济进入萧条阶段。

3. 消费不足理论

消费不足理论的出现较为久远，早期有西斯蒙第和马尔萨斯，近代则以霍布森为代表。该理论把经济的衰退归因于社会对消费品的需求赶不上消费品生产的增长，而消费品需求不足又引起对资本品需求不足，进而使整个经济出现生产过剩性危机。消费不足的根源则主要是国民收入分配不平等所造成的穷人购买力不足和富人储蓄过度。

该理论一个很大的缺陷是它只解释了衰退产生的原因而未说明其他三个阶段，因而在经济周期理论中它并不占有重要位置。

4. 心理理论

心理理论和投资过度理论是紧密相联的。该理论认为经济的循环周期取决于投资，而投资大小则主要取决于业主对未来的预期。然而预期却是一种心理现象，而心理现象又具有不确定性的特点。因此经济波动的最终原因取决于人们对未来的预期：预期乐观时增加投资，经济步入复苏与繁荣；预期悲观时减少投资，经济则陷入衰退与萧条。随着人们情绪的变化，经济也就周期性地发生波动。

5. 太阳黑子论

由英国经济学家杰文斯（W. S. Jevons）于1875年提出。该理论把经济的周期性波动归因于太阳黑子的周期性变化。因为据说太阳黑子的周期性变化会影响气候的周期性变化，而这又会影响农业收成，而农业收成的丰歉又会影响整个经济。由于太阳黑子的出现是有规律的，大约每十年出现一次，因而经济周期大约也是每十年一次。

6. 创新理论

创新理论是经济学家J. 熊波特提出用以解释经济波动与发展的一个概念。所谓创新是指一种新的生产函数，或者说是生产要素的一种“新组合”。生产要素新组合的出现会刺激经济的发展与繁荣。当新组合出现时，老的生产要素组合仍然在市场上存在，新老组合的共存必然给新组合的创新者提供获利条件。一旦新组合的技术扩散，被大多数企业获得，最后的阶段——停滞阶段也就临近了。在停滞阶段，因为没有新的技术创新出现，因而很难刺激大规模投资，从而难以摆脱经济萧条的困境。这种情况直到新的创新出现才被打破，才会有新的繁荣出现。总之，该理论把周期性的原因归之为科学技术的创新。

第七节　乘数-加速数模型

现代经济学家把经济周期作为以国民收入为中心的短期波动，而其波动的总根源在于总需求。在总需求中，消费需求占有相当大的比重，但消费在长期中是相当稳定的。短期消费的变动，尤其是耐用消费品的变动，对经济周期也有影响，但总的看来不是引起经济周期的主要原因。政府支出是一种人为控制的因素，可以暂时假定为既定的。这样，引起总需求变动的主要是投资了。投资在总需求中所占的比例并不大（美国为20%以下），但变动却相当大，而且投资的变动对国民经济的影响也大，所以现代经济周期理论把投资波动所引起的总需求的变动作为经济周期性波动的基本原因。

投资又可分为企业固定投资、存货投资和居民住房投资。企业固定投资在投资中所占的比例最大，波动也大，因此，经济周期理论主要是分析企业固定投资对经济波动的影响。

一、自发投资和诱发投资

在本章以前，我们曾多次提到投资。以上所谈的投资，在现代西方经济学中称为**自发投资——不受国民收入或消费变动的影响而进行的投资**，如由于心理方面的原因、政治方面的原因或生产技术的进步等而引起的投资。

自发投资的一个典型的例子，是早期对汽车工厂的投资。由于当时经济中或人们的生活中还不存在汽车这种产品，即当时并没有汽车这个产品的优先需求，但是有的企业家认为，只要开始制造这种新产品，他们就能开发人们对它的潜在愿望并发展成为实际的需求。因此，新产品的投资是自发的投资，大量为改进和革新技术进行的投资也是自发投资——这种投资可以降低费用，增加利润。

诱发投资也称引致投资，是指由于国民收入或消费的变动而引起的投资。例如，如果收入增加了，投资也会增加——由于消费增加，需要扩大生产能力，这样的投资叫诱发投资。现代西方经济学中经济增长理论研究的就是诱发投资。

在自发投资和诱发投资之间，存在着一个基本区别：自发投资是与现行的收入和消费无关的，而诱发投资是由于收入和消费需求的变化而引起的，是为使生产能力适应扩大了的需求而进行的投资。例如，假如服装需求增长10%，而目前服装工业又是满负荷工作，要使产量跟上扩大的市场，就必须增加10%的生产能力，为此就必须增加资本投入。

二、加速原理

第三章中介绍的乘数原理说明自发总支出变化如何引起均衡收入的变化。但是，只用乘数原理还不足以说明自发总支出与均衡收入之间的联动关系。以投资乘数为例，不仅自发投资变动能作用于收入，变动后的收入同样也能反过来作用于投资。人们收入的变动必定引起消费的变动，消费的变动又会引起消费品生产的变动，消费品生产的变动又必定会引起资本品使用量的变动从而引起资本品生产即投资的变动。加速原理企图说明收入变动是如何引起投资变动的。

（一）加速原理的初步说明

让我们从一个虚构的例子入手，表9-5列出了某企业的有关数据。

表9-5 加速原理的初步说明 单位：万元

年份	产出或收入		资本存量		折旧	净投资	总投资
	价值	增量	价值	增量			
1	50	—	100	—	10	—	10
2	60	10	120	20	12	20	32
3	75	15	150	30	15	30	45
4	90	15	180	30	18	30	48
5	90	0	180	0	18	0	18
6	80	-10	160	-20	16	-20	-4
7	70	-10	140	-20	14	-20	-6
8	70	0	140	0	14	0	14
9	80	10	160	20	16	20	36
10	95	15	190	30	19	30	49

在任何的一个特定时期内，资本存量与产出水平之间存在一个大致的比例，称为资本-产出比，它表示单位产出需要多少资本存量来配合。本例假设该企业的资本-产出比为2，也就是说，每1元产值需要2元资本品才能生产出来，因此每年的计划资本为产值的2倍。计划资本是一定产量所需资本量的最低额而不是实际的资本存量，实际资本存量少于计划资本就会使预定的产量无法实现，因此厂商不会让实际资本少于计划资本。厂商投资时当然不愿意使实际资本超过计划资本而形成资本闲置，如果可能，厂商会使二者相等。但如果相对已经存在的实际资本来说产量太小的话，即便不再投资实际资本也还大于计划资本。由于资本品在短期内是难以减少的，所以这时候就会出现实际资本大于计划资本的现象。实际资本超过计划资本的部分就是闲置资本。

为了简化我们的问题，我们假设厂商总能使实际资本等于计划资本。当存在闲置资本时，厂商总能及时地将它们卖掉。我们还假设该企业资本品的平均使用年限为10年，或者说所使用的机器设备平均10年就要更新，并且不计残值。因此机器设备的平均年折旧率为10%，或重置投资（折旧或报废的资本品）占资本的10%。净投资是一流量，它是本年资本存量与上年资本存量之差。总投资（流量）是一年新投入的资本量，从中扣除重置投资后就是净投资。当总投资小于重置投资时，新投入的资本不足以弥补已消耗的资本，净投资为负数，实际资本存量减少。当厂商不仅不进行投资还卖掉原有的资本品时，厂商的总投资是一个负数。

从表 9-5 中我们看到，第一年厂商的产出为 50 万元，需用资本 100 万元，资本折旧 10 万元，需要投资 10 万元。第二年厂商将产出提高到 60 万元，需用资本 120 万元，原有资本存量只有 100 万元，这就需要净投资 20 万元，再加上重置投资 12 万元，需总投资 32 万元。第六年减产 10 万元，仅需用资本 160 万元。但原有资本存量 180 万元，将有 20 万元的资本闲置。厂商会用闲置资本来弥补这一年所消耗的 16 万元资本（折旧），弥补后剩下的 4 万元将出卖从而使总投资为-4 万元。其他各年份的情况读者应不难看懂。

由这个例子可看到，净投资 JI 就等于资本存量的增量，为收入增量的两倍。也就是说，每增加 1 元收入将导致净投资增加 2 元。我们用 v 表示资本-产出比，这个结论可用公式表达如下：

$$JI = \Delta K = v\Delta Y \tag{9-22}$$

式 9-22 可以证明如下：

根据资本-产出比的定义有：

$$v = \frac{K}{Y} \tag{9-23}$$

用下标表示不同的年份就有：

$$v = \frac{K_{t+1}}{Y_{t+1}} = \frac{K_t}{Y_t}$$

从而有：

$$K_{t+1} = vY_{t+1} \quad 及 \quad K_t = vY_t$$

于是有：

$$\begin{aligned} JI = \Delta K &= K_{t+1} - K_t \\ &= v\Delta Y_{t+1} - v\Delta Y_t \\ &= v\ (\Delta Y_{t+1} - \Delta Y_t) \\ &= v\Delta Y \end{aligned}$$

式 9-22 说明当收入有增量 ΔY 时，净投资将是这个增量的 v 倍。换言之，收入增加会导致资本存量成 v 倍地增加。资本-产出比 v 是资本增量与收入增量的倍数，它一般是大于 1 的。这就是说，收入增加导致资本存量以更快的速度增加。因此，我们又称资本-产出比 v 为加速数。v 的值不仅取决于投资的效率（投资效率越高，说明每 1 元国民收入所需的投资额越小，v 值也就越小），而且还取决于时期的长度，也就是生产 1 元国民收入的时间衡量标准，究竟是 1 个月、1 个季度或者 1 年（假如投资效率不变，那么时期越长，v 值就越小，某项 10 000 元的资本如每年产出国民收入 2 000 元，以年度来衡量则 v = 10 000÷2 000 = 5；以季度来衡量则 v = 10 000÷500 = 20；以月份来衡量则 v = 10 000÷166. 67 = 60）。

（二）加速原理的进一步说明

生产萎缩可能导致实际资本大于计划资本而形成剩余的生产能力（或资本闲置），厂商当然会将其用之于弥补消耗掉的资本以免进行不必要的投资。在剩余生产能力大于资本折旧时，即使不再进行投资也仍然会有资本的闲置。在上面的例子中，我们简单地假设厂商能够及时地卖掉仍然闲置的资本品（进行负投资）。但这并不是现实中的情况。首先，资本品在短期内是不容易减少的。其次，厂商往往在此时并不愿意卖掉闲置的资本品。一方面可用它来代替一部分其他要素；另一方面保留闲置资本以等待经济复苏时扩大生产。最后，更重要的是从总体经济来看，一国进行负的投资是不合逻辑的。这意味着要将正在使用的资本品销毁一部分。

现在排除投资为负数的可能性，认定当产出减少时，资本存量只能以不补充重置资本的方式来减少，那么负数净投资的绝对值就不能超过折旧额。换言之，在存在闲置资本的情况下，厂商将优先用它来弥补已经死亡的资本。如果闲置资本不足以弥补折旧，其差额由总投资来弥补。如果闲置资本超过了折旧，则厂商并不将其差额处理掉而只是不再进行投资而保留仍然存在的闲置资本。于是，表 9–5 就必须修正为表 9–6。

表 9–6 **加速原理的进一步说明** 单位：万元

年份	产出		计划资本	实际资本		闲置资本	折旧	净投资	总投资
	价值	增量		价值	增量				
1	50	—	100	100	—	0	10	—	10
2	60	10	120	120	20	0	12	20	32
3	75	15	150	150	30	0	15	30	45
4	90	15	180	180	30	0	18	30	48
5	90	0	180	180	0	0	18	0	18
6	80	–10	160	160	–16	4	16	–16	0
7	70	–10	140	140	–14	10	14	–14	0
8	70	0	140	140	–10	0	14	–10	4
9	80	10	160	160	20	0	16	16	36
10	95	15	190	190	30	0	19	19	49

从表 9–6 中可见，净投资仍然等于实际资本增量，但已经不再严格是产值增量的 2 倍了。更仔细一些我们还可以看到在产出增加的年份净投资还是等于产值增加的 2 倍，一旦减产这个 2 倍的关系就被破坏了。其原因是在增加的年份，上一年的实际资本存量比所要求的少，厂商必须进行投资。厂商当然会按式 v = K/Y 来投资，这样即可避免投资过少影响生产又可避免不必要的过多投资。这样式9–22就会成立。在减产年份，上一年的实际资本存量多于所要求的而存在剩余生产力，厂商会首先用这些闲置资本品冲抵折旧。如果闲置资本刚好或还不足冲抵折旧，厂商将不投资或少投资使式 9–23 成立，从而式9–22也成立。第 8 年的情况就是如此。如果减产年份的闲置资本冲抵折旧后仍然有剩余，由于厂商并不处理仍剩余的闲置资本而是不继续投资，实际资本就会多于计划资本从而式9–22不再成立，从而式 9–23 也不再成立。第六、七年的情况也是如此。

由此可见，使式 9–22 不成立的原因是存在过剩的生产能力。或者说，当存在闲置资本时，加速数暂不起作用。要注意的是，虽然闲置资本通常在减产时出现，但二者之间并无必然的联系。也就是说，减产不一定导致资本闲置；有资本闲置的年份也不一定就是减产的年份。

根据乘数原理，收入是投资的函数，投资的增减将引起收入以更大的幅度增减。根据加速原理，投资又是收入增量的函数，收入的波动又将导致投资发生更大幅度的波动。如其他条件不变，这一投资和收入之间通过乘数和加速数的相互作用将不断继续下去（见图 9–13）。这可以对经济周期的形成作出一种合理的解释。

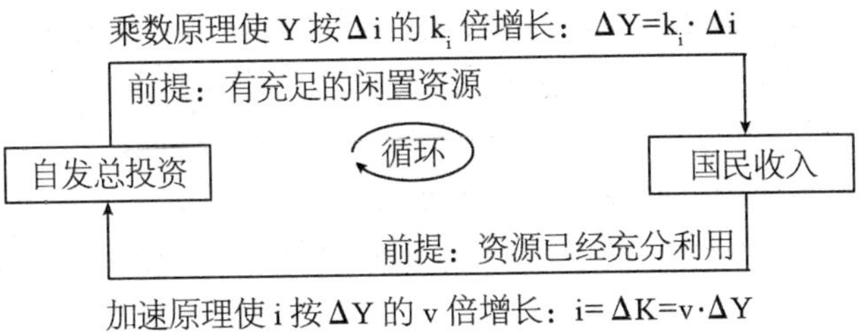

图 9-13　乘数与加速数相互作用

三、乘数原理与加速原理的结合

（一）乘数-加速数模型

在经济生活中，当投资扩张时，投资通过乘数效应对收入产生倍数增加作用，收入的增加又通过加速作用对投资产生加速推进作用，而投资的增加又会增加收入，这样经济便进入循环扩张阶段。相反，投资减少时，减少的投资通过乘数效应对收入产生倍数缩减作用，收入的缩减又通过加速作用进一步减少投资，而投资的减少进一步降低收入，这样不断循环地导致经济进入衰退阶段。正是这种相互作用，使经济中形成了周期性的波动。

乘数-加速数模型正是这样将乘数与加速数原理的作用结合起来进行考察。这实际上是引入时间因素的国民收入决定模型，即国民收入决定理论的动态化。在封闭经济中，国民收入 Y_t 由消费 C_t、投资 I_t 和政府购买 G_t 构成，这样就有下式：

$$Y_t = C_t + I_t + G_t \qquad (9-24)$$

消费由边际消费倾向 β 和前期的国民收入水平决定，其中边际消费倾向 β 为不变的常数，所以：

$$C_t = \beta Y_{t-1} \qquad (9-25)$$

投资由自发投资和诱发投资组成，设自发投资为 I_0，由消费的变动而引致的投资为 I_i，假定技术不变而 v 代表加速数，则有：

$$I_i = v(C_t - C_{t-1}) = v(\beta Y_t - \beta Y_{t-1})$$

从而现期投资 I_t 为：

$$I_t = I_0 + I_i = I_0 + v(C_t - C_{t-1}) \qquad (9-26)$$

设政府购买 G_t 为一常数，将式 9-25、式 9-26 和 G_t 代入式 9-24，得到：

$$Y_t = \beta Y_{t-1} + I_0 + v(C_t - C_{t-1}) + G_t \qquad (9-27)$$

这便是乘数-加速数模型的基本公式。

（二）乘数-加速数模型说明的问题

（1）乘数-加速数模型说明经济中投资、国民收入、消费是相互影响、相互调整的。假定政府支出为零（政府不干预经济），而且自发投资为固定的量，仅靠经济本身的力量自发调整，就会形成经济的周期性波动。经济周期中的高涨阶段和低潮阶段正是由乘数和加速原理结合作用的结果。在经济自发的周期波动中，投资是关键。

（2）根据上述情况，政府有必要对经济进行调解，以维持长期的经济稳定。政府的调节可以通过三个环节实施：

第一，调节投资。上述的波动情况是在自发投资固定不变的情况下发生的，如果政府根据不同的情况，变动政府支出或采取措施影响私人投资，可以使经济状况处于比较理想的状态。

第二，影响加速数。假定不考虑收益递减问题，在技术不变的条件下，加速系数与资本-产出比是一致的。如果政府采取措施提高劳动生产率（产量的增加不必同比例增加投资，只需提高现有设备的生产率），那么就能提高投资的经济效果，即只需增加较少投资便可增加产量，或反过来看，减少产量时不必大量减少投资。

第三，影响边际消费倾向。通过适当的政策，影响人们的消费在收入增量中的比例，从而影响下一期的收入。

关键术语

经济增长　增长核算　哈罗德-多马模型　新古典增长理论　内生增长理论　经济周期　加速数

主要观点

◆ 经济增长指一个国家或地区在一定时期内潜在产出的增加，经济增长会呈现出繁荣和衰退的周期性波动。

◆资本的增加、劳动的增加以及技术进步是经济增长的源泉，经济持续增长的原因在于技术和知识的进步。

◆ 个人关心的是消费的数量，使消费最大的稳定状态的人均资本量 k 被称为资本的黄金律水平。

◆ 经济周期也称商业周期、商业循环、景气循环，它是指经济运行中出现的周期性的经济扩张和经济紧缩以及二者交替更迭、循环往复的一种现象。它表现为国民总产出、总收入和总就业的波动。

基本训练

一、填空题

1. (　　)是指现实产出的增长率，而(　　)则指整个经济可能的增长速度。

2. 虽然各国发展途径各不相同，但所有曾经快速发展的国家都有一些共同点，经济增长的基本机制都是一样的，经济增长的发动机必定毫无例外地安装在四个轮子上，这四个轮子分别是(　　)、(　　)、(　　)和(　　)。

3. (　　)指一定时间内实际发生的经济增长率，(　　)则是使储蓄转化为投资并充分利用投资所产生的生产能力的增长率。

4. 使(　　)的稳定状态下的 k 值被称为资本的黄金律水平。

5. 按照时间长度，经济周期可以分为四种类型：(　　)、(　　)、(　　)和(　　)。

6. (　　)指不受国民收入或消费变动的影响而进行的投资，(　　)是指由于国民收入或消费的变动而引起的投资。

二、选择题

1. 导致经济周期性波动的投资主要是(　　)。

A. 存货投资　　B. 固定资产投资　　C. 意愿投资　　D. 重置投资

2. 按照萨缪尔森的理论，经济之所以发生周期性波动，是因为(　　)。

A. 乘数作用　　B. 加速数作用

C. 乘数和加速数的交织作用　　D. 外部经济因素的作用

3. 乘数原理和加速原理的联系在于(　　)。

A. 前者说明投资的变化对国民收入的影响，后者说明国民收入的变化对投资产生的影响

B. 两者都说明投资是怎样产生的

C. 前者说明了经济如何走向繁荣，后者说明经济怎样陷入萧条

D. 前者说明经济怎样陷入萧条，或者说明经济如何走向繁荣

4. 根据加速原理，净投资在哪一种情况下会发生(　　)。

A. 国民收入和消费支出分别达到最高水平

B. 国民收入和消费支出正在下降

C. 国民收入和消费支出正在增加

D. 国民收入正在下降，消费支出正在增加

5. 经济增长在图形上表现为(　　)。

A. 生产可能性曲线内的某一点向曲线上移动

B. 生产可能性曲线向外移动

C. 生产可能性曲线外的某一点向曲线上移动

D. 生产可能性曲线上某一点沿曲线移动

6. 加速原理发生作用的条件是(　　)。

A. 国民收入或消费支出持续增长　　B. 经济活动由衰退转向扩张

C. 社会上没有剩余生产能力　　D. 以上任何一种情况均可能

7. (　　)认为经济波动主要起因于对总需求的冲击，而这些冲击是货币政策的变动引起的。

A. 传统经济周期　　B. 实际经济周期

C. 货币主义和新古典主义　　D. 新凯恩斯主义

8. (　　)将使加速数暂时不起作用。

A. 产量降低　　B. 生产能力过剩　　C. 产量提高　　D. 生产能力不足

三、问答题

1. 说明经济增长与经济发展的关系。

2. 经济增长的源泉是什么？

3. 什么是新古典增长模型的基本公式？它有什么含义？

4. 在新古典增长模型中，储蓄率的变动对经济有哪些影响？

5. 在新古典增长模型中，人口增长对经济有哪些影响？

6. 推导某一时期总产量、人均产量和人口这三者的增长率之间的关系。

7. 说明实际经济周期理论。

8. 试比较哈罗德-多马模型和新古典增长模型。

9. 试说明哈罗德-多马模型与凯恩斯经济学说的异同。

10. 在一个无政府、自由竞争、无技术进步和无失业的封闭经济体中，人口具有固定的增长率n，资本折旧率为d，生产函数为Y=f(K，L)，实际产出Y对实际资本K和劳动力L的边际产品递减，规模报酬不变。利用新古典增长模型，结合图形证明人均产出和资本存在稳态水平。

11. 在哈罗德-多马模型中，假定生产函数为里昂惕夫函数。Y(t)=min［ckK(t)，cle～gtL(t)］，其中，ck、cl、g均为正，与索洛模型一样。要求：

（1）写出三个增长率——实际增长率、有保证的增长率和自然增长率的表达式。把这三个增长率表示为模型中各个变量的函数。

（2）用相应的理论说明为什么三个增长率相等的时候，一国的经济才能达到平衡增长路径。

（3）一国经济达到平衡增长路径所需要满足的关系式是什么？

12. 加速数理论与投资乘数理论是否能同时发挥作用？为什么？

13. 哈罗德经济增长模型与索洛经济增长模型有哪些异同点？

四、计算题

1. 在新古典增长模型中，人均生产函数为$y=f(k)=2k-0.5k^2$，人均储蓄率为0.3，人口增长率为0.03。要求：

（1）使经济均衡增长的k值。

（2）与黄金律相对应的人均资本量。

2. 设一个经济体的人均生产函数为$y=\sqrt{k}$。如果储蓄率为28%，人口增长率为1%，技术进步速度为2%，折旧率为4%。要求：

（1）该经济体的稳态产出为多少？

（2）如果储蓄率下降到10%，而人口增长率上升到4%，这时该经济体的稳态产出为多少？

3. 已知资本增长率$g_K=2\%$，劳动增长率$g_l=0.8\%$，产出增长率$g_y=3.1\%$，资本的国民收入份额$\alpha=0.25$，在这些条件下，技术进步对经济增长的贡献为多少？

4. 设一个经济体中的总量生产函数为$Y_t=A_t f(L_t, K_t)$，其中，Y_t、L_t和K_t分别为t时期的总产量、劳动投入量和资本投入量，A_t为t时期的技术状况。试推导经济增长的分解式，并加以解释。

5. 在新古典增长模型中，总量生产函数为$Y=F(K, L)=K^{\frac{1}{3}}L^{\frac{2}{3}}$。要求：

（1）求稳态时的人均资本量和人均产量。

(2) 用这一模型解释“为什么我们如此富裕，而他们那么贫穷”。

(3) 求出与黄金律稳定状态相对应的储蓄率。

6. 已知经济社会的平均储蓄倾向为0.12，资本-产出比等于3，求收入的增长率。

7. 已知平均储蓄倾向为0.2，增长速度为每年4%，求均衡的资本-产出比。

五、论述题

1. 西方学者关于经济增长的因素分析有哪些可供我们注意和借鉴?

2. 评述新古典经济增长理论。

第十章 经济思想史简介

学习目标

◆ 通过学习经济思想史，重点了解不同时期的主流经济学派；了解各经济学流派的主要经济思想；对各时期主要经济学家的生平及主要成就作一般了解。

学习经济思想史并研究经济学流派可以使我们了解经济思想发展的历史脉络。通过对经济学流派历史演进的了解，我们可以认识经济思想中继承和发展的关系，认识经济理论是如何通过继承、批判与发展而构建现代经济理论的大厦，从而可以加深我们对现代经济理论的认识和理解。受篇幅的限制，本书不可能做到对各个经济学流派及其所倡导的经济学理论进行全面的阐述。我们只是简要介绍在经济思想发展史上各个时期占主流地位的经济学流派及其理论体系和主要代表人物。

我们在学习本章各经济学流派时可以通过对照本章末的“经济思想时间序列表”（见图 10-1）来加深理解。

一、重商主义学派

被称为重商主义的经济学说存在于中世纪之后、自由主义盛行之前。重商主义大致可以追溯到 1500—1776 年之间。重商主义学派的主要代表人物分别是：托马斯·孟（Thomas Mun，1571—1641 年）、杰拉德·马林斯（Gerard Malynes，1586—1623 年）、查尔斯·达维南特（Charles Davenant，1656—1714 年）和让-巴蒂斯特·科尔伯特（Jean-Baptiste Colbert，1619—1683 年）。威廉·配第（William Petty，1623—1687 年）爵士也是一个重商主义者，但他提出的一些观点成为后来古典经济学的重要思想来源。以下是重商主义学派的主要理论和政策主张：

（1）金银是财富的唯一形式。重商主义者倾向于将一国的财富等同于该国所拥有的金银的数量。早期的一些重商主义者甚至认为贵金属是唯一值得追求的财富形式。他们都把金银作为获得权力和财富的途径。对于一国来说，贸易顺差就意味着更多的财富。甚至在战争期间，只要敌国愿意为商品支付黄金，一些国家就会向敌国出口商品。

（2）民族主义。重商主义所重之“商”是指国际贸易。通过国际贸易的多卖少买是增加一国财富的唯一手段。然而，不可能所有的国家同时出口多于进口。因此一国只有以他国的财富损失为代价才能扩大出口，并积累自己的财富。只有强大的国家才能掠取和控制殖民地，主导贸易规则，取得对外战争的胜利，并在国际贸易竞争中获取财富。从经济生活的静态方面来看，整个世界的经济资源的数量是一定的，一个国家只有在减少其他国

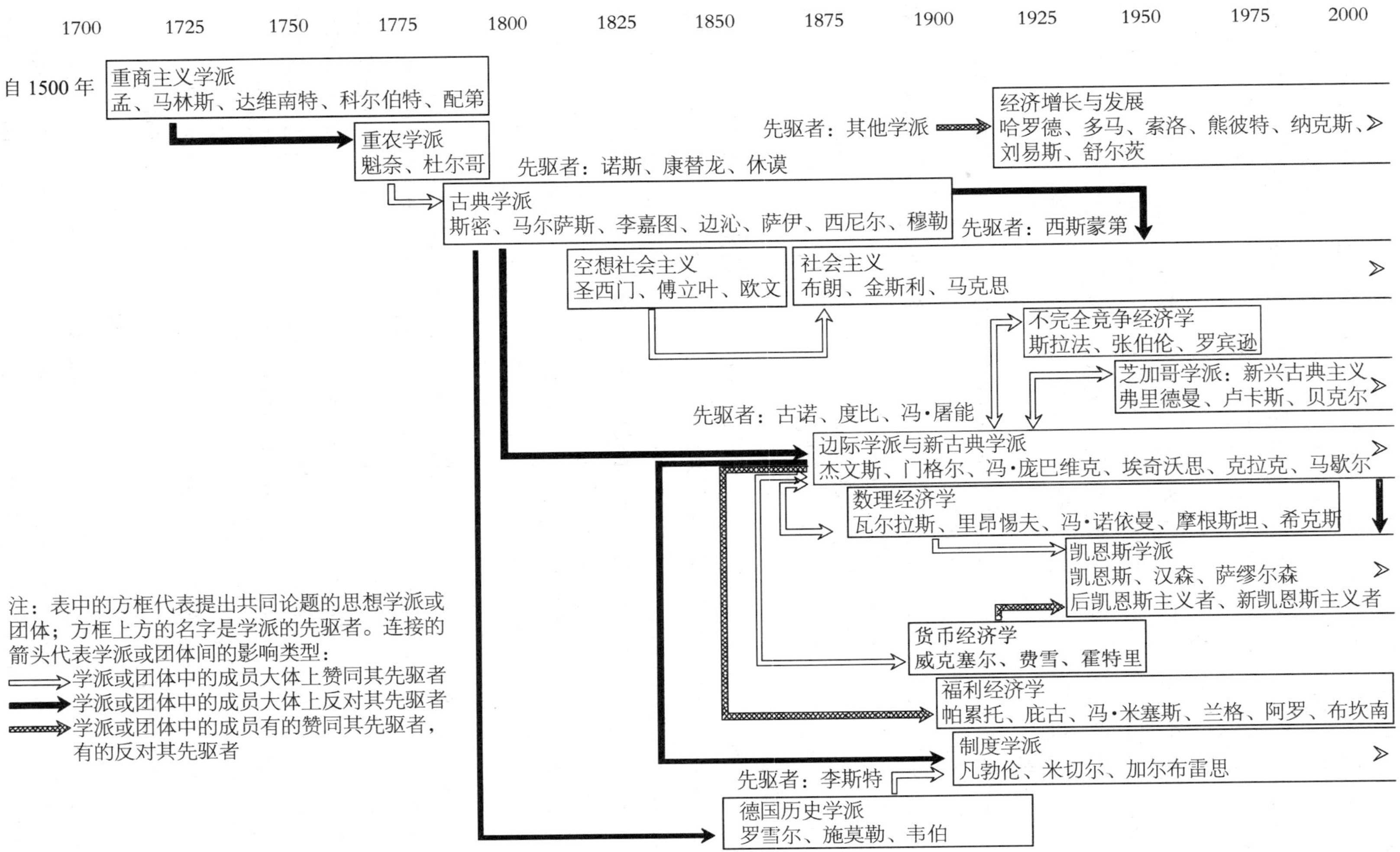

图 10–1　经济思想时间序列表

资料来源　布鲁 . 经济思想史 [M]. 焦国华，韩红，等，译 . 6 版 . 北京：机械工业出版社，2003.

家资源的前提下才能增加其自身的资源。

重商主义者的民族主义观念很自然地导致了军国主义。强大的海军和商业舰队是绝对必需的。由于渔场是海军的摇篮，也是海军人员的训练基地，所以英国的重商主义者在1549年强制实行了“政治斋戒”：法律规定人们在一周特定的几天里不准吃肉，以保证鱼类的国内市场，并由此引致对海员的需求。这个法令被严格执行了大约1个世纪，直到19世纪才从法规全书中消失。

（3）贸易保护主义。对本国不能生产的进口原料免收关税，对本国能够生产的制成品和原材料进行保护，并严格限制原材料出口。重视出口而不愿意进口被称为“对商品的恐惧”。商人的利益超过了国内消费者的利益。商人收到作为他们出口回报的黄金，而对进口的限制却使国内消费的商品大为减少。结果是，金银得到了积累，国家财富和力量被认为得到了增强。

禁止原材料外流有利于制成品出口价格保持在高价位上。例如，在1565—1566年伊丽莎白女王统治时期就曾通过法律禁止出口活羊。违反该法律将被处于没收财产、一年监禁和砍掉左手的处罚，第二次触犯将被处以死刑。在查尔斯二世统治期间（1660—1685年），羊毛被禁止出口，而违反者也将处以同样的刑罚。

（4）对殖民地贸易的垄断。商业资本家喜欢实行殖民化和保持殖民地对宗主国的永久依赖和屈从。宗主国经济增长和军事实力给殖民地所带来的任何利益都只是宗主国剥削政策的一个偶然的副产品。

1651年和1660年的英国《航海法案》便是这种政策的很好的例子。进口到英国或其殖民地的商品必须用英国或其殖民地的船只来运输，或者必须用原产国的船只来运输。某些殖民地的商品只能卖给英国，而其他的一些商品在卖给外国以前也必须先运到英国。殖民地从外国进口是受到严格限制或禁止的。殖民地的制造业受到严格限制，在某些情况下是法律禁止的，因此，殖民地永远是低价原材料的供应者和英国制成品的进口者。

（5）反对妨碍商品流动的各种国内通行费、税收和其他限制。重商主义者不希望别人也能够从事他们所愿意从事的贸易。从这个意义上说，他们并不赞成自由的内部贸易；相反，希望尽可能地获得垄断特许权或排他的贸易特权。

（6）强大的中央政府。一个强大的中央政府的存在可以保证实现重商主义者的目标。政府授予从事对外贸易的公司垄断特许权，控制国内商业活动的自由进入以限制竞争。农业、采矿业和工业由于政府提供津贴而得以快速发展，并且由于政府对进口商品征收关税而受到保护。此外，政府严格控制生产的工艺流程和产品质量，从而使该国的商品不至于在国外市场上因声誉不好而被迫减少出口。换言之，重商主义者并不相信自己的判断力和诚实，他们认为商人们的共同利益要求政府必须对粗制滥造和劣质原材料加以禁止。其结果是政府对商品生产的管制陷入了令人困惑的境地。

因此，一个强大的国家政府必须实行全国统一的管制措施。中央政府也必须能够实现以上讨论过的各种目标：民族主义、贸易保护主义、殖民主义，以及不收各种通行费与过度征税。

（7）人口众多并且人们努力工作的重要性。人口众多、人们勤奋工作，不仅能够提供大量的为保护国家荣誉和财富而战斗的士兵，并且能够保证劳动力的充足供应，从而保持较低的工资水平。较低的工资水平有两个好处：一是可以降低出口产品的价格，从而增加黄金流入；二是可以减少人们的偷懒，促进更多的人加入劳动力大军。

人们对于身体健全的人游手好闲和乞讨绝不同情，偷窃行为会受到严厉惩罚。在英国国王亨利八世统治时期（1509—1547 年），有 7 200 名小偷被绞死。1536 年颁布的法令宣布“身体健全的流浪汉”将被割去耳朵，第三次被发现的流浪汉将处以死刑。1547 年，那些拒绝工作的人们将被判给揭发他们的人做奴隶。1572 年伊丽莎白女王统治时期通过了一项法令：未经当局许可的 14 岁及 14 岁以上的乞丐都要受到鞭打并被打上烙印，除非有人愿意雇用他们；若第二次触犯，如果没有人愿意雇用他们，他们将被处死；若第三次违反这项法令，他们将被视为重罪犯而被毫不留情地处死。

二、重农学派

重农学派出现于重商主义时代后期的法国，其代表人物是弗朗索瓦·魁奈（Francois Quesnay，1694—1774 年）和安·罗伯特·雅克·杜尔哥（Anne Robert Jacques Turgot，1727—1781 年）。重农学派的出现可以追溯到 1756 年，当时魁奈在《百科全书》中发表了他的第一篇经济学论文。这一学派结束于 1776 年，当时杜尔哥失去了他在法国政府的高官，而亚当·斯密出版了他的《国富论》。所谓“重农”，其意就是尊重自然规律、自然秩序。重农学派坚持经济个人主义，尊重私有财产，在提倡自由放任的同时却又支持对农产品价格进行干预。重农学派在这 20 多年里引导着世界经济思想，但其影响远远超出了他们的时代。重农学派的主要经济思想和政策主张如下：

（1）自然秩序。重农主义者（physiocrat）这个单词本身的意思就是“自然规律”。根据重农学派的观点，自然规律统治着人类社会，就像牛顿发现的那些自然规律统治着物质世界一样。因此，人类的所有活动都应该与自然规律相一致。所有科学的目的都是去发现整个宇宙现象所遵循的各种规律。在经济学的范畴内，自然规律赋予个人以享受自己的劳动果实的自然权利，条件是这种享受要与他人的利益相协调。

（2）自由放任。“自由放任”这个短语是文森特·德·古尔内（1712—1759 年）提出的，它的实际意思是“让人们去干他们乐意干的事情而不要政府干预”。政府除了保证最低的、绝对必需的基本保障（如保护生命与产权、维持合同的自由等）之外，不要对经济生活施加任何干预。因此，重农学派几乎反对一切封建主义、重商主义和各种政府管制，倾向于国内的工商业自由和与国外自由贸易。古尔内是重商主义体系内少有的几个政府官员之一，他的经历使他后来成为了一个自由放任主义的追随者。

（3）重视农业。重农主义者认为工业、贸易和各种职业都是有用的，但都不是生产性的，只不过是再生产了以原材料的形式被消费掉的价值和工人们的基本生活必需品。只有农业（可能还包括采矿业）是生产性的，因为它们产生了剩余，产生了超过生产中所耗费资源价值的净产品。

（4）对土地所有者课税。重农学派认为应该只对土地所有者课税，因为只有农业才产生剩余，并且土地所有者以地租形式获得了这些剩余。对其他人的税收最终将被通过某种形式转嫁给土地所有者。间接税将随着它们被转嫁而有所提高，因此，对土地所有者的直接税优于各种间接税。

（5）整体经济的相互关联。重农主义者特别是魁奈从总体上分析了整体经济中商品和货币的循环流动。

重农学派的信条中有如下几点具有长远影响：第一，将社会作为一个整体来考察，并分析财富与商品流转的规律。重农学派为经济学发展成为一门社会科学奠定了基础。我们将会发现魁奈的经济表是现代经济学课本中两个重要概念——经济环流图和国民收入账户——的先驱。第二，通常被认为是由马尔萨斯和李嘉图提出的收益递减规律，实际上是重农学派的杜尔哥在更早的时候提出来的。第三，重农学派最早分析了税收转嫁和税收归宿的问题，这在今天仍然是微观经济学的一个重要组成部分。第四，通过提倡自由放任，他们把经济学家的注意力吸引到了分析政府在经济中的适当作用上来。

三、古典学派

以亚当·斯密《国富论》的出版为标志，古典学派开始于1776年。大约100年后，威廉·斯坦利·杰文斯、卡尔·门格尔和里昂·瓦尔拉斯各自出版了阐述新古典理论的著作，宣告了古典学派的结束。两次重大“革命”——科技革命和工业革命——对古典经济思想产生了极其重大的影响。

（一）古典学派的主要理论与政策主张

（1）最低程度的政府参与。古典主义者认为自由、竞争的市场力量将可以正确引导生产、交换与分配。经济将在不受政府干预的情况下进行自我调节，并自动趋于充分就业水平。政府活动应仅限于界定财产所有权、提供国家防御措施以及公共教育。

（2）自利的经济行为。古典经济学家假设自利行为是人的本性。生产者与商人处于对获得利润的渴望而提供商品及服务；工人为了得到工资而提供他们的劳动；消费者购买商品是为了满足他们各自的需要。

（3）利益的和谐。除李嘉图这一重要例外，其余的古典主义者都强调市场经济中利益的自然和谐。通过追求他们自身的个人利益，人们也为社会利益的最大化作出了贡献。

（4）所有经济资源及经济活动的重要性。古典主义者指出，所有的经济资源——土地、劳动力、资本及企业家才能，与所有的经济活动——农业、商业、工业及国际交换，都对一个国家的财富作出了贡献。重农主义者将土地与农业视为所有财富的来源，重商主义者则认为财富主要得益于商业。

（5）经济规律。古典学派通过对经济理论或“规律”的集中分析而对经济学的发展作出了巨大贡献，如比较优势理论、收益递减规律、马尔萨斯的人口理论、市场规律（萨伊定律）、李嘉图的地租理论、货币数量论以及劳动价值论。古典主义者认为经济学的规律是普遍的和不可改变的。

古典学派具有影响的思想主要有：①收益递减规律；②比较优势理论；③消费者至上的思想；④资本积累对于经济增长的重要性；⑤市场是一种协调个人与社会利益的机制。

（二）古典学派的重要代表人物

古典学派的先驱者有达德利·诺斯（Dudley North，1641—1691年）、理查德·康替龙（Richard Cantillon，1680—1734年）与大卫·休谟（David Hume，1711—1776年）。古典主义的重要代表人物如下：

1. 亚当·斯密

亚当·斯密（Adam Smith，1723—1790年）是古典学派的创建者，也被认为是经济学的鼻祖。

1759 年，斯密出版了《道德情操论》，从这时候开始他的研究逐渐从道德伦理方面转向了法学与政治经济学方面。1776 年，斯密出版了被称为经济学说史上最重要的著作《国富论》。这部著作一经出版立即获得了很高的评价，并且为斯密赢得了永久的荣誉。

《道德情操论》讨论道德力量，它限制人们的自利，并把人们组合成一个可以运转的社会。该书的第一章标题是《论同情》。斯密认为，同情可以战胜自私。在书中斯密认为，我们的道德理论制定了各种行为规则来限制我们的自私自利行为。这些规则可以看作是神的命令和法律。如果我们违反了上帝的规则，我们将受到内心耻辱和自责的折磨等惩罚。如果我们遵守上帝的意愿，我们就可以享受精神宁静。知足和自我满足是神的奖赏。因此，上帝促进了人类的幸福。

《国富论》假设一个公平社会的存在，并说明个人如何受经济力量的引导和制约。在《国富论》中，斯密首先提出了“分工”这个在当时很陌生的词汇。他认为劳动分工可以提高产出数量。名声显赫的“看不见的手”原理就出自这部名著。斯密在书中指出，经济生活的参与者倾向于追求他们自己的个人利益，但是有一只看不见的手引导个人的自利行为，使他能比在真正出于本意的情况下更有效地促进社会的利益。同时斯密主张自由放任的经济秩序，反对政府对经济的干预。他指出了政府的 3 个主要功能：第一，保护社会免遭外来入侵；第二，建立司法机构；第三，建立和维护私人企业家不可能从中获得利润的公共工程和机构。斯密在分析市场经济的过程中提出的一些观点，被后来的经济学家归纳为经济规律，如我们提到过的劳动分工、自利行为规律，其他一些规律包括绝对优势规律，涉及价格、工资、利润和地租的规律，关于货币和债务功能的规律，关于经济发展的规律。这些规律对经济思想的发展都起到了至关重要的作用。

2. 托马斯·罗伯特·马尔萨斯

托马斯·罗伯特·马尔萨斯（Thomas Robert Malthus，1766—1834 年）在古典经济思想中是一名虽有争议却很重要的人物。他阐述了诸如人口增长、国内生产总值的计算方法、价值理论、收益递减、土地地租以及总需求等一系列问题。1798 年出版的《人口论》确立了他经久不衰的声望。除此之外，他另一部最重要的著作是 1820 年出版的《政治经济学原理》。

马尔萨斯在《人口论》中试图“说明在每一个国家都可以看到的下层社会的贫穷与疾苦”的原因。他所表达的人口规律是：当人口增长不受控制时，人口按 1、2、4、8、16 这种几何级数增长，而生活资料则最多能按 1、2、3、4、5 这样的算术级数增长。所以随着人口的增长，生活资料不能满足人口的需要，因此必然导致下层社会的贫穷和疾苦。针对这种问题，他提出了限制人口增长的两种措施：预防性控制与积极控制。基于这一理论，马尔萨斯对政府的“济贫法”持反对的态度。

在《政治经济学原理》第二册中，马尔萨斯提出了潜在有效需求不足的理论。他还提出非生产消费的必要性，认为地主的消费对于避免由市场供给过剩所造成的经济停滞是至关重要的。马尔萨斯也暗示战争可以作为削减供给过剩的另一项措施。

3. 大卫·李嘉图

大卫·李嘉图（David Ricardo，1772—1823 年）是进一步发展古典学派思想的领袖人物。他一生完成了很多重要著作，包括他在 1817 年出版的《政治经济学及赋税原理》。

李嘉图的理论对经济学的分析方法产生了持久的影响，其中特别重要的贡献包括：抽象推理方法的使用、比较优势理论、边际分析的使用、对农业中的收益递减规律的表述，以及拓展了经济分析的范围，使之包括收入分配。

4. 杰里米·边沁

杰里米·边沁（Jeremy Bentham，1748—1832年）是英国人，他的《道德和立法原理导论》原意是想成为纯粹论述法律规则的一般性导言的一部分。尽管它没有直接涉及经济理论，但这本书包含着对功利主义哲学的重要说明，使之在19世纪最后几十年成为新古典经济学的哲学基础。

边沁相信，所有一系列动机都只是人们追求快乐、避免痛苦的表现形式，因为痛苦只是快乐的对立面。所以边沁的功利主义可重新表述成“人类所有的动机都源于对快乐最大化的追求”。

5. 让-巴蒂斯特·萨伊

让-巴蒂斯特·萨伊（Jean-Baptiste Say，1767—1832年）自称是斯密的信徒。在《政治经济学概论》导论中，他赞扬了斯密对政治经济学发展所作出的贡献，并对此进行了总结。萨伊宣称，商品的价格或者交换价值，完全取决于它的使用价值或效用。

在萨伊的著作中有一个十分重要的信条，即认为自由市场总能自动调节到均衡状态，市场上永远不会出现所有商品过剩的情况。更进一步说，各种商品暂时的短缺和过剩将通过市场自由竞争而自动消失。这些结论构成了“萨伊定律”，即供给自动创造需求。

6. 纳骚·威廉·西尼尔

纳骚·威廉·西尼尔（Nassau William Senior，1790—1864年）在1825年成为牛津大学的第一位政治经济学教授。政府任命他为负责调查重大社会问题的皇家委员会的成员。他的经济学思想大大地远离了古典经济学，而逐渐向新古典经济学的方向发展。

西尼尔有四个重要的命题：第一，每个人都希望以尽可能少的牺牲取得更多的财富；第二，限制世界上的人口或限制生存在这个世界上的人数的，只是精神上或物质上的缺陷，或者是各阶级中各个人对于在养成的习惯下所要求的那类财富可能不足以适应其要求的顾虑；第三，劳动的力量和生产财富的其他手段的力量，借助于将由此所产生的产品作为继续生产的工具，完全可以无定限地增加；第四，假使农业技术不变，在某一地区以内的土地上所使用的增益劳动，一般会产生比例递减的报酬。也就是说，尽管在土地上增加劳动，虽然总的报酬有所增加，但报酬不能随劳动成比例的增加。

7. 约翰·斯图亚特·穆勒

约翰·斯图亚特·穆勒（John Stuart Mill，1806—1873年）是最后一位伟大的古典学派的经济学家，也是自1823年李嘉图去世以后最伟大的经济学家。穆勒作出了一些重要的原创性贡献，并且将他的先辈们的整个经济思想系统化、普及化。他的巨著《政治经济学原理》初版于1848年，在马歇尔1890年出版《经济学原理》以前，这部书一直是这一领域具有统治地位的教材。

四、社会主义思潮

社会主义是伴随着大工厂的出现而产生的。在工业革命出现以后，出现了众多的贫民窟，以及恶行、犯罪、疾病、饥饿与穷困。那些在工业生产事故中致残与死亡的工人家庭没有得到补偿或补偿不足。以工资为生的人没有政治权力，工会也是非法的。每一次疾病的流行都会减少生产与就业，还会使工人更加穷困。每一次工业化的新胜利即使最终会创造更多的就业机会，也会将数以万计的手工业工人驱赶到劳动力市场中去，但随着社会财富的不断增加，民众却似乎变得越来越贫困。

针对这一情况必须进行经济改革。但是大多数经常引用斯密与其他古典学派经济学家观点的资本家们却固执地认为最好的政府是最少地干预经济生活的政府。一些历史学家得到的结论是，以前那些更加温和的社会主义者劝说工厂主们参与慈善运动的失败为马克思社会主义思潮的兴起增添了额外的力量。

各种类型的社会主义的基本情况如下：

1. 空想社会主义

空想社会主义大约出现于 1800 年，主要代表人物有圣西门（Saint-Simon，1760—1825 年）、傅立叶（Fourier，1772—1837 年）和罗伯特·欧文（Robert Owen，1771—1858 年）。他们提出这一思想的社会背景是：产业工人的力量还很薄弱，并且没有被组织起来。工人们由于工业革命的迅速变革而意志消沉，被剥夺了选举权，而且还没有意识到他们自身所具有的潜在力量。空想社会主义者们认为竞争的市场经济是不公平的，也是不理性的。他们设计出了完美的社会安排的概念，并且呼吁全社会都予以采纳。他们提倡广泛的团结精神而不是阶级斗争，他们甚至还期望能够与资本家们合作，由资本家们为他们所设计的方案提供资金。这些假想的社会共同合作的模式被详细设计出来，其中有一些还曾经被付诸实践，但都以失败告终。

2. 国家社会主义

国家社会主义的思想包括政府拥有对所有或者某些特定经济部门的所有权与经营权，其目的是实现全部社会目标，而不是出于盈利的需要。苏联就是这样一个例子。直到解体前，苏联所有主要的部门都是由国家所有与经营的。但是，国家社会主义也可以在一个资本主义体制下发生。在美国就有很多例子，如联邦社会保障体系、田纳西流域管理局以及邮政服务。历史上，国家社会主义者认为如果工人阶级拥有投票权并且可以接受教育与组织工会，那么国家就可以是公正的。这样，国家就可以接管企业并成为雇主，或者国家能够通过为合作社（工人与消费者是主人）提供补助等形式来支持合作社的发展。路易斯·布朗（Louise Brown）是国家社会主义早期的主要倡导者之一。

3. 基督教社会主义

基督教社会主义在 1848 年以后在英国与德国得到了发展。基督教社会主义是在这两个国家的激进运动失败后发展起来的，它通过给予工人们宗教安抚来缓解他们的困难，并为他们提供希望。《圣经》规定了政府领导者、雇主与工人们的行为规范；上帝的旨意是互相关爱与合作。这一运动抛弃了暴力冲突与阶级斗争，提倡卫生改革、教育、工厂立法与合作社。在英国，查尔斯·金斯利（Charles Kingsley，1819—1875 年）是首要的倡导者。

4. 无政府主义

皮埃尔-约瑟夫·蒲鲁东（Pierre-Joseph Proudhon，1809—1865 年）是无政府主义的先驱者之一。无政府主义者认为所有的政府形式都是压迫性的，都应该取消。

无政府主义者并不是提倡社会无秩序，而是认为社会秩序应该通过自愿与共同努力组成的自我管理的团体来形成。他们认为如果人类的本性没有被国家及其机器所腐蚀，那么它们在本质上都是好的。对合作团体筹集资本的集体占有应该代替私人占有。无政府主义者的设想是通过与控制农业、工业的生产者，甚至是知识分子、艺术家相联合，使社会能够从事生产，并可以与其他社会进行贸易往来。消费者的联合被期望能够用来协调住房、照明、健康、饮食与卫生。无政府主义的社会特征将是互相理解、合作与完全的自由。个人的积极性将会受到鼓励，所有建立统一的、集中的政权的企图都将被有效地制止。虽然无政府主义者与空想社会主义者达到他们目标的方式不同，但是他们所设想的理想社会是相似的。

5. 修正主义

在德国，修正主义是由爱德华·伯恩斯坦（Eduard Bernstein，1850—1932 年）提出的。在英国，由悉尼·韦伯（Sidney James Webb，1859—1947 年）与比阿特丽斯·韦伯（Beatrice Webb，1858—1943 年）夫妇领导的费边社会主义者们也是修正主义者。与德国左翼运动不同的是，他们并不追随马克思主义并将其置于重要的位置。修正主义抛弃了阶级斗争，否认国家是富裕阶级的必要条件，并将希望寄托在教育、竞选与通过投票赢得对政府的控制上。政府的作用是管制垄断、控制工厂里的工作条件、接管一些公共设施以及逐渐增加对资本的所有权。因为修正主义者，特别是费边社会主义者，赞成公共设施归地方所有，所以修正主义有时也被称作“天然气与自来水社会主义”。

6. 工团主义

乔治·尤金·索雷尔（Georges Eugène Sorel，1847—1922 年）在欧洲拉丁国家的工人集团中提出并发扬了这一社会主义形式。工团主义者们反对议会主义和军国主义。他们认为如果社会主义参与了政治与议会运动，就会演变成资产阶级信仰。如果在议会中提出抗议，那么这一运动就将退化为目的在于赢得政治影响的机会主义。工人们需要的是一个大工会，这个工会所要做的并不是像资产阶级所做的那样寻求社会改革和改进工作环境。这个工会一定不能沉湎于罢工、保险基金、工会合同、工会金库或零碎的改革。罢工将必然激起工人们的革命与斗争意识，怠工也必须经常被当作阶级斗争的一个武器。最后，这个大工会的全体罢工将推翻资本主义。每个行业都将组成一个自治团体，由工人自己进行管理，这些团体联合起来成为一个管理中心。工团主义者们期望强制政府的消失。

工团主义与无政府主义不同，因为它完全依赖于革命联合主义与旨在推翻政府的全体罢工。但是它们都赞成废除私人所有权、废除政治性的政府。于 1905 年在美国成立的世界产业工会是工团主义工会的实践。

7. 行会社会主义

科尔（G. D. H. Cole，1889—1959 年）是牛津大学的经济学教授，是行会社会主义的主要倡导者。行会社会主义最初起源于英国的一次渐进主义改革运动，在第一次世界大战时期达到巅峰。行会社会主义者们认为国家是代表作为消费者的全体公民利益的一个必要的机构。真正的行业管理应该委托给雇员（生产者），由雇员们而不是政府组成行业工会。但是政府应该为整个社会提供全面的经济政策，而不仅仅是为工人们提供经济政策。每个工人都是他或她工作的企业的股东，这一点就是行会社会主义者赞成的“行会民主”的精髓所在。国家不再被划分为相互敌对的资本与劳动力，而是被划分为生产者与消费者，他们各自都拥有全国性的联盟——行会与政府。因此，生产者与消费者就形成了一种平等的合作关系。

以上不同类型的社会主义有几个共同的特征：第一，都抛弃了古典主义者的利益和谐思想，认为社会由不同的阶级组成，这些阶级之间经常存在着利益冲突。第二，都反对自由放任。除无政府主义之外，其余的社会主义者都将政府看作工人阶级利益的一个潜在的不断进步的代表。第三，都反对萨伊的市场定律，认为资本主义不是带来周期性危机，就是使经济全面停滞。第四，都否认作为古典学派思想基础的人性的概念，相信人具有完美性。资本主义通过对获取利润与积累财富的强调产生了自私自利行为。只有在适宜的环境下（诸如与他人共享等）高尚的人类美德才会出现。第五，为了改善大众的生活状况，每种社会主义的意识形态都提倡集体运动与企业的公共所有权。这一公共所有权可以归属于中央政府、地方政府或者合作性企业。

8. 马克思社会主义

马克思社会主义简称为马克思主义或者“科学社会主义”。它的基础是劳动价值论和资本家对工人的剥削理论。尽管马克思与恩格斯强烈地鄙视资本主义制度，他们却对资本主义制度所带来的生产能力与产量的极大提高给予了肯定。资本主义制度面对的阶级斗争与对抗将不可避免地导致它被社会主义制度推翻和代替。在推翻资产阶级国家的过程中，工人阶级将用自己的无产阶级专政来取代资产阶级专政。在最终达到的社会主义社会里，允许私人拥有消费商品的权利，但是资本与土地都归中央政府所有。生产和投资率都是计划性的，而原来在经济社会中占主导力量的利润动机与自由市场的作用则被抛弃了。

根据马克思的观点，共产主义是最终将取代社会主义的社会阶段。社会主义的口号是“各尽所能，按劳分配”，而共产主义的口号则变成了“各尽所能，按需分配”。它的前提条件是社会所需要的物质产品极大丰富，劳动没有货币支付，以及一个人对社会的奉献像对他或她的家庭一样无私而忠诚。当敌对阶级消失了，国家就会消亡，对人们的统治将会被对诸如大铁路系统、煤-铁-机器联合体等事物的管理所替代。

了解了马克思主义的基本观点之后，我们接下来简要介绍一下对马克思的社会主义有杰出贡献的马克思。

卡尔·马克思（Karl Marx，1818—1883 年）出生于普鲁士的一个犹太家庭，在童年时期转变为一个新教徒。马克思的激进主义思想使得他无法在大学里谋到教书的职位。于是，他成了一个编辑，后来被驱逐出德国到了巴黎。在巴黎他钻研了法国的社会主义与英国的政治经济学，并遇到在法国作短暂旅行的恩格斯。后来，恩格斯成了马克思的亲密朋友、合作人和经济赞助人，并一起写作了发表于 1848 年的《共产党宣言》。1849 年，马克思被驱逐到伦敦。除了到欧洲大陆的几次短暂旅行外，他一直居住在伦敦。他将大部分时间花费在大英博物馆的阅览室里，钻研“政治经济学的各个令人困惑的分支”。1867 年，马克思出版发行了他的巨著《资本论》的第一卷。马克思去世后，恩格斯对他的手稿进行编辑后出版了第二卷与第三卷。恩格斯去世后，剩余的手稿留给了当时最主要的马克思主义者卡尔·考茨基，他出版了马克思的另外三卷著作，名为《剩余价值理论》。

马克思在一生中受到了几个人的学术思想的影响，除恩格斯之外，主要包括李嘉图、早期的社会主义者、达尔文、黑格尔与费尔巴哈。马克思到伦敦后研究了斯密与李嘉图的著作，尤其对李嘉图的劳动价值论很感兴趣。他认为李嘉图的理论有几个缺陷，于是着手设计自己的劳动价值理论，该理论有着革命性的意义。另外，马克思对空想社会主义代表人物圣西门、傅立叶和欧文的理论有着极为清醒的认识。他赞同他们反对当代资本主义的道义愤怒、对古典政治经济学的尖锐批判和对未来社会主义社会的憧憬，但是认为除非工人阶级被激化到公开起义，否则不可能达到社会主义。马克思在1860年读了达尔文的《物种起源》，认为自己在政治经济学上也看到了与“自然选择”类似的现象。对于马克思而言，当时的经济社会的组织关系就像当时的生物组织一样，都是过去变化的结果，而且过去发生的变化仍将继续。因此达尔文加强了马克思的一种观点，即只有动态分析而不是静态分析才能够达到真正的理解。在哲学领域，马克思吸收了黑格尔的辩证法思想而抛弃了他的唯心主义。他还吸收了费尔巴哈的唯物论，将辩证法与唯物论结合起来，提出了他自己的历史唯物主义理论，这为马克思的理论打下了坚实的基础。

马克思以历史唯物主义理论作为依据，开始“揭露现代社会的经济运动规律”。他用以下几个相互联系的重要理论构建了政治经济学理论：劳动价值论、剩余价值理论、资本积累与利润率下降趋势、社会再生产理论、资本积累与经济危机、资本主义积累的一般规律。其中每一个理论都需要很大篇幅才能说明，本书只是概括出其中的主要思想。

五、德国历史学派

伴随着弗里德里希·李斯特与威廉·罗雪尔著作的公开发表，德国历史学派在19世纪40年代开始兴起，于1917年古斯塔夫·施莫勒去世时结束。由于基本上大多数经济学家都吸收了该学派的部分思想，所以后来这个学派没有作为一个独立的学派而存在。该学派的主要思想家包括李斯特（Freidrich Liszt，1789—1846年）、罗雪尔（Wilhelm Georg Friedrich Roscher，1817—1894年）、古斯塔夫·施莫勒（Gustav Schmoller，1838—1917年）和马克斯·韦伯（Max Weber，1864—1920年）。德国历史学派的主要理论与政策主张是：

（1）将演进的方法应用于经济学。历史学派从动态的、演进的角度对社会进行研究，主要着眼于累积发展与增长的研究。与达尔文的进化论的相似之处是：社会产生、发展、成长，最后衰败并消失。社会在不断地发生变化，因此，与某一个国家或者某一个特定时期相关的经济思想不一定与另一个国家或者另一个时期相关。在攻击古典学派的观点并不适合德国时，这种相对论的方法尤其有效。

（2）强调政府的积极作用。历史学派是民族主义的，而古典学派是个人主义和世界主义的。如果社会是研究的中心，那么是社会与国家而不是个人将占据这个发展时期的中心地位。在德国就是国家扶持了工业、交通与经济增长。在为统一经济辩护的过程中，很容易培养狂热的国家和民族荣誉感。历史学派突出了国家干预经济事务的必要性，同时强调社会的自身利益与社会中的个人利益是完全不同的。

（3）历史归纳方法。历史学派的经济学家强调将经济学作为一个整体，依据历史的发展进行研究的重要性。因为经济现象和其他社会现象是互相依赖的，所以政治经济学只有与其他社会科学的分支结合在一起才能得到充分的讨论。历史学派批评了古典学派和边际学派的抽象的、演绎的、静态的、不现实的以及不讲究历史的分析方法。历史学派进行了大规模的归纳研究，使用初级的原始材料研究变革的社会制度。该学派声称使用他们的历史分析方法可以研究影响一个经济现象的所有因素和经济行为的所有方面，而不仅仅是经济性推理。一部分历史学派的经济学家反对几乎所有形式的推理。他们否认任何正确的经济规律，只有一个除外：他们相信发展的模式可以在历史中得到辨认，并且可以被归纳为“发展规律”。

(4) 提倡保守的改革。历史学派的经济学家认为，政治经济学不仅仅是分析产生经济行为的动机的科学，而且是衡量和比较这些行为及其后果的道德价值的科学。这门学科必然会确定适当的生产标准和财富的分配方法，以便满足公平与道德的要求。

历史学派的经济学家还认为，德国应该可以受委托为“普通人”改善环境。当国家维护了工厂劳动者的健康、福利与效率时，就会增进这些劳动者对国家的忠实程度。他们希望改革还能够使工人阶级摆脱社会主义的意识形态。根据所坚持的学术立场，温和社会变革的提倡者被称为“讲座社会主义者”。

六、边际学派

边际学派的开端可追溯到1871年。当时杰文斯和门格尔出版了他们关于边际效用理论的影响深远的著作。这个学派最终成为新古典经济学或当代微观经济学的一部分。边际学派以安东尼·奥古斯丁·古诺（Antoine Augustin Cournot，1801—1877年）、朱尔斯·度比（Jules Dupuit，1804—1866年）和冯·屠能（Johann H. von Thünen，1783—1850年）为先驱者。

（一）边际学派的主要理论与政策主张

(1) 关注边际。边际学派将它的注意力集中在进行决策的变化点或边际上。边际主义者将李嘉图在地租理论中提出的边际原理拓展到了所有的经济理论中。

(2) 理性经济行为。边际主义者假设人们在平衡快乐和痛苦、测算不同物品的边际效用以及平衡现在和将来的需要时，行为都是理性的。他们还假设有目的的行为是正常的和典型的，而随机的不正常行为会相互抵消。边际主义者所使用的方法起源于杰里米·边沁，因为他们假设人们行为的主要动因是寻求效用和避免负效应。

(3) 以微观经济为重点。单独的个人和企业在边际主义分析中占有中心地位。边际主义者主要考察个人决策行为、某一类产品的市场条件和特定企业的产出等诸如此类的问题，而不是考察总体经济或宏观经济。

(4) 抽象、演绎、均衡的分析方法。边际主义者拒绝历史的方法，而倾向于由李嘉图和其他古典经济学家所倡导的抽象分析方法。另外，边际主义者相信各种经济力量通常会趋于均衡——相反的作用力之间达到一种平衡。当任何的扰动使之离开均衡位置时，新的均衡的运动便会发生。

(5) 对完全竞争的强调。边际主义者通常将他们的分析建立在完全竞争的假设基础之上。这是一个充满无数个相互独立的企业、无数买者和卖者、同质产品、统一价格、没有广告的世界。没有一个人或企业有足够的经济力量能够使市场价格发生可以感觉到的变化。个人可以根据成千上万的人在市场上相互作用而得出的需求、供给与价格来调节自己的行为。每个人相对于市场的规模来说都是如此微小的单位，以至于不能对市场产生任何影响。

(6) 需求导向的价格理论。古典主义经济学家强调生产成本（供给）是决定交换价值的主要因素。对于早期的边际主义者来说，需求成为决定价格的主要力量，他们强调需求，而将供给完全排除在价格的决定因素之外。

(7) 对主观效用的强调。按照边际主义者的观点，需求取决于边际效用，而边际效用则是一个主观的心理现象。生产成本指为该项生产所作出的各种牺牲，包括工作给人带来的不愉快、为企业经营所作的支付和形成资本基金的储蓄货币等。

（8）将土地和资本品相合并。边际主义者在他们的分析中将土地和资本资源合并在一起，并且将利息、地租和利润都看作财产资源的报酬。这有它的分析优势，并可以防止一些人得出地租是不劳而获的收入、是为了保证对土地的使用而作出的一种不必要的支付这样的结论。边际主义者通常将地主得到的报酬与利息放在一起来考虑。

（9）最小的政府干预。边际主义者继承了古典学派的政府对经济的最小干预是合宜的政策的观点。在大多数情况下，为了实现社会利益的最大化，不要对自然经济规律加以干预。

（二）边际学派的主要代表人物

1. 威廉·斯坦利·杰文斯

威廉·斯坦利·杰文斯（William Stanley Jevons，1835—1882 年）出版了几本关于逻辑学的著作，并且成为逻辑学、政治经济学和哲学教授。他发明了一种逻辑机器，并于1870 年在皇家学会进行了展示。这台机器能够根据给定的一系列前提自动地得出结论。杰文斯同时还是一位著名的科学史学家，并且对指数的发展作出突出的贡献。杰文斯提出的边际效用递减理论、理性选择观点、等边际效用规则①以及交换理论都对经济思想的发展产生了重大的影响。另外，他对保险和赌博理论也作出了突出的贡献。经济周期也吸引了杰文斯的注意力。在对价值的认识上，杰文斯认为“价值完全取决于效用”，不认同马克思对价值的定义。

2. 卡尔·门格尔

卡尔·门格尔（Carl Menger，1835—1882 年）的效用观点在理解定价方面与劳动价值论的观点完全不同，他认为：供求决定价格，而供求又要由效用解释，因此，效用是消费品价格的最终决定因素。

门格尔方法论的两个核心观点是：“纯科学”总是非价值取向的；方法论原理使经济学家仅仅能够科学地了解个别家庭或企业（“个体经济”），他们永远不可能类似地把握阶级和国家这些社会总体。

3. 弗里德里希·冯·维塞尔

弗里德里希·冯·维塞尔（Friedrich von Wieser，1851—1926 年）是所谓的“奥地利学派的三位创始人”中的第二位。他为经济学词汇表增添了边际效用这个词汇，尽管在他之前度比、杰文斯和门格尔都曾提出了这个概念。

维塞尔忠诚于边际主义的信条，认为不存在“客观的”交换价值，因为“它植培于个人的主观判断，而个人聚成群体来决定这个结果”。另外，维塞尔因为后来被称为机会成本原理或选择成本概念的思想而著名。

4. 欧根·冯·庞巴维克

欧根·冯·庞巴维克（Eugen von Bohm-Bawerk，1851—1914 年）是奥地利学派早期三位创始人中的第三位（其余两位是门格尔和维塞尔）。在庞巴维克对经济分析所作出的贡献中有一个特别突出：对时间因素的分析——不是与经济中的系统变化相关联的时间，

---

① 这只是习惯的说法，准确的含义是“边际效用价格比均等”，即各种商品的边际效用与价格之比都保持一致。

也不是与经济增长相关联的时间，而是作为经济生活正常过程中的一个重要因素的时间，它影响所有的价值、价格与收入。通过将时间引入分析，资本性质的定义完全被纳入效用最大化过程中。因为生产中使用的初始生产要素的数量、生产时间段的长度以及使用投入品的时间可独立于价格而被确定。

庞巴维克力图阐明衡量资本的方法是独立于任何价格之外的。他拓展了资本和利息的理论，断言只存在土地和劳动两种“初始”的生产要素。

5. 弗朗西斯·Y. 埃奇沃思

弗朗西斯·Y. 埃奇沃思（Francis Y. Edgeworth，1845—1926 年）对经济思想内容所作出的各种贡献中，有三个特别突出：最早提出了无差异曲线的思想；是最早表明不确定性的几位经济学家之一，今天我们通常将不确定性与寡头垄断者的定价行为相联系；阐明了平均产品与边际产品的差异，这对现代短期生产函数及其许多应用的发展有很大的帮助。

6. 约翰·贝茨·克拉克

约翰·贝茨·克拉克（John Bates Clark，1847—1938 年）于 1880 年左右在相当独立的情况下似乎已经提出了边际效用的概念和它对交换价值的影响。更重要的是，他不仅发明了“边际生产力”这个词汇，而且提供了到他的时代为止对分配的边际生产力理论的最清晰和最好的分析。他的理论是建立在收益递减规律的基础上的，他将这一规律应用到了所有的生产要素上，并且得出了一个非常重要的结论，即每个厂商都将继续雇佣劳动，直到劳动的边际产品价值等于工资率为止，这就是微观经济学中所介绍的要素使用原则。

七、新古典学派

新古典经济学由边际学派的微观经济学思想逐渐转变而来。新古典学派的经济学家也被称为“边际主义者”，原因在于他们强调在作经济决策时使用边际分析的方法。然而，边际学派与新古典学派的思想至少在三个方面存在差异。首先，新古典学派在决定商品、服务与资源的市场价格时，强调需求与供给两个方面的作用，而边际学派则只强调需求一个方面的作用。其次，几位新古典学派的经济学家——例如威克塞尔和费雪——对于货币在经济中的作用的兴趣远远大于先前的边际学派的经济学家。最后，新古典学派的经济学家将边际分析扩展到了除完全竞争市场、完全垄断市场以及双头垄断市场之外的其他市场结构。

阿尔弗雷德·马歇尔（Alfred Marshall，1842—1924 年）是新古典学派最重要的代表人物，而新古典学派又有货币经济学和不完全竞争经济学等分支，其代表人物将在下面介绍。

马歇尔是一位伟大的综合者，他寻求把古典经济学与边际主义的思想很好地结合起来，从而创建了新古典经济学。马歇尔将他研究的主题定义为：“政治经济学或经济学是对人类一般生活的研究，是对个人和社会活动中获得和使用保护生活安康物质必需品的最密切相关的部分的研究。”① 他说，经济学家像其他科学家一样，要收集、整理和分析事实，并找出其中的差别。他们要寻找经济现象之间的相互联系及因果关系。如果不存在什

---

① 马歇尔．经济学原理［M］．廉运杰，译．北京：华夏出版社，2005：3.

么障碍，任何一个原因都会导致一个明确的结果。经济学不是一些具体的事实，而是一种发现具体事实的工具。马歇尔1890年出版的《经济学原理》对现代经济学有非常重要的贡献，并将数以千计的经济学家吸引到他的经济学分析中来。凯恩斯称其为“100年来最伟大的经济学家”。

（一）新古典学派的货币经济学

新古典学派的货币经济学家与同一学派的非货币主义者有着显著的区别，因为货币主义理论家不得不处理总量分析，比如总需求、货币总供给、总储蓄和总投资。在新古典传统中随之发生了一种分裂。非货币主义的分支主要关注单个人或单个企业的实际牺牲、收入、消费、储蓄与投资。货币主义分支则将整体经济中的这些分类予以加总，强调货币因素的同时也强调实际因素。

这一学派的主要代表人物包括：

1. 约翰·古斯塔夫·克努特·威克塞尔

约翰·古斯塔夫·克努特·威克塞尔（John Gustav Knut Wicksell，1851—1926年）对货币经济学的贡献包括：①对利率在达到均衡价格水平或产生不断累积的通货膨胀或通货紧缩趋势中的作用的分析；②认识到政府和中央银行在阻碍和促进价格稳定中的潜在作用；③提出了关于宏观经济均衡的储蓄-投资方法的一个早期表述。威克塞尔的总体目标是将货币理论、经济周期、公共财政和价格理论综合为一个体系。尽管他并没有获得完全的成功，但他推进了这个领域中的经济学思想的发展。

2. 欧文·费雪

欧文·费雪（Irving Fisher，1867—1947年）是耶鲁大学的一位由数学家转变而成的经济学家。在1906年的《利率》一书中，费雪开始提出其关于利率是如何决定的精深理论。他对这个理论进行了修改与扩充，并于1930年出版了《利息理论》一书。费雪认识到是两个因素的相互作用决定了利率：缺乏忍耐率和投资机会率。

费雪对关于旧货币数量论的交易方程式进行了重新表述和扩展，其交易方程式为：$MV+M'V'=PT$。式中：M为货币的数量；V为货币的流通速度；M′为活期存款的数量；V′为活期存款的流通速度；P为平均价格水平；T为交易或卖出的产品与服务的数量，每单位在每次被卖出或再次被卖出时都会被计算。

费雪像大多数货币经济学家一样，也坚信价格波动引起经济波动，而不是经济波动引起价格波动，因此，通过控制货币数量来稳定价格就可以消除经济周期。

3. R. G. 霍特里

R. G. 霍特里（R. G. Hawtrey，1879—1975年）是一位英国财政部官员，他挤出时间写作了多本关于货币经济学的著作。他主要关注的是经济波动，将经济波动主要归因于信用的不稳定。他承认，经济波动可能存在其他原因，但那些原因都不重要，并且可以通过各种货币手段加以控制。

（二）新古典学派的不完全竞争经济学

不完全竞争理论包含在边际主义学派或新古典学派的范围和传统之内。不完全竞争理论的方法论以一种抽象、演绎和主观的方式涉及边际主义和微观经济方法。不完全竞争经济学假设一个理性、静止和趋向于均衡的在瞬间不变的世界。这些理论很少涉及解释作为一个动态过程的波动、增长和变动。

不完全竞争经济学家们主要关注对完全竞争的偏离。这些理论表明垄断如何能够将价格提高到竞争均衡的水平之上，从而可以在长期中产生经济利润的事实。这对于使经济学家认同严厉的政府反托拉斯政策和政府对垄断性公用事业的利润进行管制至关重要。因此，这些理论为几乎已经实施了半个多世纪的各种政府目标提供了理论依据。

该分支的主要代表人物有：

1. 皮耶罗·斯拉法

皮耶罗·斯拉法（Piero Sraffa，1898—1983 年）曾在剑桥大学马歇尔的指导下学习，并且是李嘉图全部作品和通信的最终定本的编辑者。他早期的作品从方法论上来说是包含在新古典主义的传统之中的，并且为发动对完全竞争理论的批判播下了种子。

他在 1960 年出版了一本经济思想史上极为重要的著作——《用商品生产商品》，其最初目的是解决李嘉图关于寻找一个不变的价值尺度的问题，这个问题一直困扰着劳动价值论。这本书不仅成功地完成了最初的目标（发现一个不变的价值尺度），而且对新古典资本理论和分配理论发起了毁灭性和决定性的批判。

2. 爱德华·张伯伦

爱德华·张伯伦（Edward H. Chamberlin，1899—1967 年）在 1933 年出版了《垄断竞争理论》一书，将以前相互分离的垄断理论和竞争理论结合在一起，并且试图解释既不是完全竞争也不是完全垄断的一系列市场情形。张伯伦认为，大多数市场价格实际上是由垄断因素和竞争因素共同决定的。

3. 琼·罗宾逊

琼·罗宾逊（Joan Robinson，1903—1983 年）是马歇尔的学生，长期担任剑桥大学的经济学教授。她的著作《不完全竞争经济学》是在张伯伦的著作出版几个月以后出版的，并且包括了与张伯伦的著作几乎相同的主题与范围。在她的著作出版以后的几十年里，她不断扩展自己的活动，并且对凯恩斯和后凯恩斯主义经济学、经济发展理论和国际贸易理论作出了重要贡献。

八、数理经济学派

数理经济学是指那些通过数学符号和数学方法表达或提出的经济学原理和经济学分析。数理经济学的类型主要有数学推理、统计检验、计量经济学。我们以前介绍过的很多经济学家都是用数学的形式来阐述经济理论。事实上，用数学符号和图表来补充文字解释是一个惯例。因此，数理经济学并不构成一个单独的经济思想流派，而只是一种不同的方法。接下来我们介绍瓦尔拉斯、里昂惕夫、冯·诺依曼、摩根斯坦和希克斯的经济学思想——他们都是数理经济学家，他们将经济学这门学科向前明显地推进了一大步。

1. 里昂·瓦尔拉斯

里昂·瓦尔拉斯（Leon Walras，1834—1910 年）被认为是边际主义的三位开创者之一，另外两位是杰文斯与门格尔。在出版于 1874 年的《纯粹政治经济学纲要》一书中，瓦尔拉斯独立地提出了基本的边际主义原理。

瓦尔拉斯提出和倡导一般均衡分析。一般均衡分析主要考虑经济中的许多变量之间的相互关系。这与杰文斯、门格尔和马歇尔所使用的局部均衡分析正好相反。瓦尔拉斯的一般均衡理论提供了一个包括整个经济中的基本价格与产出相互关系的框架，其中既包括产品，也包括生产要素。其目的是用数学方法来证明所有的价格和生产数量能够调整到相互协调的水平。然而，他的分析方法是静态的，因为假设某些基本的决定因素是保持不变的，如消费者偏好、生产函数、竞争的形式和要素供给的进度。

2. 瓦西里·里昂惕夫

瓦西里·里昂惕夫（Wassily Leontief，1906—1999 年）是一位出生于俄罗斯的美国经济学家。他对经济学的主要贡献是投入产出分析。投入产出分析会使人联想起魁奈的《经济表》。这一贡献使里昂惕夫获得了 1973 年的诺贝尔经济学奖。他最初希望以一种简化的、适合于经验研究的形式提出一般均衡理论的本质。因此，投入产出分析是一般均衡分析的一种特殊形式。比如，这种特殊的形式简化了生产过程的表达，使生产过程处于线性形式，因此允许将这些生产过程更加直接地转换为经验研究。

3. 约翰·冯·诺依曼和奥斯卡·摩根斯坦

约翰·冯·诺依曼（John von Neumann，1903—1957 年）出生于匈牙利，在柏林大学和汉堡大学任教。1930 年他来到美国，在普林斯顿大学任教。在那里他写作了物理学的重要著作《量子力学的数学基础》一书，并且遇到了摩根斯坦。奥斯卡·摩根斯坦（Oskar Morgenstern，1902—1977 年）是一位经济学家，在 1925 年较早从维也纳来到美国。他们一起写作了《博弈论与经济行为》（1944）一书，这本书包含了对经济理论的几个重要贡献，其中之一便是博弈论。

4. 约翰·R. 希克斯

约翰·R. 希克斯（J. R. Hicks，1904—1989 年）因对纯粹经济理论所作出的贡献而获得了 1972 年的诺贝尔经济学奖。希克斯对经济学作出了许多非常有益的贡献。比如，他重新评估并且澄清了马歇尔的对投入的引致需求定律，特别指明了劳动与资本的需求弹性的决定因素。1937 年，他写了一篇题为《凯恩斯与古典主义》的论文，在论文中他帮助设计了在宏观经济学中我们今天所谓的 IS-LM 模型。其他值得注意的贡献包括：他对马歇尔消费者剩余的概念进行了提炼，对瓦尔拉斯的一般均衡分析进行了改进，以及关于经济增长与积极发展的理论。另外，他对需求理论与最小成本生产理论的重新表述为经济学的发展也作出了巨大贡献。

九、制度学派

作为美国对经济思想的一个贡献，制度学派开始于 1900 年左右，并且一直延续至今。1900 年，制度学派的创建者凡勃伦已经出版了他的第一部著作，还包括许多论文和书评。

（一）制度学派的主要理论与政策主张

（1）整体、宽广的视角。经济必须作为一个整体来考察，而不能作为与整体相分离的较小部分或单独的实体来考察。如果每个部分都被看作好像与更大的实体并不相关，那么一个复杂的机体就不能完全理解。经济活动不仅仅是使货币所得最大化这种欲望单独、机械地激发的个人活动的总和，在其中还存在大于各部分之和的集体行动模式。比如，一个工会会发展一个其自身的特点、意识形态和操作方法。它的特点并不能从研究属于它的个人会员中推导出来。

在制度主义者看来，即使经济活动的概念也是太狭窄了，认为经济学是与政治学、社会学、法律、习俗、意识形态、传统以及人类信仰与经历的其他领域交织在一起的。制度经济学涉及社会过程、社会关系以及社会的所有其他方面。

(2) 关注制度。制度学派强调制度在经济生活中的作用。制度并不仅指用于促进某一特定目标的组织或机构，还指作为文化的一个基本部分，被广泛建立与普遍接受的集体行为的组织模式，包括风俗习惯、法律、思维方式和生活方式。制度的例子包括对奴隶制的信仰、对自由放任的信奉、工会主义或者社会保障体系。制度主义者认为，经济生活受经济制度的管制，而不受经济规律的管制。集体社会行为和影响它的思维模式比边际主义理论所强调的个人主义对于经济分析来说更加贴切。制度主义者对于信用、垄断、所有权空缺、劳动者-管理层关系、社会保障和收入分配制度的分析与改革特别感兴趣，提倡经济计划与控制经济周期的幅度。

(3) 演进的方法。演进的方法应该被应用于经济分析之中，因为社会和各种社会制度都是不断变化的。制度主义者不赞同在不考虑时间与地点的差异、不关注不断发生的各种变化的情况下寻求发现永恒的经济真理的静态观点。制度主义者不是询问“是什么”，而是询问“我们是如何到达这里的，我们将走向何方”。经济制度的演进和功能应该成为经济学的中心议题。这种方法不仅涉及经济学知识，而且还涉及历史、文化人类学、政治学、社会学、哲学和心理学知识。

(4) 反对正常均衡的观点。制度主义者强调循环性因果关系原理和对实现经济与社会目标可能有益或有害的累积性变迁。经济生活中的调节不应当并且不是对正常均衡的偏离，它们本身就是正常的。第二次世界大战以前最突出的调节不应当是经济萧条。于是经济发展问题成为关注的中心。在 20 世纪 70 年代后期，滞胀成为主要问题。在 20 世纪 80 年代中期，出现了贸易赤字与联邦预算赤字问题。制度主义者确信，通过政府进行集体控制对于不断改正与克服经济生活中的缺陷与调节不当是非常必要的。

(5) 利益冲突。制度主义者强调严重的利益分歧，不承认绝大多数他们同时代的经济学家及前辈们从他们的理论中所推导出来的利益和谐观点。制度主义者认为，人们是合作的、集体性的动物，为了成员的共同自利，他们将自己组织成各种集团，共同自利也就成了整个集团的共同利益。但是在各个集团之间存在着利益冲突，如大企业与小企业之间、消费者与生产者之间、农民与城市居住者之间、雇主与工人之间、进口者与国内生产者之间、产品的生产者与货币的贷出者之间等。

(6) 自由民主改革。制度主义者支持改革，目的是能够产生更加公平的财富分配和收入分配。他们否认市场价格是个人与社会福利的充分指标，也否认不加管制的市场能够产生资源的有效配置与公平的收入分配。制度主义者谴责自由放任，主张政府应该在经济事务中发挥更大的作用。

(7) 反对快乐-痛苦的心理学。制度主义者批判经济分析中的边沁主义基础，追求一种更好的心理学，并且其中的一些人将弗洛伊德和行为主义的观点整合到了他们的思想之中。

(二) 制度学派的主要代表人物

1. 托尔斯坦·本德·凡勃伦

托尔斯坦·本德·凡勃伦（Thorstein B. Veblen，1857—1929 年）的著作充满了才智和对中产阶级品德的讽刺性攻击。他把社会视为一个高度复杂的组织，这个组织逐渐衰退或者发展，不断变化、适应或者不能适应新的情况，人类的历史就是社会习俗的进化史。

他认为新古典理论仅仅是对于边沁功利主义的计算，并批判了新古典主义对于人类行为和社会制度持有一个完全非历史的和过分简单化的观点。

凡勃伦坚持用历史方法来研究资本主义，将资本主义看作是历史上独一无二的短暂的社会。这个社会是建立在为数不多的寄生性所有者组成的统治阶级剥削直接生产者的基础上的。他把资本主义法律和私有产权看作是资本家权力和工人地位下降的基础。他和马克思的思想之间有着非常明显的相似之处。他们都从非常类似的角度看到了资本主义给劳动人民生活带来的破坏性影响，都将日益增强的工业集中看作竞争不可避免的后果，都将经济危机和萧条看作资本主义内生的机能，都将资本主义政府看作资本家阶级利润和特权的必不可少的实施者和保护者。

2. 韦斯利·米切尔

韦斯利·米切尔（Wesley C. Mitchell，1874—1948 年）于 1899 年在芝加哥大学得到了博士学位，是凡勃伦最优秀的学生。他批评了新古典主义不现实的抽象和方法论，认为凡勃伦的进步已经远远超出了当代经济学家，但是凡勃伦过于依赖那些没有被经验证明的推测。米切尔认为，他的统计研究将为凡勃伦的开创性工作提供一个更加坚实的基础。

除强调经验研究的重要性之外，米切尔最大的贡献在于对经济波动的研究。他从对经济周期的经验研究中引导出了四条重要的结论：①经济波动出现于货币经济之中；②经济周期广泛分布于整个经济之中；③经济波动取决于利润的前景；④经济波动是由经济本身系统地产生的。

3. 约翰·肯尼思·加尔布雷思

约翰·肯尼思·加尔布雷思（John Kenneth Galbraith，1908—2006 年）出生于加拿大，先后在多伦多大学和加利福尼亚大学学习。从总体上看，加尔布雷思的主要著作既包括了对新古典经济学思想的批判，也包括对现代资本主义的分析。制度学派的大部分特点都适用于他的主要著作。

十、福利经济学派

福利经济学是经济分析的一个分支，主要关注于发现最大化社会福利的原理。它并不是一个独特的、统一的思想体系。经济学本身经常被定义为研究社会如何选择使用其有限的资源来达到最大化满意程度，因此，几乎经济学的每一个方面都包括福利经济学的内容。但是，有几位对经济学作出重要贡献的经济学家比其他经济学家更加专注于以下两个方面或其中之一：①定义福利最大化，并且分析如何达到最大化福利；②确定阻碍实现最大化福利的因素，并且发现除去阻碍因素的方式。因此，我们将这些经济学家称为福利经济学家，包括帕累托、庇古、冯·米塞斯、兰格、阿罗和布坎南等。

1. 维尔弗雷多·帕累托

维尔弗雷多·帕累托（Vilfredo Pareto，1848—1923 年）在其出版于 1906 年的《政治经济学手册》中提出了他的主要思想。他提炼了埃奇沃思的无差异曲线概念中的重要作用和瓦尔拉斯的一般均衡分析，并且提出了我们今天称之为帕累托最优的条件或者最大化福利条件。后来，其他的经济学家建立了更加严格的数学证明，即完全竞争的产品市场与资源市场能够实现帕累托最优。

2. 阿瑟·塞西尔·庇古

阿瑟·塞西尔·庇古（Arthur Cecil Pigou，1877—1959 年）在 1908 年继承了马歇尔在剑桥大学的政治经济学教授职位，并且一直保持这一职位到 1943 年退休。他对穷人表达了强烈的人道主义关怀，并且希望经济学能够引导社会进步。在其写作于 1920 年的《福利经济学》中，庇古希望为政府实施提高福利的各种措施提供理论基础。他非常关注经济福利。与帕累托不同，庇古继续了斯密、边沁和马歇尔的“旧福利”传统，主要依赖于局部均衡分析。他对福利经济学的贡献包括他对收入再分配、私人成本与社会成本之间的差别的考察。

3. 肯尼斯·约瑟夫·阿罗

肯尼斯·约瑟夫·阿罗（Kenneth Joseph Arrow，1921—）不仅在符号逻辑、数学和统计学方面表现出了少有的天赋，他的论文《社会选择与个人价值》成为福利经济学的经典文献。在这部著作中，他评估了各种社会福利标准，并且证明了以前持有的许多观点中存在的矛盾。阿罗的不可能原理对个人偏好与社会选择理论作出了重要贡献。

十一、凯恩斯学派

凯恩斯学派开始于 1936 年凯恩斯《通论》的出版，并且在今天的正统经济学中仍然占有很重要的地位。它发端于新古典学派，凯恩斯本人就沿袭了马歇尔的传统。当然，随着该学派的发展，并不是所有的凯恩斯主义者都接受由萨缪尔森和其他经济学家努力建立的“新古典综合”①，从而出现了后凯恩斯主义和新凯恩斯主义两个分支。

（一）凯恩斯学派的主要理论与政策主张

1. 强调宏观经济

凯恩斯和其追随者主要关注消费、收入、产出和就业总量的决定因素。和经济中总支出与就业总量之间的关系相比，他们对单个企业如何决定其利润最大化雇佣水平表现出了较少的兴趣。

2. 需求导向

凯恩斯学派的经济学家强调有效需求（总支出）的重要性，认为有效需求是国民收入、产出和就业的直接决定因素。这些经济学家认为，总支出由消费、投资、政府购买和净出口支出构成。企业共同生产了它们期望卖出的现实产出水平，但是有时总支出不足以购买所生产的全部产出。随着未售出产品的积累，企业会解雇工人并减少产出。有效需求决定经济的现实产出，在很多情形下现实产出会小于潜在产出。

3. 经济中的不稳定性

按照凯恩斯主义者的观点，经济经常发生循环繁荣与萧条，因为计划投资支出水平是反复无常的。计划投资的改变导致国民收入和产出发生变化，并且产出的增量往往大于投资的增量。经过所有的调整之后产生的均衡投资和储蓄水平可以通过国民收入的变化来达到，与之相对的是利率的变化。

投资支出是由利率和资本的边际效率或者新投资高于成本的预期回报率所共同决定的。利率取决于人们的流动性偏好和货币的数量。资本的边际效率取决于对未来利润的预

---

① “新古典综合”是建立在新古典主义的微观经济学原理基础上的凯恩斯主义的宏观经济学原理。

期和资本的供给价格。新投资的预期利润率是不稳定的，并因此而成为经济波动的最重要的原因之一。

4. 工资和价格刚性

凯恩斯主义者指出，工资在向下调整方面是不灵活的，主要是由诸如工会合同、最低工资法和隐含合同①等制度因素引起的。在产品和服务的总需求处于萧条的时期，企业相应地通过减少产量和解雇工人来降低销量，而不是通过降低工资率来进行。价格在向下调整方面也具有刚性。有效需求下降最初会导致产出和就业的减少，而不会引起价格水平的下降，只有在非常严重的经济萧条的情况下才会发生通货紧缩。

5. 积极的财政和货币政策

凯恩斯主义的经济学家提倡政府应该通过实施适当的财政与货币政策来积极地干预宏观经济，以促进充分就业、价格稳定和经济增长。为了应对衰退或萧条，政府应该增加其支出或者减少税收，后者会增加私人的消费支出。政府也应该增加货币供给量来降低利率，以期能够推动投资支出的增加。为了对付由总支出过度所引起的通货膨胀，政府应该减少自己的支出，增加税收以减少私人的消费支出，或者减少货币供给量以提高利率，这将抑制过度的投资支出。

（二）凯恩斯学派的主要代表人物

1. 约翰·梅纳德·凯恩斯

约翰·梅纳德·凯恩斯（John Maynard Keynes，1883—1946 年）在剑桥大学的老师（包括马歇尔和庇古）都承认他是天才。凯恩斯在实际事务中和学术生活中都是一个非常重要的人物。他是一家人寿保险公司的董事会主席，还担任其他几家公司的董事，并且是英格兰银行董事会的成员。除了作为一名金融家之外，他还是一名高级政府官员、许多学术理论著作的作者、报刊撰稿人、艺术鉴赏家和支持者以及剑桥大学的教师。

凯恩斯在《通论》中提出的思想体系包括几个相互关联的组成部分：消费函数、资本的边际效率、流动性偏好、流动性陷阱和价格刚性等。

2. 阿尔文·汉森

阿尔文·汉森（Alvin Hansen，1887—1975 年）于 1927 年出版了《经济周期理论》一书，该书为他赢得了全国最著名的宏观经济学家的声誉。

1937 年，汉森成为哈佛大学的一名教授。在此之前，他曾经指出凯恩斯的《货币论》中的一个数学错误，对《通论》的最初反应也不热情。但随着对凯恩斯的思想体系的深入研究，汉森很快改变了他的观点。1941 年汉森出版了《财政政策与经济周期》一书，支持凯恩斯对于 20 世纪 30 年代的宏观经济问题的分析，并且同意由政府来实施积极的连续政策以稳定经济。汉森在他的著作中详细阐述了希克斯的一篇重要的论文《凯恩斯先生和古典学派：一个暗含的解释》，并整理出了被今天称为 IS-LM 模型的重要理论。

3. 保罗·萨缪尔森

保罗·萨缪尔森（Paul A. Samuelson，1915—2009 年）是获得诺贝尔经济学奖的第一位美国经济学家（1970 年）。他为经济学领域的无数专业人士所认可，他的《经济学》教材对于数百万名曾经学习过大学经济学的人来说是非常熟悉的。

---

① 隐含合同是指在雇主与工人之间所达成的理解，即在被判断为暂时低迷的时期工资不应该被削减。

将萨缪尔森归入某一特定的经济学流派是一件非常困难的事情。将他归入关于数理经济学或福利经济学都是合适的。他的论文包括了如此多的主题，如消费者行为、线性规划、资本与增长、经济学方法论、经济理论的历史、福利经济学、公共支出理论、国民收入的决定以及财政与货币政策。萨缪尔森并不是一个经验主义者，他将自己称为一个对拓展理论而不是检验理论感兴趣的通才。

十二、经济增长与经济发展理论

经济增长是指一个国家的实际产出（GDP）的增长。它来源于三个方面：①更多数量的自然资源、人力资源和资本；②资源质量的改进；③提高生产力的技术进步。

经济发展指一个国家提高其生活水平的过程。1945 年之后，在经济增长与经济发展方面涌现了大量的学术成果。这主要有以下几个原因：第一，经济增长在各个国家之间存在很大的差异。第二，工业化发达国家通过稳定政策和更加富有弹性的市场而克服了经济萧条时期的严重过剩，因此，强调的重点又转移到了获得更高增长率的方式上来。第三，很多贫穷的国家在第二次世界大战以前都是殖民地，目前在政治上已经独立，并且正在寻求促进经济增长与发展的各种战略。这些曾经被称为“落后的”或“不发达的”国家，现在被称为“发展中的”或“新兴的”国家。第四，就直接投资、国际贸易和国际金融而言，提高发展中国家的生活水平对于工业化发达国家来说在经济上变得日益重要。哈罗德、多马、熊彼特、纳克斯、刘易斯和舒尔茨等关于经济增长和发展的分析都对经济发展作出了重要贡献。

1. 罗伯特·M. 索洛

罗伯特·M. 索洛（Robert M. Solow，1924—）的整个学术生涯都是在麻省理工学院度过的，在那里他有时会与保罗·萨缪尔森合作。1979 年他被选举为美国经济学会的会长，1987 年他因为早期的关于经济增长方面的著作而获得了诺贝尔经济学奖。

索洛对经济学的几个方面作出了重要贡献：线性规划、宏观经济理论、环境经济学和劳动经济学。他一直捍卫新古典微观经济学与以凯恩斯主义为基础的宏观经济学的主流综合，在学术上同货币主义、后凯恩斯主义的观点以及新兴古典宏观经济学的支持者进行辩论。就其自己所描述的“折中的凯恩斯主义和新凯恩斯主义的观点”而言，有些讽刺意味的是，他的宏观经济增长理论是植根于新古典主义而不是凯恩斯主义。

2. 约瑟夫·阿洛伊斯·熊彼特

约瑟夫·阿洛伊斯·熊彼特（Joseph Alois Schumpeter，1883—1950 年）的《经济发展理论》(1911)、《资本主义、社会主义和民主》(1942) 以及由他的妻子在他去世之后编辑的百科全书式《经济分析史》(1954)，是他巨大学术成就的卓越丰碑。

在熊彼特的一生中，对其产生学术影响的最重要的两个人物是里昂·瓦尔拉斯和卡尔·马克思。熊彼特因袭了瓦尔拉斯对于经济数量之间相互依存的强调。熊彼特对于马克思主义非常反感，但是他非常钦佩马克思对于经济变化过程的理解。熊彼特非常忠实于资本主义制度，并且非常警觉地看待资本主义的成功所引起的各种力量，因为他认为这些力量将会毁灭资本主义制度。尽管是出于不同的原因并且怀着巨大的遗憾，他还是赞同马克思关于资本主义将会崩溃的观点。

3. 拉格纳·纳克斯

拉格纳·纳克斯（Ragnar Nurkse，1907—1959年）发表了几篇关于国际经济学方面的非常著名的研究论文。纳克斯重新强调了外部经济的重要性：所进行的投资越多，每项投资也就变得更加可行。因此低收入经济要求一个宽广层面上的进步，还应伴随相互支持并能增加成功机会的产业扩张。巨大的困难在于国家的贫困限制了资本形成。

十三、芝加哥学派：新兴古典主义

芝加哥经济学派的现代阶段开始于1946年，也就是当米尔顿·弗里德曼成为芝加哥大学的一名教员时。他和1948年加入芝加哥大学的乔治·施蒂格勒一起坚定地确立了这一学派的学术地位。贝克尔、卢卡斯和芝加哥大学的其他几位著名经济学家延续了这一传统。芝加哥学派的主要信条符合广义的古典和新古典传统。芝加哥学派的思想是新古典主义的一种变体，因此被称为“新兴古典主义”。

（一）芝加哥学派的主要理论与政策主张

1. 最优化行为

芝加哥学派的成员强调人们试图最大化他们福利的新古典主义原理，即在他们进行决策时，他们会从事最优化行为。基本的经济单位是个人，个人结合成为更大的单位，如家庭、政治利益集团、企业组织，作为一种从专业化和交换中获取利益的方式。偏好趋向于稳定并独立于价格。人们会作出理性选择，尽管这种选择并不总能产生预期的结果。收益和成本是不确定的。为了减少这种不确定性，决策者会去寻找信息，但仅会到达从额外的信息中所获得的边际收益等于获取信息的边际成本的那一点。消费者、工人和企业会对货币激励与抑制作出反应。

2. 价格和工资从总体上来说趋向于同长期竞争价格和工资相似

价格和工资反映社会的边际机会成本。由垄断所引起的现实价格与竞争价格之间的差异从总体上来说是不重要的。在长期中，只有在政府阻碍竞争性进入的情形下垄断价格才能长期存在下去。即使在这些情形下，竞争最终也将会产生新的产品和技术，削弱垄断者的地位。确立明晰的产权和鼓励私人协商能够使外部性最小化。从表面上看来，好像能够独立于市场力量而制定工资和价格的一些制度安排，如资历报酬、较高的行政人员工资、工会合同等通常会存在是因为涉及的双方都认为它们是有效率的。

3. 数学导向

芝加哥学派非常依赖数学推理，他们既使用马歇尔的局部均衡方法，也使用瓦尔拉斯的一般均衡方法。经验验证受到强调，但有时由他人来完成。

4. 抛弃凯恩斯主义

这一学派认为经济是自我调节和管制的，伴随有自我限制的微小波动。严重的衰退和萧条来自于不合适的货币政策，而不是来自于支出的自动变化。货币存量的变化会引起名义国内生产总值的直接变化，而不仅仅是通过金融利率来发挥作用。除非伴随货币供给的变化，否则财政政策通常是无效的。即使在伴随货币供给变化的情况下，由于存在理性预期，财政政策也通常是无能为力的。成本推动型的通货膨胀理论是错误的，因为通货膨胀无论何时何地都是一个货币现象。

5. 有限政府

对于通过私人交换就能够达到的目标而言，政府这个机构是内在无效率的。政府官员仍然以个人利益最大化为目标，他们不可避免地会将一部分归他们处置的资源转移到并非为纳税人带来收益的目标上。政府管制并非代表公众利益，而是通常对那些寻求这种管制的人有利或对那些学会按他们的私人优势配置它的人有利。

（二）芝加哥学派的主要代表人物

1. 米尔顿·弗里德曼

米尔顿·弗里德曼（Milton Friedman，1912—2006 年）是芝加哥学派的领袖人物。他在罗杰斯大学完成了本科学业，在芝加哥大学和哥伦比亚大学完成了研究生学业。在芝加哥大学作为一名学生的时候，他受到了弗兰克·奈特的极大影响。1948 年，弗里德曼成为芝加哥大学的一名教员，一直到 1977 年退休。在离开芝加哥大学以后，他成为斯坦福大学胡佛研究所的一名高级研究员。他是 1967 年美国经济学会的会长，并在 1976 年获得了诺贝尔经济学奖。弗里德曼的思想为大量的美国公众所熟知。他曾担任《新闻周刊》的专栏作家，写作了一些畅销书，参加教育性的电视系列节目，并对无数的团体发表演讲。他的货币理论为经济学作出了重要的贡献。

2. 小罗伯特·E. 卢卡斯

小罗伯特·E. 卢卡斯（Robert E. Lucas，Jr，1937—）在芝加哥大学获得学士和博士学位。在其研究生学习的早期阶段，他受到了教授研究生一年级微观经济学课程的弗里德曼教授和萨缪尔森的《经济分析基础》的影响。卢卡斯评论道："《经济分析基础》指出，'这就是你进行经济分析的方法'。它让你知道玩这个游戏的秘密，而不是用大话将你吓跑。我认为是萨缪尔森的著作和弗里德曼的课程的结合使我开始了经济研究。"①

卢卡斯在卡内基–梅隆大学度过了其学术生涯的前 11 年，然后在 1974 年回到了芝加哥大学。1995 年由于其对宏观经济学的贡献，他被授予诺贝尔经济学奖。

3. 加里·S. 贝克尔

加里·S. 贝克尔（Gary S. Becker，1930—2014 年）在普林斯顿大学完成了本科学业，从芝加哥大学获得了博士学位。1957 年到 1969 年，他是哥伦比亚大学的教授。1970 年至今，他是芝加哥大学的教授。按照一位经济思想史学家的观点，他"是现代经济学中最具创新思维的人之一"。作为一名优秀的理论家，与弗里德曼以及芝加哥学派相联系的政策观点相比，贝克尔似乎更愿意展现其实证经济学理论。在 20 世纪 80 年代中期，他开始为《商业周刊》撰写专栏，这极大地提高了他在广大公众面前的曝光率。1992 年贝克尔被授予了诺贝尔经济学奖。

贝克尔曾被称为"知识帝国主义者"，因为他将经济学方法和最大化行为、稳定偏好以及市场均衡的联合假设一起扩展到了社会学、政治学、法学、社会生物学和人类学的传统领域。

---

① KLAMER A. Conversations with economists［M］. Totowa，NJ：Rowman & Allanheld，1983：30.

基本训练

1. 重农学派开始于什么时候？结束于什么时候？为什么其存在的时间如此短暂？

2. 比较古典学派的主要信条与重农学派的主要信条的相似之处与不同之处。

3. 阅读有关书籍，分析早期黑格尔与费尔巴哈的思想与马克思的历史唯物主义理论的联系。

4. 古典学派的主要信条是什么？德国历史学派的经济学家对此有哪些异议？

5. 简述克拉克的工资理论。

6. 为什么数学对经济学学科的影响比对其他社会科学（如社会学和政治学）的影响要大得多？

7. 对比凯恩斯学派的主要信条与边际学派的主要信条。

8. 对比芝加哥学派、边际学派和制度学派在主要理论观点上的不同之处。

9. 你是否认为在大学中所有的经济学专业的学生都应该被要求选修一门经济思想史方面的课程？解释一下你的理由。

主要参考文献

[1] 马克思．资本论：第 1 卷，第 2 卷，第 3 卷［M］．郭大力，王亚南，译．北京：人民出版社，1975.

[2] 曼昆．宏观经济学［M］．张帆，梁晓钟，译．5 版．北京：中国人民大学出版社，2005.

[3] 多恩布什，费希尔，斯塔兹．宏观经济学［M］．范家骧，译．7 版．北京：中国人民大学出版社，2000.

[4] 萨缪尔森，诺德豪斯．经济学［M］．萧琛，主译．17 版．北京：人民邮电出版社，2004.

[5] 帕金．经济学［M］．梁小民，译．5 版．北京：人民邮电出版社，2003.

[6] 布鲁．经济思想史［M］．焦国华，韩红，译．6 版．北京：机械工业出版社，2003.

[7] 亨特．经济思想史——一种批判性的视角［M］．颜鹏飞，总校译．上海：上海财经大学出版社，2007.

[8] 威廉姆斯．资本主义经济制度［M］．段毅才，王伟，译．北京：商务印书馆，2004.

[9] 普格尔．国际贸易［M］．英文影印版．北京：中国人民大学出版社，2005.

[10] 加尔布雷思，戴瑞提．宏观经济学［M］．孙鸿敞，刘建洲，译．北京：经济科学出版社，1997.

[11] 斯罗曼．经济学［M］．郭庆旺，赵志耘，译．6 版．北京：经济科学出版社，2008.

[12] 法默．宏观经济学［M］．方福前，等，译．2 版．北京：北京大学出版社，2009.

[13] 鲍尔．通货膨胀与货币理论［M］．项婷婷，译．北京：华夏出版社，2009.

[14] 塔克．经济学概论［M］．张芬，刘兰，周浩，译．武汉：武汉大学出版社，2008.

[15] 凯恩斯．就业、利息和货币通论［M］．徐毓楠，译．北京：商务印书馆，1988.

[16] 高鸿业．西方经济学（宏观部分）［M］．4 版．北京：中国人民大学出版社，2007.

[17] 苏东水．产业经济学［M］．2 版．北京：高等教育出版社，2005.

[18] 王志伟，范家骧．宏观经济学［M］．2 版．大连：东北财经大学出版社，2007.

[19] 易纲，张磊．国际金融［M］．上海：上海人民出版社，2008.

附录　宏观经济学重要术语

A

奥肯定律(Okun's Law)：GDP 相对于其潜在值每下降 2 个百分点，失业率就大约会上升 1 个百分点。

B

比较优势(comparative advantage)：如果 A 国 X 产品对 Y 产品的相对成本较 B 国的低，则称在 X 产品的生产上 A 国较 B 国具有比较优势，或称在 X 产品的生产上 B 国较 A 国具有比较劣势。

边际储蓄倾向(marginal propensity to saving，MPS)：将储蓄增量和个人可支配收入增量分别用 Δs 和 ΔY_d 来表示，其比值$\frac{\Delta s}{\Delta Y_d}$当 ΔY_d 趋于零时的极限 $\lim\limits_{\Delta Y_d \to 0}\frac{\Delta s}{\Delta Y_d}$称为边际储蓄倾向，其近似值$\frac{\Delta s}{\Delta Y_d}$表示消费者再（或最后）增加 1 单位个人可支配收入所导致的储蓄增量。或者说 MPS 是消费者将新增的 1 单位个人可支配收入中用于储蓄的部分。

边际消费倾向(marginal propensity to consume，MPC)：将消费增量和个人可支配收入增量分别用 Δc 和 ΔY_d来表示，其比值$\frac{\Delta c}{\Delta Y_d}$当 ΔY_d 趋向于零时的极限 $\lim\limits_{\Delta Y_d \to 0}\frac{\Delta c}{\Delta Y_d}$称为边际消费倾向。边际消费倾向的近似值$\frac{\Delta c}{\Delta Y_d}$表示消费者再（或最后）增加 1 单位个人可支配收入所导致的消费增量。或者说 MPC 是消费者将新增的 1 单位个人可支配收入中用于消费的部分。

C

财政政策(fiscal policy)：政府通过变动其收支来影响总支出进而影响国民收入的政策措施。

财政政策乘数(fiscal policy multiplier)：表示再增加 1 单位政府购买所导致的两个市场同时均衡的国民收入的增量。

菜单成本(menu cost)：企业为了适应高通货膨胀而经常地改变报价所付出的成本。

成本推动型通货膨胀(cost-push inflation)：由于成本上升所造成的通货膨胀，或称为供给冲击的通货膨胀。

乘数(multiplier)：在其他因素不变的条件下均衡收入水平的增量与导致这一增量的某变量的增量之间的比值当后者趋向于零时的极限。

充分就业(full employment)：消灭了非自愿失业的就业状况。

充分就业预算盈余(full-employment budget surplus)：既定的财政政策在潜在国民收入

水平上应当产生的预算盈余。

储蓄(saving)：家庭储蓄简称为储蓄，是指家庭的可支配收入（扣除税收后的国民收入）中没有用于消费的部分。

存量(stock)：变量在一个时间点上测量出来的数量。

F

法定存款准备率(statutory reserve of deposits)：中央银行规定的法定存款准备金与商业银行吸收的存款总额之比。

非自愿失业(involuntary unemployment)：认可现行工资并积极地寻找工作却仍然失业。

费雪效应(Fisher Effect)：根据费雪方程式，通货膨胀率上升 1% 引起名义利率上升 1% 。通货膨胀率和名义利率之间这种一对一的关系称为费雪效应。

G

个人可支配收入(personal disposable income)：从个人收入中扣除个人所得税就得到个人可支配收入。

个人收入(personal income)：考察期间，一国境内个人所得到的收入。

公开市场业务(open market operation)：中央银行在公开市场上买进或售出政府债券，用以影响基础货币和货币供给量的政策手段。

工资刚性(wage rigidily)：名义工资只能升不能降的现象。

国民收入(national income)：考察期间，一国境内所有生产要素得到的收入。

国内生产总值(gross domestic product)：一国境内一定时期中所生产的最终产品的市场价值。

H

汇率(exchange rate)：两种货币间的兑换比率。

汇率制度(exchangerate institution)：一国货币当局对本国汇率水平的确定和变动方式所作的安排或规定。

货币幻觉(monetary illusion)：对因名义工资率降低而导致的实际工资率降低反应强烈但却可以一定程度地忍受因价格水平提高而导致的实际工资率降低。

货币政策(monetary policy)：政府调节货币供给量的措施。

I

IS 曲线(IS curve)：描述产品市场均衡时，国民收入与利率的函数关系的解析式称为 IS 方程，其图像称为 IS 曲线。

J

基础货币(base currency)：商业银行的存款准备金和流通在银行体系之外的通货之和。

挤出效应(crowding-out effect)：增加政府购买的政策在提高了国民收入的同时，由于提高了利率而减少了私人投资和消费，从而使得国民收入增量小于按乘数理论计算的增量。

价格指数(price index)：又称价格水平，它是指一定时期内经济中产出的当期市场价值与这一产出的基期市场价值的比值。

交易动机(transaction motive)：是人们为了应付生产或生活日常开支而希望持有一定量货币的要求。

结构性失业(structural unemployment)：如果对一种劳动的需求上升，对另一种劳动的需求下降，而劳动的供给又未能及时地作出调整，这时候就会出现劳动力的供给与需求不匹配的情况，由此产生的失业称为结构性失业。

经济增长(economic growth)：一个国家或地区产出或潜在产出的增加，既可以用国内生产总值的增量来表示，也可以用人均国内生产总值的增量来表示。

经济周期(business cycle)：现实增长经常是波动的，这种繁荣和衰退构成的周期称为经济周期或商业周期。

绝对优势(absolute advantage)：在生产某种商品时若 A 国的成本较 B 国的低，则称在该商品的生产上 A 国较 B 国具有绝对优势或 B 国较 A 国具有绝对劣势。

均衡产出(equilibrium output)：总需求与总供给相等时的产出称为均衡产出。

均衡价格水平(equilibrium price)：均衡产出对应的价格水平称为均衡价格水平。

L

流量(flow)：变量在一个时间段内累积的数量。

M

摩擦性失业(frictional unemployment)：由于寻找工作需要时间而引起的失业。

N

内部收益率(internal rate of return)：设一项使用年限为 n 的资本品买价为 R，其各年所能提供的资本收益为资金序列 $\vec{R}=(R_1, R_2, \cdots, R_n)$。称满足等式 $R=\frac{R_1}{1+r}+\frac{R_2}{(1+r)^2}+\cdots+\frac{R_n}{(1+r)^n}$ 的 r 为该项资本品的内部收益率。如将该项资本品看做一家特殊的银行，则内部收益率就是这家“银行”给出的存款（购买资本品）利率。

P

平衡预算乘数(balanced budget multiplier)：政府购买乘数与税收乘数之和。

平均储蓄倾向(average propensity to saving)：储蓄占收入的比重。

平均消费倾向(average propensity to consume)：消费占个人可支配收入的比重。

Q

潜在收入(potential income)：充分就业条件下的国民收入（或产出）。

潜在增长(potential growth)：整个经济可能增长的速度。它是整个经济生产能力的年度增长率，即潜在产出的增长率。

S

萨伊定律(Say's Law)：供给创造自身的需求。

商业银行(commercial bank)：以货币经营为主要业务的金融企业。

失业(unemployment)：生产要素游离于生产之外的现象。更多情况下专指劳动力的失业，即劳动力没有工作的现象。

税收乘数(tax multiplier)：均衡国民收入对税收变动的变化率。

T

通货膨胀(inflation)：商品和服务的价格在一段时间内普遍而连续地上升。

通货膨胀率(inflation rate)：价格指数的增长率称为通货膨胀率，即通货膨胀率(t 年) $=\frac{t\text{ 年的价格水平}-(t-1)\text{ 年的价格水平}}{(t-1)\text{ 年的价格水平}}$。

投机动机(speculative motive)：人们为了在有利的时机购买债券而持有一定数量货币的要求。

投资(investment)：私人国内总投资的简称，是指厂商增加资本存量的行为。

投资的边际效率(marginal efficiency to investment)：考虑资本品价格变动时的资本边际效率。

投资需求函数(investment demand function)：计划投资与利率间的函数关系。

X

现实增长(actual growth)：现实产出的增长率。当增长率的统计数据公布出来时，这些数据指的是现实经济增长情况。

鞋底成本(shoe-leather cost)：在通货膨胀时期，人们更愿意持有实际资源而减少货币持有量。他们频繁地进出银行，磨光了鞋底，浪费了宝贵的时间。这种来自为减少货币持有量的成本被称为通货膨胀的鞋底成本。

需求拉动型通货膨胀(demand-pull inflation)：当总需求的增长超过了总供给的增长，就会发生需求拉动型通货膨胀。

Y

有保证的增长率(warranted growth rate)：使储蓄转化为投资并充分利用投资所产生的生产能力的增长率。

预防动机(precautionary motive)：又称谨慎动机，是指人们为应付意外支出而持有一定数量货币的要求。

Z

政府购买乘数(government purchase multiplier)：均衡国民收入对政府购买的变化率。

滞胀(stagflation)：经济中总产出降低（通常低于潜在水平）而价格水平上升的状态。

周期性失业(cyclic unemployment)：经济波动中因总需求下降而造成的失业。

转移支付乘数(transfer payment multiplier)：均衡国民收入对转移支付的变化率。

资本的边际效率(marginal efficiency to capital)：投入生产中的最后 1 单位资本的内部收益率。

资本的广化(capital widening)：与使收支相抵的投资额相等的人均储蓄。

资本的黄金律水平(Golden Rule Level of Capital)：使消费最大化的稳定状态下的 k 值。

资本的深化(capital deepening)：人均储蓄超过使收支相抵的投资额会导致资本的深化。

自动稳定器(automatic stabilizer)：无需政府的刻意调整，税收制度和转移支付制度本身存在的一种减少经济波动幅度的内在机制。

自然失业率(natural rate of unemployment)：劳动市场处于供求稳定状态时的失业率称为自然失业率。

自然增长率(natural growth rate)：人口增长和技术改进（导致劳动生产率提高）情况下所允许的增长率。

自愿失业(voluntary unemployment)：失业者由于不满足现行的工资而不去寻找工作造成的失业。

总产出(total product)：一定时期内以现行价格计算的经济中所有产品的总和，在数值上等于流向厂商的货币数量。

总供给(aggregate supply)：一定时期内一国经济中生产的所有产品按现行价格计算的总和。

总需求(aggregate demand)：一定时期内一国经济中计划购买的所有新生产的产品按现行价格计算的总和。